U0489003

《华东政法大学学报》百期纪念辑选

法思

主　　编 / 李秀清　　卢勤忠
执行主编 / 陈越峰　　肖崇俊

上海三联书店

目录

序 百期感语 / 1

壹 法治

法家法治理论评析 / 3

法家法治思想的再评判——兼与杨师群同志商榷 / 16

法家"法治"思想再探讨——答武树臣先生 / 35

法家法治思想的再评说 / 45

法治（Rule of Law）：晚清法律改革者的理想——沈家本逝世90周年祭 / 49

出入经史之间　定鼎法学新风——沈家本先生法律思想的学术源流探微 / 56

贰 宪政

一百年来 / 71

中国百年宪政梦的追寻 / 73

走向宪政 / 84

从"大妥协"到"大决裂"：重访1913年 / 96

最坏的政体——古德诺的隐匿命题及其解读 / 119

民初制宪权问题的再审视——比较宪法的视角 / 138

立宪者毛泽东的人民民主专政理论 / 148

彭真与宪法监督 / 164

协商与代表：政协的宪法角色及其变迁 / 187

叁 法学

大学之"大" / 207

吴经熊与东吴大学 / 209

吴经熊在密歇根大学法学院 / 221

罗炳吉与东吴大学法学院 / 235

四川法政学校——中国近代法学专门教育的地方实践（1906—1926） / 252

梅因历史法学方法论简述
　　——以《古代法》为中心 / 270

再审视作为法学家的边沁 / 281

庞德论中国法律：社会学法理学思想的一次应用 / 291

论社科法学与教义法学之争 / 303

附　录　《华东政法大学学报》百期全目 / 310

序　百期感语

李秀清

2015年5月20日,《华东政法大学学报》第100期出刊。自1998年创刊至今,已经过去了十七个春秋。在十七个寒来暑往之间,何勤华校长作为第一任主编(1998年创刊—2003年第4期),徐永康(1998年创刊—2000年第2期)、施贵康(1998年创刊—2000年第2期)、殷啸虎(1999年第1期—2000年第2期,2000年第3期—2003年第4期常务)、徐士英(2000年第3期—2001年第2期)、张驰(2000年第3期—2003年第4期)等教授先后担任副主编,为学报的发展奠定了坚实的基础。我自2003年第5期起履行主编职责、卢勤忠教授自2006年第4期起担任副主编,一直和学报共同成长。

十七年来,我们的学报与国家的法治进程"同呼吸、共命运"。1997年中共十五大报告提出"依法治国"方略,1999年"依法治国,建设社会主义法治国家"被载入宪法,而学报创刊号即集中研讨"法治"的要义。此后,学报设置过"热点笔谈"、"热点问题探讨"、"立法建议"、"司法时评"等栏目,一直为制定良法鼓与呼,为法的适用与解释提供方案,为法的反思提出新的视角和思路。或许我们的力量微不足道,但是我们不打算在这个伟大的历史时期缺席或失语。

十七年来,我们的学报与中国的法学研究共同进步。在发刊词中,学报即提出了"弘扬学术、培育学术氛围"的办刊宗旨,学报将自己看做学术园地,以期"撒播学术的种子,扶植学术的幼苗,培育学术的秀木"。这些年来,中国的法学研究取得了长足的进步。在论题、材料、论证和方法等各个层面都有了极大的丰富。学报一方面尽自己的努力密切追踪和呈现学术研究的前沿动态,另一方面尝试引领和推动学术研究的发展走向,特别是在法律史、外国法与比较法、判例研究与法解释等方面,更是进行了不少有益的尝试和探索。

作为年轻的法学期刊,《华东政法大学学报》一直注重与年轻学者相互砥砺,共同成长。自创刊以来,学报即没有门户之见,没有专家和后学之别,凡是有真知灼见,能启迪思考的研究成果,均乐意发表。学报发表过本科生的论文,设置过"硕士学位论文菁华"、"博士论坛"栏目。如今活跃在学界的一批年轻学人,早期的研究论文都曾在学报刊发。在学报全面采取双向匿名专家审稿制后,每一期都会有博士生的研究成果脱颖而出,这是新生的、不可阻挡的法学研究的"中国力量"。学报有责任将这股力量凝聚起来、释放出来。学报也注重延揽研有专长的年轻学者,哪怕他/她还只是讲师、也可担任匿名审稿人。法治和法学的未来,需要一代一代学人接续开创。

十七年来,学报的编辑团队也在不断进步。郑莊老师、余红老师为学报的早期发展做出了重要贡献。王沛博士、吴一鸣博士,曾在编辑部专职工作,现已都是学校法律学院的副教授,在各自研究领域都有优秀的研究成果。朱淑丽、冷霞、胡建会、解锟、王捷、李振林等博士曾在编辑部担任兼职编辑,如今也在各自研究或工作岗位上崭露头角。还有十多年来友情参与的十多位兼职编辑,不少人已是"大咖",仍然给予学报莫大的支持。我和卢勤忠教授、陈越峰博士、肖崇俊博士,以及即将入职的官雪博士,也都在不断学习、努力进步,尽力履行好自己的职责,甚至将理想、信念、热情和诚意融贯于其中。

学界同仁和期刊界同行的支持,在评价体系中得到了体现。《华东政法大学学报》自2004年至今是CSSCI法学来源期刊,自2008年至今是中文法律类核心期刊,自2013年至今是中国人文社会科学法学核心期刊,还是全国百强高校社科期刊。但是,学报不会躺在来源期刊目录中办刊,而是尽最大的努力开门办刊、开放审稿、公正选稿、及时用稿,更好地为作者、读者、审稿人服务。仅仅因为采取了一些减轻作者形式负担、提高回应效率的举措,一些学者即在邮件或微信中戏谑学报为"业界良心"、"期刊界的'海底捞'"。由此可见,只要以诚相待、尊重学者的劳动,学报就能够得到学者,特别是年轻学者的认同、信任与支持。学报会在制度化的基础上,将得到认可的做法持续下去。学报还会继续努力,采取得力技术措施,方便作者、读者在移动终端投稿、查询审稿状态、下载和浏览论文等,学报还会尽力不断跟踪、不断满足用户的日新月异的需求。

  回望来路，《华东政法大学学报》也许可以对十七年前的自己会心一笑，这些年，虽已步入红尘，却能不改初心，一直践行着"弘扬学术、推介学人"的办刊宗旨。无论是增大开本、增加页码、纸刊全面改版、启用在线投稿审稿系统、采用三轮审稿和专家匿名二审制，还是接下来学报可能采取的任何新举措，其目的都仍在于此。《华东政法大学学报》真诚感谢海内外学人一直以来的陪伴，我们也希望继续与大家携手同行，为国家的法治建设和法学研究继续做出更多努力和更大贡献。

壹　法治

法家法治理论评析

何勤华[*]

先秦法家的法治理论,在中国古代法哲学史上占有极为重要的地位,并在秦统一六国、建立封建君主专制王朝中发挥了巨大的指导作用。汉代以后,在统治阶级"霸王道杂之"的国策之下,法家的法治理论又被吸收进了正统的封建法律思想之中,从而成为中国传统法律文化的一个重要组成部分。本文拟对法家法治理论的内容、它的历史进步意义、它与古代西方法治学说的差异,以及它对中国古代法和法学发展的影响作些分析、评述。

一

法家是春秋战国时期代表新兴地主阶级利益、主张"以法治国"的一个学派,主要代表人物有管仲、子产、李悝、吴起、商鞅、慎到、申不害等,而其集大成者,则是韩非。但是,这些人物生前,并没有被人们视为一个学派;在这些人物的作品以及先秦文献中,也没有使用"法家"这一术语。将先秦思想家中提倡"以法治国"的人物统称为"法家学派",是秦汉时期的事情了。司马迁在《史记·太史公自序》中,将法家列为"六家"之一,与阴阳、儒、墨、名、道德五家并列,并首次对法家的政治主张和理论学说的本质作了评述。接着,刘歆在《七略》、班固在《汉书·艺文志》中分述诸

---

[*] 何勤华,华东政法大学校长、教授、博士生导师,法学博士。本文原载《华东政法大学学报》1999年第1期(总第2期),第17—23页。

子各家学派皆出于王官时，也谈到了"法家者流，盖出于理官"的问题。因此，法家学派，并不是一个有意识地结成的学术团体，而是因其理论倾向的一致而形成的一股理论思潮。[1]

法家的理论，虽然内容非常丰富，但最集中和最精彩的就是法治学说。

法家认为，要实行法治，首先必须"以法为本"，必须制定出体现国家利益、人人必须遵守的行为规范，作为实行赏罚的依据、治理国家的标准。比如，商鞅指出："法令者民之命也，为治之本也，所以备民也。"[2]韩非也说："法者，所以为国也。而轻之，则功不立，名不成；"[3]"明法者强，慢法者弱。"[4]由于法律是治理国家的根本，所以法家特别强调立法的问题，主张按照功利性、稳定性、适时应变、合乎人情、简明周详、厚赏重罚、重刑等原则来制订法律。所谓"当时而立法"[5]，"因人之情"[6]，"令顺民心"[7]，"法所以制事，事所以名功也"[8]等，说得就是这个道理。

实行法治，不仅意味着制定法律，树立法律的权威，而且也要求在治理国家时严格依法办事，这是法家法治理论的核心内容。比如，前期法家邓析就曾明确主张"事断于法"。他说："立法而行私，与法争，其乱也甚于无法。"[9]商鞅说得更为明确："明主之治天下也，缘法而治，按功而赏。"[10]"故明主慎法制，言不中法者，不听也；行不中法者，不高也；事不中法者，不为也。言中法，则辩之；行中法，则高之；事中法，则为之。"[11]法家认为，要厉行法治，还必须排除仁义、道德以及贤、智等因素。如申不害强调："尧之治也，善明法察令而已。圣君任法而不任智，任数而不任

---

[1] 胡适在《中国哲学史大纲》（卷上，第320—321页）中说："古代本没有什么'法家'。……中国法理学当西历前三世纪时，最为发达，故有许多人附会古代有名的政治家如管仲、商鞅、申不害之流，造出许多讲法治的书。后人没有历史眼光，遂把一切讲法治的书统称为'法家'，其实是错的。但法家之名，沿用已久了，故现在也用此名。"这话是有一定道理的。
[2]《商君书·定分》。
[3]《韩非子·安危》。
[4]《韩非子·饰邪》。
[5]《商君书·更法》。
[6]《慎子·因循》。
[7]《管子·牧民》。
[8]《韩非子·八说》。
[9]《邓析子·转辞》。
[10]《商君书·君臣》。
[11]《商君书·君臣》。

说。黄帝之治天下,置法而不变,使民安乐其法也。"[12]韩非进一步指出:"明其法禁,察其谋计。法明,则内无变乱之患;计得,则外无死房之祸。故存国者,非仁义也。"[13]"废常上贤则乱,舍法任智则危。故曰:上法而不上贤。"[14]

那么,为什么必须严格依法办事,排除其他一切人治的因素?法家讲了内中的理由,即他们认为,法没有感情色彩,具有客观性、公正性。如慎到便主张去主观的私意,建立客观的标准:"措钧石,使禹察之,不能识也。悬于权衡,则厘发识矣。"[15]虽然权衡钧石都是"无知之物",但这种无知的客观标准,辨别轻重的能力,比有知的人还高出千百倍。因此,"有权衡者,不可欺以轻重;有尺寸者,不可差以长短;有法度者,不可巧以诈伪"。[16] 这里,慎到所说的"法",不是先王的旧法,乃是"诛赏予夺"的标准法。而这种标准法,由于是客观的,如钧石权衡是"无知之物",所以也是最正确、最公道、最可靠的。而人治的赏罚,无论如何精明公正,总不能使人无德无怨。对此,韩非说得更透彻:"释法术而任心治,尧不能正一国;去规矩而妄意度,奚仲不能成一轮;废尺寸而差短长,王尔不能半中。使中主守法术,拙匠守规矩尺寸,则万不失矣。"[17]韩非进一步举例说,即使是像舜这样的贤人,去纠正社会弊病时,一年也只能纠正一个,三年也只能纠正三个。然而,严格法治,实行赏罚,就能使大家都不敢违法,从而避免过错。即使有了过错,如果用法律来办事,厉行"符合法度的就奖赏,不符合法度的就惩处"的命令,那么,命令在早晨传达到,过错到傍晚就能改正;命令在傍晚传达到,过错到第二天早晨就能改正;用十天时间全国的过错就可以全部纠正了,哪里要等一年呢?舜不是用这种道理去说服尧来使天下的人服从法令,却亲自去操劳,不是也太没有手段了吗?况且像舜这样的贤人并不多,其寿命也是有限的。更何况使自己吃苦然后再去感化民众的做法,是尧舜这样的贤人也是难以做到的;而运用法律和权势去纠正过错的方法,即使是平庸的君主也是容易做的。[18] 因此,法治是最可靠的,而儒家的人治,却不免有"人

---

[12]《艺文类聚》卷五十四、《太平御览》六三八引。
[13]《韩非子·八说》。
[14]《韩非子·忠孝》。
[15]《太平御览》八百三十。
[16]《太平御览》四百二十九。
[17]《韩非子·用人》,奚仲和王尔都是当时的能工巧匠。
[18]《韩非子·难一》。

存政举,人亡政息"之病。

法家认为,法治并不只是一种空泛的理论,而是一种实践的方策。因此,他们提出了实现法治的方法和途径。

第一,法律应当"布之于众"。法家认为,法律制订以后,既然要人们遵守,就必须以成文的形式予以公布,并力求做到家喻户晓。商鞅指出:"圣人为法,必使之明白易知,名正,愚知偏能知之;为置法官,置主法之吏,以为天下师,令万民无陷于险危。"[19] 韩非也强调:"法者,编著之图籍,设之于官府而布之于百姓者也。……故法莫如显。……是以明主言法,则境内卑贱莫不闻知也,不独满于堂。"[20]

第二,刑无等级。法家认为,要使法治真正得以实行,必须强调法的大公无私,强调君臣上下一体遵行。所谓"法之不行,自上犯之";[21] 所谓"君臣上下贵贱皆从法";[22] 所谓"法不阿贵,绳不挠曲","刑过不避大臣,赏善不遗匹夫";[23] 所谓"刑无等级","自卿相将军以至大夫庶人,有不从王令,犯国禁,乱上制者,罪死不赦",等等,都表明了法家厉行法治的措施和决心。

第三,重刑。为了使法律有效地实施,法家还提出了重刑的主张。如商鞅指出:"重刑连其罪,则民不敢试。民不敢试,故无刑也。"[24] 韩非对此作了解释:"公孙鞅之法也重轻罪。重罪者,人之所难犯也;而小过者,人之所易去也。使人去其所易,无离其所难,此治之道。夫小过不生,大罪不至,是人无罪而乱不生也。"[25] 韩非还对重刑所具有的杀一儆百、维护社会秩序之一般预防作用作了详细说明:"夫重刑者,非为罪人也。明主之法,揆也。治贼,非治所揆也;治所揆也者,是治死人也。刑盗,非治所刑也;治所刑也者,是治胥靡也。故曰:重一奸之罪而止境内之邪,此所以为治。重罚者,盗贼也;而悼惧者,良民也。欲治者奚疑于重刑?"[26] 可见,在法家看来,重刑是达到法治的一个重要手段。重刑并不只是针对某一罪犯,

---

[19]《商君书·定分》。
[20]《韩非子·难三》。
[21]《史记·商君列传》。
[22]《管子·任法》。
[23]《韩非子·有度》。
[24]《商君书·赏刑》。
[25]《韩非子·内储说上·七术》。
[26]《韩非子·六反》。

而是要威慑全体民众,"重一奸之罪而止境内之邪","以刑去刑",达到社会的大治。

第四,"壹法"、"一尊"。法家强调,要厉行法治,必须统一立法权,统一法律的内容,统一思想认识,并保持法的稳定性,即所谓"壹法"、"一尊"。如韩非就明确指出:"言无二贵,法不两适,故言行而不轨于法令者必禁。"[27]"法莫如一而固",否则"治大国而数变法,则民苦之"。[28]《管子·法法》也强调:如果"号令已出又易之","刑法已错(制定)又移之","则庆赏虽重,民不劝也;杀戮虽繁,民不畏也"。

法家力主法治的目的,在于建立一个理想的"法治国"。《管子·法法》对这种"法治国"曾有过精彩的描述:"夫生法者,君也;守法者,臣也;法于法者,民也。君臣上下贵贱皆从法,此之谓大治。"韩非说得更为详细:"明主之国,无书简之文,以法为教;无先王之语,以吏为师;无私剑之捍,以斩首为勇。是境内之民,其言谈者必轨于法,动作者归之于功,为勇者尽之于军。是故无事则国富,有事则兵强,此之谓王资。既畜王资而承敌国之釁——超五帝侔三王,必此法也。"[29]在这一"法治国"中,法律的地位确是无比高了,但其性质,与近代意义上的西方"法治国"的差异却何止十万八千里!关于此点,后面再予展开。

最后,法家还从人性论基础出发,阐述了实行法治的理由。他们认为,治理国家必须用法治,而不能通过其他手段和措施,这是由人类所具有的"好利恶害"的基本属性所决定的。《管子·禁藏》篇说:"夫凡人之性,见利莫能勿就,见害莫能勿避。其商人通贾,倍道兼行,夜以继日,千里而不远者,利在前也。渔人入海,海深万仞,就彼逆流,乘危万里,宿夜不出者,利在水也。故利之所在,虽千仞之山,无所不上;深渊之下,无所不入焉。"商鞅也说:"民之性,饥而求食,劳而求佚,苦则索乐,辱则求荣。"[30]"人性好爵禄而恶刑罚。"[31]从这种"人生有好恶,故民可治也"[32]的人性论出发,法家认为要治理好国家,就必须实行以赏罚为后盾的"法治"。

---

[27]《韩非子·问辩》。
[28]《韩非子·解老》。
[29]《韩非子·五蠹》。
[30]《商君书·算地》。
[31]《商君书·错法》。
[32]《商君书·错法》。

二

法家关于法治的理论,在当时无疑是有进步意义的。

首先,法家提出"以法治国",是要以公开、公正(当然这种公正也仅仅代表了当时新兴地主阶级的利益)、客观的成文法制度来反对奴隶主贵族擅断的、任意的"人治"方式。在中国古代,是法家最先认识并强调了法在治理国家中的重要作用。在法家所设计的"法治国"蓝图中,尽管有诸多局限,而且这些局限后来为历代统治阶级所利用、强化,变为压制民众、阻碍社会进步的因素,但毕竟也提出了"以法为本"、"明法者强,慢法者弱"、"当时而立法"、"令顺民心"、"法必须布之于众"、"缘法而治、论功行赏"、"法不阿贵"、"刑过不避大臣、赏善不遗匹夫"等一系列在当时进步的主张。

其次,法家在法治理论中,对法作出了具有一定科学成分的阐述。比如,他们认为,法律应该是公平的、正直的,因而可以作为衡量人们行为的准则。"尺寸也、绳墨也、规矩也、衡石也、斗斛也、角量也,谓之法。"[33]又如,他们认为,"法"和"刑"应该结合起来,以"法"作为定罪量刑的根据,以刑以及与之相对的赏作为保证"行法"的手段,从而达到法治的目的:"明刑之犹至于无刑也。"[34]再如,他们初步意识到了法律的主要功能在于保护私有制、镇压敌对阶级的反抗,维护正常的社会秩序等方面。《管子·七臣七主》指出:"法者,所以兴功惧暴也;律者,所以定分止争也;令者,所以令人知事也。法律政令者,吏民规矩绳墨也。"这些思想,尽管强调的是臣民的义务方面,但已经明确地把法律的作用区分为规范作用和社会作用两个方面,对于我们正确认识法律的价值和功能具有深刻的启发意义。[35] 最后,他们已经认识到了法律的基础是社会,它是随着社会的发展而发展、社会的变化而变化的。"法与时转则治,治与世宜则有功。……时移而治不易者乱。"[36]这实际上已接触到了法的进化规律方面,这比当时强调固守成法、反对变革的奴隶主贵族显然

---

[33]《管子·七法》。
[34]《商君书·赏刑》。
[35] 莫纪宏:《法家法律思想得失谈》,载 1988 年 9 月 23 日《法制日报》。
[36]《韩非子·心度》。

要高出一等。

再次,法家在强调法治时,已提出了法治的法必须是顺应时势、顺应自然的法:"安国之法,若饥而食、寒而衣,不令而自然也";[37]必须是合乎民心、适合于民众的法:"明主之道忠法,其法忠心"[38](尽管这种法源于君主,在本质上是为君主服务的)。

第四,在法家的法治理论中,"刑无等级","君臣上下贵贱皆从法"等内容,占有重要的位置。这一思想,尽管在后来的法律实践中很难真正实施,因为中国古代封建社会是君主专制的社会,是等级特权的社会。但在春秋战国时期,法家的这一理论对奴隶主贵族的"刑不上大夫"等旧体制无疑是一个强大的冲击。

第五,法家的法治理论,始终和当时各个诸侯国变法的实践结合在一起。法家的各位代表人物,不仅创设和鼓吹法治的理论,而且还亲自予以实践。因此,他们的理论具有丰富的实践性及应用价值,这一点在法哲学史上是必须充分肯定的。比如,商鞅在变法过程中就取消了除君主之嫡系外一切贵族的世袭特权,以及贵族不受刑律制裁的特权,从而减轻了劳动人民的经济负担,减少了对平民百姓的杀戮和虐害。而这对当时秦国实力的增强具有重要意义;吴起相楚期间,坚持明法审令,裁减冗员和无能的官吏,使旧贵族至边境垦种,收其禄,以抚养训练军队,从而使楚国的国势日渐强盛。而韩非本人虽然没有任相执政的机会,但他的法治思想直接影响了秦始皇,从而在统一中国的宏伟事业中发挥了巨大的物质力量。而中国的统一、秦王朝的建立,在当时都是具有进步意义的事情。

所以,法家关于法治理论的历史进步性是必须肯定的。那种将法家的法治理论说得一无是处,并予以彻底否定的观点,是不符合历史事实的。[39]

三

从形式上看,法家的法治理论与古代西方的法治学说具有许多相似之处,比如

---

[37]《韩非子·安危》。
[38]《韩非子·安危》。
[39] 郭沫若在《十批判书》(东方出版社1996年重版)中对韩非的思想作了入木三分的深刻剖析,令人信服。但他在"后记"中说韩非的理论是"法西斯式的理论"的观点,则带有明显的政治色彩,是可以商榷的。

都主张以法为本,强调立法和执法的重要性,强调以法治国,主张法的公开性、平等性、客观性和稳定性,强调法律应当以社会为基础,顺应形势的发展变化,等等。但若对古代东西方法治理论的内容和性质详加分析,就会发现先秦法家的法治理论与古代西方的法治理论之间存在着巨大的差异。分析这种差异是正确评述法家法治理论的历史价值所无法避免的。

如上所述,一方面,法家所说的法,是君主立的法,如《管子·任法》所言:"法生于君"。另一方面,法家强调法治的目的,是为了君主的利益。所谓"能去私曲就公法者,民安而国治","法审则上尊而不侵"。[40] 所谓君主以法制臣,"使其群臣不游意于法之外,不为惠于法之内,动无非法"。[41] 所谓贤臣必须"无有二心","顺上之为,从主之法,虚心以待令而无是非"。[42] 所谓"圣人之治也,审于法禁,法禁明著,则官法;必于赏罚,赏罚不阿,则民用官。官治则国富,国富则兵强,而霸王之业成矣。霸王者,人主之大利也"[43] 等等,说的就是这个道理。因此,法家的法治愈彻底,君主的权力就愈得到强化,专制程度就愈加深厚,商鞅以后秦国的实践对此是一个最好的注解。

而古代西方社会的法律,与公民的意志相联系,与民主相一致,如柏拉图就明确指出:"不是根据全国的利益而只是根据部分人的利益制定的法律不是真正的法律。那些只是依照部分人的利益制定法律的国家,不是真正的国家,他们所说的公正是毫无意义的。"[44] 从古代希腊的法治实践来看,其法律基本上也都是公民大会所制定的。因此,它的法治越彻底,其民主的权威就越得以加强。因此,中国古代法治的实施,强化了君主专制,而西方社会法治的贯彻,则是完善了民主制。

在中国古代,法的主要内涵是刑,"凡所治者,刑罚也。"[45] 而西方法的主要内涵是权利。这从西方"法"这一用语(拉丁语 Jus;法语 Droit;德语 Recht),本身就可以解释为"权利",在许多场合,讲法和讲权利是同一回事中就可以得知。

---

[40]《韩非子·有度》。
[41]《韩非子·有度》。
[42]《韩非子·有度》。
[43]《韩非子·六反》。
[44] [古希腊]柏拉图著,森进一等译:《法律》715B,上册第254页,岩波书店1993年版。
[45]《韩非子·诡使》。

在古代中国,法的目标是打击"小人",严厉惩罚反抗专制君主统治的臣民。所谓"民本,法也。故善治者塞民以法。"[46]"过匿则民胜法,罪诛则法胜民。民胜法,国乱。法胜民,兵强"。[47]这些都非常露骨地点明了法治的目标是要使老百姓不敢有丝毫的反抗。所谓"行刑,重其轻者,轻者不生,则重者无从至矣"。[48]"严刑者,民之所畏也;重罚者,民之所恶也。故圣人陈其所畏以禁其邪,设其所恶以防其奸,是以国安而暴乱不起。"[49]这些,也都一语道破了加重刑罚、严厉镇压民众的反抗,人民就不敢触犯法律,结果也就达到了法治的目标。因此,中国古代的法治越发展,刑罚就越残酷,秦朝的统治是一个很好的例子。

在古代西方,法治则是以保护公民的私有财产、保护自由民之间的平等和自由、保护公民的民主权利等为主要目的的。如在雅典,经过梭伦立法(公元前594年)、克里斯提尼立法(前509年)和伯里克利立法(前443年)等立法改革,先后完善、创立了公民大会、五百人议事会、陪审法庭、"贝壳放逐法"(由公民投票放逐僭主或者其他贪官污吏的法律)等,使每个公民获得了选举权和被选举权,出任公职权,参与审判权,以及在法律上的平等权,对私有财产的所有权等等。在古代罗马,公元212年《安敦尼努敕令》颁布后的情况也一样。[50]因此,古代西方法治的目标就是立一个保障公民的自由、民主和权利的法治社会。

在中国古代,法治是一种形式意义上的法治,即它不追求法本身的良、恶,只要是君主的意志,就必须严格执行。当然,如上所述,法家也强调法必须顺乎自然,合乎民心,但就法是否必须合乎正义,立法权在多数人手里还是在君主手里,君主是否必须严格服从法律等问题上,法家是始终站在君主一边,为君主的利益辩护的。此外,在儒家那里,也有一个法(刑)的运行必须符合宗法家族伦理的问题。但儒家同时认为法是镇压"小人"的,是惩治未开化的野蛮民族的,是不得已而使用的手段。故他们所说的法的实施,实际上也是在道德教化不起作用时对民众的暴力

---

[46]《商君书·画策》。
[47]《商君书·说民》。
[48]《商君书·说民》。
[49]《韩非子·奸劫弑臣》。
[50]《安敦尼努敕令》(Constitutio Antoniniana)是由罗马皇帝卡拉卡拉(Caracalls,211—217年在位)颁布,它将罗马公民权授与帝国境内的所有自由民,从而使法律(主要是私法)面前人人平等得以完全实现。

镇压。

而在西方,柏拉图和亚里士多德都提出了法必须是良法,法的执行必须符合自然法,必须符合公平正义的思想。"相应于城邦政体的好坏,法律也有好坏,或者是合乎正义或者是不合乎正义。"因此,法律的实际意义"应该是促成全邦人民都能进于正义和善德"。[51] 他们认为,只有制定出一种好的法律,并将其作为治理国家的基础,才能达到实施法治的目的。因此,西方的法治是一种实质意义上的法治。

由于中国古代没有专门的法院、专门的审判机关,完全由国君和行政官吏掌握审判权。所以,中国的法治在程序上往往异化为一种政治措施,受个人尤其是君主个人意志的左右。特别是韩非提出了光有法律还不行,还要佐以"术"(君主个人单独掌握的阴谋诡计)、"势"(君主所依托的政治权势)。这样,更使法成为君主维护自己专制统治、保住自己独裁权力的工具。大独裁者秦始皇之所以看到韩非的书以后,一定要和他见面,说见到面后死也无憾,其原因就在这里。

而西方,雅典从梭伦立法起,就设立了陪审法庭,且是民主性的、选举式的、公开平等的法院组织形式。在罗马,也有独立的法院组织系统,并在最高裁判官之下,还设立了承审官,有独立的民事审判程序。在这种情况下,法律才能得到切实地执行,法治才能起到保护当事人的作用,法治才会受到民众的拥护,深入社会,成为一种传统。

古代中国和西方法治的上述差异,(对当时社会而言)不能简单地归之于谁优谁劣。因为法家的法治理论和古代希腊和罗马的法治学说,包括各自的实践模式,都是各自社会的产物,在适应当时社会经济、政治和文化发展中起到了应该起的作用,都具有历史的合理性和进步性。这里的问题是,这两种不同类型的法治,在以后的历史发展演变中,对后世所产生的完全不同的影响。古代西方的法治学说及其实践模式,由于其包含了法律是全体公民意志的体现,法律必须合乎社会正义、自然理性,法律是公民平等自由权利的保障等观念和制度,因此,它后来就成为资产阶级反对封建的专横的法律制度,创建近代法治国家的历史基础。而法家的学说以及其实践模式,由于其包含的特殊的负面因素,在中国则发展起了另一种风格

---

[51] [古希腊]亚里士多德著,吴寿彭译:《政治学》,商务印书馆1965年版,第138、199页。

迥异的文化传统。

四

那么,在法家的法治理论中,包含了哪些负面因素,它们对中国传统法律文化的形成和发展又产生了哪些重要的影响呢?笔者以为,这主要包括三个方面。

第一,法家的法治理论为历代封建王朝强化君主专制统治提供了理论基础。虽然在表面上,汉代以后统治阶级都以儒学为宗,强调修身、养性、齐家、治国、平天下的道德修养,但在暗地里却一刻也没有放松以法来巩固自己的专制统治,镇压反对皇权的行为和活动。还在黄老之学威势未衰,儒家学派开始勃兴的汉武帝时代,司马迁就已经清醒地看到了这一点:"法家严而少恩,然其正君臣上下之分,不可改矣。""法家不别亲疏,不殊贵贱,一断于法,则亲亲尊尊之恩绝矣。可以行一时之计,而不可长用也,故曰'严而少恩'。若尊主卑臣,明分职不得相逾越,虽百家弗能改也。"[52]司马迁的评述可以说是入木三分。明末清初的思想家也都认识到了这一点。如顾炎武就指出:在中国古代君主专制之下,一切权力"皆人主自为之",其结果就是天下一切权力都收在上面,万机之广,不是一个人所能操持的,而这必然要依赖专制之法。故"人君之于天下,不能以独治也,独治之而刑繁矣"。[53] 黄宗羲也认为,法家所立之法,仅仅是一家之法,而要真正实行法治,必须以天下之法代替(君主的)一家之法。[54]

第二,法家的法治理论,为中国古代文化专制主义和反智(反对知识、反对知识分子)传统的形成和发展开了先河。法家为了厉行法治,曾特别强调法的一尊思想和文化一统的重要性。他们要求老百姓对法律不许违反,不许议论。因为"令虽出自上而论可与不可者在下,是威下系于民者也"。[55] 因此,必须采取"作议者尽诛"的高压手段。[56] 他们还主张"禁奸于未萌"[57],以便从思想上根本解决问题。并

---

[52]《史记·太史公自序》。
[53]《日知录》卷六:"爱百姓故刑罚中"。
[54]《明夷待访录·原法》。
[55]《管子·重令》。
[56]《管子·法法》。
[57]《韩非子·心度》。

且认为这是最好的办法,即所谓"太上禁其心"。[58] 从"禁其心"出发,法家要求统一思想,"明主之国,无书简之文,以法为教;无先王之语,以吏为师。"[59] 一切与法令不合的仁义道德、诗、书、礼、乐都得禁止,"息文学而明法度,塞私便而一功劳,此公利也"。[60] 主张用极其野蛮的手段实行文化专制。如同郭沫若所言:"在韩非子所谓'法治'的思想中,一切自由都是禁绝了的,不仅行动的自由当禁('禁其行'),集会结社的自由当禁('破其群以散其党'),言论出版的自由当禁('灭其迹,息其说'),就连思想的自由也当禁('禁其欲')。韩非子自己有几句很扼要的话:'禁奸之法,太上禁其心,其次禁其言,其次禁其事'(《韩非子·说疑》),这真是把一切禁制都包括尽致了。"[61] 法家的这种主张,其灾难性的后果,便是从商鞅的"燔书而明法令"[62] 发展到秦始皇和李斯的"焚书坑儒"。

与文化专制主义相连,法家也大力攻击知识分子。"夫立法令者,以废私也。法令行而私道废矣。私者,所以乱法也。而士有二心私学、岩居(dan旦)处、托伏深虑,大者非世,细者惑下。……凡乱上反世者,常士有二心私学者也。"[63] 因此,韩非将知识分子列为"五蠹",强调君主不能重用他们:"文学者非所用,用之则乱法。"不仅不能重用,而且应当根除。否则,"人主不除以五蠹之民,不养耿介之士,则海内虽有破亡之国、削灭之朝,变勿怪矣"。[64]

余英时对法家的这种立场态度称之为"反智论"(anti-intellectualism),并说明反智论在道家那里虽已有端倪,但将其"发扬光大"乃至精密成熟,即是法家的"杰作"。[65] 以后历代专制君主,如秦始皇的焚书坑儒,朱元璋的滥杀士子学人,康熙、乾隆的大兴文字狱等,都只是法家反智论的具体执行而已。文化专制、反对知识分子、尊君卑臣以及愚民政策等又是互相关连着的,它们形成了中国法律文化的一个传统,这一传统越发展到封建社会后期,对中国文化发展的阻碍作用就越大,知识

---

[58]《韩非子·说疑》。
[59]《韩非子·五蠹》。
[60]《韩非子·八说》
[61] 前引郭沫若:《十批判书》,第 403 页。
[62]《韩非子·和氏》。
[63]《韩非子·诡使》。
[64]《韩非子·五蠹》。
[65] 余英时:《中国思想传统的现代诠释》,江苏人民出版社 1995 年版,第 79 页。

分子也越来越被压得喘不过气来,沦为封建专制统治者的附庸(当然,也有个别正气浩然者),无丝毫独立之地位。而这一后果的出现,法家实负有不可推卸之责任。

第三,法家的法治理论也是中国古代法律虚无主义传统的渊源之一。法律虚无主义的传统大体流行于汉王朝建立以后,其特征在于将法视为辅助道德教化的工具,是刑事杀戮、镇压民众反抗的手段,也是"盛世所不能废,而亦盛世所不尚"的东西。[66] 在这一传统的形成过程中,道家和儒家起了巨大的作用,但法家也同样是罪魁祸首。一方面,在中国古代社会,在法的内涵主要是刑的情况下,对法的过分强调必然导向严刑、酷刑。另一方面,法家生怕这种以刑杀为主的法律的一般适用还不足以镇压民众的反抗,又明确提出了重刑的主张:路上弃灰者要处黥刑,[67] 萌生盗心者要处膑刑和刖刑,[68] 一人犯罪株连三族[69]。在这种高压的"法治"之下,人们对法就有了一种恐惧感,谈法色变,畏法如虎。这种心理一旦成为整个中华民族的心态,就必然助长法律虚无主义的肆虐横行。因此,与道家的蔑视法律、儒家的轻视法律一样,法家的严刑峻法,事实上对法律虚无主义的形成和发展起到了异曲同工之效用。

---

[66] 清纪昀语,见《四库全书总目提要·按语》。
[67]《汉书·五行志》引"商鞅之法"。
[68] 桓谭《新论》引魏《法经》。
[69]《汉书·刑法志》引"商鞅之法"。

法家法治思想的再评判
——兼与杨师群同志商榷

武树臣[*]

读了杨师群同志的《法家的"法治"及其法律思想批判》[1]一文（以下简称《杨文》），觉得该文在学术观点、史料运用、研究方法等方面均有明显的偏颇之处。故撰此文，兼与作者商榷。

一、对《杨文》十个观点的批评

《杨文》提出许多观点，均显失公允。现择要批评如下：

（一）给"法治"定位：关于"如此凶残恐怖的统治，如何能称作'法治'"

在《杨文》作者看来，法家的"法治"不能称作"法治"。在作者心目中，似乎存在着一个"法治"的样板，也许就是西方的"法治"吧。那么，就让我们先看看法家的"法治"，再看看西方的"法治"，从而为法家的"法治"讨个说法。

1. 关于先秦法家的"法治"

"法治"是先秦法家提出的一种理想、主张和治国方略。"法治"的语义表述可见如下著作：《商君书·君臣》："缘法而治"；《商君书·更法》："据法而治"；《商君书·壹言》："垂法而治"；《商君书·慎法》："任法而治"，"以法相治"；《管子·明法》："以法治国"；《慎子·君人》："事断于法"；《韩非子·饰邪》："以法为本"。"法

---

[*] 武树臣，山东大学人文社会科学一级教授。本文原载《华东政法大学学报》1998年创刊号，第54—63页。
[1] 华东政法学院科研处编：《市场经济与法制建设文集》，法律出版社1997年版。

治"作为一种理想,其主要精神就是"法的统治"。如《管子·法法》:"夫生法者君也,守法者臣也,法于法者民也。君臣上下贵贱皆从法,此之谓大治";《管子·法法》:"不为君欲变其令,令尊于君";《管子·明法解》:"法者,天下之程式也,万事之仪表也";《商君书·修权》:"法者,国之权衡也";《商君书·壹言》:"言不中法者不听也,行不中法者不高也,事不中法者不为也";《韩非子·定法》:"明主之国,令者言最贵者也,法者事最适者也。言不二贵,法不两适。故言行不轨于法令者必禁。"法治"作为一种理论既具有相对合理性,又具有历史局限性。前者见于法家所阐述的历史进化论、"好利恶害"的人性论、个人与国家相结合的功利主义等观点。后者则表现为理论体系内的逻辑矛盾,即"尊君"与"尚法"的矛盾。诚如梁启超先生所说:"欲法治主义言之成理,最少亦须有如现代所谓立宪政体者以盾其后,而惜乎彼宗之未计及此也"[2]。"法治"作为一种治国手段,是通过"赏罚二柄"来实现的。此外还包括完善的立法,公布成文法,"使万民皆知所避就"[3],等等。

在学术界,将法家政治法律思想的核心主张概括为"法治",是近代学者创始的,并为当今学者所沿用。梁启超先生在《先秦政治思想史》、《中国法理学发达史论》等著述中,把法家学术概括为"法治主义"。与此并列的还有"术治主义"、"势治主义"、"礼治主义"、"人治主义"、"放任主义"、"国家主义"、"社会主义"等。陈烈先生《法家政治哲学》、吴经熊先生的《唐以前法律思想之发展》、陈启天先生的《中国法家概论》等,均沿用"法治主义"之说。改革开放以来,中国法史学界成果颇丰,在涉及法家的著述中基本沿用了"法治"的术语,并在其内涵的把握上形成共识,将法家的"法治"视为中国古代的土产,与西方的"法治"严加区别。

2. 关于西方的"法治"

在西方,最先给"法治"定义的是古希腊的亚里士多德。他说:"法治应当包含两重意义:已成立的法律获得普遍的服从,而大家服从的法律又应该本身是制定得良好的法律。""法治"一开始就与"一人之治"相对立,他说:"由最好的一人或由最好的法律统治,哪一方面较为有利",其结论是:"法治应当优于一人之治。"[4]他还

---

[2] 梁启超:《先秦政法思想史》,中华书局1936年版,第149页。
[3] 《商君书·定分》。
[4] 亚里士多德:《政治学》,吴寿彭译,商务印书馆1965年版。

认为,为保证能够制定"良好的法律",必须建立共和制政体以取代君主专制政体。在近代的西方,"法治"思想被赋予资产阶级的政治内容。在近代英国,"法治"理论表述为以自由主义为价值基础以三权分立为政权形式的"法的统治";在近代欧洲大陆国家,"法治"理论表述为"依法行政"的"法治国家"。总之,在西方资产阶级的"法治"理论当中,亚里士多德的古老定义仍然发挥着作用:"法律获得普遍服从"演变成"法的统治";而"良好的法律"标准或产生条件则演变成自由主义价值基础和三权分立的政权形式。

3. 中西方"法治"的神异与形似之处

"法治"的中西之别,不仅是地域之别,更重要的是古今之别,或封建主义与资本主义之别。中西"法治"理论的神异主要表现在:第一是逻辑方面。西方近代"法治"理论以自由主义价值为基础,以三权分立的政体为依托,从而保证产生"良好的法律"并保证"获得普遍的服从"。而中国古代的"法治"理论虽然也要求"君臣上下贵贱皆从法",但由于"尚法"与"尊君"是矛盾的,法律的普遍性在王权面前被扭曲了。第二是价值基础方面。西方"法治"的价值基础是自由主义或个人本位,这种理论在自然法理论中得到充分的理论阐发,并从基督教文化那里获取了神圣性。中国古代的"法治"理论体系由于缺少本体论色彩而显得苍白无血色。"法治"的必要性仅仅从人们"好利恶害"的"本性"那里聊备一说。至于"法"的正义性、神圣性,王权的正义性、神圣性等,都几乎没有得到理论的阐发。而苍白的理论是无法使民众去追求、崇拜和信仰的。第三是实践方式。西方"法治"理论当中,"法治"理想通过三权分立的政治法律实践活动而实现。中国古代的"法治"则以王权为中心,靠王权对立法的垄断和司法的支配来实现。

尽管如此,中国古代的"法治"与西方的"法治"仍然存在着某些形似之处。这主要表现在:第一,法家曾经宣传过法的普遍性,如"君臣上下贵贱皆从法","明君置法以自治,立仪以自正"[5],并多次劝说君主"不以私害法",尽管他们没有也不可能创造出使君主守法的法律。第二,法家的"法治"在管理官吏或曰"依法行政"方面是很有建树的。梁启超先生指出:"法家根本精神,在认法律为绝对的神圣,不

---

[5]《管子·法法》。

许政府动辄法律范围以外。……就此点论,可谓与近代所谓君主立宪政体者精神一致。"[6]阎步克先生指出:"这种精神,就决定了科层体制、成文法规和专业雇员的必要性。法家的法治,就是在这样一种精神指导之下的合理化行政。他们对于秩序、权力、法规、职责等等的技术意义,对于行政体制的构成和运行机制,都做出了卓越的阐述。"[7]

4. 法家"法治"何以成为东方式的"法治"而非西方式的"法治"

先秦法家的"法治"之所以成为东方式(即封建专制主义)而非西方式的"法治",其原因不能从法家思想中去寻找,而应当从当时的社会历史条件中去寻找。

首先,法家的"变法"是政治革新而非社会革命。法家"变法"的社会力量是非贵族出身的"国人"即小土地所有者,而非近代市民社会的市民。"国人"既然由于缺乏商品交换而组成市民社会,那么就必然仰望天空希望某种凌驾于社会之上的权威来自上而下地保护他们的权利,这就是王权。于是,法家的"变法"就不能直接求助市民运动而只能仰仗王权。实际上这种变法也正是以压抑贵族特权和提高王权来实现的。这也正是初期法家重视"势"的原因。既然"君尊则令行",尊君是变法的基本前提,那么,"以法治国"的"法治"就不能抛开君权而独立完成。

其次,法家代表着封建官僚的利益。法家当中有许多人就是受雇于君主的官僚。"委质为臣,无有二心。"与具有相对独立政治、经济、军事地位和人格尊严的贵族不同,封建官僚的待遇、升降等等,完全听命于君主。他们没有市民阶层作为直接的社会基础,也没有条件充当君主与民众之间的桥梁。当他们作为学者时,也许热衷于限制君权,要求君主为长治久安而克制自己的私欲,而一旦步入朝堂,便不假思索地拜倒在君权脚下。由于法家主张无神论,这也是当时意识形态的大势所趋,从而失去了用神权来制约王权的可能性。法家要缔造一个与传统社会风格迥异的新型国家,他们无法从传统思想库中去寻找新的思想武器。这就使他们的"法治"必然与王权联姻。

第三、法家的阶级立场毕竟是统治阶级的立场,而非劳动大众的立场。这就使

---

[6] 梁启超:《先秦政法思想史》,中华书局1936年版,第147页。
[7] 阎步克:《士大夫政治演生史稿》,北京大学出版社1996年版,第171页。

"法治"带有封建阶级的烙印,即法律是"治理人民"的工具,而非保护人民的武器。在民权几无踪影的古代社会,"法治"不与民权挂钩而独与君权挂钩,不是十分自然的事情吗?

5. 结语:法家的"法治"原本如此,为何称不得"法治"?

法家的"法治"思想产生于公元前数百年,从它产生的时候起便是这副模样。西方近代的"法治"思想是19世纪末期才传入中国的。当时的翻译家把英语词汇译作"法治"。既然我们不能因为西方舶来的"法治"占用了中国古已有之的"法治"这个专用术语,而指责西方的"法治"混淆了中国古代"法治",那么,又为什么因为中国古代"法治"的内涵不同于西方输入的"法治",便宣布中国古代的"法治"称不得"法治"?且不说秦帝国专任刑罚之举并不能简单归罪于法家的"法治"理论。

(二)人治与法治之辨:关于法家的君主专制统治"本质上是一种比儒家思想追求的更为狭隘更为有害的人治"

在学术界,"人治"与"法治"这一对矛盾的概念似乎已定论,但远未达成一致。笔者认为,儒家主张的"人治",至少包含两层意义:一、在政体上是宗法贵族政体;二、在法体上是判例法。法家主张的"法治",也包含两层意义:一、在政体上是集权专制政体;二、在法体上是成文法。

贵族政体是"众人之治"而非"一人之治"。在贵族政体下,各领地最高领袖掌握着相对独立的政治、经济、军事、法律等权力,因此,各领地治理的好坏,在很大程度上取决于最高贵族领袖个人素质的优劣。于是才有了《礼记·中庸》所谓:"为政在人:其人存则其政举,其人亡则其政息。"

集权专制政体是"一人之治",靠庞大的官僚机器来运行。国家治理的好坏,不靠众官僚是否贤能,而靠法律的严备,使法律在辽阔国土内得到统一的贯彻。为此,天下事无小大"皆决于法","皆决于上"是自然的。而且,在司法中,严格禁止法官发挥个人主观能动作用,也不准援引以往的判例。密如凝脂的法条,使依照法条断案如做加减法一样简便而精确。

由此而论,儒家追求的"人治"是贤人君子之治,法家追求的"法治"是完备法律之治。"人治"和"法治"的内涵一旦确定,无论如何也得不出法家的君主专制统治"本质上是一种比儒家思想追求的更为狭隘更为有害的人治"这个结论来。

笔者注意到,有学者提出:"儒法两家都是人治主义者,区别只是在程度上,法家表现为极端的君主专制之人治,儒家表现为相对的君主主义之人治,但这只能说明,儒法两家在这一问题上的分歧不能归结为人治和法治的对立",并把中国古代的人治和法治之对立称为"一条虚构的儒法斗争主线"[8]。对此,阎步克先生认为,这种观点"虽非无据但仍嫌过当。我们似乎不能因其不同于现代意义的人治和法治,就全然否定传统意义脉络中曾经有过的'人治'和'法治'之争。这样的处理,或将从另一路线上陷入了以西方或现代概念剪裁中国历史的误区。我们应该承认在另一些意义上使用'人治'(以及'礼治')与'法治'之对立这样一个视角的可行性,在中国古代它们之间确实存在着并非无关宏旨的区别"。[9]

(三) 何必妄自菲薄:关于所谓"中华法系中最拙劣的传统之一"

《杨文》在列举《秦简·法律答问》的有关原文之后,笔锋一转,宣布:"这一以所谓有无犯罪意识来判断其是否犯罪的司法原则,可谓是中华法系中最拙劣的传统之一。"《杨文》这段话的本义是否可以转述为:"有犯罪意识即为犯罪,无犯罪意识即不为犯罪"。那么,这样的司法原则,不仅不是"中华法系中最拙劣的传统之一",恰恰相反,是古代刑法思想的一次升华。

秦代的司法活动有一个倾向,就是"客观归罪"。这种做法到西汉初期仍然沿用。汉武帝时有一案:甲与乙斗,甲之子丙持杖助甲,误击甲。法官以为"殴父,当枭首"。就是典型的例子。董仲舒反对"客观归罪",他援引《春秋》许止进药之案例,认为断案应当"原心",即分析行为人的动机和目的,不能仅视客观行为和危害后果。这就是著名的"原心论罪"原则。从"客观归罪"到"原心论罪",无疑是古代刑法思想和刑法制度的一大进步。

为避免曲解《杨文》上述原文的含义,还应注意《杨文》引用《法律答问》的原文:"甲盗,赃值十钱,乙知其盗,受分赃不盈一钱,问乙何论?同论";"宵盗,赃值百一十,其妻、子知,与食肉,当同罪。"这是典型的"客观归罪"。又兼而涉及"有罪推定"和"株连"制度。对此,《杨文》显然持否定态度。但却认为是"统治者要惩治在心理

---

[8] 俞荣根:《儒家法思想通论》,广西人民出版社1992年版,第39页,第二章第一节。
[9] 阎步克:《士大夫政治演生史稿》,北京大学出版社1996年版,第212页。

上有犯罪嫌疑之人,而不管其事实上是否犯罪"。事实上,上述原文所说的"乙"和盗者之"妻、子",恰恰不具有盗窃的故意,也没有盗窃的心理,只是获取或享用盗窃之钱物,便被"客观归罪"。《杨文》据此引文而宣布"这一以所谓有无犯罪意识来判断其是否犯罪的司法原则,可谓是中华法系中最拙劣的传统之一",真让人如堕烟雾,不知所云。

(四) 数典未曾忘祖:关于法家"扼杀民智"政策是对"子产不毁乡校的反动"

《杨文》认为,法家"完全不准议论君主所立之法","君主立法为是,他人就不能以法为非","臣民议论法令,批评时政的现象不少,法家不是因势利导,以此为契机来改善法制,而是用极其专制、严酷的手段去打击压制","完全排斥民众的理念和智慧对完善法制的作用,从而使其立法、执法诸程序走向极端狭隘的专制道路"。其结论是:"法家的这种扼杀民智政策是子产不毁乡校的反动"。

首先,子产的改革与法家的变法是两件发生在不同时代不同背景、不同条件、不同结局的不同事件。子产的改革,尽管得罪了一些守旧的奴隶主贵族的既得利益,但子产的许多措施,如"作封洫"、"作丘赋"、"使都鄙有章"、"庐井有伍"[10],又得到众多封建贵族的拥护。守旧势力的反抗,不过是躲在农村的"乡校"里发发牢骚而已。法家的变法是通过颁布和推行新法令来实施的。法令公布之后,守旧势力大造舆论反对新法,并蠢蠢欲动,图谋复辟。对此如不坚决禁止,变法必然会失败。《史记·商君列传》载:商鞅变法时,将反对新法者"尽迁之于边城,其后民莫敢议令",其道理就在这里。

其次,法家是主张成文法的。按照成文法传统,法律具有极大的权威,这种权威是不允许臣民动摇的。法律的权威来自君主的权威或"国家主权"。法官必须严格依法断案,不得自论是非。因此,法律公布之后,禁止人们妄加议论特别是批评,这几乎是成文法国家的通例,中外皆然。

第三、法家以颁布并推行成文法作为实施变法的重要手段。这种变法要树立新制度的权威,就必须同传统道德思想观念实行最大程度的决裂。在社会上"智慧"同旧观念站在一起的情况下,要树立新政的权威,就不得不采取文化专制主义

---

[10] 参见《左传·襄公三十年》、《昭公四年》。

政策。如《韩非子·五蠹》所主张的"明主之国,无书简之文,以法为教;无先王之语,以吏为师",就是要把"民智"包括言谈、舆论都统一到法制轨道,以提高法律的权威。

第四、尽管法家没有学习子产的"不毁乡校",但法家却是子产事业的继承者。法家不仅效法子产"铸刑书"的做法,公布成文法,使妇孺皆知,而且还从子产"宽猛相济"的两手当中,发展了"以猛服民"的一手。子产临终时说:"唯有德者能以宽服民。其次莫如猛。夫火烈,民望而畏之,故鲜死焉。水懦弱,民狎而玩之,则多死焉。故宽难。"[11]这与法家的"以刑去刑"之说不是暗通的吗?子产发明了"宽猛相济"说,如果说儒家是"以宽服民"的发扬者,那么,法家便是"以猛服民"的继承人了。法家是没有"数典而忘祖"的。

(五)黑白颠倒:关于所谓法家的法律体系"对是否犯罪的界定和司法判刑的尺寸都有着极大的随意性"

《杨文》认为,法家在立法、司法上都有着极大的随意性,其表现是"没有一般违法与犯罪的区别","常常混淆着罪与非罪的界限","司法判刑的尺寸都有着极大的随意性","允许统治者以主观臆测去进行司法判罪活动"。须知,我们不能以今天关于违法与犯罪、罪的认识标准来要求先秦的法家,这样做既不客观也不公平。

事实是,在法律实践活动中带有极大随意性的,并不是战国秦代的法家,而是西周春秋判例法时代的法官。比如西周出土《训匜铭文》所载牧牛一案,法官说:本应处以墨刑,并鞭打一千下,现在免除墨刑,鞭打五百下,罚金三百锾。以后如再犯,老帐新帐一齐算。再如《左传·闵公元年》所载兄弟相伤一案,子产宣判道:"直钧则幼贱有罪",并对被告人说:本应判你死刑,我不忍心,你赶快离开郑国吧。当时法官判案的随意性可略见一斑。

从《睡虎地秦墓竹简》来看,当时的法律条文对犯罪和刑罚都作了十分详细的规定。比如,秦律规定:身高男六尺五寸、女六尺二寸以上,始负法律责任;对赦令颁布以前的犯罪,不再追究刑事责任;按盗窃赃物的价值科处相应的刑罚,盗采桑

---

[11]《左传·昭公二十年》。

叶不盈一钱的,罚徭役三旬。不仅如此,在遇到法无明文规定或对法律术语难以理解时,要逐级上报请示,不得自行裁断。在这种情况下,法官简直成了做加减法的算盘,哪里还有什么随意性!

成文法条的严备,审判程序的严格,都为了限制法官的随意性,使法官判案像做加减法一样简单而精确,从而保证国家法律在时间上空间上的一致性。如果说西周春秋的判例法造就了一批学识渊博、善于在司法中立法的法律大家的话,那么,战国秦朝的成文法则培养了一批长于死记硬背、恪守法条的司法工匠。

(六) 法与刑:关于所谓"三代单一的刑法文化"以及"法家之法基本与刑同义","在法家的法律中,唯有赏罚二字"

《杨文》说:"然而中国古代,自三代以来,就只有君主家长制统治,其法无非是统治者强加于臣民的刑罚,或者说赏罚制度";"法家不但继承了三代单一的刑法文化,且进一步发展了君主专制的法律内容";"其法无非是统治者强加于臣民的刑罚";"在法家的法律中,唯有赏罚二字,且以刑罚为主";"总之,法家之法基本与刑同义"。简言之,作者给"三代之法"和"法家之法"下了定论,即"刑法文化"和"刑罚制度"。这种定论是有失偏颇的。

首先,夏商周三代的法文化,自有其丰富的内容,远非"刑法文化"四字所能概括。刑法是规定犯罪并施以刑罚的行为规范,刑法惩治的对象最早是部族内部违犯共同生活准则的成员,后来演变为对国家犯罪者。由于史料的原因,对夏代的情形无法详述。到了商代,在记载着国家重大政治生活片断的甲骨卜辞当中,出现了不少表现刑罚的古文字。但同时,在《尚书·酒诰》中也有"肇牵车牛远服贾用孝养厥父母"的商业行为和道德规范。发明"车牛"(即"服牛")的也许就是殷先王亥,他和《易经》两度记载的"丧羊于易"有关。可以想见,在部族之间的交易行为后面,一定有着约定俗成的行为规范。《易经》还记载了"匪寇婚媾"的抢婚习俗。可见,物质的生产和人类自身的再生产活动已经培育出古老的行为规范,然而这不都是刑法。在西周、春秋,人们长期积累的行为规范被赋予"礼"的形式。"礼"调整的范围十分广泛,包括祭祀、军事、外交、政治、经济、婚姻等。西周初期周公"制礼作乐",

确立了礼的政治功能。同时又"作誓命",宣布刑法诸原则,谓"在九刑不忘"[12]。这就是用刑来维护礼,即"出礼则入刑"之义。"礼"是调整家族事务的,"刑"是国家独揽的事情,只有"礼"管不了时候,"刑"才介入。在国家权力鞭长莫及的广大生活空间,"礼"发挥着实际的作用。从西周出土的礼器铭文中,我们看到大量因田地交易、林地交易、田租、以马易田、盗禾、损害赔偿而引起的讼诉,这些案件都不是用刑法调整的。春秋的情况更是如此。邓析"作竹刑"并代理讼诉,《吕氏春秋·离谓》载:"民之献衣襦而学讼者,不可胜数。"这是因为,贵族政权的衰落和平民政治的兴起,使人们有机会充当生活的主角,有了特殊的利益需要保护。总之,以"刑法文化"为三代法文化作定论是不客观的。

其次,法家之法也不简单地等同于刑罚。法家的法包括三个层次的内容:一是国家政治制度,即法家"变法"之"法";二是法律制度,即"法律令"之类;三是刑法刑罚。仅以《睡虎地秦墓竹简》为例,便可见当时的法律已涉及社会生活的方方面面,如《田律》规定:如遇自然灾害,要将受灾面积及时上报,如遇下雨及谷物抽穗亦如此;春天不准砍伐林木,夏天不准捕捉幼兽、幼鸟,兽类繁殖时不准狩猎。又如《金布律》规定:商店要给商品标明价格,小商品不值一钱的,可以不标价。因此,把法家之法简单地等同于刑法刑罚,既不客观,也不公平。

(七)法治与私有制:关于所谓法家"毫不隐讳地主张对私有财产加以剥夺",法家"从没有明确表示过要保护什么私有财产"

《杨文》提出:"法家决不允许一般臣民发财致富",法家"毫不隐讳地主张对私有财产加以剥夺","查遍法家的所有言论主张、改革措施和法律条文,从没有明确表示过要保护什么私有财产","惩治盗贼的主要目的,在于维护其统治秩序,而并非保护私有财产"。

《杨文》以《管子·揆度》"富而能夺"、《商君书·说民》"贵令贫者富,富者贫"为据,认为法家"毫不隐讳地主张对私有财产加以剥夺"。首先,《管子·揆度》原文为"富能夺,贫能予,乃可以为天下。"须知,"贫能予"不是法家的主张,如《史记·商君列传》载商鞅变法,"事末利及怠而贫者,举以为收孥"。《韩非子·显学》:"侈而惰

---

[12]《左传·文公十八年》。

者贫,而力而俭者富。今上征敛于富人以布施于贫家,是夺力俭而与侈惰也,而欲索民之疾作而节用,不可得也。"因此,以《揆度》的话来证明法家的主张,这个做法本身就不扎实。其次,《商君书》所谓"令贫者富,富者贫",这是一种政策的两个方面。如果说"令富者贫"就是夺私有财产,那么"令贫者富"岂不是保护私有财产吗?其实,"令贫者富,富者贫"的精神已见诸商鞅变法的措施,即奖耕、战、告奸,使贫者获得爵禄和良田美宅,禁绝游说商工之民,使富者贫。此不赘述。

关于法家法治是否保护私有制的问题,我们没有理由要求先秦古人用今天的语言来明确表态。而应通过其著述和法律实践来加以概括。《史记·商君列传》载:商鞅变法,奖励耕织:"为田开阡陌封疆,而赋税平","大小戮力本业,耕织致粟帛多者复其身"。又实行分户:"民有二男以上不分异者倍其赋";《商君书·垦令》禁止富人雇佃客:"无得取庸","庸民无所于食"。《来民》有"制土分民之律",《算地》有"任地待役之律",《境内》有"四境之内,丈夫女子皆有名于上,生者著,死者削"。《韩非子·六反》有"适其时事以致财物,论其税赋以均贫富","使民以力得富,以事致贵"。这些都说明,法家要确立并维护与以往宗法贵族所有制不同的以个体家庭为细胞的小土地所有制。在法律实践方面,《睡虎地秦墓竹简》规定:"盗徙封"即私自移动田界标志物的,要处罚。私人之马,食他人禾稼的,要"偿稼"。马如系被人惊吓逃跑而食他人禾稼的,不"偿稼"。"盗采桑叶",即使"不盈一钱",也要罚做徭役。"卖所盗,以买它物,皆畀其主",即出卖盗窃之物,以买他物,都应归还原主。"百姓有责(债),勿致擅强质","强质人者,论",百姓间有债务,不准强行索取人质,否则论罪。"上节(即)发委输,百姓或之具就(僦)及移输者,以律论之",即禁止雇他人代行劳役。"部佐匿诸民田","已租诸民,弗言,为匿田",乡间小吏隐匿百姓田亩并收取田赋而不上报者,以匿田论处。小牲畜入他人室被打死的,要罚二甲。《封守》载:查封某里士伍甲的财产,计有堂屋一间,卧室二间,房屋都用瓦盖,木构齐备,前门有桑十株,公狗一只。《争牛》载:二人争一牛,官吏验牛牙齿,以定归属。《秦简》中还有"盗牛"、"盗马"、"群盗"、"强攻群盗",数额至千钱、万钱。这些记载都说明,当时的法律,在维护国家财产所有制的同时,也确认并维护封建性的私有财产。

诚然,法律总是维护某种社会秩序的。而这种社会秩序的核心内容,也正是财产所有制关系。那么,为什么偏要宣布:法律维护的只是社会秩序,而与财产所有制关系毫不相干?"惩治盗贼"只是为了"维护统治秩序",而不是维护盗贼所侵犯的财产所有制关系?

(八)是规劝还是怂恿:关于所谓"韩非明确反对君主自律以法"

《杨文》认为,韩非是"明确反对君主自律以法",其证据是《韩非子·难三》所言"为君不能禁下而自禁者谓之劫,不能饬下而自饬者谓之乱。"其实,这种结论是站不住脚的。

首先,从《韩非子·难三》原文当中不能得出韩非"反对君主自律以法"的结论。《杨文》作者对该段原文理解有失误。原文大意是:作为君主,制定了法律和制度,不能约束整饬臣僚,只是用来约束自己,这就失去作君主的意义,必然招致劫难和变乱。该段原文的要害是强调法律制度对臣僚发挥实际的作用,反对"不能禁上"、"不能饬下"。而不是一般地反对君主"自禁"、"自饬"。

其次,要求君主"自律以法",是法家的一贯主张。如《商君书·君臣》:"明主慎法制,言不中法者,不听也;行不中法者,不高也;事不中法者,不为也。……人君者不可不察也"。《慎法》:"故有明主忠臣产于今世,而能领其国者,不可以须臾忘于法。破胜党任,节去言谈,任法而治矣。"《管子·法法》:"明君置法以自治,立仪以自正也","禁胜于身则令行于民","不为君欲变其令,令尊于君。"《慎子·君人》:"君舍法而以心裁轻重,则是同功而殊赏,同罪而殊罚也,怨之所由生也。"

第三,韩非明确主张君主"自律以法"。《韩非子·有度》:"故明主使其群臣,不游意于法之外,不为惠于法之内,动无非法。"《八经》:"上下贵贱相畏以法。"《饬邪》:"明主之道,必明于公私之分,明法制,去私恩。夫令必行,禁必止,人主之公义也。"

尽管如此,由于法家没有也无法解决君主与法律的逻辑矛盾,因此,要求君主守法也只是规劝而已。在整个封建社会,君权没有也不可能受到宗教教权和民主议会制政治权力的制约。对这一点,我们不必感到耻愧,亦不必苛责战国时的法家。法家确实感到君权与法律的矛盾,也确实想要解决君主"自律以法"的问题。但他们未能如愿。因此,商鞅才发出"法之不行,自上犯之"[13]的不平,韩非才慨叹

---

[13]《史记·商君列传》。

法家法治思想的再评判—兼与杨师群同志商榷

道:"法术之士与当涂之人不可两存之仇也"[14]。我们没有理由给法家戴上"反对君主自律以法"的帽子。

(九) 战国的"律"与"令":关于所谓"战国法家在编定法律时,已把君主诏令有可能与成文法律之间产生的矛盾,用专制主义原则解决了"

《杨文》提出:"春秋后期,国家才刚刚出现成文法,而战国法家在编定法律时,已把君主诏令有可能与成文法律之间产生的矛盾,用专制主义原则解决了。"其证据便是《睡虎地秦墓竹简·法律答问》中的一段话:"律所谓者,令曰勿为,而为之,是谓犯令;令曰为之,弗为,是谓废令也。"对这段古文字,《杨文》这样阐释道:"就是在成文法律中明确:君主之诏令有绝对权威,当诏令与法律发生矛盾时,应以令为准,否则要追究'犯令'、'废令'之罪责。这样将君主的诏令地位明显置于法律之上。"这一结论是不正确的。

首先,《杨文》曲解了《法律答问》原文的本义。其义是:"律文的意思是,规定不要做的事,做了,称为'犯令';规定要做的事,不去做,称为'废令'。"此处的"令"不是指君主的"诏令"。况且,《法律答问》中的文字,是司法解释之类,根本不是"成文法律"。

其次,在战国,有"法律令"之称。如《睡虎地秦墓竹简·语书》所言"凡法律令者","今法律令已具","修法律令"可证。又谓"法律未足,民多诈巧,故后有间令下者。"可知,"法律"是较为稳定的规范;"令"是随时颁布的规范。又称"举劾不从令者,致以律"。可见,对违令者如何制裁,还要依律来办理。如《内史杂》:"犯令者有罪。"且多见"以律论之","以×律论之","以×律责之","以律论其不备","不如令者,皆以律之"(《金布》)。"律"与"令"的关系是谐调、配套的。

第三、地方官吏也可以"修令"。如《语书》:"故腾为是而修法律令、田令及为间私方而下之,令吏明布,令吏民皆明知之"。秦统一后,皇帝的命令才有了专门术语:"命为制,令为诏。"因此,《杨文》所谓战国时的法家已经解决了"令"与"律"的矛盾,恐怕缺少证据。

(十) 法治与贤臣:关于所谓"既搞专制,便不能容贤臣"

《杨文》提出:"法家还竭力反对释法任贤,认为任用贤臣是国家发生动乱的根

---

[14]《韩非子·孤愤》。

源。"又举两段原文为据:《商君书·慎法》:"人主莫能世治其民,世无不乱之国,奚谓以其所以乱者治?夫举贤能,世之所以治也,而治之所以乱";《韩非子·忠孝》:"君有贤臣,适足以为害耳,岂得有利焉哉。"

其实,这两段文字恰恰不能支持"杨文"的立论。《慎法》那段话,正说明"举贤能"既可以达到"治",又可以达到"乱",关键是举什么样的"贤能"。原文接着就讲"世之所谓贤者",不过是"释实事而诵虚词"的"言说之人"。如果"君人者不察也,以战必损其将,以守必卖其城。"而《忠孝》的原文则更明显:"父之所以欲有贤子者,家贫则富之,父苦则乐之;君之所以欲有贤臣者,国乱则治之,主卑则尊之。今有贤子而不为父,则父之处家也苦;有贤臣而不为君,则君之处位也危。然则父有贤子,君有贤臣,适足以为害耳,岂得利焉哉。"这里说了两种"贤",前面的"贤"是真正的"贤",后面的"贤"字是打引号的假"贤"。

法家反对任用儒家式的"贤臣"。原因有二:一是"以贤危主"如《忠孝》所说"所谓忠臣不危其君,孝子不非其亲。今舜以贤取君之国,而汤、武以义放弑其君,此皆以贤而危主者也,而天下贤之"。《外储说左下》更宣布了"恶君亦君"的君臣不易之道:"冠虽贱,头必戴之,履虽贵,足必履之";"冠虽穿弊,必戴于头,履虽五采,必践之于地。"《忠孝》也说:"人主虽不肖,臣不敢侵也"。二是儒家式的贤臣无益于国。如《商君书·靳令》把"礼乐诗书修善孝弟诚信贞廉仁义非兵羞战"视为"六虱",反对"国以六虱授官予爵"。《韩非子·五蠹》把儒者、侠客、纵横家、患御者、商工之民称为国家的五种蛀虫。认为"乱国之俗,其学者则称先王之道以籍仁义,盛容服而饰辩说,以疑当世之法,而贰人主之心"。并总结道:"人主不除此五蠹之民,不养耿介之士,则海内虽有破亡之国,削灭之朝,亦勿怪矣。"

法家主张任用法家式的"贤臣"。这包括两个层次。一是忠于君主、忠于国法的"法术之士"、"能法之士"、"智法之士"。即《韩非子·忠孝》所谓"尽力守法,专心于事主者为忠臣。"他们为了国家的长远利益不惜触犯有"逆鳞"的君主和得罪有势力的权贵。其结局常常是悲剧性的。故《韩非子·孤愤》道:"智术之士明察,听用,且烛重人之阴情;能法之士劲直,听用,且矫重人之奸行。故智术能法之士用,则贵重之臣必在绳之外矣。是智法之士与当涂之人不可两存之仇也。"二是"良吏",即《睡虎地秦墓竹简·语书》所谓:"良吏明法律令,事无不能也。又廉洁敦悫而好佐上,以一曹事不足独治也,故有公心,又能自端也。"《为吏之道》所谓:"忠信敬上"、"清廉毋谤"、"举事审当"、"喜为善行"、"恭敬多让"之类。

法家在选贤举能上打破了宗法血缘和诸侯国别的界限,即《韩非子·说疑》所谓:"内举不避亲,外举不避他。"故春秋时有"楚材晋用",战国时有"晋材秦用","秦成帝业,皆以客之功"。[15] 可见,法家"法治"方略的实现,是靠着与之配套的任人政策来支持的。法家为了推行"法治",一方面摒弃旧式(宗法贵族政体)的"贤臣",一方面选任法家式(集权专制政体)的"贤臣",这不是很自然的事情吗?

二、《杨文》在史料方面存在的问题

《杨文》在史料的评价、运用和理解方面,存在明显的失当之处。下面分而述之。

(一) 关于《七国考·魏刑法·法经》的真伪问题

《杨文》三次引用《法经》原文:一、李悝《法经》规定:"窥宫者膑,拾遗者刖。""越城一人则诛,自十人以上夷其乡及族。""议国法令者诛,籍其家及其妻氏。""群相居一日以上则问,三日四日五日则诛";二、李悝《法经》在"窥宫者刖"后注:"曰为盗心焉";三、李悝《法经》上规定:"议国法令者诛,籍其家及其妻氏,曰狡禁。"并加注释:《七国考》引桓谭《新书》。

明代董说著《七国考》,其卷十二《魏刑法》有《法经》条,引汉代桓谭《新书》(当为《新论》)所载的一段文字:

魏文侯师李悝著《法经》,以为王者之政莫急于盗贼,故其律始于盗贼。盗贼须劾捕,故著《囚》、《捕》二篇。其轻狡、越城、博戏、假借、不廉、淫侈逾制为《杂律》一篇。又以《具律》具其加减,所著六篇而已。卫鞅受之,入相于秦,是以秦、魏二国深文峻法相近。《正律》略曰:杀人者诛,籍其家,及其妻氏。杀二人,及其母氏。大盗戍为守卒,重则诛。窥宫者膑,拾遗者刖,曰为盗心焉。其《杂律》略曰:夫有一妻二妾,其刑月或。夫有二妻则诛,妻有外夫则宫,曰淫禁。盗符者诛,籍其家,盗玺者诛,议国法令者诛,籍其家,及其妻氏,曰狡禁。越城一人则诛,自十人以上夷其乡

---

[15]《史记·李斯列传》。

及族,曰城禁。博戏罚金三币,太子博戏则笞,不止则特笞,不止则更立,曰嬉禁。群相居一日以上则问,三日四日五日则诛,曰徒禁。丞相受金,左右伏诛。犀首以下受金则诛。金自镒以下罚,不诛也,曰金禁。大夫之家有侯物,自一以上者族。其《减律》略曰:罪人年十五以下,罪高三减,罪卑一减。年六十以上,小罪情减,大罪理减。武侯以下,守为法矣。

关于这段文字的真伪,历来有不同的评价,而以否定为多。谢冠生《历代刑法书存亡考》说:"李悝书自《隋书·经籍志》以下,诸家目录皆不著,惟《汉书·艺文志》有《李子》三十二篇,列法家之首,原注以为即李悝,顾无'法经'名字。《晋志》述魏陈群等撰《新律十八篇序》,引秦《法经》六篇而不言李悝。今考书之篇数既非《汉书》之旧,文体亦不类战国时人作,其出于依,盖无疑也。"

杨宽先生《战国史》(1955年版)认为:"恒谭《新论》是南宋时散佚的,董说这条引文当是转引他书的。我们看内容可信其确为桓谭《新论》的原文。"1959年捷克斯洛伐克的鲍格洛发表《李悝法经的一个双重伪造问题》(东方文献27期),认为《七国考》条文是董说根据《晋书·刑法志》伪造的。杨宽先生在《战国史》(1961年版)将原来的观点作了修正,认为:"桓谭《新论》是宋时散失的,董说这条引文究竟从哪里转引来的,无从查考,实不足信。"杨宽先生在《战国史》(1981年版)的《后记》中,对《七国考》所引《法经》文字进行详细的分析,指出诸多可疑之处,其结论是:"董说所引《法经》条文就有出于他自己伪造的可能。"[16]缪文远先生《七国考订补》亦持此论。

当然,也有学者认为明代尚有桓谭《新论》,董说很可能读过《新论》(明赵清常校宋本)。持此说的有日本学者守屋美都雄,见《关于李悝法经的一个问题》(载《中国古代史研究》第二,1965年)。张警先生于1983年撰文亦持此说,并认为,《法经》条文,非董说所伪造[17]。

但无论如何,《杨文》在使用《七国考》所引桓谭《新论》关于《法经》的条文时,应当说明自己对这段文字的评价,以免以讹传讹。在众多中国法史著述当中,像《杨

---

[16] 杨宽:《战国史》,上海人民出版社1980年版,第601—605页。
[17] 张晋藩:《中国法制史研究综述》,中国人民公安大学出版社1990年版,第89—94页。

文》这样不加说明如信史般引用的做法,恐怕是极少的。

(二) 关于《韩非子·初见秦》的作者

《杨文》引《韩非子·初见秦》的一句话:"为人臣不忠,当死;言而不当,亦当死。"并冠以"韩非说"。但关于《初见秦》篇的作者,学界早有定论。梁启超《韩子浅解》说:"本篇虽是《韩子》的首篇,但本篇作者不是韩非。"还有学者认为该篇作者是张仪、范雎、蔡泽、吕不韦[18]。无论如何,把不是韩非的文字当作韩非的主张并加以批判,是不严谨的。

(三) 关于古籍原文的解释

《杨文》有几处对古籍原文的理解是不妥当的。比如,把《商君书·开塞》的"刑用于将过"中的"将过",解释为"即将要犯罪,实际上还没有犯罪","就是说,仅凭动机就可判人以罪名,而不用任何客观的标准,实际上就是允许统治者以主观臆测去进行司法判罪活动"。而古文原文的意思是说,"刑加于罪所终,则奸不去",即刑罚只是适用于人们犯了罪之后,这样就不能消灭奸邪。只有用法律将人们的犯罪消灭在萌芽状态,才能杜绝犯罪。即《韩非子·心度》所谓"禁奸于未萌"。具体做法就是"赏施于告奸,则细过不失"。

又如,《杨文》将《商君书·去强》的"国以善民治奸民者,必乱,至削;国以奸民治善民者,必治,至强"解释为"用奸民治善民,其结果只能是统治残暴,治狱冤滥,它也是轻罪重刑思想的一种荒诞表现"。看来《杨文》把"以奸民治善民"理解为任用奸民当官吏来治理善民并且裁判案件,这是一种多么"荒诞"的设计。而原文的本义应是:不要拿对待善民的办法来治理奸民,而应拿对待奸民的办法来治理善民。

再如,《杨文》以《管子·法禁》"用不称其人,家富于其列,其禄甚寡而资财甚多者,圣王之禁也"为据,说法家"决不允许一般臣民发财致富","主张对私有财产加以剥夺"。其实,唐房玄龄注得很明白:"臣有用少而家业富,禄寡而资财多,则以枉法取于人故也。"有如今日巨额财产来路不明之义。

可以说,《杨文》对古文理解上的偏差,助长了研究方法上的偏颇,两者互为因果,才产生那么多片面的见解。

---

[18] 梁启超:《韩子浅解》,中华书局 1960 年版,第 1、2 页。

三、《杨文》在研究方法上存在的问题

《杨文》在研究方法上也存在明显的不妥之处,下面分而述之:

(一)《杨文》对史学界、法学界研究善的评价有虚构之处

《杨文》指出:"长期以来,史学界、法学界对法家的嘉誉之词不一而足";"许多史学家以阶级斗争的理论教条为据,给法家戴上'新兴地主阶级'的光环,从而全面肯定这一传统文化的做法,至今还在误导民众的法律意识。由于传统法律文化的严重缺陷,使许多人至今不懂得人民的权利才是法律的本源,这一走向法治现代化应具备的基本价值观。可以肯定地说,如果我们至今还无视法家所造就的传统法律文化中的种种毒素,而不用全力去肃清其影响,那么要建设现代法治社会,难免仍是一句空话。"

但是,《杨文》决不是一篇"反潮流"的宏文,因为,学术界根本不存在《杨文》所说的状况。"长期以来"、"全面肯定"这八个字,如果评价"文化革命"中"评法反儒"时的学术界,或许是成立的。但一说到"至今还在误导民众",便牛头不对马嘴了。看来,作者也许还沉浸在信奉"阶级斗争理论教条"的时代里,不然,他的文章为什么有那么浓烈的"大批判文章"的火药气息。

(二)《杨文》的研究方法有不慎之处

《杨文》在进行对比研究时似有"西方中心论"和"传统文化虚无主义"嫌。比如,《杨文》说:"在古希腊罗马,伴随着社会发展的进程,造就了'法'是正义、是权利、是契约的法律文化传统。……然而中国古代,自三代以来,就只有君主家长制统治,其'法'无非是统治者强加于臣民的刑罚,或者说赏罚制度。到春秋战国这一社会发展转型的重要时期,法家在其法律思想中非但没有一点正义、权利和契约方面的内容,反而变本加厉地实行君主专制统治,同时毫无顾忌地剥夺民众应有的基本权利。"

其实,希腊罗马之所以成为希腊罗马,法家之所以成为法家,自有其非如此不可的"历史合理性"(黑格尔语)。我们大可不必因为中国古代民众没有"应有的基本权利",不必因为秦帝国未能成为希腊罗马,而恼羞成怒。我们寻找历史的原因,也不必驻足于文字、理念之间,而应当深入社会的客观实际生活,从中发现一些内

在的规律性。这也正是学术研究的价值之所在。

(三)《杨文》的研究心态有不妥之处

《杨文》在研究心态上缺乏客观冷静的态度,从而导致"攻其一点,不及其余"的片面心态。比如,《杨文》批评道:"韩非为了加强君主专制统治,就更是信口雌黄地滥加人罪,把死刑当儿戏。……如此看来,韩非说秦王被下狱治死,可一点也不冤。"韩非是否"把死刑当儿戏",姑且不论,那么,就因为韩非宣传了君主专制思想,就应当"一死了之"吗?

再如,《杨文》批评法家"完全排斥民众的理念和智慧对完善法制的作用,从而使其立法、执法诸程序走向极端狭隘的专制道路"。这难道不是以现代的标准来苛求古代的法家人物吗?

结束语

在学术界,像《杨文》这样在学术观点、史料运用、研究方法和心态诸方面存在如此之多的问题的论文,恐怕是十分罕见的。对此文,法史学界完全可以一声不响。但那样做便等于默认了它的存在,使它以讹传讹,混淆视听。这是笔者所不愿看到的。故撰此文,以示不愿苟同,兼而乞教于学界同仁。我仍坚信:任何学者发表任何学术观点的权利,应当得到普遍尊重。

法家"法治"思想再探讨
——答武树臣先生

杨师群[*]

读了武树臣先生《法家法治思想的再评判》(以下简称《武文》)[1]，受益匪浅。文中许多观点和提法，似仍可作进一步商榷。

一、关于法家的"法治"问题

拙作《法家的"法治"及其法律思想批判》(以下简称《杨文》)提出法家的"法治"不能称作"法治"，是建立在与古希腊罗马社会"法治"的概念立场比较之上，正如《武文》所论述的亚里士多德给"法治"所下的定义，并由此形成的西方传统的"法治"观念。随着近代西学的东渐，这一"法治"观念已逐渐为中国学界所普遍接受。在这一历史背景之下，主要在对我国传统法律文化的反省中，这一观点实际上已有许多学者提出，并得到学术界一定程度的反响。如梁治平先生指出："法家的'务法'、'治法'也丝毫不具有法治的精神"。"中国古代社会不仅不曾有过'法治'，而且也不大可能出现'法治'。"[2]张中秋先生也说："笔者确认传统中国未曾出现和存在过法治！"[3]再如同样受到《武文》批评的俞荣根先生的观点等等，不胜枚举。

---

[*] 杨师群，华东政法大学教授。本文原载《华东政法大学学报》1999年第2期(总第3期)，第50—54页。
[1] 见《华东政法学院学报》1998年创刊号。
[2] 梁治平：《寻求自然秩序中的和谐》，上海人民出版社1991年版，第60、83页。
[3] 张中秋：《中西法律文化比较研究》，南京大学出版社1991年版，第278、290页。

当然，笔者也不想否定一些近代学者将法家的政治法律思想的主张概括为"法治"的观点，因为其观点是建立在"中国古已有之的'法治'这个专用术语"(《武文》语)的概念立场之上，它与西方传统的"法治"概念立场是基本不同的。由于立场不同，《武文》自可坚持近代学者的观点，不会有人责难，然而为什么一定要强迫其他人也得同意此观点呢？

有关儒家与法家的"人治"、"法治"之辨也同样如此。《杨文》认为，法家所谓"皆决于法"、由于"法自君出"，其实质只是"皆决于上"，所以法家要求实行的是君主专制残酷统治的"人治"，而儒家追求的是圣人、贤哲进行君主制统治的"人治"，自然得出：法家的专制统治"本质上是一种比儒家思想追求的更为狭隘更为有害的人治"的结论。张中秋先生也指出："春秋战国时期的礼、法之争并不是所谓的人治与法治之争"。[4] 江荣海先生说得更为透彻："韩非法、术、势三位一体的法治'主张，只是一种君主独裁专制的理论，是一种比儒家更有害的人治主张。"[5]《武文》自可在法家"法治"观点的基础上，坚持儒法"人治"与"法治"之争的理论，何必又要强人所难指责别人呢！

同时，《武文》还论述了一系列的理由，来为法家进行残酷的专制统治实质的"法治"实践辩护。提出："法家'变法'的社会力量是非贵族出身的'国人'即小土地所有者，而非近代市民社会的市民。'国人'既然由于缺乏商品交换而组成市民社会，那么就必然仰望天空希望某种凌驾于社会之上的权威来自上而下地保护他们的权利，这就是王权。于是，法家的'变法'就不能直接求助市民运动而只能仰仗王权。"许多历史学家详尽论证了"国人"是贵族，或至少应是包括贵族在内的"国"中之人，有关权威的论著不胜枚举。[6] 同时，将"国人"定性为"小土地所有者"，不知有何根据？尤其需要指出的是："国人"是西周和春秋初期宗法制度下的一个等级概念，战国时期宗法制度崩溃，"国"、"野"的区别逐步消失，可以说当时已不存在"国人"这一阶级或阶层。很清楚，《武文》为了证明自己的观点，乃至不惜为战国法

---

[4] 张中秋：《中西法律文化比较研究》，南京大学出版社1991年版，第278、290页。
[5] 江荣海：《论韩非的人治思想》，《北京大学学报》1993年第3期。
[6] 关于这一点，可参阅候外庐：《中国古代社会史论》，人民出版社1955年版，第185—194页；吕思勉：《先秦史》，上海古籍出版社1982年版，第291—292页；许倬云《西周史》，生活·读书·新知三联书店1994年版，第296页等论著。

家杜撰一个所谓"变法社会力量"的"国人"阶层。

《武文》又说:"法家的阶级立场毕竟是统治阶级立场。……在民权几无踪影的古代社会,'法治'不与民权挂钩而独与君权挂钩,不是十分自然的事情吗?"总之,武先生似乎是在告诉我们,中国古代实行法家群主专制统治是天经地义之事。

其实,春秋战国时期随着宗法制度的崩溃,政局打破僵化的等级秩序,诸侯国统治的略为松弛,个体家庭成为社会基本经济单位,尤其是私营工商业的繁荣,经济和文化得到前所未有的发展,社会存在较大的可塑性。从士人的参政议政,到百家争鸣局面的形成,人们在社会转型的动荡中,开始上下求索,寻找一条适合发展的治政之路。其中虽然旧的文化传统仍有明显的烙印,但也不乏一些新思想新气象。如许多士人提出了重视民众地位和藐视君主权威的思想,师旷说:"天之爱民甚矣,岂其使一人肆于民上,以从其淫,而弃天地之性,必不然矣。"[7]还有孟子的"民贵君轻"之说,荀子的"载舟覆舟"的绝妙比喻等,都多少给当时的政治发展带来一些开明取向。一些诸侯国统治者也采取了某些较为宽松开明的政策,如郑国子产"不毁乡校",认为"其所善者,吾则行之;其所恶者,吾则改之,是吾师也。"[8]尤其是齐国创建"稷下学宫",汇集了当时许多的著名学人名士,"不治而议论",专门为齐国出谋划策、评议时弊、讥谏朝政,进退自由。这些开明政策,应该说含有相当的进步意义,给社会发展起了一定的促进作用。

然而法家在这样的社会发展关键时刻,却竭力推销其赤裸裸的君主专制理论,完全不把民众放在眼里,要求实行严刑酷法的恐怖统治。就连当时日益普遍的要求君主兼听、纳谏以制约专权的呼声,法家都不屑一顾。而主要用连坐法、轻罪重刑诸残酷手段进行镇压,不许民众有任何议政的权利,并用燔诗书、禁游学等野蛮措施来消灭不同政见,以完成其立体型、全方位的君主专制统治体制。相对中国已经历了近千年的宗法君主制社会而言,法家的"变法"统治有其逻辑演进的一面,但并非"十分自然的事情"。至少这样的政治法律改革方向,在社会发展中没有多少进步意义可言。[9]

---

[7]《左传·襄公十四年》。
[8]《左传·襄公三十一年》。
[9]参阅拙作:《商鞅变法的性质与作用问题驳论》,《学术月刊》1995年6期。

二、有关法家"法治"的几个具体问题

首先,关于"中华法系中最拙劣的传统之一"。《秦简·法律答问》载:"甲盗,赃值千钱,乙知其盗,受分赃不盈一钱,问乙何论?同论";"宵盗,赃值百一十,其妻、子知,与食肉,当同罪。"《杨文》仔细分析了:"乙"根本没有参与盗窃,而在"赃值千钱"中"受分赃不盈一钱"是指实际上并没有分得什么赃物,仅"知"而已,就要与盗"同论"。而"其妻、子"也同样没有参与宵盗,也无所谓分赃,仅"知"、"与食肉",就判与盗"同罪"。其被判罪的主要缘故是在"知"。《杨文》指出:"参与犯罪与仅知其犯罪是二类性质完全不同的行为,而将其不分轻重地同罪论处,同样是统治者要惩治在心理上有犯罪嫌疑之人,而不管其事实上是否犯罪。"再加上前面对法家主张"刑用于将过"、"拾遗者刖"、"群相居……则诛"等一系列"莫须有"罪名的分析,最后的结论便是:"这一以所谓有无犯罪意识来判断其是否犯罪的司法原则,可谓是中华法系中最拙劣的传统之一。"汉代以后所谓"腹诽"诸罪名的创设,及所造成的司法冤滥,便是这一"法治"传统的杰作。

《武文》认为:上述"秦简"案例"这是典型的'客观归罪'"。试问:将实施犯罪与仅"知"其犯罪的人"同罪"惩处,这就叫"客观归罪"吗?前面《杨文》的意思是不能仅凭所谓的"犯罪意识"而不管其是否实施犯罪行为来判定罪名,而《武文》将其转述为:"有犯罪意识即为犯罪,无犯罪意识即不为犯罪。"其含义已明显曲解,《武文》又宣布:"这样的司法原则,不仅不是'中华法系中最拙劣的传统之一',恰恰相反,是古代刑法思想的一次升华。"接着便举了董仲舒"原心论罪"的案例。要知道,不管是《武文》所谓"客观归罪"也好,"原心论罪"也好,其都是在案件中存在犯罪行为或危害后果诸犯罪的客观方面要件作为前提的,而《杨文》上面所论述的法家这一司法原则都不需要这些犯罪的客观方面要件,而仅凭所谓的"犯罪意识"就能判定罪名,如此的"法治"思想与司法原则难道不"拙劣",反而称得上是"一次升华"、"一大进步"吗!正是《武文》论证问题的没有逻辑性,"真让人如堕烟雾,不知所云"。(借《武文》语)

其次,关于法家"扼杀民智"禁止臣民议论法令的问题。《武文》将子产"不毁乡校"的社会背景描述为"守旧势力的反抗,不过是躲在农村的'乡校'里发发牢骚而

已"。由此,武先生永远不会理解子产所言"夫人朝夕退而游焉,以议执政之善否。其所善者,吾则行之;其所恶者,吾则改之,是吾师也"。其中学人关心国事及至改革者的宽广胸怀所透露出的中国古代社会此间所存在的政治开明之取向。而《武文》一味强调:"法家的变法是通过颁布和推行新法来实施的。新法公布之后;守旧势力大造舆论反对新法,并蠢蠢欲动,图谋复辟。对此如不坚决禁止,变法必然会失败。《史记·商君列传》载:商鞅变法时,将反对新法者尽迁之于边城,其后民莫敢议令',其道理就在这里。"

《武文》这里说的商鞅"将反对新法者"流放,与史实不符。《史记·商君列传》的原文是:"秦民初言令不便者,有来言令便者,卫鞅曰:'此皆乱化之民也',尽迁之于边城,其后民莫敢议令。"准确地说,被商鞅流放的,并不是反对新法的人,而恰恰是那些后来赞同新法的人。《武文》又断言:"法律公布之后,禁止人们妄加议论特别是批评,这几乎是成文法国家的通例,中外皆然。"果然如此吗?我们知道,亚里士多德的《政治学》是对古希腊150多个城邦国家宪法进行比较、评论的结果,他因此被判罪吗?古罗马在这方面尤为开明,"罗马对私人创办法律学校、招收弟子门生、传授法律知识的宽容态度,使各家学说和各个学派能够成立,从而为百花齐放、百家争鸣的形成创造了学术条件"。[10]

《武文》认为,"我们不能以今天关于违法与犯罪、罪的认识标准来要求先秦的法家,这样做既不客观也不公平"。张中秋先生说:"在今天看来,偷采别人不值一钱的桑叶,是一种民事性的侵权行为,根据民法,至多也只应罚款。而秦律却认定为犯罪,并处罚犯者为国家服役30天的徭役。这完全是一种刑法化的民事规范。"[11]如此分析问题,目的在于指出中国古代不存在严格意义上的民法及其缘委。而在罗马法的"私法"与"公法"之分中,所谓"公法涉及罗马帝国的政体,私法则涉及个人利益"。[12] 就已含有一般违法与犯罪区别的内容,以此来比较、衡量中国法家的立法,应该是能够说明一些问题的。梁治平先生就将《法经》与《十二表法》进行比较后指出:古罗马"公法"与"私法""这种分类的意义在于,有关公益的法

---

[10] 何勤华:《西方法学史》,中国政法大学出版社1996版,第40页。
[11] 张中秋:《中西法律文化比较研究》,第87页。
[12] 查士丁尼:《法学总论》第1卷第1篇,商务印书馆1989年版,第6页。

与有关私益的法被严格地区分开来。它们被看成是两个截然不同的领域,应该适用完全两样的原则、规则。在当时,这种作法在很大程度上保护了私法的健康发展。……罗马私法就这样繁盛起来,它的历史意义难以估量。全部近现代法律都从这里得到滋养,整个西方文明都带有罗马私法的印记"。而中国"古人将法仅仅理解为统治者的命令,把运用法律仅仅看成是一种政治行为和道德行为,他们的法律便不能不只是刑律。在这层意义上,中国古代法只可能是'公法'"。[13] 这方面不得不承认是中华法系的重大缺陷。

在此基础上,我们再来讨论"三代单一的刑法文化"问题。先看"礼","礼"是周代社会等级森严的行为规范,它与刑的关系如何呢?《武文》自己说:"西周初期周公'制礼作乐',确立了礼的政治功能。同时又'作誓命',宣布刑法诸原则,谓'在九刑不忘'。这就是用刑来维护礼,即'出礼则入刑'之义。"在一定意义上说,"礼"也是由刑法来调整的。所以汉代以后,崇尚"礼"的儒家与专任"刑"的法家可以合流,所谓"以礼入法","说得更明白些,是礼与刑的结合"。[14] 就是《秦律》中有关的国家政治制度,其实最终也是用刑法来调整的。总之,中华法系中有关的法、律、令诸形式,清一色都是禁止性规定,犯禁者皆有刑。当然,我们不否认,在社会运作中,存在一些约定俗成的民事行为规范,然而,这些规范往往只能停留在习惯法阶段,而没有上升到国家法律的高度。梁治平先生说:"古代中国人把绝大部分'户婚田土'事项摈除于国家正式律文之外的作法,也表明着他们的独特的价值观。"从而清晰地指出:"我们说中国历代法典都只是刑法典,大体上也并不为过。"[15] 张中秋先生也在详尽论证后精辟地指出:"笔者认为中国古代没有严格意义上的民法,这首先是中国古代社会决不是一个公民社会。"[16]

韩非明确反对君主自律以法的问题。我们先完整读一下《韩非子·难三》的有关文字,"景公以百乘之家赐,而说以节财,是使景公无术使智□之侈,而独俭于上,未免于贫也。有君以千里养其口腹,则虽桀、纣不侈焉。齐国方三千里,而桓公以

---

[13] 梁治平:《寻求自然秩序中的和谐》,第88、94页。
[14] 梁治平:《寻求自然秩序中的和谐》,第46、95、91、45页。
[15] 梁治平:《寻求自然秩序中的和谐》,第46、95、91页。
[16] 张中秋:《中西法律文化比较研究》,第86页。

其半自养,是侈于桀、纣也,然而能为五霸冠者,知侈俭之地也。为君不能禁下而自禁者谓之劫,不能饬下而自饬者谓之乱,不节下而自节者谓之贫。"《武文》认为:"《杨文》作者对该段原文理解有失误。……该段原文的要害是强调法律制度对臣僚发挥实际的作用,反对'不能禁下'、'不能饬下'。而不是一般地反对君主'自禁'、'自饬'。"其实只要能稍微读懂一点这段文字的人都知道,它前面讲的都是君主"自养"之事,其后强调的当然主要是反对君主"自禁"、"自饬"。如江荣海先生从中得出的结论是:"韩非不仅从不主张君主自律以法,而且还讥讽君主以身作则、遵法守法的行为。"[17]

《武文》还举出所谓"韩非明确主张君主自律以法"的几段文字。先看《韩非子·有度》"故明主使其群臣,不游意于法外,不为惠于法之内,动无非法。"陈奇猷先生解释:"此文谓使群臣之意无佚于法之外,即无违法之意图,至于行惠于民,虽非犯法之行,然亦不使其惠行于民,盖防止如田成之得民而成其势也。"再看《韩非子·八经》"伍、官、连、县而邻,谒过赏,失过诛。上之于下,下之于上,亦然。是故上下贵贱相畏以法。"陈奇猷先生解释:"谓伍、间、连、县,各各相邻也。……'告奸'即'谒过'。'不告奸'即'失过'。谓谒过赏,失过诛之法,上级对下级,下级对上级,皆适用。"其后的"上下贵贱相畏以法"便很清楚了。还有《韩非子·饬邪》"君之立法,以为是也,今人臣多立其私智。以法为非者是邪以智,过法立智,如是者禁,主之道也。禁主之道,必明于公私之分,明法制,去私恩。夫令必行,禁必止,人主之公义也。""奇猷案:主当为之字之误。上言'如是者禁,主之道也',此承之曰:'禁之之道'。且上言禁,此下言如何禁,而以'禁之之道'一语衔接上下文也。"[18]可见"禁主之道"(《武文》为"明主之道")"此下言如何禁"人臣立私智之事。总之,《武文》所引文字,都根本没有"君主自律以法"的意思。

其实,再从韩非要求实行赤裸裸的君主专制独裁统治,臣民要做君主奴颜婢膝的驯服工具,并反对臣下谏君,"若夫关龙逢"、王子比干、隋季梁、陈泄冶、楚申胥、吴子胥,此六人者,皆疾争强谏以胜其君。言听事行,则如师徒之势;一言而不听,

---

[17] 江荣海:《论韩非子的人治思想》。
[18] 陈奇猷:《韩非子集释》,上海人民出版社1974年版,第106、1027、324页。

一事而不行,则陵其主以语,待之以其身,虽死家破,要领不属,手足异处,不难为也。如此臣者,先古圣王皆不能忍也,当今之时,将安用之?"直至公开为暴君辩护:"汤、武为人臣而弑其主,刑其尸,而天下誉之,此天下所以至今不治也。"[19]诸方面都是其反对君主自律以法的有力佐证。

三、有关史料和研究方法方面存在的问题

首先是《七国考·魏刑法·法经》的真伪问题。当前,学术界存在两种不同意见,在根本无法定论的情况下,那么是否就不能使用呢?或者如《武文》所指责的:"《杨文》在使用《七国考》所引桓谭《新论》关于《法经》的条文时,应当说明自己对这段文字的评价,以免以讹传讹。在众多中国法史著述当中,像《杨文》这样不加说明如信史般引用的做法,恐怕是极少的。"那么,我们来看一下中国法史著述中颇具权威也相当普及的几部著作:

先看张晋藩、张希坡、曾宪义编著《中国法制史》第一卷(中国人民大学出版社1981年版)97—98页,作者在"根据西汉桓谭《新论》的片断记载,《法经》包括正律、杂律、减律三个组成部分。"后面大段引证了这一史料,结束后,又以"上述极为概要的内容,却反映了"开头详尽论证了四个方面的问题,而根本没有史料真伪的说明。另一部张晋藩主编的《中国法制史》(群众出版社1995年版)94页,更是直截了当地说"如《法经》规定:窥视宫殿者要截足,路上拾到遗失物者要断脚,越城者一个则诛,十人以上连及乡里和家族"等等,甚至还不作任何注释。

再看周密《中国刑法史》(群众出版社1985年版)178页,作者在"又据明朝董说《七国考》援引西汉桓谭所著《新论》的叙述,还可了解到《法经》的一些具体内容。"后也同样大段引用了这一史料,并由此论证了许多问题。肖永清主编《中国法制史教程》(法律出版社1987年版)61页,也在"明朝董说的《七国考》,援引西汉桓谭所著《新论》记述"后面,不断地大段引用有关的史料,引用完毕后说"从上述内容可以看出,《法经》具有以下特点"来说明问题。钱大群主编《中国法制史教程》(南京大学出版社1987年版)97—98页,在大量分类引用了这一史料后,详尽讨论了

---

[19]《韩非子·说疑·忠孝》。

"《法经》的本质及其特点",而仅在注中说:"以上均见董说《七国考》引桓谭《新论》"。上述这些重要的中国法史著述中,都根本没有关于这一史料真伪的说明。有关论著还可大量举出,不知武先生作何感想,难道这"是极少的"吗?难道中国法制史专家们都在"以讹传讹"吗?

关于《韩非子·初见秦》的作者。《武文》在引述了梁启超《韩子浅解》中认为"本篇作者不是韩非"的见解后,下结论道:"关于《初见秦》篇的作者,学界早有定论。""无论如何,把不是韩非的文字当作韩非的主张并加以批判,是不严谨的。"其实,这一问题学界是否"早有定论",看一下有关权威陈奇猷的《韩非子集释》便很清楚了。陈先生在该篇注释中,列举了"以为非出韩非之手者"与"以为出于韩非之手者"双方许多学者的看法后,"猷案:此篇以出韩非之手为是。"后面详尽论述了有关的五个方面的理由。武先生作为一位博士生导师却如此孤陋寡闻,并以此孤陋寡闻来责难他人,实在令人不思议!

有关古籍原文的解释。《商君书·开塞》"刑用于将过",我们先来看有关权威高亨先生的译文是:"把刑罚用在人民将要犯罪的时候。"[20]《杨文》将其解释为"即将要犯罪,实际上还没有犯罪"。并进一步分析道:"从犯罪构成学上看,最多存在动机而尚未实施犯罪行为,更没有产生危害后果,还谈不上有罪。就是说,仅凭动机就可判人以罪名,而不用任何客观的标准,实际上就是允许统治者以主观臆测去进行司法判罪活动。"武先生指责为"不妥当",而应改为:"即《韩非子·心度》所谓'禁奸于未萌',具体做法就是'赏施于告奸,则细过不失'。"其实这一解释又有多少实质性的差异呢?这种奖励"告奸",而使所谓"细过不失"的做法,往往罪及无辜。高恒先生指出:"秦自商鞅变法就实行连坐,奖励告奸。……这种连坐,迫使人们相互检举揭发,就必然发生许多诬告,牵连无辜。"[21]

《商君书·去强》"国以善民治奸民者,必乱,至削;国以奸民治善民者,必治,至强"。《杨文》解译道:"用奸民治善民,其结果只能是统治残暴,治狱冤滥,它也是轻罪重刑思想的一种荒诞表现。"而《武文》认为,"用奸民治善民""这是一种多么荒

---

[20] 高亨:《商君书注译》,中华书局1974年版,第79、46页。
[21] 高恒:《秦汉法制考论》,厦门大学出版社1994年版,第143页。

诞的设计。而原文的本义应是:不要拿对待善民办法来治理奸民,而应拿对待奸民的办法来治理善民"。首先,"以奸民治善民"是《商君书》的原文,高亨先生的译文同样为:"君上利用奸民来统治良民。"[22] 其次,就按《武文》的解释"应拿对待奸民的办法来治理善民",也同样"是轻罪重刑思想的一种荒诞表现"。难道不是吗?

---

[22] 高亨:《商君书注译》,中华书局1974年版,第79、46页。

法家法治思想的再评说

刘广安*

法家的法治思想是中国传统法律思想发展的高峰,在中国法律思想史上占有特别重要的地位。法家对法的起源、性质、特征和作用的论述,对成文法的公开性、统一性、稳定性、权威性、普遍性和简明性等问题的专门阐发,代表了中国古代法律思想的发展水平,与现代法治思想的一般理论和一般原则有许多相通的地方。法史学界有关这方面的论述和评价,本文不准备再多加重述,而是在前哲时贤认识的基础之上,对法家法治思想中有关君权至上与法律至上的问题、君主本位与国家本位的问题、重刑治国与轻刑治国的问题进一步分析评说,以供学界同仁批评参考。

一、君权至上与法律至上的问题

法家主张君主掌握最高的立法权、行政权和司法权等国家权力,君主的权力至高无上,不可分割。因此,法史学者多把君权至上视为法家法治思想的基本特点。近来,看到有的学者曾采用法家有关法律可以约束君主行为的观点,说明法家的法治思想与现代法治思想在最高原则方面有共同的地方。这些材料最为典型的有以下两条。一是管子提出的"令尊于君"的主张。管子认为英明的君主"不为君欲变其令,令尊于君。不为重宝分其威,威重于宝"。[1]从"令尊于君"的上下文我们可

---

* 刘广安,中国政法大学教授,法学博士。本文原载《华东政法大学学报》2006年第2期(总第45期),第138—140页。
[1]《管子·法法》。

以看到,管子主张的不是法令应当高于君主的权力,而是主张法令应当高于君主的私欲,不能因为君主的私欲而变更法令。管子非常重视法令的作用,认为法令是"人主的大宝"。但他更重视君主的权力,认为君主不能因为重视法令而分散了君权,君权比法令更为重要。细读原典,我们知道,"令尊于君"的"君"是指"君欲",而不是指"君权"。管子不仅没有法令高于君权的思想,而且主张君主为了维护其权威,就不能太重视法律的作用,因为促使法律作用的实现,不利于维护君主的权威,因此要限制法律作用的实现。实际上,在管子的法治思想和整个法家学派的法治思想中,都没有法令高于君权的主张,而只有君权高于法令的主张。二是管子提出的"君臣上下贵贱皆从法"的主张。这一主张似乎已突破了"刑无等级"的主张的局限性。在"刑无等级"的法治主张中,商鞅只提到"卿相将军",韩非只提到"刑过不避大夫",都没有提到君主。在"君臣上下贵贱皆从法"的主张中,已提到了法律对君主的制约作用,君主与臣民一样都必须遵从法律。在这一主张中,是否已有了法律高于君权的思想呢?孤立地看这一句话,是会得出肯定的结论的。但把这一句话纳入法家学派的法治思想体系中,我们就不难看出,法律是由君主制定的,主要体现君主的意志,遵从体现君主意志的法律,正是维护君主权力自身的需要。君主遵从体现自己意志的法律,有利于发挥君主权力的威力,而不是制约君主的权力。在这条材料的背后,仍然是君权支配着法律的制定和运行,君权高于法律,而不是法律高于君权。

所以,在法家的法治思想中,君权至上,法律处于从属地位,是为君权服务的工具,而不是制约或限制君权的制度。制定法律、支配法律的是君主,遵守法律、受法律统治的是臣民。正如《管子·任法》中所说:"有生法,有守法,有法于法,夫生法者君也,守法者臣也,法于法者民也。"因此,尽管在法治的一般原则上,法家的法治理论有与现代法治理论相通或相同的地方,但在法治的最高原则上,法家君权至上的法治理论与现代法律至上的法治理论存在着根本的差别。

二、君主本位与国家本位的问题

因为法家的法治思想是以君权至上为最高原则的,所以,有学者把法家的法治思想总结为君本位的法律思想。但仔细研读法家的法律思想材料之后,我认为,应该把法家的法治思想总结为国家本位的法律思想。在君主与国家的关系上,法家把君主视为国家的象征,把君权视为国家的支柱。君主之所以尊贵,君权之所以神圣,就是因为君主和君权都是实现国家安定和富强的依靠。如果君主不尊贵,君权不神圣,国家的安定和富强也就没有保证。所以,管子认为:"君尊则国安","君卑则国危","安国在于尊君"。[2] 在管子的法治思想中,法令是治国的重要工具,重视法令的目的是为了"尊君","尊君"的目的又是为了"安国"。"尊君"只是推行法治的最高原则,但不是法治的最终目的,推行法治的最终目的是为了实现国家的安定和富强。韩非也认为,推行法治的目的是为了实现国家的富强,英明的君主就在于能够善用君权,实现以法治国,懦弱的君主就在于不能善用君权,实现以法治国,即所谓"国无常强,无常弱。奉法者强,则国强。奉法者弱,则国弱"。[3] "有道之主,远仁义,去智能,服之以法。是以誉广而名威,民治而国安。"[4]

从法家关于君主与国家关系的若干论述中,我们可以认为,君权至上是法家法治思想的最高原则,国家本位则是法家法治思想的最终目标。今天评说法家法治思想的历史价值和现实意义,国家本位的法治观念比君权至上的法治观念具有更强的历史生命力和影响力,对当代法治思想的确立和发展,仍有重新认识的价值和重要的借鉴意义。秦汉以来的某些君主片面强化君主的威权,以君主的个人利益凌驾于国家利益之上,以君权本位代替国家本位的法治思想,是对先秦法治思想的片面发展和恶性发展。这不能反映先秦法家法治思想的正面内容和良性因素,也不能代表中国传统法律思想和法制史的积极方面。

三、重刑治国与轻刑治国的问题

重刑治国的主张是法家法治思想的重要内容。秦朝推行重刑主义失败之后,法家重刑治国的思想受到许多政治家、法律家的严厉批判。今天我们重新审视法家重刑治国的主张,既要看到其中的消极因素,又要看到其中含有的某些合理因素。刑法苛酷,轻罪重刑等消极因素是应当继续批判并否定的。法家反对"同功殊

---

[2]《管子·重令》。
[3]《韩非子·有度》。
[4]《韩非子·说疑》。

赏,同罪殊罚",要求"赏誉同轨,非诛俱行","信赏必罚"和"以刑去刑"等主张,含有一定的合理的因素,应当加以认真地分析总结并继承发展。不能因重刑主义总体特征的概括和否定,而抛弃了法家重刑治国思想中含有的某些合理因素。对轻刑治国的主张,也要进行历史的、具体的分析,不能笼统地加以肯定或赞扬。使用轻刑,如果不能做到罚当其罪,不能达到预防犯罪、惩罚犯罪的目的,就不能完全否定在一定时期内保持某些重刑的必要性和合理性。所以,法家反对轻刑的主张,与重刑治国的主张一样,都值得进一步具体分析和慎重评价。

法家的法治思想同其他历史遗产一样,常常是精华与糟粕并存、合理因素与消极因素并存,需要研究者进行深入、细致的考察分析,既要考察具体材料的细节问题,又要把握总体材料的整体联系。对法家提出的各种具体的法治主张,不能断章取义,抓住只言片语就轻易地进行评价,做出结论。一定要结合时代环境,掌握法家法治思想的总体联系,把具体主张置于思想体系中去分析,置于历史进程中去评价。

法家的法治思想内容丰富,系统深刻,但又常常与法家的政治思想、哲学思想、伦理思想互相交融并存,难以作出孤立的分析和评价。这就需要我们运用传统法学和现代法学的理论与方法,对法家法治思想的内容进行提炼概括,总结分析。特别要注意把法家法治思想的内容分为不同方面、不同层次,进行深入的、具体的分析,才有利于分清法家法治思想中的积极因素和消极因素,才有利于对法家法治思想的内在原理和科学意义作出中肯的评价,从而为现代法治思想的丰富和发展提供历史的养料。

法治(Rule of Law):晚清法律改革者的理想
——沈家本逝世 90 周年祭

李贵连*

2003 年是沈家本先生逝世 90 周年,从他的逝日上溯 11 年,则是他主持晚清法律改革 100 年。百年后的今天,回首这段改革的历史,我们发现:尽管这场改革曾有不少争论,大者如(法)部(大理)院权限之争;小者如罪刑法定与援引比附之争、刑讯与废除刑讯之争,以及陪审制、律师制之争等等。但是,从改革之日起,"法"、"法治"这些现代国家的标志,实际上并没有成为中国政治生活的主流话语。"晚清法律改革"、"沈家本"等名词,似乎在 20 世纪 30 年代,便已"失语";[1] 20 世纪 80 年代初改革开放以前,则几乎成了不为法学界所知的古董。20 世纪 90 年代初,国人要为行政诉讼法的颁布而欢呼"民"可告官;20 世纪 90 年代中期,"以法治国"的提出,一度引起法学界学者们的高度振奋,如此等等,是历史遗忘了国人,还是国人遗忘了历史? 令人感慨万千。

改革开放,把老古董从故纸堆中翻检出来。今天,"沈家本"、"晚清法律改革",虽然不是法学界十分流行的热门话语,但是学界中人,对此至少并不陌生。"承前启后"、"媒介中西"——20 世纪 30 年代杨鸿烈先生对这场改革主持者的定位,也被学界认同。这是中国法和法学的进步,也是历史的进步。

---

* 李贵连,北京大学教授、博士生导师。本文原载《华东政法大学学报》2003 年第 6 期(总第 31 期),第 3—6 页。
[1] 蔡枢衡先生在 1939 年的一篇文章中说:当时"尽管习法者能知外国法及外国法律家甚多且详,却不一定知道中国法律史和法学史上有个沈家本。这不能不算是中国法律学教育的失败和耻辱。"《中国法理自觉的发展》,第 95 页。

自老古董被翻检出来后,晚清法律改革肇因于收回领事裁判权的需要,这一观点已经成了学界的共识。这是一个正确的表达。但是我觉得这只说到这次改革的一个方面,即原因方面。而从属性上来说,它还有另一个方面,即它从属于当时的"新政"和稍后的"立宪"。[2] 也就是说,法律改革是"新政"、"宪政"的一部分,甚至可以说是重要的部分。[3]

"立宪"或者说"宪政"为什么要把法律改革作为重要内容?道理很简单,从西方舶来的"宪政",它在西方国家是离不开"法治"(rule of law)的。没有 rule of law,就没有立宪,没有宪政。而在中国,虽然自古以来没有"立宪"之说,但是却有"法治"或者"以法治国"。学者们一般以为,这种"法治",不是西方意义上的 rule of law,而是 rule by law(法统制),或者说是形式法治。晚清的改革,既然以"立宪"相号召,它就无法回避"法治"(rule of law)。法统制时代的法,不能胜任"立宪"的需要;制定法治时代的法,就成了仿行"立宪"的逻辑结果。

通过沈家本先生的晚年活动,我个人认为,至少在清朝宣布仿行立宪以后,他便已是法治(rule of law)特别是法治中审判独立的追求者和实践者。

作为晚清法律改革的主持者,沈家本既熟悉我国的古代法治(rule by law),同时也了解西方的法治(rule of law)。在他的晚年著述《新译法规大全序》中,他开篇就指出:

> 《管子》曰:"立法以典民则祥,离法而治则不祥。"又曰:"以法治国,使法择人,不自举也。使法量功,不自度也。"其言与西人今日之学说流派颇相似,是法治主义,古人早有持此说者,特宗旨不同耳。

---

[2] 对晚清的"新政"、"立宪",学界一般统称为晚清变法。"立宪"从1906年的官制改革入手。对晚清变法,时人和后人都有很多评述,总的评价是"假立宪"、"伪立宪"。末代封建官僚,凭借这个"变法"舞台,做了淋漓尽致的表演。这不是我的臆断,沈家本先生的长女婿汪大燮在给汪康年的信函中,就尽情发泄了他对"变法"的不满:"改官制事,非变法,实斗法。"(《汪康年师友书札(1)》,第895页。)"今日是鬼蜮世界,举朝之上,如粪窖内蛆虫一般,活趋活唧,不知闹些什么?"(《汪康年师友书札(1)》,第910页。)鬼蜮世界中的蛆虫们,不以国家存亡为念,打着"变法"的旗帜而"斗法",这就是当日的变法、立宪。
[3] 查阅当时的宪政清单,就可以看出新法律的制订在宪政中的地位。

中国古代法治，与西方法治只是"颇相似"。相似在什么地方？相似在"以法治国"、"使法择人"、"使法量功"，这些表面的形式。但是，这种形式上的"相似"，无法掩盖二者的"宗旨"，亦即精神内核的天渊之别。二者宗旨区别在什么地方呢？他论证说：

> 今者法治之说，洋溢乎四表，方兴未艾，……或者议曰：以法治者，其流弊必入于申韩，学者不可不慎。抑知申韩之学，以刻核为宗旨，恃威相劫，实专制之尤。泰西之学，以保护治安为宗旨，人人有自由之便利，仍人人不得稍越法律之范围。二者相衡，判然各别。则以申韩议泰西，亦未究厥宗旨耳。[4]

直到今天，西方学者对"法治"的解释仍然是言人人殊。但是，不管西方对法治有多少解释，西方法治不同于中国古代"法治"，这是中西学者的共识。然而，就当日而言，又有几个人能真正区分两者的不同呢？（说句不好听的话，今天不是仍有人将"依法治国"直认为"法治"么？！）这位花甲之年才开始通过翻译而接触西方法律的老翁，短短几句话，就使人洞若观火，实在无法不使人不佩服他的法学渊深，以及由此而来的洞察力。

具备这样的洞察力，能对中西法治做如此精辟的分析，他的价值取向不言而明："近今泰西政事，纯以法治，三权分立，互相维持。其学说之嬗衍，推明法理，专而能精。"[5]泰西各国，"十九世纪以来，科学大明，而研精政法者，复朋兴辈作，乃能有今日之强盛，岂偶然哉？"[6]日本采用西法而强，"益知法治之说为不诬矣"。[7]奉行"法治"（Rule of Law）主义，跃然纸上。

但是，理性的认识，不等于理论体系的建立，已届垂暮之年的老翁，虽然心知"法治"（rule of law）能导致中国的强盛，然而他已没有精力为之建构理论体系。他

---

[4]《法学名著序》，《寄簃文存》卷六。
[5]《法学名著序》，《寄簃文存》卷六。
[6]《政法类典序》，《寄簃文存》卷六。
[7]《新译法规大全序》，《寄簃文存》卷六。

只能在职分范围内,通过"斗法"[8],把自己的"法治"理想灌注到制度的建构中。这种建构,大体可分为以下四个方面。

一、移植外国法,建构"宪政"的法律制度

晚清法律改革,虽然只有短短的10年,但是可划分为两个阶段:1902年到1906年的"新政"阶段,重点在对旧律的改造。就沈家本的思想而言,改造旧律的目的,落脚点主要是收回领事裁判权。1906年至1911年,清朝宣布预备立宪,法律改革,重点在围绕"立宪",制订适于宪政时代的新律。由于新律要到"宪政"施行后才能实施,因此,这个阶段还必须继续改造旧律,使之成为"宪政"前的适用法律。因之有《大清现行刑律》的颁布施行。宪政需要法治。因此,第二个阶段的法律改革,是为宪政而制订推行法治的法律文本,即各种现代法典。而沈家本的思想,除了"收回领事裁判权"这一直接目的之外,这一阶段,他的理想是在中国推行法治,希望中国能因"法治"而强盛。这正是这个时段他的著述频频出现"法治",并对中西"法治"进行区分的原因。

二、融合中西,推行审判独立

清廷宣布预备"立宪"后,沈家本是一位坚定的司法/审判独立主义者。[9]他既是当时司法/审判独立的理论阐述者,同时又是实践者。

1. 著《历代刑官考》,阐明"政刑权分"为中国古制:

> 成周官制,政刑权分,教官之属,如乡师、乡大夫、州长、党正、各掌其所属之政教禁令,此持政权者也。刑官之属,如乡士、遂士、县士、方士,各掌其所属之讼狱,此持刑权者也。……近日欧洲制度,政刑分离,颇与周官相合。[10]

---

[8] 沈氏女婿汪大燮"改官制事,非变政,实斗法"之论,虽然刺耳,但精当。晚清变法,实在是官僚争权"斗法"的大战场。我相信,沈家本在这种环境之下要"斗法",即使不为现实利益,为理想,也要"斗法"。我有时认为,晚清法律改革,所以能有这样的结果,有一半要归功于他善"斗法"。没有贺卫方先生所说的"对中国官场逻辑的谙熟",不会"斗法",在当时的官场,恐怕寸步难行。
[9] 司法独立是近代以来的常用词。但是我觉得,司法独立没有审判独立确切,现在称作"司法"的机构太多,容易使人误解这些带有"司法"的机关都要独立。
[10] 《历代刑官考·上》。

《历代刑官考》成书于1909年,正是清廷筹建各级审判厅,将审判权从各级行政官手中剥离之际。因此,人们尽可讥评他以古代"刑官"比"欧洲制度"的幼稚浅薄,批评他"司法独立非惟欧西通行之实例,亦我中国固有良规"之论的妄谬。但是,我们无法否认他在社会转型时期为当时各级审判厅奠基的理论意义;而就论证方法而言,也无法肯定他的方法比其他论证方法的效果要差。就当时的环境言,如果不用这种"托古改制"或"复古改制"的手法,而直接用西方理论去阐述司法/审判独立在中国的必要性,它的效果究竟有多大,实在令人怀疑。

2. 派员考察日本裁判制度,确认"司法独立与立宪关系至为密切"。如果说,《历代刑官考》是从中国传统说明司法/审判独立在中国的可行性,那么,调查日本裁判制度,则是实地考察司法/审判独立在东方国家的实效。通过考察,他确信日本"国力之骤张基于立宪,其实司法独立隐收其效"。在列举行政官兼任司法的四大害处之后,斩钉截铁的说:"司法独立为及今刻不容缓之要图。"[11]

3. 引入律师制、陪审制。在西方国家,律师制、陪审制既是防止法官专断、保证审判公正的重要环节,同时也是审判独立的内容。几经曲折,律师、陪审,特别是律师,不但在制度上得到肯定,社会上也被认同。

三、采用西法,建构新的监狱制度

按照沈家本先生当时对西方法治的认识,"泰西立宪诸国,监狱与立法司法鼎持而三"。有完备的法典,明允的法官,还必须有良好的监狱。因此,他极为注重狱政狱制,主张改建新式监狱,养成监狱官吏,颁布监狱规则,编辑监狱统计。[12]

四、创建法律学堂,开展现代法学教育

现代法学教育,其始应为1895年的北洋大学堂。如果再早一点,可以上推到

---

[11] 他论证行政官兼任司法的四害文字较长,今录其第一害说:"吏治之兴替系州县之系,而任是职者率从科举捐纳而来,律例成案凤所未谙,一旦策名仕版,盲者登途,方位周辨,其克副明允之选者几希。即使有志修习,律义简奥,既非浅涉所能悟,且地方应办之事初非一端,冲要之区尤为纷繁。而尽责之州县,一人之身,其智力亦有所不逮。学无专精,由于官无专职。"见《调查日本裁判监狱报告书》卷前奏疏,北京农工商部印刷科铅印。

[12]《实行改良监狱以资模范而宏教育折》,《调查日本裁判监狱报告书》卷后奏疏,北京农工商部印刷科铅印。

1869 年同文馆国际公法课程的开设。但是,正规而有系统的法学教育,应该是 1906 年由他主持开办的京师法律学堂。这是一所为新设各级审判厅培养法官的学校。沈家本为之倾注了大量的心血。

模仿列强制定"宪政"之法,在"宪政"之法的规范下,实行司法独立,建造管理新式监狱,这就是沈家本晚年致力法律改革的理想。这种理想,就是法治(rule of law)的理想。这是西方现代国家的管理模式。这种管理模式,都以"宪政"为前提。不管这种"宪政"是民主的还是君主的,抑或是君民共主的。但是,晚清专制统治者的"立宪",是在内外交困的局面下,为稳定自己统治权力而被迫宣布的"立宪"。这种"立宪",不但不同于西方的民主立宪,甚至与日本的"君主立宪"也相距甚远。面对破碎山河,晚年沈家本就在这样的环境中构造自己的理想。他是"奉命修律"的官员。他奉慈禧老佛爷之命,当然要服从命令。他所组建的修订法律馆,也不是西方那样的独立立法机关,只不过是清朝廷下面一个粉饰"立宪"、拟定法律草案的机构而已。一位以个人权位为鹄的而同意"立宪"的老佛爷,加上举朝为权位而斗法的官僚,"法"、"法治"的命运可知。

沈家本研经读律,一生栖身官场。他熟悉官场规则,也了解官僚的心态,十分清楚法、法学、法治与政治的关系:"法学之盛衰,与政之治忽,实息息相关。然当学之盛也,不能必政皆盛,而当学之衰也,可决其政之必衰。"[13]这是他总结历代治乱得出的结论,但更多的恐怕还是他混迹官场几十年的实际体验。"不能必"、"可决"这几个字,十分准确地勾划了他对自己"法治"理想的态度。

他以垂暮之年,为大清朝的"宪政"制定法典,改革司法,改造监狱,兴学明法。他的目的是希望中国能真正实行"立宪",实行"法治"。这种理想能实现吗?不一定。因为学盛"不能必"政盛。但是,这仅仅是一种可能肯定,而不是必然或绝对肯定。它还有另一种可能,即学盛,可能会使政盛。至于学衰,情况就不同了。学衰,其政必衰,再加上"可决",就有了绝对肯定的含意。学盛有可能导致政盛,这是他追求"法治"理想的基本动力。

为什么"学盛"只是有可能导致政盛,而"不能必政之皆盛"呢?他在《法学盛衰

---

[13]《法学盛衰说》,《寄簃文存》卷三。

说》中为我们做了明确的解答：

> 吾独不解，斮法之人，往往为定法之人。……法立而不守，而辄曰法之不足尚，此固古今之大病也。自来势要寡识之人，大抵不知法学为何事，欲其守法，或反破坏之，此法之所以难行，而学之所以衰也。

谁是"势要"之人？当然是当权者。而且这种既有"势"且为"要"的人还不是一般的当权者。是谁呢？是"寡识""斮法"的"定法之人"。这种人，只能是最高统治者。他们不知法学为何事，自己定法，但不守法，甚至破坏法。由他们当道，学虽盛，政焉能盛；由他们把持政权，兴盛之学又焉能不衰，学衰政又焉能不衰呢？

这就是沈家本以其毕生经验，为中国"法治"号脉所得出的结论。它切中了中国"法治"的病根。他在世时，因"势要寡识"之人把持国家政权，而使"法治"成为镜中花水中月。他逝世之后，中国的"法治"又何尝不是如此呢？沈家本先生知道他的理想在当时无法实现。所以，他提倡振兴法学，使天下之士群知讨论，最后使"人人有法学之思想，一法立而天下共守之，而世局亦随法学为转移"。他寄希望于未来。我想，90 年后的今天，我们不会再寄希望于将来了吧！

出入经史之间　定鼎法学新风
——沈家本先生法律思想的学术源流探微

赵元信[*]

沈家本先生是中国近代的法学宗师,是中华法系承先启后的伟人。在清末国家蒙难、外邦虎视的时刻,为了救国,沈先生毅然承担起修律的重任,在立法、司法、法学理论、法学教育诸领域成就了一番事业。经历了层层磨难的清王朝,改革步履十分艰难,修律亦此,压力大,阻力也大。沈家本"面对过时的义理及旧势力之阻挠,所表现之道德之勇气及坚毅,以及其卓越的吸收新知识取精用弘之能力,其高瞻远瞩及超前立法,亦足后人深思或效法"。[1]

沈家本生活在西法东渐的清朝晚期,他的学问很广,著述宏巨。从政治观念上说,沈家本不能算新派人物,他和喧嚣一时的维新运动没有什么关系。作为清王朝忠心耿耿的官员,"沈家本在修律中有着融合中西的高度理论自觉和强烈的使命感。"[2] 这种情绪是传统的、古朴的,它是数十年人格和学识的积累,或者说是沈家本中学价值观的体现。沈家本有着深厚的中学基础,但他又不拘泥于中学,他关注时势,称赏西学。事实上贯穿清末文化学术的是"新旧之争"而非"中西之争",传统的变异与西学的冲击构成了晚清"新学"的基本内涵。沈家本捍卫传统文化,同时又吸纳西方文化,希望以西学弥补中学之不足,所以,他可以说是在法学领域开

---

[*] 赵元信,华东政法大学副教授。本文原载《华东政法大学学报》2003年第5期(总第30期),第78—84页。
[1] 李贵连:《沈家本传》,法律出版社2000年版,第3页。
[2] 俞荣根:《儒家法律思想通论》,广西人民出版社1992年版,第637页。

一代风气的新学家。

中学

中学在19世纪末叶的中国是一个颇为尴尬的词眼儿,它称为中学,又称为旧学,显然具有老迈、过时的意思。它有着千百年来读书人割舍不尽的情愫,又历尽风霜,遭遇冷落。王国维先生分析清朝学术史时曾说:"我朝三百年间,学术三变:国初一变也,乾嘉一变也,道咸以降一变也",并总结为"国初之学大,乾嘉之学精,道咸以降之学新。"[3]这里,称"大"者,显然指的是明末清初对传统学术的全面反思,对理学各范畴、观点进行的批判与改造,以及对新学术的积极创造和探索。然而,明清之际总的来说没有突破传统学术的藩篱。所谓"精",当指乾嘉时期极盛之考据学。明末清初兴起的考述风气,讲求文献辩伪,特别注重实据,使清初以后的治学旨趣不知不觉地发生了嬗变;愈演愈烈的文字狱,又促成学术与政治分立,嗜古考据的风气渐渐形成。"乾嘉考据学以其执着的实事求是精神,屏除了学术直接从政治需要出发的宗旨,很大程度上增强了学术的相对独立性,有效的摆脱了政治婢女的角色,这在学术史上是值得肯定的。其负面的影响在于引导大多平庸的学人孜孜考求支离碎屑的内容,在猥杂的故纸堆中消耗精力。"[4]考据学"最终在太平天国和西方列强带来的双重打击下衰落了",继起的近代"新学"承载和依托"中学"而逐渐形成。从清代学术的历程看,沈家本经历了考据学兴盛至衰落,"新学"兴起的时代,他的人生乃至政治生命、学术生涯都和这段历史足迹息息相关。

沈家本学问的根底是中学。与清代所有的知识分子一样,沈家本的启蒙之学就是儒家的经书。李贵连先生在《沈家本传》中叙述,沈先生的诸多老师中,除了他的姨夫沈桂芬作为同光重臣闻名外,其他老师都不是开一代风气的学术名流。这却未必不是好事,可以受领不同门户的学风,感知不同门类的学识。沈家本知识广博,可能与此有关。

沈先生的学术历程,大致可以分为四个阶段。1865年至1883年为第一阶段,

---

[3] 张国刚、乔治忠等:《中国学术史》,东方出版中心2002年版,第558页。
[4] 张国刚、乔治忠等:《中国学术史》,东方出版中心2002年版,第539页。

这是他从 25 岁中举到 43 岁（光绪九年）考中进士的一段经历。这期间，沈家本八次出入考场，主要精力集中在八股文上，但仍间或进行经史的考证，[5]成绩卓著。考据学在当时最能显示学者的学术功力，除了个人的喜好而外，这也是一种世风。沈先生没有因此成为一代学术大师，然这一时期他的作品，他对前四史和三国志及官名、姓氏等耙梳资料、广征博引进行的议论、考证，既是对自己知识的整理，能力的锻炼，也是对文化的贡献。1883 年至 1893 年为第二阶段，这时他由候补郎中变为刑部正式郎中，"始留心亭疑奏谳之学"。[6] 11 年中，沈家本写了不少法律著作。这一方面是秉承他父亲的学术之源，耳濡目染而成就；一方面是沈家本的专心讲求，终于"以律鸣于时"。著述在当时已大都出版，其中涉及法律理论、代拟案牍汇录、对刑名罪名的考证、奏稿汇集、说帖、秋审制度研究、重要刑案等内容，把他对旧律的理解用旧学的精神演绎出来，是他被称为名副其实的法律专家的明证。1893 年至 1900 年为第三阶段，这是中国多灾多难的一段日子。对沈家本个人而言，他被外放了，而且外放在离北京咫尺之远的天津，这说明他的才干和勤奋得到了重视，将来擢升的机会会比较多。但是局势发展可能容不得他去幻想未来，在天津府任上，他经历了中日甲午战争。作为文人的沈家本，从这场战争中看到了清朝廷的腐败和不堪一击，痛心万分，处于战争中枢位置对战争的这种实际体验，成为他后来参与改革的动力之一。调任保定知府后，沈家本又经历了北关教案和保定教案，两次教案，尤其是后一次，对沈家本而言是刻骨铭心的。期间，他还耳闻戊戌六君子血洒菜市口，深感惋惜与同情。这一幕幕经历，使他的改革意识逐渐形成。其时他学术上的成就，主要是《刑案汇览三编》的辑成。在序文中，沈家本关于旧理新说的关系论道："就前人之成说而推阐之，就旧日之案情而比附之，大可与新学说互相发明"，[7]主张用新的法理通过案例去阐发旧的理论，新旧学说相互交融，将中外学术汇于一炉。这是沈先生为改革旧律设想的方法和途径。1901 年至 1911 年为第四阶段。这是沈家本一生中学术和事业最辉煌的十年。他回到京师重任朝官，由从三品的光禄寺卿再改任刑部右侍郎，当家刑部，以后又主持修律，以他中西

---

[5] 李贵连：《沈家本传》，法律出版社 2000 年版，第 46—54 页。
[6] 李贵连：《沈家本传》，法律出版社 2000 年版，第 54 页。
[7] 《寄簃文存》卷六《刑案汇览三编序》。

合璧的学术结构改革了旧律,实践了他的夙愿。这一时期沈家本的著述极为丰富,且内容纵横中外,贯通古今,在法学领域独领风骚,开创了研究法学的新学风。

沈先生是旧学塑造起来的文人,他所接受的正统教育,他的书香门第、宦迹不显的家世,他的安分的性格和效忠的观念,使得他必然循规蹈矩,按照前辈知识分子的足迹行走,不敢越雷池一步。他爱这个山河已破碎的祖国,希望以自己的学识拯救危难之中的国家,所以,他只能孜孜不倦地读书,取得功名,报效祖国。"麝柱一铲书一卷,不知门外马嘶风","促膝漫谈天下事,放怀且读古人书",[8]这是他学生生活的写照。漫长的官场生涯中,他也看到社会的积弊和黑暗,但他不可能以某种激烈的方式去改造社会,如康、梁或孙中山那样振臂高呼,呼吁改革制度,挽救中国,他也只能忠心耿耿,兢兢业业,致力于朝廷的巩固和一点一滴的制度改良。学术上对新营养的吮吸似乎也是为王朝更新而划计。

沈家本留于今世的法学著作中,最出名的要数《历代刑法考》,这部大作"最见功力的部分,是对于先秦及两汉文献的考订。书中对文献的考辨,一般都是从训诂着手,引经据典,追本溯源,旁征博引,力求阐发其本意"。[9]这是沈先生中学功底的明证,也是"咸道以降"的时代考据学余风的体现。因为"考据学作为一个学术共同体在清后期因内外交困而无可避免地衰落了,但考据的方法与精神事实上已渗透到清代学者的风骨之中"。[10]法学属于末学,不能归入学术主流,沈家本虽然也熟稔于法理,却无法以法理学见学术之长;他在经史上下了很大功夫,却又未能成为一代经史大家。由于所从事的是法学,他的精到的中学功底,使他用以对古代法律的考据取得了意想不到的成就。用经学解读法学,这或许就是当时法学界的风气,沈家本职业上的前辈如薛允升、赵舒翘,他的同事辈的沈曾植,皆以此见长。[11]

在沈家本的另一本著作《寄簃文存》中,我们同样可见沈先生中学知识之深厚。该书的奏议部分,议论较集中较详细的是废除酷刑、禁卖人口、删除同姓为婚等内

---

[8] 沈家本:《偶存稿八》,转引自李贵连:《沈家本传》,法律出版社2000年版,第30、31页。
[9] 沈家本:《历代刑法考》,中华书局1985年版,第2页。
[10] 张国刚、乔治忠等著:《中国学术史》,东方出版中心2002年版,第565页。
[11] 薛允升,字云阶,陕西长安县人。清末著名法学家,在刑部任职几十年,著有《唐明律合编》、《读例存疑》等。赵舒翘,字展如,与薛允升同乡。精通旧律,晚清著名法学家之一。八国联军进京后,被指为祸首,赐令自尽。沈曾植,字子培,光绪六年进士,居刑曹十八年,考研古今律令,著有多部律法之作。

容,沈先生以经义作为议论的重要依据,文中随处可见,信手拈来,运用自如。以"删除同姓为婚律议"为例,文中举《礼记》、《尚书》、《左传》、《春秋》、《尔雅》、《诗经》、《国语》等儒经不下十几处,既考同姓不通婚之见于经传者,又辩各朝律文中"同姓"意义之别,再叙古代姓氏之演变,指出:由于有同姓不同祖、有氏同姓不同、氏同祖不同,加之北方游牧民族姓氏之并字、复姓之去字、避讳、赐姓等原因,造成姓氏混淆。"其本非同出一祖者,而亦以同姓论,于法于理,实难允协。而同姓为婚之律,徒存此虚文,而无当于实事者也。"[12]清朝保留了明朝禁同姓为婚的律文,沈先生用发生在乾隆朝的案例证明该律实际上已"存而不论"。既不合古义,又形同虚设,自然没有保存的必要了。沈家本的议论,可谓有理有节,显示了他的经学功底,也可见对律例的熟稔,穿插期间,游刃有余。同样的文例举不枚举。

综观沈家本研究法学的文字,尤其是他晚年借鉴西学修律前后的法学理论,可以看出,他倡导了一种用中国传统文化去诠释西方法学理论,又用西方法理重新注解中国古律的风气,传统文化的精神贯之于修律当中,诚如他所说的"臣等以中国法律与各国参互考证,各国法律之精意,固不能出中律之范围",[13]因而,中国近代的法律转型实际上具有明显的中国特点。关于这一点,日本专家冈田朝太郎并不回避。[14]《历代刑法考》一书的内容本身也是对古律进行了近现代意义上的思考,从而开创了对中国法制史这门学科的研究。

西学

"西学"与"新学"两个概念在近代常常被交互使用,一般所说的"西学"通指从西方资本主义国家传入的学说,而"新学"因为包容有不少"西学"成分,所以会与它混淆不清。西学大量涌入中国并产生较大影响是在19世纪下半叶,这正是沈家本的青壮年时期。鸦片战争以后,中国的社会危机日益加重,及至七八十年代,面对国家生死存亡的焦虑,中国人学习西方的历程开始由实用性地"截取"技巧、追求坚

---

[12]《寄簃文存》卷一《删除同姓为婚律议》。
[13]《寄簃文存》卷一《删除律例内重法折》。
[14] 冈田朝太郎:《论〈大清新刑律〉重视礼教》,转引自王健编:《西法东渐——外国人与中国法的近代改革》,中国政法大学出版社2001年版,第153页。

船利炮,走向要求改革制度,实行宪政。当时,经过明治维新的日本在向现代化进军,这给中国带来了鼓励,也带来了某种警示。19世纪90年代的甲午中日战争更成了两国制度的一种对比。于是,维新人士在宣传明治维新后日本变化的同时表达出这样一个声音:惟有学习西方,才能救中国,而学习西方不如学习日本,因为那是改革成功并得以富强的最切近、最实际的榜样。马关条约订立后,特别是戊戌维新失败以后,中国强烈的改革呼声和日本出于自身的战略利益对中国进行"帮助"的意愿两厢呼应,促成了20世纪初期清朝廷主持的制度改革。在日本这个"敌人加老师"的指点和帮助下,中国的"新政革命"拉开了序幕。在教育、军事等方面,中国和日本有过十来年的"亲密"合作:大量中国学生涌入日本,学习法政、军事,据"粗略估计,从1898至1911年间,至少有2.5万名学生跨越东海到日本,寻求现代教育",[15]这些留日学生后来成了中国现代化的生力军。而此时日本也向中国大量派遣教习和军官,用日本的模式帮助中国办学校,训练军队。在中国人的观念中,这是十分自然的事情,因为只有日本人谙熟中国文化,能够解决好学习西方进程中的"体用"难题,这就是所谓"同种同文同教"的好处,而中国要学习西方,似乎也只有这条途径。此外,中国还按照日本的模式建立了警察制度,改革了监狱制度。警务学堂的办立、新式模范监狱的兴建,无一没有日本专家的心血。

清朝末年学习西方从起始到进入实质性阶段的整个过程,沈家本都是融入其中的。他寻求国家民族崛起的心路历程与清朝廷改革的步骤相映,这一系列"新政"举措,本身也是他主持法律改革的前奏。中国学生留日学习法政时担任法政大学教师的志田钾太郎、冈田朝太郎、小河滋次郎三人,1906年后被高薪聘请为中国修订法律的顾问,沈先生在聘请专家的问题上起了重要作用,而其中,沈家本直接邀请的小河滋次郎作为监狱学的权威,协助沈家本进行了改善中国监狱的计划,是"模范监狱"体制的总策划者。中国的"西化"和沈家本的接触西学,就是这样不尴不尬,"顺其自然"地开始了。

西书的翻译是西学传入的主要途径。根据一些学者作过的研究,西方社会科学著作至1860年以后在中国才有译作,1900年八国联军之役后,"从日本转口输

---

[15] [美]任达:《新政革命与日本》,江苏人民出版社1998年版,第51页。

入的西学数量急剧增长,成为输入西学的主要部分",[16]其中政治法律方面的译作最多,成效最大。比较著名的有如《国家学原理》、《政治原论》、《卢梭民约论》、《政体论》、《宪政论》、《欧美政体通览》、《国际公法》、《国际私法》、《万国公法提要》等等,各种具体的法规法制、各国政治制度更是举不胜举。[17] 这些译著产生的影响不可估量,一批青年学子对它们欢迎的态度、熟悉的程度,也已不在康、梁之下。这批译书在移入新思想新观念的同时,又使一大批日本词汇和表达方式融汇到汉语当中,促进了汉语词汇多方面的变化。尤其是日本明治维新时使用的法律术语,几乎是原样不动地流入了中国的语言,为现代化运动奠定了不容忽视的基础。

　　有了以上的大概认识,我们再了解沈家本对西学的接受和认可就比较容易了。李贵连先生的《沈家本传》没有开列沈先生阅读西书的书目,整本传记告诉我们,沈先生既未出过国门,也"未习和文",没有经过西方法学的专门训练,沈家本对西方思想的了解,应该来自译著。而且,他阅读西方译著的面一定很广,单从《寄簃文存》看,沈先生引用西方学说的地方就很多,如言废除治外法权,引西方法权理论;言废除酷刑,引西国之刑罚;言禁蓄奴,引欧洲国家的刑法;他对西方国家的监狱制度、法学理论、政治制度、西方法学家及其著作、研究机构,甚至法学词汇,都知晓到一定程度,并能与他更熟悉的经史一起用作理论依据,交相运用,很是得心应手。沈先生的引用西学,或许是认为"西法之中,固有与古法相同者",[18]但字里行间,却透露出他的一种思想倾向:西学自有比中学优越的地方,强国是凭借这些学说走在世界前列的。譬如他说:"近日日本明治维新,亦以改律为基础。新律未颁,即将磔罪、枭首、籍没、墨刑先后废止,卒至民风丕变,国势锓锓日盛,今且为亚东之强国矣。"[19]沈家本希望中国的法律学者打破中西界限,学习西方法学家精研政法的精神,兴盛中国法学。然而,沈家本又反对不问国情,全盘西化,照搬照抄西方的东西,他认为,"旧有旧之是,新有新之是,究其真是,何旧何新",[20]才是正确的。关

---

[16] 熊月之:《西学东渐与晚清社会》,上海人民出版社1994年版,第13页。
[17] 熊月之:《西学东渐与晚清社会》,上海人民出版社1994年版,第658页。
[18] 《寄簃文存》卷六《裁判访问录序》。
[19] 《寄簃文存》卷一《删除律例内重法折》。
[20] 沈家本:《偶存稿》卷五《浙江留京同学录序》,转引自李贵连:《沈家本传》,法律出版社2000年版,第368页。

键在于融会贯通,"旧不俱废,新亦当参",[21]剔除门户之见和新、旧倾轧。这些见解无疑是正确的。

沈家本主持修律,是因为朝野上下都认为过去的法不适合与国际通例接轨,"参酌各国法律","务期中外通行"本身也是朝廷对过去法的一种否定。然而,专制制度和作为"国粹"的纲常信念的不可撤除,使修律的实际操作又不得不与修律的目标背离。再从参照物来看,在修律展开的前后,西方的法律学说和法典主要译自日文或日本人的著作;清末的宪法性文件《钦定宪法大纲》以及刑法、民法、商法、法院编制法的拟订,顾问兼直接参与者又都是日本人;所运用的现代法律术语,许多来自日本,这等于间接地承认了以前同属于中华法系的日本式的法律转型,并在很大程度上借鉴了其成果。然而,日本的法律转型本身并不彻底,或者说,日本的经验在当时不能说很成熟。这里的原因很多:日本到1860年才完全与国际秩序发生关系;1868年维新后,直到1889年才颁行了宪法;21年的"预备"过程最终出现的并非是英国式的议会政治,而是比英国落后的普鲁士式的二元君主制。日本封建传统势力的强大决定了明治宪政的保守和落后,这是无可争辩的事实。这就使清末的法律转型徘徊于资本主义和封建主义之间,从其开始就有许多的依违与不成熟。

西学对19世纪的中国学术史而言,仅是与其他新旧学派一样的一个学术流派,当时的学术主流仍是中学,这与沈家本的学术结构是基本一致的。他以他对修律的理解主持了这场前所未有的法律改良运动。一方面,有组织大规模地介绍了西方法律,翻译东西方各国的法典达几十种,以配合新律的制定;另一方面,用西国法律原则部分地改造中国法的弊端,诸如:苛重的刑罚、残酷的刑讯、过多的死刑罪名、落后的奴婢制度、民族分治的原则、秋审中行政对司法的干预等等,增纂如伪造外国银圆罪和贩卖吗啡罪等新的条款。沈家本采撷西方法理和法律原则的度和量都是很有限的,这是因为,客观上,清朝廷对这场改革划出的空间余地不大,对沈家本而言,背离朝廷意旨是决不可能的事情;主观地说,沈家本在对西学理解的层次上尚未达到如严复那样深刻的程度,如前所述,沈家本既没有进行政治改革的心理

---

[21]《寄簃文存》卷六《法学名著序》。

准备,也不想藉此作一番思想启蒙,他只做具体的事情:亦步亦趋地把需要修改的律文改到朝廷能容忍和接受的程度。

新学

关于新学,我们可以给它下许多定义,说它是维新之学也好,说它是经世致用之学也好,甚至说是改革或改良主张也可以,它显然不同于曾经在清代风靡一时的腐朽气极重的考证学,也不同于18世纪的学者所主张的"实学"。[22] 新学不能等同于西学,"事实上,近代'新学'是在不断统摄西方输入的新思想又猛烈批判旧学的过程中形成的,其基础和载体依然是'中学'"。[23] 关于新学,沈家本有其自己的看法:"吾国旧学自成体系,精微之处仁至义尽,新学要旨已在包涵之内,乌可弁髦等视,不复研求。新学往往从旧学推演而出,事变愈多,法理愈密。然大要总不外情理二字。无论旧学新学不能舍情理而别为法也。所贵融会而贯通之,保守经常,革除弊俗,旧不俱废,新亦当参,但期推行尽利,正未可持门户之见也。"[24] 这一见解很有见地,也是事实,因为无论西潮的冲击多么激烈,要确立一种新的学术范式毕竟需要以固有的文化传统作为底基,不能设想,荡涤了原有的文化积淀后,对外来文化作空中楼阁式的的嫁接,能赋予学术多大的生命力。

新学是传统的延续与时代的撞击共同作用的产物,它不是维新派或某个政治派别的专利,凡是顺应历史潮流,接受西方先进的学说用以改造旧学的学术主张,皆可以称为新学。当然,在很多情况下,人们会把新学与倡导维新的人物联系在一起。新学出现在鸦片战争后多灾多难的清末中国,而出生于1840年的沈家本恰恰就是在这段苦难的历程中成长的,所以也可以说,沈家本是与新学同步成长的。其实,新学在清末仅仅是传统学术的内在更新,是以西方近代科学方法去整理中国古代学术遗产。沈家本不是新学的始创者,他的学术思想主体上归属于旧学范畴,但他又不像那些坚持祖宗观念的人那样把新学看作洪水猛兽,他对新学的态度是理解、同

---

[22] 实学是晚明与谈人性、个体精神修养相对而注重研究各种实用的科学技术、求学以致用的一种学术思潮,与理学的空谈相对而言。
[23] 张国刚、乔治忠等著:《中国学术史》,东方出版中心2002年版,第560页。
[24]《寄簃文存》卷六《法学名著序》。

情、容忍、认可。而在法学领域,他能兼通中西文化,可以被看作是一位新学家。

要作这番论证颇为饶舌。一则,从政治倾向看,沈家本没有明确地表示过他对19世纪后半叶倡导维新政治宣传维新思想的人物和事件的态度,他似乎置身于那些个轰轰烈烈的举办洋务和光绪维新之类的运动外;二则,从学术意旨看,他的著作客观平静,没有批判和打倒旧世界的昂扬意气,没有如康、梁等人首倡民权、自由学说,新学色彩并不浓;三则,从个人身份看,他始终只是清朝廷的一个忠心耿耿的官员,既非资产阶级维新派,亦非资产阶级革命派。但是在修订法律的问题上,沈家本与清末维新派的主张是有很多相通之处的。

在沈家本主持修律以前,戊戌维新人物已经提出了修律主张。鉴于中国社会专制独裁贫穷落后的现实,中国历代的政治法律制度和儒家文化又千方百计地限制和禁抑人们的自由和权利,维新派希望改造不合理的法律制度,以求得中国的独立和富强。康有为在1898年的《上清帝第六书》中指出,当今之法,"皆汉、唐、元、明之弊政……又为胥吏舞文作弊之巢穴"。他还说:目前"环数十国"正虎视眈眈地"觊觎"中国,这已是"非旧法所能治"的时代了,非变不可。[25] 又如严复所说:"中国礼俗,其贻害民力而坐令其种日偷者,由法制学问之大,以至于饮食居处之微,几乎指不胜指。"[26] 沈家本修律虽是朝廷指派,但他同样把法律的改革作为国家强盛之源。他认为,一个国家的法律制定得再好,随着时间的推移,必然是"法久弊生",需要趋时而变。拿刑罚来说,"今刑之重者独中国耳。以一国而与环球之国抗,其幼绌之数,不待智者而知之矣"。[27] 中国要取法西方,才能日益强盛。爱国情操是沈家本修律的动力。

维新派力主学习西方,看好西方的民权、宪政、平等、自由学说。梁启超说"西国各种之章程,类皆经数百年数百人数百事之阅历而讲求损益,以渐进于美备者也"。[28] 在这个问题上,沈家本的态度也很明朗,他说:"泰西各国,……十九世纪以来,科学大明,而研精政法者复朋兴辈作,乃能有今日之强盛。岂偶然哉?方今中国屡经变

---

[25] 康有为:《殿试策》,转引自潘念之主编:《中国近代法律思想史》(上册),上海社会科学出版社1992年版,第142页。
[26] 严复:《原强》,转引自李贵连:《沈家本传》,法律出版社2000年版,第188页。
[27] 《寄簃文存》卷六《重刻明律序》。
[28] 梁启超:《变法通议·学校余论》,《饮冰室文集》(一),第59页。

故,直事艰难,有志之士,当讨究治道之原,旁考各国制度,观其会通,庶几采撷精华,稍有补于当世。"[29]要不要学西方,在近代主张改革的人物中似乎分歧不大,沈家本和戊戌维新派对西方的认识程度亦无大异,维新派关注宪政,沈家本专注于法典修纂,只是清末对中西综合的求索都还是不同程度的夹生饭,带有太多的矛盾心理:既想摆脱专制的羁绊,又割舍不了历史感情和文化传统,在价值取向上难以平衡。维新派如此,沈家本也如此。

对法律理论的重视程度上,沈家本也不亚于维新派。严复认为,"法之立也,必以理为之先"。[30]严复通过进化论阐述西方的法理,而沈家本则从历史的角度要求立法和司法必须"考其沿革,穷起义例,辨其同异,权其轻重",他的著名的"法学盛衰说"把法学与政治的兴亡紧紧联系在一起,热切地希望通过法律改革,使统治者能够重视法学。然而,严复的中国式进化论在多变的社会面前陷入了混乱和矛盾,而沈家本的法学与政治关系理论同样陷入了唯心主义的泥坑。相同的命运,或许本身就是西学与中学交媾时的"排异反应"。

中国法的最大弊端在于刑罚残酷,维新派在戊戌变法中炭炭于对旧法的改造,也是因为"以今日之中国视泰西,中国固为野蛮矣"。[31]沈家本在向朝廷所上的《删除律例内重法折》中,力主废除凌迟、枭首、戮尸、缘坐和刺字等重刑,他叙述的理由中提到:"外人訾议中法之不仁者,亦惟此数端为最甚",[32]此外,不人道的刑讯制度、监狱制度、奴婢制度,都应该在革除之列。这一意旨,沈家本与维新派也是一致的。刑罚是中国人法律观中法的体现和化身,也是中国法的核心内容。向往法律走向文明,必然首先拿刑罚开刀。从清政府爽快地下旨令除酷刑和新律草成后的争议未涉及到刑罚问题来看,刑罚改革似乎火候已到,这一成功为以后步伐更大的改革增强了信心。

说沈家本与维新派在改革法律问题上的相近之处,不是为了把沈家本归为维新派,而是证明他与作为新学代表人物的维新派在接触西学以后部分看法的一致

---

[29]《寄簃文存》卷六《政法类典序》。
[30] 严复:《法意》,转引自潘念之主编:《中国近代法律思想史》(上册),上海社会科学出版社1992年版,第162页。
[31] 梁启超:《论中国宜讲求法律之学》,转引自李贵连:《沈家本传》,法律出版社2000年版,第195页。
[32]《寄簃文存》卷一《删除律例内重法折》。

性,以说明沈家本的新学倾向。沈家本与维新派修律的目的虽一致,政治态度和方法却大相径庭。作为修订法律馆的主持者,沈家本不是从实现宪政的宏观目标去提出改革方案,他并不全面否定旧律,而是微观地具体地指出旧律的弊病从而诉诸革新。沈家本不是清末唯一的法学家,前述薛允升、赵舒翘都是闻名一时的法学家,然能将西学融入中学,明乎法理,阐新古律,定鼎革新,创立一种法学研究新风气的清末法学家,沈家本无疑是排列前位的。"说沈家本修律的成功,不是以他是否完全战胜了礼教派来界定,也不能以他是否修定出体例和内容上完全近代化的各种法典作标准。而是由于,他毕竟在立法体例、立法原则、立法内容以及法律制度等方面,改变了相沿两千多年的旧法,而创造了近代中国的新法。他在中国法制史上,结束了一个旧时代,开启了一个新时代。"[33]把沈家本称为法学领域的新学家,应该是不为过的。

  沈家本主持的清末法律改革,在中国法律史上迈出了重要的一步,当然,这一步还不能称之为革命,只能说是改良。这场改制已经触及封建法律的一些要害,在立意上已渗入了西方的东西,为进入民国时期的法律改制奠定了很好的基础。然而,清末修律在法律理论上并未更新,用儒学诠释的西法,毕竟还是带着封建色彩的东西,与西法相去甚远。关于这一点,西方学者是颇为理解的,美国驻华法院法官罗炳吉(1914—1924年在华任职)指出:"中国试图以西方法典为框架改造其法典,要说中国在这一进程上进展缓慢,是对其不适当的批评;因为要改造一个业已存在了逾四千年的法律制度,以适应有四亿人民的国家的需要,这决非易事。危险伏于急遽而非慎重之中。"[34]沈家本的地位、身份、思想意识和学术结构决定了这一切。这位伟人的业绩给了我们许多启示和思考现在及未来的空间,建设一个法制国家,作为后人,还应该做些什么呢?

---

[33] 俞荣根:《儒家法律思想通论》,广西人民出版社1992年版,第633、634页。
[34] 罗炳吉:《中国法律导轮》,转引自王健编:《西法东渐——外国人与中国法的近代改革》,中国政法大学出版社2001年版,第50、51页。

贰 宪政

一百年来

李秀清[*]

1912,民元初建,万象更新。自此至今,整整一百年间,中国历经北洋军政、国民政府、新中国建立、十年浩劫、改革开放,教科书中关于历史阶段的如是划分,勿论正谬,皆昭示着中国历史的曲折多变和纷繁复杂。百年之中,沧海桑田,信手拈来,举不胜举。但是,百年之间,变中之不变,恒久之追求,更当铭记。

遥想一百年前,抛却帝制枷锁的中华大地,百制待立,仁人志士,满怀憧憬。他们组政党,参议会,建外交,拟宪草,修法典。前后不过一二年间,党派林立,意见纷呈,就总统制还是内阁制,单一制抑或联邦制,效大陆制还是仿英美制,当尊孔教还是应信教自由,等等,面红耳赤,各持其理。称奇的是,争中之不争者,顷刻间,业已形成数端,诸如共和,分权,统一,平等,民主,宪政,法治,保障民权和自由,法官独立等者是也。凡此,根于本土乎,依样葫芦乎,自初即有分歧,迄今时闻争论。不过,对于它们的向往,自即时起,就已根深蒂固,情有独钟。

回眸一百年的中国历史,百日帝制和贿选宪法令人不耻,近代法律体系的构建及其成就惠泽至今,彻底隔绝旧法统和改换门庭创建新秩序之反思尚待深入,浩劫十年无法无天之教训让人痛心疾首,最近三十多年来制度重构过程中的保守开放及或左或右之评判不绝于耳,看似创制实为回归的强调法治和人权入宪不出所料获得阵阵好评,遏制权力腐败和专制已成上下之同愿,呼唤公德和保障民生乃成刻

---

[*] 原载《华东政法大学学报》2012年第1期,封三。

下之急务,早日结束两岸分治实现共富共荣的呼唤不单单现于领导层的讲话更蕴藏于普通民众之心。对于过往的史实或当下的现局,或嘲讽或赞誉,或鼓呼或抨击,皆是基于对我悠悠中华文化之温情敬意,是对于美好制度和温良秩序的期许艳羡,是对于民富国强和惬意生活的渴慕急盼。

遥想百年前仁人志士的向往,回顾中国所走过的百年历程,向往还是那些向往,共识可能也还是那些共识,因此,憧憬之愿和追求之路依旧。现实中,经常要面对几提倡几反对几不搞,这不禁让人感到恍惚,这是历史的轮回还是历史的发展?是历史的正剧抑或是穿越剧?

从1912至2012,变与不变并存,进步与停滞也常反复。对于美好制度的期许,则是百年中国的不变追求。辞旧迎新之际似乎有点别样的感觉,这与《2012》和玛雅人的预言无关,而是在于,百年之追求该迎来进一步兑现的机缘了。

中国百年宪政梦的追寻

徐永康[*]

对于中国人来说,在1998年,有两件非常值得纪念的历史事件,一是在100年前的1898年,发生了具有重大影响的戊戌变法,二是在20年前的1978年,中国共产党召开了举世瞩目的十一届三中全会。这两件事看似互不相关,但却有着不少相近的特征。特别是在中国宪政运动史上,它们都是值得大书一笔的事,它们寄托着无数中国人对宪政理想的追求,代表了中国人在实现宪政目标过程中迈出的极为重要的两步。如今,时处世纪之交,不禁生出许多感想,特作此文,以作为对这两次历史事件的纪念。

一、百年的回响

100年前发生的戊戌变法是中国近代第一次将变封建专制为君主立宪民主制度提到实践日程的政治运动。从社会效果和影响来看,戊戌前后兴起的变革思潮是中国资产阶级思想运动的正式起点,是资产阶级对封建专制文化的第一次冲击波,它带来了近代中国的第一次思想大解放,因而具有划时代的转折意义。

在中国近代,资产阶级启蒙思潮的先驱可以追溯到龚自珍和魏源,龚自珍身处封建末世,大胆批判现实社会,力倡变法改革,指出:"自古及今,法无不改,势无不

---

[*] 徐永康,华东政法大学教授、博士生导师。本文原载《华东政法大学学报》1998年创刊号,第14页—第19页。作者的观点发展与变化,参见徐永康:《士人精神与社会治理方式的演进》,载《华东政法大学学报》2010年第4期。

积,事例无不变迁,风气无不移易",[1]而魏源"师夷之长技以制夷"的主张更是影响了一代中国人。到19世纪80年代的中法战争以后,一些先进知识分子不断从洋务派集团中分化出来,提出了更加鲜明的资产阶级要求和改革主张,其代表人物有薛福成、马建忠、何启、王韬、郑观应、陈炽和陈虬等人。此时变法主张的重点几乎全都放到了实现"君民共主"的政治制度和重商的经济制度上,如出身买办、但颇具爱国热忱的进步思想家郑观应说:"欲张国势,莫要于得民心;欲得民心,莫要于通下情;欲通下情,莫要于设议院。"[2]封建士大夫出身的维新人士陈炽说:议院是"英美各邦所以强兵富国,纵横四海之根源也"。[3]这批先进思想家从纷繁复杂的西方文明中找到了变法自强的枢纽,成了维新运动的直接先驱。

如果说,戊戌以前的启蒙思想家还只是零星地、个别地表达了引进西方文明(其内容已由器物文化层面向制度文化层面又向意识文化层面不断深化)以进行民族自救的某种愿望,那么,戊戌期间则是由康有为、梁启超和有关志士领头,发出了整个中华民族要求全面变法维新,建立宪政国家的集体呐喊。维新派正式登上中国社会的政治舞台是在马关条约签订之后,甲午战后中国社会政治、经济、思想的变动已使原先的统治方式发生了根本性的动摇,维新志士不再只是关注西方的船坚炮利、声光化电,他们公开提出要以君主立宪、议会民主的模式来改革封建专制政体,这在中国历史上,确实是破天荒的大事件。

以康有为、梁启超为代表的维新派提出的变法维新主张内容很广,涉及到经济、政治、法律、文化教育和军事等方面,但最引人注目的毫无疑问是他们关于建立"三权分立"的君主立宪政体的主张。康有为将设议院、开国会看成是实现"庶政与国民共之"的第一步,要求光绪皇帝仿行日本和西方国家的做法,召开国会,以走上富强之路。为实行新政,他又提出设立制度局作为制宪机关,制定宪法,以作为新政之保障。他还将君主立宪视为全面政治改革的根本,1898年8月在代内阁学士阔普通武所草的《请定立宪开国会折》中明确提出了"外采东西强国,立行宪法,大

---

[1]《上大学士书》,见《龚自珍全集》第319页。
[2]郑观应:《议院》,见《盛世危言》,卷1。
[3]陈炽:《议院》,见《庸书》外篇,卷下。

开国会,以庶政与国民共之,行三权鼎立之制"[4]的主张。虽然在戊戌变法期间,由于维新派认为当时中国"民智未开",变法须循序渐进,光绪皇帝既无意也无力实行君主立宪,导致定宪法开议会之类的建议均成纸上谈兵,但维新派提出的关于君主立宪的一整套理论对封建专制制度及其理论的冲击是非常巨大的,它对中国民主宪政思想的发展也产生了重大影响。从这个意义上说,戊戌变法运动是中国宪政运动的一次预演。

戊戌变法失败后,维新派总结教训,满怀热情地把运动的重点转移到深入开展社会启蒙上,先后创办了多种报刊,广泛宣传西方各国资产阶级理论,特别是资产阶级的民权主义和民族主义,经过1899年短暂的沉寂期后,于1900年至1903年形成了戊戌思潮的又一个高峰。[5]而且,就在戊戌变法失败以后短短几年,曾经被慈禧太后和后党坚决拒斥的变法方案却又大部分被他们接了过去,闹哄哄上演了一场"预备立宪"的骗局。维新派的口号也并没有被人们忘却,"从此以后,宪政被视作中国富强的必经之路,被一代又一代的先进人士高扬着、咏唱着,而一次又一次的腥风血雨又使他们心痛、悲怆,然后又有人从这悲怆中站出来走下去至死不渝"。[6]

二、又一次警醒

时隔80年,我们又看到了一群先进的中国人为了民族的命运而作出了影响中国历史进程的重大决策。在1978年底召开的中共十一届三中全会决定了此后20年中国社会发展的走向和轨迹。中共中央《关于建国以来党的若干历史问题的决议》评价它"是建国以来党的历史上具有深远意义的伟大转折",这次会议堪称影响中国当代社会变革的伟大事件,乃在于它开辟了中国式的社会主义现代化道路,在国民心中树立了合乎时代潮流的价值观及全新而科学的精神信念。

十一届三中全会是一次历史转折,它解决了把全党工作重心和全国人民的注

---

[4] 中国史学会编:"中国近代史资料丛刊"《戊戌变法》第二册,第237页。
[5] 参见吴廷嘉:《论戊戌思潮的兴起及其过程》,载胡绳武主编:《戊戌维新运动史论集》,湖南人民出版社1983年版,第79页以下。
[6] 王人博:《宪政文化与近代中国》,法律出版社1997年版,第63页。

意力转移到社会主义现代化建设上来这样一个历史课题。这一转折的关键就在于思想的转变,从整个历史发展的过程来看,三中全会不仅是"文化大革命"结束后两年徘徊时期思想解放运动发展的必然结果,而且也是对这一时期思想解放运动的成果的深化,并把它体现在了重新确立的指导思想和路线、方针、政策中。十一届三中全会对中国社会的影响是多方面的,李步云先生把1978年以来中国执政党和政府作出的具有深远历史意义的重大战略决策概括成了四个方面:一是由以阶级斗争为纲转变为以经济建设为中心;二是由闭关锁国走向对外开放;三是从计划经济转变为市场经济;四是从人治向法治过渡。[7] 每一个从这段时期走过来的中国人都感觉得到,20年来中国发生的沧海桑田似的巨大变化。

十一届三中全会无疑也是我国法制建设的转折点。中国的法制历史从此进入到一个新的历史时期,它标志着共和国的法制历史掀开了新的一页。这次会议的文件虽然没有明确提出"法治"口号,但全会公报在许多地方已体现出了法治思想。公报提出,"为了保障人民民主,必须加强社会主义法制,使民主制度化、法律化","做到有法可依,有法必依,执法必严,违法必纠";强调"法律面前人人平等","检察机关和司法机关要保持应有的独立性,要忠实于法律和制度,忠实于人民利益,忠实于事实真相"。全会公报还在我党历史上第一次用明确的语言指出了法律的崇高地位:必须"使这种制度和法律具有稳定性、连续性和极大的权威","不允许任何人有超越法律之上的特权"。自此以后,我国的立法速度迅速加快,用相当短的时间,在一片法律的荒漠上架构起了具有中国特色的社会主义法律体系的框架,以宪法为基础的一大批法律法规已在社会生活中发挥着越来越大的作用。

三、共同的追寻

在中国宪政运动史上,曾经发生过许多具有重大历史意义和深远影响的事件,如第一部资产阶级宪法性文件《中华民国临时约法》的颁布、孙中山对五权宪法论的系统阐述、1931年11月中华苏维埃共和国中央政府的建立对工农民主专政的新型国家政权和宪政模式的确立、1949年新民主主义宪政运动的结晶——《共同

---

[7] 李步云:《中国法治的理想与现实》,载《湘潭大学学报(哲学社会科学版)》1998年第4期。

纲领》的公布,等等,但它们都不像戊戌变法和中共十一届三中全会那样,伴随着规模如此巨大、影响如此深远的理论宣传和思想解放运动,并如此强烈地唤起了人民对宪政梦的追寻。梦者,理想也。假如说,中国人在追求宪政目标的道路上曾经迈出了一个个或大或小的步伐,那么在这过程中,有两个带有关键性的、决定前进方向的步子就是由戊戌变法和十一届三中全会跨出的。这两起相隔80年,都发生在世纪后期的事件不仅对各自所在世纪走过的路作了历史的总结,而且在某种程度上揭示了中华民族在下一世纪发展的路向。

我们可以从中国民主政治和法制的发展、现代化(包括宪政制度现代化)的进程、文化思想和宪政文化的更新等不同的角度,来考察和评判戊戌变法及中共十一届三中全会的历史地位与意义。

宪政就是民主的政治。如果我们追寻一下近代意义上的中国民主政治的踪迹,就有充分理由将戊戌维新运动视为中国近代化民主政治的首次尝试。虽然维新派所追求的宪政的基本模式仍是模仿西方或日本的君主立宪制,既无自身的特色,又有很大的局限性,但他们毕竟试图搬用作为西方近代民主政治形态之一的君主立宪制的理论到中国的政治改革实践中,使理论宣传和政治行动结合了起来。它代表着一种方向,标志着近代中国知识分子力图使中国政治制度近代化的宝贵实践的发端。此后清末预备立宪的活动、南京临时政府的成立和《临时约法》的颁布、北洋政府和国民政府一部部宪法或宪法性文件的制定,等等,无不是这一实现宪政努力的积极的或扭曲的反映。

十一届三中全会是在新的历史条件下提出了重建和完善社会主义民主和法制的问题。1949年新中国的诞生,标志着一个新时代的开始,但是国家的政治生活和法制建设却走过了一条曲折的道路,党的领导方式和执政方式也经历了从主要依靠政策到既依靠政策又依靠法律、再到主要依靠法律的转变。在新中国成立初期,严峻的形势不允许通过严格的立法程序制定详细的法律法规来指导行动,当时的法律少而简单,法律在社会生活中的作用远不如党的政策。随着社会主义改造的基本完成,1956年9月党的八大政治报告提出了加强立法,健全法制的思想,但没过多久,由于错误估计形势,又重新强调阶级斗争,人治思想再度抬头,依靠政策来治国的局面并未改变,发展到"文化大革命",更是演变为彻底毁坏法制的一场浩劫。三中全会是治国方式转变的标志,中国自此真正开始了建设法治国家的历史进程。这次会议以后,党和国家的工作重心转向经济建设,确立了以经济建设中心,坚持四项基本原则,坚持改革开放的基本路线。随着经济体制逐步向社会主义市场经济转变,政治体制积极而又稳妥地朝社会主义民主政治方向改革,法律的作用也越来越大,作为一种过渡,治国方式也转为既依靠政策又依靠法律。自中共十四大明确提出建设社会主义市场经济体制以后,立法步伐空前加快,法律在治理国家的过程中已迅速占据主导地位。十五大则第一次明确而完整地提出了依法治国,建设社会主义法治国家的目标,这一我们党领导方式、执政方式和治国方略的重大进步,已成为社会主义民主法制建设新的里程碑。

"宪政制度的现代化是法制整体系统现代化不可缺少的最重要的内容之一。这是因为:一方面,在现代民主和法治国家中,宪政制度向来被认为是国家最重要的法律制度,它集中体现了现代国家社会制度和政治制度的基本原则和基本结构;另一方面,宪政制度现代化的程度对于社会法律制度整体系统的现代化具有特殊的意义。"[8]从三中全会以来我国民主与法制建设的进程可以看出,我国宪政体制的进步和民主法治的发展是同步进行的,"依法治国,建设社会主义法治国家"目标的确立,必将促使我国民主宪政的完善有新的突破。

戊戌变法和中共十一届三中全会在另一方面的联系是,它们是中华民族走向现代化[9]的非常重要甚至是关键的两步。其中,戊戌变法是先辈们试图解决中国现代化问题的真正开端。面对甲午战争后中华民族深刻的民族危机,维新派接受了西方的进化论,大声疾呼"变者,天下之公理也",空前提高了民族觉醒的程度,使国人的思想得以突破传统的循环论,开始确立起自然进化论的世界观与历史观,从而具备了观察国家和民族命运的广阔视野及全新的思想工具。从要求改革的内容来看,维新派突破了洋务派的局限,力主君主立宪,为国人确立民权观念,最终结束

---

[8] 公丕祥主编:《中国法制现代化的进程》(上卷),中国人民公安大学出版社1991年版,第197页。
[9] 关于"近代化"和"现代化"的界线及划分方法,"中国早期现代化"和"近代化"在涵义上的区别,学术界有着不同的看法。如果我们将近代中国的历史变迁纳入中国现代化的总进程,那么,作为现代化的一个阶段,近代中国的历史变迁在时间特征上属于早期,在变化特征上体现为现代化变迁的最初发动。参见周积明:《最初的纪元——中国早期现代化研究》,高等教育出版社1996年版,第16-19页。

君主专制制度打开了通道。由于维新派的大力宣传,戊戌以后的进步人士在致力于发展实业的同时,注意力已更多地集中到政治目标——兴民权上来了,这和此前几十年人们大多把主要注意力集中于经济相比,有了明显的变化。兴民权必须以其主体的质量为基础,维新派由此又极大地关注到民族素质的问题,提出了开民智、新民德、厚民力的"新民"主张,从而揭出了国民性改造的重大时代课题。百余年来,先进的中国人正是在此基础上,不断奋斗牺牲,并取得了社会和历史的巨大进步。而三中全会之所以能够推动中国社会全面进步的进程,从而刷新中国当代史的社会面貌,也正是在于它恢复了中国社会主义现代化建设的机制,重新开始了中国社会主义现代化的进程。

谈到现代化,我们还有必要引述学者们的一些观点。对中国现代化的独特进程有着特殊关注的以色列学者S·N·艾森斯塔特曾将中国的现代化划分为三个阶段或时期,其中第一阶段是中华帝国与西方最初的接触和外部现代化对中国最初的冲击;第二阶段是自帝国秩序的崩溃,经过1911年的辛亥革命、军阀时期,最后到国民党统治时期,其突出特征是为建立一个新的国家政体而努力;第三阶段是1949年迄今,为共产主义政体时期。[10] 中国学者周积明则将1840年以来长达一个半世纪的中国现代化历程分为四个阶段。其中从1840年的鸦片战争到19世纪中叶的洋务运动是现代化的预备阶段;1860年左右到20世纪初是中国早期现代化开始走向制度层次的阶段;中华民国时期是现代化进程"有限发展"和不同的现代化模式反复较量的阶段;1949年以后是中国现代化任务全面展开的新阶段。[11] 无论是哪一种划分法,戊戌维新和中共十一届三中全会都在它们所处的历史阶段占有重要位置。戊戌维新使中国早期现代化在传统制度和权力结构的范围内开始启动,十一届三中全会则使中国人在接受和认同现代化上达到了前所未有的理性化水平及普遍、广泛的程度。

在现代化的理论模式中,法治是现代化的重要标志,一个现代化的国家,必定是一个法治国家,而法治的基础则是宪政,由此可见,宪政是现代化的题中之义。

---

[10] 转引自孙立平:《传统与变迁——国外现代化及中国现代化问题研究》,黑龙江人民出版社1992年版,第198页。
[11] 周积明:《最初的纪元——中国早期现代化研究》,高等教育出版社1996年版,第8-10页。

戊戌期间民族精英们对早期现代化的追求和三中全会中国共产党人再次明确现代化的目标有一共同之处,就是他们的改革方案都包含了宪政制度的内容。

中国宪政运动的发展也和西方文化的传入有着密切的联系,而戊戌变法和中共十一届三中全会正是中国人的文化观念发生重大变化的关键阶段。戊戌以来的100年,是中国文化进入现代转型期的100年,戊戌变法正是这个转型期的开端性标志,它代表了中国新文化的方向。从整个中华民族发展的历史来看,中国文化曾发生过三次历史性融合。其中,汉代学者对先秦文化进行了整理和发挥,这是中国文化的第一次融合,也是它的第一次转机。通过融合,实现了中国文化的多元综合,确定了儒学的主导地位和伦理政治、伦理教化的原则。佛教的传入极大地改变了中国文化的面貌,它全面渗入中国的思想、伦理、文学、艺术以及社会生活的各个方面,成为影响民族心理素质的重要因素和中国文化不可剥离的内涵。这是中国文化的第二次融合,也是它的第二次转机。戊戌变法则标志着中国文化和西方近代科技法制文化全面融合的时代的到来,这是中国文化的第三次融合,也是它的第三次转机。以上三次文化融合的对象都不同,第一次文化融合是中国文化的自我调适,是本土文化即先秦诸子百家的综合提升。第二次文化融合是中国文化和印度佛教文化的融合,属于东方文化的局部交流。第三次融合是中国文化和西方文化的融合,具有了全球化的时代意义。[12]戊戌以来,从清末"新政"到孙中山设计的美国式的宪政模式,从"五·四"时期马克思主义的传播到十一届三中全会改革开放政策的确定,都包含了中西文化融合的结果。可以说,中国的宪政文化是随着第三次文化融合的不断深入而得到发展的,"从戊戌知识分子的'兴民权',到孙中山的'建立民国',到陈独秀的'德先生',到'加强民主法制建设',到建设'民主的开放的法治的社会',到'依法治国',是中国第三次文化大融合时期的进步政治与思想传统",[13]也是中国100年来宪政文化和法治思想发展的基本脉络。由于中国几千年的政治法律文化的主要内容均是和现代文化相背离的,新文化的崛起对中华民族赶上世界现代化潮流就显得格外重要。从戊戌变法到十一届三中全会,正

---

[12] 参见李良玉:《新文化的起源——纪念戊戌变法一百周年》,载《开放时代》1998年第3期。
[13] 李良玉:《新文化的起源——纪念戊戌变法一百周年》,载《开放时代》1998年第3期。

表现了中华民族不断迎接世纪挑战的积极姿态和非凡勇气。

四、宪政路漫漫

戊戌变法和中共十一届三中全会虽然相隔了80年,但都连系着中国人百年萦绕的宪政梦,它们所要解决的,在本质上同是近世中国面临的两个主要问题,即救亡图存和民族复兴。前者在甲午战争后空前的民族危机面前,引他方火种,点燃"自强"、"救亡"的火把,揭开了中国宪政运动史的序幕。后者在20世纪50年代以来接连不断的政治运动直至毁坏一切纲纪的"十年浩劫"之后,猛然警醒,紧跟世界潮流,继续现代化的进程,掀开了中国宪政运动史上最新的篇章。戊戌以来的100年,已经过了辛亥革命、五四运动和人民共和国成立等多次重大的社会变革,然而,为当时戊戌维新人士热中的许多话题,如民主、自由、人权平等、法治等等,直到如今仍频频成为我们讨论的内容。这也从一个侧面表明,十一届三中全会乃至我们今天都在继续走着戊戌维新没有走完的路。

当然,戊戌变法和十一届三中全会掀起的变革浪潮有很大不同,我们不必去分析它们在历史背景、性质等方面的区别,而且即使它们在某种程度上都带有"自上而下"的特征,但群众基础和目标指向也截然不同。同时,这一次改革及其采取的措施也有别于本世纪以来的历次宪政举措和政治经济决策,美国学者罗兹曼主编的《中国的现代化》说:"1978年底,讲究法律成了一种风尚。这种变化在最近几十年里有先例可循,但这一次的起因不同于1923年、1946年、1954年,或1956－1957年。这一次,官方是在国家最重要的政策已疏远了那些能为国家提供所需的技能和创造性的人们这样一个时代之后,企望为国家招徕更多的人才。"[14]这种变化带给当今中国的,实际上是对新的政治民主方式的选择,中国共产党在批判地吸收资产阶级民主合理成分的同时,开始为建立全新的社会主义政治民主体制而努力,这就是政治体制方面的改革。

所谓政治体制改革,在政治学的意义上,就是"政治领导集团根据社会发展需要,对政治体系、政治权利结构、政治运行机制等,有计划有步骤地进行旨在优化政

---

[14] [美]吉尔伯特·罗兹曼主编:《中国的现代化》,上海人民出版社1989年版,第409页。

治体系、调节政治关系、巩固和完善政治统治的政治作业过程"。[15] 政治体制改革是宪政制度现代化和建立法治国家所不可缺少的。改革开放以来,我国

坚持和完善人民代表大会制度、坚持和完善共产党领导下的多党合作和政治协商制度以及民族区域自治制度、加强民主和法制建设、完善社会主义法律体系、废除领导干部职务终身制、改革党和国家的领导体制,一步步推动了政治体制改革,也为中国宪政制度的现代化打下了良好的基础。而且,在市场经济的发展、现代政治民主化的思潮、外来先进的民主宪政文化的冲击、社会主体的推动等诸种动力的合力作用下,[16]我国宪政制度的现代化是一个必然的历史趋势。

戊戌变法和十一届三中全会的不同结局肯定也是人们感兴趣的。100 年前,戊戌变法维持了 103 天,终因遭慈禧太后暴力镇压而告失败;20 年前召开的十一届三中全会掀起的改革大潮则澎湃不息,至今仍为中国社会带来无限的生机和活力,个中自有许多东西可以总结。在戊戌期间,维新志士为解决中国的生存危机曾经开出了不同的药方。康有为、梁启超等人把专制主义看作是阻隔中国不能像西方那样强大的障碍物,希望用君宪制、民权打破专制主义,清洗堵塞国家富强的通道,并坚信议院是达到国家富强不可替代的工具;而严复却深切关怀国家富强问题,把王韬那一代人对西方议院的理念直接发展为一种"富强为体,宪政为用"的文化范式,这反映了面对民族生存危机维新人士生发的两种不同的思路。[17]

1913 年 5 月受袁世凯之聘来华任宪法顾问、后又为袁复辟帝制大造舆论的美国法学家古德诺实际上对中国的情况颇为了解,他在 20 世纪 20 年代写成了对中国进行全方位描绘和分析的《解析中国》一书。他认为中国的根本出路在于社会经济的发展,经济问题才应该是中国的核心问题。在书中他批评"中国的年轻人太急于求成,他们不注意从基础的方面开始做起,其实在中国社会混乱的表层下,经济基础已在发生一种持续而深刻的变化,可是遗憾的是肩负着中国希望的中国青年过分热衷于哲学领域的全面变革,而不愿意去领导经济生活中正在发生而且还要

---

[15] 王邦佐、秦德君:《政治体制改革与政治发展》,载《学术月刊》1997 年 12 期。
[16] 参见公丕祥主编:《中国法制现代化的进程》(上卷),中国人民公安大学出版社 1991 年版,第 221 页以下。
[17] 参见王人博:《宪政文化与近代中国》,"引言",第 4—5 页。

继续下去的变革。""刚开始接受西方思想的中国更多地把注意力投向哲学领域而不是科学技术的研究,其结果必然是忽视了政治制度与社会经济实际状况之间的紧密关系。他们忙于照搬国外的各种制度,对设计在纸面上的方案抱过高的希望,而很少注重研究中国的现状。"[18]他提出了这样一个观点:在落后的经济基础之上不可能建立先进的制度。如果经济基础本身不改变,就难以使人们的思想发生真正的改变和实现真正的民主政治。戊戌知识分子在当时危急情况下直接从制度切入以求解决中国问题似乎自有其理由,以后数十年,从何处入手变革中国的难题也一直困扰着中国人。三中全会非常明智地首先解决了党和国家工作重点的转移问题,社会主义现代化建设成了全国人民的总目标,其他方面的问题和任务则随着经济建设的发展而渐次解决与提出,既不影响经济的发展,又不放弃民主法治和宪政制度的追求,可以说是中国人民解决现代化问题的崭新思维和实践。

在三中全会路线的指引下,中国人民正在成功地进行着现代化的实践。不过,我们也应清醒地看到,中国宪政的现代化还有很长的路要走。因为宪法的制定不等于宪政的实现,完备的法制不会自动带来法治的现实,比如在标榜立宪主义的许多亚洲国家,真正奉行宪政的就为数不多,在中国,问题可能更多。戊戌以来的百年历史已经告诉我们,中国走上宪政之路所经历过的艰难曲折。十一届三中全会以来的历史和法治现状同样告诉我们(甚至是在更加深刻地警示我们),在一个缺乏民主与法治传统的国度,在宪政思想和法治精神薄弱的情况下,要实现宪政理想和步入法治化状态并不是一件容易的事。面对存在的问题,我们唯有发扬戊戌志士的精神,高举三中全会的旗帜,坚定地朝着民主政治和法治政治的目标前进。我们相信,不需要又一个百年,中华民族一定能圆自己的宪政梦。

---

[18] [美]古德诺:《解析中国》,蔡向阳、李茂增译,国际文化出版公司1998年版,第45页。

走向宪政

周永坤*

一、不灭的宪政梦想

中国传统政治法律文化中只有王政,直到清末"西法东渐"时,此数千年不易之"天则"方被打破。经过立宪派多年的不懈努力,光绪三十二年秋七月戊申光绪帝终于发出中国千年帝王"第一谕":"各国所由富强,在实行宪法,取决公论。时处今日,唯有仿行宪政……"[1]这表明中国的政治目标发生了翻天覆地的变化——从巩固王权到规范权力(主要是王权),从此,宪政成了仁人志士世代相继的梦想,宪政逐渐成为政治行为正当化的标准,宪政研究成为显学,"宪政"一词成为官、学两界的常用词。接着便是辛亥革命、清帝逊位、[2]《中华民国临时约法》颁布(1912年3月11日生效),它标志着中国从此跌跌撞撞地走向宪政。整个民国时期,"宪政"一词不仅迅速成为知识界的共识,几乎成为所有政治势力的旗帜,而且也在一定程度上成为一种社会时尚。

但宪政的实践却没有那么顺利。1928年10月3日国民党中央常务会议议决

---

* 周永坤,苏州大学教授、博士生导师。本文原载《华东政法大学学报》2012年第6期(总第85期),第59—66页。
[1]《清史稿·德宗纪》。
[2] 1912年2月12日,清廷颁发经与临时参议院(南京)协商而成的、给予皇室优厚待遇的《清帝退位诏书》,内中在宣布清帝逊位的同时定"共和立宪国体"。清皇室失"天下"而得免遭抄家灭门之祸,也算是"预备立宪"之果报了。

《训政纲领》,这个纲领建立了国民党一党独裁、以党代政的制度,宪政被搁置。国民党虽然承诺于 1935 年"还政于民"行宪政,但宪政计划一再落空。1937 年全面抗战爆发,救亡图存遂为第一要务,宪政"理所当然"地被搁置。尽管各派政治势力口中的"宪政"含义有差异,"宪政"一词作为各种政治势力共同目标的地位却被牢固确立了。

八年国共合作抗战时期,在野的中国共产党成了宪政的主要推动力量,它提出了"新民主主义宪政"的口号,作为与执政党争取民心的工具。平心而论,希望在全面战争时期、在一个素无宪政的国家实现宪政是不切实际的,但民众对于宪政的追求却是无可指摘的。1940 年,根据地延安成立了"宪政促进会"。在成立大会上,中国共产党的实际领导人毛泽东亲自出席并作了关于宪政的重要演讲,这就是著名的《新民主主义论》。在那个演讲中,毛泽东给宪政下了一个定义:"宪政是什么呢? 就是民主的政治。"他还特别引用《中国国民党第一次全国代表大会宣言》中的话来概括宪政的内容:"为一般平民所共有,非少数人所得而私……这就是我所说的新民主主义宪政的具体内容",他并要求研究宪政的人"熟读而牢记之"。[3] 抗战胜利以后,具备了行宪的条件,共产党和其他在野党联手共同追求宪政,中国再现宪政热潮。在这一热潮中,《人民日报》多次载文宣传宪政。1946 年到 1949 年 10 月 1 日前,《人民日报》所载文章中出现宪政一词且内容与宪政有关的共 31 篇,其中各党派人士正面论述和呼吁实行宪政的文章 7 篇,批判国民党真"训政"假宪政及"伪宪政"的文章 22 篇,另有一篇纪念文章和一篇译文。这一时期的宪政一词具有两面性,一方面作为政治目标仍然存在,另一方面作为在野党与执政党斗争的工具。当时争论的已不是要不要宪政,而是实行什么样的宪政。

1949 年以后,中国共产党成为执政党,她对宪政的态度因而发生了变化。中国共产党在革命时期主张的宪政是"新民主主义宪政"以同国民党的"旧宪政"相对抗。建立政权后,执政党确立的目标很快发展为社会主义。由于新民主主义成为新的革命——社会主义革命——的对象,"新民主主义宪政"当然也不提了。同时,在当时的观念里,社会主义是通过"革命"来实现的,它的主要内容是用国家暴力变

---

[3] 不过,将民主等同于宪政是不准确的。宪政是就统治方式而言的,它相对的是专制;民主是就统治者人数多少而言的,它相对的是君主与共主(和)。

革私有制实现公有制,这一目标在本质上是与宪政相冲突的。不过,在新中国第一部宪法(1954 年)制定前后,宪政还偶尔被提及。一个例证是时任中央人民政府副主席的刘少奇代表"中华人民共和国宪法起草委员会"向第一届全国人民代表大会所作的关于宪法草案的报告。在报告中,刘少奇对历史上的宪政运动给予正面评价,而且将 1954 年宪法与宪政相联系。他说:宪法草案"也是中国近代关于宪法问题和宪政运动的历史经验的总结"。他对 1949 年前的宪政运动也给予部分肯定:"以孙中山为首的革命派,坚决主张经过革命来实现他们所期望的民主宪政,也就是资产阶级性质的民主宪政。就当时的历史条件来说,他们这样做是正确的……"[4]当时《人民日报》的社论也肯定宪政,该社论说:"刘少奇同志在关于宪法草案的报告中,就中国人民百多年来英勇斗争的历史经验和中国近代关于宪法问题和宪政运动的历史经验作了概括的分析……"[5]同时发表在《人民日报》上的全国人大代表和全国政协委员关于宪法草案的发言摘录也有不少肯定了宪政。例如,陈望道代表说,1954 年宪法"在中国宪政史上是空前的……"陈汝棠代表说,过去"渴望民主宪政而不可得,如今在中国共产党领导下,获得了革命胜利,中华人民共和国成立以来仅仅五年,又获得许多新的胜利,现在标志着这种革命胜利的符合全国人民愿望的宪法就要诞生了"。罗隆基代表则谈到了"好的政法人员"对于宪政的重要意义,他更明确提出要"实行宪政"。[6]

但是,由于宪政与"以阶级斗争为纲"的意识形态相冲突,宪政与运动治国的领导人的意志相悖,所以宪政一词虽然没有被立即放弃,但是被"冷处理"了。到 1957 年以后,宪政成为禁区,基本上没有人再从正面提及它,这种状况一直延续到 1982 年,那年《人民日报》上出现了一篇介绍八二修宪的短消息,这篇短消息包括标题只有 894 个字,文中称宪法关于自身修改的规定"对于维护宪法的尊严和宪政的稳固,是必要的"。[7]

---

[4] 说其"部分肯定",是因为刘少奇同时说:"几十年来,在中国虽然有过不少的人为实现资产阶级的宪政做过各种各样的努力,但是一点成就也没有。"参见刘少奇:《关于中华人民共和国宪法草案的报告(一九五四年九月十五日在中华人民共和国第一届全国人民代表大会第一次会议上的报告)》,载《人民日报》1954 年 9 月 16 日。
[5] 《学习第一届全国人民代表大会第一次会议的文件》,载《人民日报》1954 年 10 月 15 日。
[6] 《在第一届全国人民代表大会第一次会议上代表们关于宪法草案和报告的发言》,载《人民日报》1954 年 9 月 18、19 日。
[7] 陈方生:《必须保障宪法的最高法律效力》,载《人民日报》1982 年 5 月 24 日。

但是,事实上宪政并没有就此解禁,一直到八二宪法颁布 20 周年的时候,宪政才正名。其后又有反复。现在宪政已经为政、学等社会各界所普遍接受。[8]

二、曲折渐进的立宪

宪政(constitutionalism)直译就是"宪法主义",在布莱克维尔的《政治学词典》中,"宪政"和"宪法"(constitution)属于同一词条。古今中外的宪政运动就是立宪与行宪。有些时候,立宪不是一蹴而就的,它需要伴随政治体制改革的决断不断进行,这也是走向宪政的和平而最少代价的道路。1949 年至今,我们其实就是在这条道路上艰辛地跋涉。

1949 年《共同纲领》体制是一个明显的过渡性体制,它因应仍在进行的局部战争的需要,实行高度集权的中央人民政府委员会制度,谈不上宪政。

1954 年宪法(以下简称"五四宪法")重续了从清末开始的宪政梦想,它结束了《共同纲领》下的中央人民政府委员会集权体制,依据宪政的基本原则构建了立法、行政、司法三权分置的政治体制,这是一个划时代的进步。可惜的是,这部宪法事实上从"生下来"就被悬置,在它通过不到三年后的 1957 年,该宪法中所包含的宪政基本原则——法律至上原则、司法独立原则等等——就受到官方批判,作为宪法灵魂的公民权利也被剥夺殆尽。与此同时,宪政被负面化。

其实,早在 1950 年代初期,中国就走上了一条运动治国之路。制定五四宪法的人们,从立宪的那一刻起就没有想到要实行宪政。这从立宪程序的启动就可以看得很清楚。当初的领导人开始反对制定宪法,而最后立宪进程的启动是斯大林"建议"的结果,而斯大林建议的核心是将宪法当作"合法性"工具使用。[9] 运动治

---

[8]《人民日报》刊载包含"宪政"一词的文章的频次清楚地展现了宪政在现代中国的命运。参见周永坤:《跌宕起伏的中国宪政研究六十年——以〈人民日报〉载文为主线的叙述与思考》,载《法商研究》2010 年第 1 期。

[9] 1949 年,斯大林就对到访的刘少奇说:"敌人可用两种说法向工农群众进行宣传,反对你们。一是说你们没有进行选举,政府不是选举产生的;二是国家没有宪法。政协不是选举的,人家可以说你们是用武力控制了位子,是自封的;共同纲领不是全民代表通过的,而是由一党提出,其他党派予以同意的东西。你们应从敌人手中拿掉这个武器。"参见穆兆勇:《新中国第一部宪法的诞生》,来源:http://www.people.com.cn/GB/14576/28320/31049/31050/2255644.html,2012 年 7 月 15 日访问。斯大林前后三次建议中国共产党立宪,贯彻的都是这种因应阶级斗争需要的"工具主义宪法观"。

国的顶点当然是所谓"文化大革命"。在"文化大革命"引发的混乱不可收拾时,当时的领导人又想起了利用宪法:用宪法的形式将"文化大革命"肯定下来,这当然是一项不可能完成的任务。因为宪法本身是规范,而"文化大革命"在本质上是反对规则之治的。想用一个规范来肯定非规范之治,那是缘木求鱼。[10] 它的结果就是在秘密状态下通过的宣示个人权威的1975年宪法(以下简称"七五宪法")。仅仅就通过的形式来看,秘密开会通过宪法本身就违反宪政的基本原则。这部宪法贯彻了与宪政针锋相对的阶级斗争为纲精神和个人崇拜精神,它在逻辑上是混乱的,[11] 它规定的国家权力结构也从五四宪法严重倒退。[12]

正所谓否极泰来,运动治国的极点——"文化大革命"——终于结束,经过"按既定方针办"的两年徘徊后,国人选择了改革开放的道路。所谓改革开放其实包括两个方面的内容:经济体制改革和政治体制改革。前者早在20世纪90年代初期邓小平南方讲话后已经基本解决,起码是没有回头路了,但是后者却要艰难得多,前进要迟缓得多。[13] 七五宪法迅即被修改,其结果就是1978年宪法(以下简称"七八宪法")。七八宪法在指导思想、国家权力的结构等方面与七五宪法没有区别,有意义的只是修改了一条,不过具有重要的意义:它将七五宪法第16条"全国人民代表大会是在中国共产党领导下的最高国家权力机关"修改成"全国人民代表大会是最高国家权力机关",取消了"共产党领导下的最高"这种反逻辑的表述。七八宪法通过的第二年,全国人民代表大会通过了修改宪法的决定,这个决定将七五宪法的"革命委员会制度"改成了"人民政府制度",取消了革命委员会集权的制度,

---

[10] 这就是所谓的"雷克斯国王悖论"。参见[美]富勒:《法律的道德性》,郑戈译,商务印书馆2005年版。
[11] 例如,其规定:"全国人民代表大会是在中国共产党领导下的最高国家权力机关。"既然是"领导下",何来"最高"?
[12] 其第22条第1款规定:"地方各级革命委员会是地方各级人民代表大会的常设机关,同时又是地方各级人民政府。"实行政府与代议机关的集权。
[13] 其实,中国的政治体制改革起步早于经济体制改革,只是由于它所涉及的利益的敏感性而举步维艰罢了。中国官方的经济体制改革起步于20世纪80年代,而政治体制改革是从粉碎"四人帮"开始的。粉碎"四人帮"标志着中国开始追求制度化的治理,1978年11月的中共中央十一届三中全会正式为政治体制改革开道,1979年7月1日通过了重要的七部法律,这些都是政治体制改革的重要举措。

这是与"文革"式运动治国分道扬镳的重要一步。[14]

但是七八宪法毕竟是改革开放之前的产物，它的阶级斗争为纲情结与改革开放的总目标不符，于是它通过短短三年后就被1982年宪法（以下简称"八二宪法"）所取代。八二宪法在整体上是向五四宪法的回归，它的诞生是中国迈向宪政的重要一步。它对宪政的贡献可以概括为以下八个方面：

第一，在指导思想上与以阶级斗争为纲的思想决裂，提出"今后国家的根本任务是集中力量进行社会主义现代化建设……把我国建设成为高度文明、高度民主的社会主义国家。"

第二，强调宪法的权威与尊严。宪法序言部分强调本宪法"是国家的根本法，具有最高的法律效力。全国各族人民、一切国家机关和武装力量、各政党和各社会团体、各企业事业组织，都必须以宪法为根本的活动准则，并且负有维护宪法尊严、保证宪法实施的职责。"《宪法》第5条第2款强调宪法在法律体系中的至高地位："一切法律、行政法规和地方性法规都不得同宪法相抵触。"

第三，强调法律的权威，这主要体现在《宪法》第5条两款的规定上。该条第1款强调"社会主义法制的统一和尊严"。第2款强调"一切国家机关和武装力量、各政党和各社会团体、各企业事业组织都必须遵守宪法和法律。一切违反宪法和法律的行为，必须予以追究。"这一条与中共十二大通过的党章的规定相接轨："党必须在宪法和法律的范围内活动。党必须保证国家的立法、司法、行政机关，经济、文化组织和人民团体积极主动地、独立负责地、协调一致地工作。"上述两款合起来就是宪政基本原则：合宪性原则，表明社会运作的基本原则向宪政转型。

第四，重申"法律面前人人平等"的现代宪政原则。五四宪法第85条早就规定"中华人民共和国公民在法律上一律平等"，但是在阶级斗争为纲思维的长期主宰下，先是将"法律面前人人平等"这一现代宪政基本原则曲解为"法律适用的平等"，继而在"文化大革命"中将它贴上资产阶级的标签，七五宪法和七八宪法则统统将它抹去。八二宪法重新明确提出"中华人民共和国公民在法律面前一律平等（第

---

[14]《第五届全国人民代表大会第二次会议关于修正〈中华人民共和国宪法〉若干规定的决议（1979年7月1日第五届全国人民代表大会第二次会议通过）》。

33条第2款)。"该宪法第33条用三款规定了平等原则,比五四宪法规定的更为全面。第33条第1款规定:"凡具有中华人民共和国国籍的人都是中华人民共和国公民。"这为五四宪法所无。表面看来这一款只是申明现代法律常识,但是如果联系当时的社会认知水准并将它与第2款联系起来看,就知道立法者的深意:它放弃了将居民按身份和政治态度两极化的思维,将国民一体平等看待。因为在那个时候,所谓"阶级敌人"事实上是不被认可具有公民资格的。在第2款后面有两个反特权的规定,以强化第两款的平等规定。

第五,公民权利宪法地位的强化。一是公民权利总体地位的提高。这体现在序言、总纲和公民权利部分,体现在立宪思想上。二是公民权利规定的完善。八二宪法第二章"公民的基本权利和义务"共24条,去掉4条义务条款和一条禁止权利滥用条款,则权利条款为19条,是历部宪法之最。三是在立宪体例上突出权利条款,将权利条款置于"国家机构"之前,在"公民的基本权利和义务"的内容安排上,改变前两部宪法将义务条款前置的做法,恢复五四宪法权利条款在前的体例。

第六,司法独立条款的部分恢复。宪政的制度设计是人民直接行使的,而宪政制度的运行与维护则必须依仗独立的司法,因此,有无独立的司法是判断宪政还是(专政)专制的主要标准。五四宪法规定"人民法院独立进行审判,只服从法律"(第78条),但是其后的两部宪法取消了此规定。八二宪法部分恢复了五四宪法的规定:"人民法院依照法律规定独立行使审判权,不受行政机关、社会团体和个人的干涉(第126条)"。这是一个很大的进步。说其"部分"恢复是因为五四宪法是概括式排除干预,而八二宪法是列举式排除干预。

第七,加强人民代表大会制度建设。这主要体现在两方面:一是县级以上的地方各级人大设立常委会,二是省级人大及其常委会有权制定和颁布地方性法规。

第八,基层社会的制度化。这主要表现在两个方面:一是改变农村人民公社的政社合一的体制,设立乡政权。二是将居民委员会、村民委员会等群众性自治组织列入了宪法。

三、渐进的修宪

这里的"修宪"是指对八二宪法的修改。宪政需要宪法的至上权威,而宪法至上权威的确立无疑需要宪法的稳定,动辄推倒重来的做法无疑不利宪法权威的确立。因此,对八二宪法的修改采取了"宪法修正案"的形式,且每次的宪法修正案连续编排,这从形式上有利于确立宪法的权威,从而有利于宪政的建立。当然,对于宪政建设来说,更加重要的是宪法修正的内容。八二宪法共有四次修正(1988年、1993年、1999年、2004年),共计31条。[15] 其中有利于宪政建设的内容可以归纳如下。

第一,公民财产权的强化。享有不可侵犯的财产权是公民立身之本,而独立的公民是宪政的主体,因此,强化财产权是行宪政的"固本"之举。在长期公有制下,人们谈"私"色变,公民财产权被任意侵犯,甚至私有财产本身就被看成是一种恶:文革中所谓"割资本主义尾巴"的行为是其代表。但在"国有制"下,国家拥有政治与经济权力,成为真正的"巨无霸",因此不可能建设以"控制国家权力"为特质的宪政。在克服"恐私症"方面我国宪法走过了极其艰难的历程。五四宪法规定"国家依照法律保护公民的私有财产的继承权"。[16] 七五宪法和七八宪法将它删除,八二宪法第13条在恢复五四宪法第12条规定的同时规定"国家保护公民的合法的收入、储蓄、房屋和其他合法财产的所有权。"这是一个进步,但是保护的范围仍然非常有限。为弥补这方面的缺陷,宪法修正案一再强化对私有财产的保护,可以这样说,四部宪法修正案的主要内容就是逐步承认并强化公民的财产权。1988年修正案两条全部是围绕财产权展开的;1993年修正案9条,其中5条(第5、6、7、8、9条)是关于财产权及其行使的;1999年修正案的主要内容仍然是财产权(第14、15、16条);2004年修正案共计14条,内中三条(第20、21、22条)涉及财产权利。第20条规定了对土地实行征收或者征用的补偿,第21条规定"个体经济、私营经济等非公有制经济的合法的权利和利益。国家鼓励、支持和引导非公有制经济的发展",第22条则第一次提出了"公民的合法的私有财产不受侵犯。"这是1949年以后第一次以宪法的形式全面为妖魔化的"私有财产"正名。

---

[15] 其中1988年修正案修正条文2条(第1—2条),1993年修正案修正条文9条(第3—11条),1999年修正案修正条文6条(第12—17条),2004年修正案修正条文14条(第18—31条)。
[16] "恐私症"从五四宪法就开始了。请注意国家只保护"继承权"而不是"财产权",而且是"依照法律"——法律不规定保护就不保护了,即所谓保护"继承权"也是国家立法裁量的范围。

第二,法治入宪。法治是与宪政同一系列的概念,在规范的意义上说,法治就是宪政,宪政就是法治。宪法修正案第 13 条明确规定:"宪法第 5 条增加一款,作为第 1 款,规定:'中华人民共和国实行依法治国,建设社会主义法治国家。'"这是以宪法的形式规定了法治是最高政治原则,也即宪政是中国最高的政治原则。

第三,修改有关"反革命"的规定,实现公民政治上的平等。修正案第 17 条(1999 年)将宪法第 28 条镇压"其他反革命的活动"删除,这是继 1997 年刑法删除反革命罪后再一次与阶级斗争为纲思想决裂。现代宪政是建立在公民政治自由的基础上的,因此,它排除政治上的身份歧视,而"反革命"正是这样一种政治身份,为现代宪政所不容。

第四,人权入宪。人权是现代宪政的基础与目的,人权入宪对宪政的意义自不待言。说其是基础,是指只有享有权利的人的联合才可能有宪政;说其是目的,是指宪政的根本目的是保障人权。宪法修正案第 24 条(2004 年)规定:"宪法第 33 条增加一款,作为第 3 款:'国家尊重和保障人权。'"这一划时代的修正必然对宪政产生极大的推动作用。

四、司宪路上的徘徊

一部符合宪政原则的宪法只是宪政的必要条件,而不是全部。宪政需要宪法"活"起来,即宪法不能仅仅是政治宣言,而要成为最高行为规范,特别是成为法官断案的规范。宪政原则中的"宪法最高性"最终当通过司法表现出来,也只有通过司法表现出来,宪法才真正是"最高"的。舍此绝无宪政。但是司宪实践的缺乏在民国时期就是个问题。1912 年通过《中华民国临时约法》,但是真正的司宪实践却始于国民政府败退台湾前夕的 1949 年。[17] 1949 年以后,第一个关于宪法适用问题的事件发生在 1955 年。当年的新疆省高级人民法院就宪法能不能作为"论罪科刑的依据"一事向最高人民法院发出《(55)刑二字第 336 号报告》。为此,最高人民

---

[17] 参见《"司法院"大法官会议决议释字第 1 号》(1949 年 1 月 6 日),该宪法解释的主题是:"立法委员就任官吏之时,是否仍保有立法委员职位?"解释文就一句话,非常简洁明了:"立法委员依宪法第七十五条之规定不得兼任官吏,如愿就任官吏,即应辞去立法委员。其未经辞职而就任官吏者,亦显有不继续任立法委员之意思,应于其就任官吏之时视为辞职。"

法院有一"复函",函中称:"中华人民共和国宪法是我们国家的根本法,也是一切法律的'母法'……对刑事方面,它并不规定如何论罪科刑的问题,据此,我们同意你院的意见,在刑事判决中,宪法不宜引为论罪科刑的依据。"[18]但是在此后的运动中,宪法本身的存在都是个问题,更不用说宪法的适用问题了。

八二宪法通过以后,学界与政界均有人主张宪法的司法适用。在这方面,最高人民法院的作用值得一提。1988年10月4日,就天津市高级人民法院的请示报告,最高人民法院作出(88)民他字第1号解释:《关于雇工合同"工伤概不负责"是否有效的批复》。该批复称:"对劳动者实行劳动保护,在我国宪法中已有明文规定,这是劳动者所享有的权利。张学珍、徐广秋身为雇主,对雇员理应给予劳动保护,但他们却在招工登记表中注明'工伤概不负责'。这种行为既不符合宪法和有关法律的规定,也严重违反了社会主义公德,应属于无效民事行为。"这一司法解释虽然不是针对宪法效力的,但却直接援引宪法作为断案依据,具有开创性,为我国确定宪法直接效力提供了先例。

被司法界、学术界、媒体称为"宪法司法化第一案"的齐玉苓案更是产生了轰动效应。1990年,齐玉苓被一学校财会专业录取,齐所在的中学却未将考试成绩告知齐,也未将录取通知书送给齐,而是送给了另一学生陈某。陈即以齐的名义读完中专,并被分配到金融单位以齐玉苓为名工作。得知真相的齐于1999年1月29日将陈某、陈父、学校等几家教育单位诉至法院。枣庄市中级人民法院一审确认侵犯姓名权,但未确认侵犯受教育权。齐不服上诉到山东省高级人民法院。山东省高级人民法院在审理中认为有疑难,报请最高人民法院解释。最高人民法院应山东省高级人民法院的请求,于2001年8月13日作出[2001]法释25号《关于以侵犯姓名权的手段侵害宪法保护的公民受教育的基本权利是否应当承担民事责任的批复》,指出,"陈××以侵犯姓名权的手段侵犯了齐××依据宪法所享有的公民受

---

[18]《最高人民法院关于在刑事判决中不宜援引宪法作论罪科刑的依据的复函》,载《中华人民共和国法律全书》,吉林人民出版社1989年版,第120页。应当指出,最高法院的这一解释是值得称道的,因为该案为一刑事案件,为的是追究罪责而不是保护权利,最高法院的《复函》维护了罪刑法定原则。

教育的基本权利,并造成了具体损害,应承担相应的民事责任"。[19] 最高司法机关对公民因宪法基本权利受到侵害而产生纠纷的法律适用问题进行司法解释,在我国尚属首例。

张仁龙案是又一个司宪的案例。2004 年 6 月 7 日,重庆垫江县文兴中学学生张仁龙参加高考,临进考场时学校以张尚欠学校 150 元学杂费为由扣押准考证,致使张未能参加语文科目考试。为此,张以教育权受到侵犯为由,将学校及当事的老师告上了法庭。请求判令二被告赔偿学费 4000 元、高考报名费 219 元以及精神损害抚慰金 45781 元,并在《重庆晚报》声明向其赔礼道歉。2004 年 8 月 3 日,垫江县人民法院开庭审理此案,并判决原告胜诉。法庭的判决理由是,公民依法享有接受国家教育的基本权利。被告以扣押原告高考准考证的方式追收欠费,导致原告被取消语文科目考试资格,其行为侵犯了原告的受教育权;受教育权既是我国现行宪法赋予公民的一项基本权利,也是《中华人民共和国教育法》规定的一项民事权利,它是既包括人身权又包含财产权的一项复合型的民事权利,任何个人、组织和法人都不得侵犯。[20]

上述司宪实践虽然是个案,未形成气候,但是却表现出各级法院追求宪政的可敬努力,但是在 2008 年,最高人民法院(法释〔2001〕25 号)司法解释却在没有申明任何理由的情况下被废止了。[21] 从此,不但"司宪"、"宪法司法化"的实践戛然而止,连相关的研究也难得一觅,这实在令人扼腕。

五、结语

"走向宪政"是一百多年来中国的历史大势,也是觉醒了的国人的世纪梦想。

---

[19]《齐玉苓案》,来源:http://wenku.baidu.com/view/ffdeadd033d4b14e8524685d.html,2012 年 7 月 15 日访问。
[20]《张仁龙诉垫江县文兴中学校、刘亮侵犯受教育权案》,载重庆市高级人民法院编:《重庆审判案例精选》(第 1 集),法律出版社 2006 年版。
[21] 2008 年 12 月 24 日,最高人民法院发布《关于废止 2007 年底以前发布的有关司法解释(第七批)的决定(2008 年 12 月 8 日最高人民法院审判委员会第 1457 次会议通过)》(法释〔2008〕15 号),该解释废止了难得的前述关于宪法司法适用的法律解释(法释〔2001〕25 号),废止的理由是"已停止适用"。其实这不是理由,只是告知而已。其他法律解释废止的理由有两个:一是与其法冲突;二是情况已变化,不再适用,都还说得过去。而且,生效的法律解释未经向社会公开即"停止适用"也明显违反法治原则。

在这个大势中,八二宪法的制定及其完善是个转折点。它在告别阶级斗争为纲思维、转向制度化治理,在开始保障公民财产权,在强调宪法法律权威、主张普遍守法,在弘扬平等精神,在重返司法独立原则,在张扬公民权利等诸多方面,都在迈向宪政。八二宪法开创的制度化修宪形式及其在四次修正案中所彰显的强化公民权利、规定法治人权、取消公民政治身份等内容,使现行宪法在整体上成为与宪政相谐的宪法。但是宪政的关键是宪法的"实效"。

我相信中国的未来将进一步"走向宪政",这是一个确信,也是一个期待。若问中国的宪政下一步当如何走?进一步修宪使其与宪政更加契合是需要的,但是首要的无疑是使宪法"活起来"。这既是实现宪政的需要,也是国家应当履行的国际人权义务。

从"大妥协"到"大决裂":重访 1913 年

章永乐*

1913 年 3 月 20 日晚 10 时 45 分,上海沪宁铁路车站响起枪声,正欲北上组织内阁的国民党党魁宋教仁应声倒地。两日后,宋教仁不治身亡。这一事件诱发了巨大的政治地震。从 7 月 12 日李烈钧宣布江西"独立"开始,江苏、安徽、上海、湖南、福建、四川、广东国民党人相继起兵讨袁,但不到两个月旋告全面失败。自 1912 年 2 月 15 日袁世凯被选为中华民国临时大总统以来北洋集团与同盟会—国民党之间的政治合作,也由此走向尾声。

斗转星移,转眼已过百年。然而一百年前的这场"大决裂"究竟有何历史意义,仍然是一个聚讼不已的话题。国共两党长期将袁世凯视为"窃取"革命果实的"反动势力"头目,在这一视野下,1913 年共和政治的"大决裂",只是北洋集团本性的暴露而已,并不具有很大的转折意义。戴季陶甚至称宋教仁"用丢了革命性和主义的一群政治势力集团为基础,去与反革命的官僚妥协",是国民党的一大"罪人"。[1] 但近年来,随着"宪政"话语的兴起,对历史的解读也在发生微妙的变化,其中一种颇有影响的观点认为,北洋集团和国民党对 1913 年的大决裂都负有责任:前者错在下手暗杀宋教仁,后者错在不走司法程序,直接起兵。[2] 因此,一个

---

* 章永乐,北京大学法学院副教授,政治学博士。本文原载《华东政法大学学报》2013 年第 5 期(总第 90 期),第 4—19 页。
[1] 戴季陶:《三民主义之哲学的基础》,中国文化服务社北平分社选印 1945 年版,第 11 页。
[2] 参见迟云飞、张耀杰、高全喜对宋教仁的论述,来源:http://www.21ccom.net/articles/lsjd/lsjj/article_2013032179511.html,2013 年 8 月 25 日访问。

反事实(counterfactual)的假设由此浮现:如果没有宋教仁之死,中国的共和宪政在1913年宪政或许就能走上正轨,中国或许就不需要接下来"继续革命",从政治革命走到社会革命与文化革命了。在这一视野中,1913年无疑具有强烈的转折意义。

正统的革命史观当然对这种反事实(counterfactual)假设嗤之以鼻,认为"历史不能假设",已经发生的事情,总有某种必然性。然而,正如马克斯·韦伯指出的那样,我们对历史上的人与事重要性(der sinn, significance)的评价,对历史责任的界定,却时刻离不开反事实假设。[3] 用韦伯的眼光去看,宋教仁之死这一事件的历史意义有多大,总是跟评价者对"宋教仁未遇刺"的可能结果的想象联系在一起。如果宋教仁活下来会导致民国政局平稳发展,这一事件就具有某种转折性意义;而如果宋教仁安然无恙也改变不了"大决裂"的后果,那么这一事件就只是一个不大不小的历史插曲。细察正统革命史叙事,我们可以看到其也不可能完全避免"反事实",而只是隐去了反事实推理的过程而已。把这个推理过程展现出来,大致如下:袁世凯从一开始就处心积虑地要建立个人独裁统治,宋教仁去跟北洋集团搞妥协,本来就"很傻很天真"。宋被刺只是北洋政府露出固有的獠牙而已,但这一事件谈不上什么改变历史进程。而"宪政派"假设1912年的建国与立宪已展现了"宪政"的曙光,如1913年宋不死,则有可能出现袁任总统、宋任总理的局面,中国的共和政治可以进入平稳的发展期。由此来看,宋之死当然是一个转折性的事件。

我们如何在这两种反事实之间作判断呢?严肃的历史评价中所用的反事实不同于文学作品,不能光凭主观想象和愿望,而是应当遵循一些基本原则:第一,其对历史条件的改变必须遵循"最小偏离"(minimal departure)原则,[4] 因为对变量改变太多,往往会引起系统紊乱,在极端情况下甚至会引起严重的"蝴蝶效应",从而导致无法作严肃的推理;第二,从假设性前提开始推理时,必须适用现实历史的"经验规则"。这种"经验规则"的核心是我们所称为"历史感"的那种东西,需要研究者

---

[3] [德]马克斯·韦伯:《文化科学逻辑领域内的批判性研究》,载《社会科学方法论》,韩水法等译,中央编译出版社1998年版。

[4] Marie-Laure Ryan, Fiction, Non-Factuals, and the Principle of Minimal Departure, Poetics 9 (1980):405-406.

对各种类型的行动者在不同历史情境之下的行为逻辑及其后果有比较细致的把握。我们总是在过去的历史经验中归纳这些行为逻辑,然后将之代入假设的情境之中。如果以这种方法论进行推演,在我看来,最可信的结果是,即便宋教仁不死,维持北洋集团与国民党之间的表面合作也绝非易事,需要政治家们具备超常的政治德性和能力。既然超常的政治德性和能力不常有,宋之死亡也就很难称得上是一个急剧改变历史进程的事件。

这一结论看似与传统革命史叙述接近,但论证方法并不相同:我并不先入为主地假定袁世凯是"反动势力",也不假定"革命势力"就事事正确,我只是将他们视为博弈的双方,从他们各自的组织形态、意识形态、军事实力和行为模式等方面入手,来讨论最可能的博弈结果。以往的历史著作通常对这些历史条件都有所涉及,但过强的政治站队的考虑,往往干扰了对事实本身的系统性分析。

一、1912 年的"大妥协"及其局限性

在 1913 年,维系北洋集团与国民党之间的表面合作为何是困难的?其根源在于这两大集团在 1912 年"大妥协"的脆弱性。换而言之,"大妥协"之后所形成的各项初始条件就更倾向于鼓励冲突而非合作。

"妥协"有自身的类型学:有的妥协是在原则与利益两个层面都达成一致,有的只是在原则层面达成一致,有的妥协只是形成了暂时的利益调和,而对根本的原则问题"延迟决断",只是"用模棱两可的措辞将真正有争议的问题悬置起来……从表面上、从语言表述上将本质上互不相容的内容并置起来……为自己保留各种各样的可能性和解释余地"。[5] 但是,原则问题是无法回避的,是一个政治体系必须回答的根本问题,虽然暂时的"不争论"可能为行动赢得一些时间(其时间的长短取决于许多因素),但这些问题最终还是需要解答。1912 年的"大妥协"只是创造了一个暂时的"休战"格局,并没有形成真正的政治整合。

1912 年的历史进程奠定了民国的基本政治框架:清帝退位、南北政府合并、袁世凯主政新政权、定都北京,南京临时参议院最终也迁往北京,南方近三十万民军

---

[5] 关于"延迟决断",参见[德]卡尔·施米特:《宪法学说》,上海人民出版社 2005 年版,第 36 页。

裁撤。这一切发生在几个月之内。从表面上看，辛亥革命是中国改朝换代过程中流血极少的一次。在这场妥协之中，双方比较牢固的原则性共识是，在终结清朝统治的同时，应当继承清朝的疆土，保持国家统一。直接参与制作《清帝逊位诏书》的袁世凯当然是国家统一的强力主张者，南方虽一开始以汉民族主义为号召，但最终还是转向了接受"五族共和"。[6] 但在"共和政治究竟应该如何展开"这一问题上，双方实际上极其缺乏共识。这首先体现在袁世凯与革命派对统一的中华民国政权的正当性基础的不同解释上。民国北洋政权的班底直接从清朝旧臣转化而来，从人事的角度来说，其连续性不言而喻。袁世凯倾向于将民国政权的正当性追溯到《清帝逊位诏书》，强调民国与清朝的连续性；以反清革命起家的革命派则强调民国政权源于反清革命，拒绝承认有任何"禅让"的成分。而这其实就体现出两种不同的共和建设思路：强调连续性的袁世凯希望在共和体制中保留更多君主制的制度与文化遗产，以借助这些资源加固大总统权威，尽快实现国家重新整合；强调断裂性的革命派则希望在革命所提出的政治原则的基础之上进行政治整合。在确定袁世凯将出任临时大总统之后，南京临时参议院单方面制定了《中华民国临时约法》，其中国务员的副署权、内阁用人必须经过临时参议院同意、凡加重国库负担的契约需要临时参议院批准等规定，都是束缚袁世凯手脚的。袁作为临时大总统，在用人权、财权、事权上都受到制约。袁在北洋势力没有参与制定《临时约法》的情况下就同意了《临时约法》，与其缺乏新式政治经验有关；一旦其意识到《临时约法》的束缚，这种表面的同意就随时可能逆转。这种政体安排后来成为北洋集团与同盟会—国民党的矛盾焦点之一。

中央与地方关系更是一个悬而未决的议题。辛亥革命是一场"地方主义"色彩浓烈的运动，各省地方政治精英起而脱离清廷，获得了极大的自主性，他们中的很多人不愿意将这种自主性让渡给一个新建的革命政权。在财政上，脱离清廷的各省不愿意向南京临时政府解款，到临时政府北迁之时，革命各省只给南京临时政府财政部缴纳过2500元税款。[7] 由于革命派内部对央地关系问题也缺乏共识，《临

---

[6] 当然，在"五族共和"问题上，同盟会—国民党中孙文一派只是在表面上同意。到了20世纪20年代，则露出了不赞同"五族共和"的本色。但孙文对国家统一无疑是赞同的。

[7] 《孙中山全集》（第2卷），中华书局1982年版，第62页。

时约法》在这一问题上也就基本上无所作为。在南北形式统一之后,北洋集团与同盟会—国民党各自掌握一部分地方政权,北洋集团掌握中央政权,更倾向于"削藩",这就直接威胁到同盟会—国民党所掌握的地方势力的生存。北洋政府成功地劝说南方解散了近三十万军队,但南方革命派仍然保留了一些军队,不听北洋政府的号令。在财政上,1912年的北京政府濒临破产,袁世凯要求各省向中央解款,结果连北方几个省的领导人都不听号令,更不用说南方,这一情形直到1913年初都没有太大改观。在用人权上,当时革命派掌握的南方数省更是形同"独立王国",各省都督自主决定用人,袁世凯对此无能为力。

一个新建的政权要想正常运作,就必须在政体和央地关系上形成最基本的共识,因为这是一个国家最基本的权力框架。遗憾的是,《临时约法》只是在表面上得到北洋集团的接受,但并没有真正凝聚共识,而在央地关系问题上,连一个装饰性的方案都没有。

作为一个仓促的"单方立法",《临时约法》约束乃至"架空"袁世凯的努力方向与当时的政治实力对比格局很不相称。袁世凯有更强的军事力量,而且得到列强的支持。这种不相称随着定都南京的设计落空而进一步加剧。《临时约法》这部"宪法律"与以政治实力对比为基础的"绝对宪法"之间的距离着实不小。

二、《临时约法》与政党内阁问题

在政体问题上,1912年3月11日公布的《临时约法》是争议焦点所在。这部临时宪法的制定本身并没有北洋集团的参与,具有很强的"因人设法"特征。在定都北京成为定局之后,其国家权力配置与实力政治之间的张力又进一步凸显出来。

严格来说,《临时约法》下的政体还算不上标准的内阁制,只是具有一些内阁制特征,从而为国会多数党夺取行政权提供了法律渠道。在典型的总统制下(如美国),总统兼为国家元首和行政首脑;在典型的内阁制下(如法兰西第三共和国),这两个角色由总统与总理分别担任,总统形同"虚君",掌握行政权的是议会多数党产生的内阁,内阁对议会负责。《临时约法》仿照法国内阁制规定,在总统之外增设了国务院(内阁),并且赋予国务员以辅政权和副署权。但是,光是国务员的辅政权和副署权并不能构成完整的内阁制,因为典型的内阁制的核心精神是内阁对议会负责。而在责任承担方面,《临时约法》第 44 条规定了"国务员辅佐临时大总统负其责任",[8]此条究竟指国务员对临时大总统负责,还是对议会负责,意义不明。即使是认为《临时约法》规定的是内阁制的王世杰、钱端升先生,也认为此条文义存有歧义,但两位先生将之归结于制定约法者"对于责任内阁制的内容缺乏充分的认识"。[9]

不过,《临时约法》第 44 条笼统的原则宣告并不能从技术上决定国务员的负责对象。而从技术上看,《临时约法》所作的制度设置使得内阁更可能与总统共进退,而非与议会共进退。第 34 条规定总统任命国务员需经临时参议院同意,但《约法》中并无文字要求总统将国务员免职也需经过临时参议院同意。如果按照"法无禁止即为许可"的理解,总统将国务员免职就根本不需要经过立法机关同意。然而,如果这样,内阁的存续实际上依赖于总统的意志,所谓对议会负责,其实也就失去了制度基础。[10] 而更进一步的问题是,如果要对国务总理或其他国务员进行免职,应由谁来副署?《临时约法》第 45 条非常笼统的关于副署的规定并没有提供解决这一问题的准则。相关规定的模糊就为宪政危机提供了制度背景。在 1917 年的"府院之争"中,当时的大总统黎元洪与总理段祺瑞就中国参战问题发生争议,黎元洪将段祺瑞免职,免职令由外交总长"暂行代署"。[11] 但段认为,"查共和国责任内阁制,非经总理副署,不能发生效力"。[12] 从法律上说,争议焦点在于外交总长是否有权副署一份将总理免职的总统命令。当然,黎元洪迅速任命了新的国务总理并获得国会通过,但在黎元洪免职段祺瑞引发的法律争议上,国会扮演的就是一个旁观者的角色。这一结果显示,《临时约法》规定的更像是总统制政体而非内阁制政体。

最后,就行政与立法的两权关系而言,标准的内阁制还需要议会有权对内阁提出不信任案和总统可以解散议会的对等设置。《临时约法》规定:"参议员对于国务

---

[8] 夏新华等编:《近代中国宪政历程史料荟萃》,中国政法大学出版社 2004 年版,第 159 页。
[9] 王世杰、钱端升:《比较宪法》,中国政法大学出版社 1998 年版,第 255 页。
[10] 王世杰、钱端升指出,即便是总统制国家,"亦有明定元首的一切命令,须经国务员副署,始生效力者;然国务员的进退既操诸元首,则此种副署,实际上,并不能如何拘束元首的意志"。参见王世杰、钱端升:《比较宪法》,中国政法大学出版社 1998 年版,第 251 页。
[11] 张国淦:《北洋述闻》,上海书店出版社 1998 年版,第 131 页。
[12] 《中华新报》1917 年 5 月 27 日。

员认为失职或违法时,得以总员四分之三以上之出席,出席员三分之二以上可决,弹劾之。"[13]在这里,立法者将"不信任"也包含在"弹劾"的意义之中,可以说在实质上有某种不信任提案权。但反过来,临时大总统却不能解散议会。由此导致的结果是,一旦陷入两权对立的宪政僵局,立法机关很容易发动倒阁,但倒阁并不能解决宪政僵局,因为总统并不是真正的"虚君",它掌握着很大的行政权,仍然能够与立法机关对立下去;反过来,总统又不能通过解散议会、重新选举的方式来终结宪政僵局。如此,宪政僵局必将持续下去。《临时约法》体制的内在缺陷,由此可见一斑。

这个漏洞百出的政体设置,是南京临时政府政治精英相互妥协的产物。"议会迷"宋教仁一贯主张内阁制,孙文最初主张总统制,看到袁世凯必将出任临时大总统,才临时改变主意,主张内阁制。如果形成了标准的内阁制,袁就类似于"虚君",实际行政权将由同盟会人士来掌握。[14] 但袁当时在临时参议院里仍有相当的威望,许多人认为"非袁不可"——重要的证据是,袁世凯出任临时大总统在南京临时参议院是全票通过的,连孙文都没有得到满票。孙、宋等人改总统制为内阁制的思路,并没得到临时参议院的普遍赞同。在审议的过程中,草案中一些对临时大总统不利的条款就被议员们删改了。[15] 最后妥协的结果就是这样一个混合的政体。对此孙文颇为不满,他后来回忆说,"在南京所订民国约法,内中只有'中华民国主权属于国民全体'一条是兄弟所主张的,其余都不是兄弟的意思"。[16]

再来看《临时约法》对"政党内阁"的态度。从法条文字来看,《临时约法》并没有实行多数党组阁制度的规定,因而从理论上说,总统可以提名少数党甚至无党派人士入阁,这也是袁世凯提名非同盟会—国民党人当总理的依据。但《临时约法》又规定,所有国务员人选都要临时参议院通过。也就是说,总统可以随便提名,但

---

[13] 夏新华等编:《近代中国宪政历程史料荟萃》,中国政法大学出版社2004年版,第157页。
[14] 1912年2月1日,日本驻南京领事铃木荣作在给日外相内田康哉的信函中对革命党的意图进行了解读,认为革命党推袁出任临时大总统,只是要他当作一傀儡,将由"孙文任内阁总理","黄兴仍任陆军部总长,掌握真权";并"置参议院于革命党掌握之中"。参见《1912年2月1日铃木驻南京领事致内田外务大臣函》,载《日本外交文书选译——关于辛亥革命》,中国社会科学出版社1980年版,第343、345页。
[15] 参议院相关讨论的过程,可参见《参议院议事录(南京)》,中国社会科学院近代史所图书馆藏。
[16]《孙中山全集》(第5卷),中华书局2006年版,第497页。

国会有否决权。如果国会内部的人并不是很团结,总统提名少数党乃至无党派人士来组阁或入阁也是可能的,只要费力做分化议员的工作即可。但如果是在1913年国民党占据国会多数席位并对内阁总理位置志在必得的情况下,总统不接受多数党组阁,其内阁名单遭到国会否决的概率就大大提高。

不仅如此,根据《临时约法》第29条,大总统由临时参议院选举,临时参议院这一权力由正式国会继承,大总统将由国会两院议员合并选举产生。如果到下次总统选举时,国民党仍是国会第一大党并保持团结,从法理逻辑上说,存在推出自己的候选人问鼎总统宝座的可能性。而这正是《临时约法》为北洋集团所埋下的隐患之一。

在《临时约法》框架下,1912年的三届内阁跟跄前行。第一届是唐绍仪内阁,唐绍仪出身北方,原为袁世凯的得力助手,但于1912年加入了同盟会。唐绍仪内阁中共有6位是同盟会的会员,占多数。唐虽出身北洋,但认真对待《临时约法》,尤看重国务员副署权,与习惯于乾纲独断的袁世凯发生了一系列冲突。1912年6月,袁世凯未经唐绍仪副署即任命王芝祥为南方军队宣慰使,唐绍仪获悉后,挂冠而去。

唐绍仪辞职后,袁世凯本想提名徐世昌任总理,但同盟会人士认为徐是清朝余孽,反弹较大,因此袁改提名外交总长、无党派人士陆征祥出任总理。而同盟会方面决定主攻国会选举,争取在正式国会产生之后组织一个纯粹的国民党内阁,因此通过决议,规定"在正式国会召集前,国民党不拟组织政党内阁。内阁以维持过渡性为宜"。[17] 陆征祥这个过渡人物也因此得到同盟会的接受。1912年6月29日,临时参议院高票通过了袁世凯对陆征祥的提名。但等到7月18日陆征祥在临时参议院发表施政演说并提名内阁时,给议员们留下的印象极差,其提出的内阁名单也遭到了否决。袁世凯对临时参议院软硬兼施,促成了第二份内阁名单的通过。但此时陆征祥却心灰意冷,8月份就称病辞职。于是赵秉钧受命代理总理,到9月陆征祥辞呈获批准后,赵秉钧正式出面组阁。1912年8月至9月,孙文、黄兴北上调停,表明拥袁态度。黄兴在"大总统与国民党之间取调停态度,其办法即阁员之

---

[17]《同盟会主张政党内阁之通电》,载《大公报》1912年7月2日。

半数请大总统竭力劝其入国民党",[18]根据这个方法,黄兴推荐赵秉钧组阁,并把内阁中除周学熙、范源濂及陆海军两部长之外的国务员尽数拉入国民党,从表面上做成了一个"政党内阁",尽管仍然是北洋集团掌握实权,但国民党得了面子,双方仍然能够维持合作局面。[19]

从这三届内阁的经历来看,《临时约法》制度所允许的内阁并不必然是政党内阁,但在同盟会—国民党在立法机关中占据多数的情况下,能够组织一个什么样的内阁,袁世凯自己也不能说了算,每次都需要耗费政治资源做同盟会—国民党的工作。国民党之所以能接受陆征祥出任第二届内阁总理,还是与其主攻1913年国会选举的思路相关,如果执著于当下,陆征祥的人选是否能通过,恐怕也是问题。

1913年首届国会大选之后,国民党在众议院596个席位中得了269席,在参议院274个席位中得了123席,总共在870个席位中得了392席,获得了巨大的胜利。国民党成了掌握国会的多数党,正在意气昂扬之时,对组阁权志在必得。宋教仁在南方已经准备北上组阁,在一些演讲中甚至说,如果袁世凯不从,可以通过选举将他赶下台。在这种情况之下,两派表面上的平衡就被打破了。"大妥协"未能实质解决的那些问题就全部凸显出来。

三、"旱鸭子"与"弄潮儿":通过议会—政党实现整合的失败

为什么北洋集团会在1913年的大选中缺乏斩获呢?理由很简单,1912年至1913年间的北洋集团还是"旱鸭子",还没有学会在选举政治的水中游泳。

在1913年大选中,北洋集团根本就没有投入多少资源去参选。这首先与袁世凯本人的素质和态度有很大关系。袁是旧官僚出身,搞官僚政治是行家里手,可谓"治世之能臣",但他既不太懂宪法,也缺乏政党政治经验,既没有下功夫去组织绝对忠于北洋集团的政党,也没有充分重视国会选举。袁虽然大力支持梁启超组织政党来对抗国民党,并为之提供了经费,但对于组党的事务并没有直接的参与。他

---

[18] 马震东:《袁氏当国史》,团结出版社2008年版,第105、106页。
[19] 甚至孙文都出来宣布"今日内阁,已为国民党内阁",参见《民立报》2012年10月7日。

是在1913年大选结果出来之后才对政党的重要性有了更为痛切的认知,从而与梁启超进一步合作,促成进步党的组建。但即便是亲袁的进步党,对袁世凯也并非保持完全的效忠,1913年制宪过程中,就有一些进步党员采取了亲国民党的立场;到1915年底袁称帝时,梁启超等人更是直接站到袁世凯的对立面。由此看来,进步党与袁世凯更像是一种政治联盟关系,而非效忠关系。

即便我们将进步党视为袁的势力,这个势力与同盟会——国民党比,也存在地方社会根基薄弱的缺陷。同盟会革命起家,在南方的社会根基自然比临时组建的进步党系要深厚。进步党系尽管与袁世凯有较为密切的关系,但与北洋或依附于北洋的地方实力派关系却比较疏远。而缺乏地方社会根基的政党要想在地方的选举中取胜,自然是具有极大难度。

不仅如此,袁从旧官僚政治的经验出发,对公开的政党政治有相当的排斥。他声称秉持"不党主义",试图在各党之间保持一个比较超然的地位,驾驭由各大政党共同参与的内阁。在一封婉拒柏文蔚建议其加入国民党的请求的书信中,袁世凯称"因入甲党则乙党为敌,入乙党则丙党为敌,实不敢以一己之便安而起国中之纷扰。昔英国有女王终身不嫁,人问之,则曰:吾以英国为夫。鄙人今日亦曰:以中华民国为党"。[20] 在1912年6月22日与同盟会代表的谈话里,袁世凯提出"我国现今党派虽多,而于一党之中求其人材与国务员地位之相当者,一时恐难得全其数。故余之意见,不注意党派而专注重人材"、"余之主义在于得人,但问其才与不才,无论其党与不党"。[21] 袁世凯正是从"人才不足"的角度反对纯政党内阁的。在1912年7月9日针对国内政党(尤其是同盟会)所发布的一份"申戒令"中,袁世凯一方面给各党领袖戴高帽子,另一方面又指出"惟徒党既盛,统系或歧,两党相持,言论不无激烈,深恐迁流所极,因个人利害,忘国事之艰难"。[22] 这一训诫,明显是将自己放在一个中立的国民利益代表的位置上。就内阁而言,袁世凯既不愿意看到同盟会——国民党完全掌控的内阁,也不希望他们完全缺席。这可以说有"行政吸纳政治"的某种味道——对袁世凯而言,同盟会——国民党人士的象征性参与是重要的,

---

[20]《致柏文蔚论政见》,陆纯编:《袁大总统书牍汇编》(卷五),文海出版社1967年版,第239页。
[21]《大总统与同盟会代表之谈话》,载《政府公报》1912年6月22日。
[22] 章伯锋主编:《北洋军阀》(第2卷),武汉出版社1990年版,第1357、1358页。

至少可以衬托出他这个大总统的"超然"性。然而,这已经是一个政党政治的时代,袁世凯对如何利用政党政治来保有己方的权力却缺乏系统的思路。与北洋集团这个选举政治的"旱鸭子"相比,国民党可以说是时代的"弄潮儿"。自从建党以来,国民党即以造就政党内阁为自己的目标,而其选举政治人才也相当雄厚。国民党中很多人士搞政治运动起家,即便不熟悉选举,也知道如何从事政治宣传,更何况有宋教仁等一批在海外观摩和研究过选举的归国留学生进行引导;在南方,国民党人的地方根基较深,直接控制着一些地方政府,更可动用政权力量来为国民党拉票或"做票"。结果是,国民党从党务干部到地方实力派都能一心投入竞选,实现选举资源的跨地区调配,甚至在袁世凯的"老巢"河南也赢得了不少国会议员席位。〔23〕

总体而言,我们在1913年的政治舞台上可以看到两拨气质差异极大的人,一拨还停留在官僚政治时代,一拨已经迈入了选举政治时代;一拨有较强的硬实力,长于维持现状,却不长于规划未来;〔24〕一拨硬实力较弱,但长于选战,目前尚无能力操盘,却对中国的未来有非常系统的规划。新的共和政体为政党政治留出了很大空间,国民党充分利用之,但掌舵的北洋集团显然对此却缺乏心理准备,仍走在"行政吸纳政治"的老路上。

然而,在既有条件下,1913年国民党在选举中的大胜,其实并不利于民国走上内阁制政府的轨道。内阁制政府旨在通过议会—政党来形成政治整合。但其前提是,国内各派政治势力在国会中都有一定的代表,并通过辩论形成一定的共识,以利大政方针的施行。北洋集团在政党政治上的无能和国民党在选举中的大胜,造成了政治两极化加剧的局面。这时候国会就很难成为各派政治势力讨论的讲坛,而只是成为国民党获取更大权力的工具而已。统一、民主、共和三党虽然亲北洋,也对国民党起到了一些制约作用,且内部整合不佳,占有的席位也有限,起不到充分反映北洋利益主张的作用。

---

〔23〕陈伯昂:《辛亥革命运动若干史实》,《河南文史资料:辛亥革命专辑(第六辑)》,河南人民出版社1981年版,第4页。
〔24〕如民初著名记者黄远庸指出:"常人之言,大抵谓现状非袁莫能维持;而政治之进步,则无可望。"参见黄远庸:《对于三大势力之警告》(1913年6月17日),载《黄远生遗著》(卷一),文海出版社1987年版。

四、实力与美德

1913年大选胜利之后,宋教仁意气风发,对内阁总理的位置志在必得。然而他忘记了,国民党背后没有足够的军事力量来支撑他的政治抱负。在1913年,《临时约法》还不足以框定现实政治。《临时约法》毕竟是南京临时参议院单方面制定的,北洋集团并没有参与立法,却要受到这一法律的约束。当时舆论界就有对南京方面"因人设法"的批评。尽管袁世凯为了获得政权,走了"借壳上市"道路,表面上接受了这部法律,但其内心的抵触是一以贯之的。"单方立宪"的后果是,宪法文本并不是政治精英共识的体现,难以获得各方的共同认可。

实力对比也在发生一些微妙的变化。我们有必要来看1913年北洋集团正在推进的一些议程:第一是袁世凯向列强借款充实财政,有了钱就可以增强北洋军事实力;第二是袁世凯大力推进"军民分治",旨在削弱各省都督的权力,针对的对象既包括北洋集团的地方实力派,也包括国民党控制的省份。这两方面工作直接的政治后果是,北洋集团的硬实力逐渐增强,而国民党则在弱化。

在这个时刻,即便《临时约法》不是"单方立宪",交出组阁权对北洋集团意味着什么呢?最直接的影响是,袁世凯从"军民分治"开始推进的"削藩"事业很可能就会遭到很大挫折。国民党的权力根基在南方,而南方是当时独立性最大的地区。国民党内阁、国民党议员、南方地方势力这三股势力结合起来,就可能给北洋集团带来很大的困扰。从1913年围绕制定正式宪法而发生的一系列争论来看,即便没有出现国民党内阁,国民党议员与南方地方势力的结合也足以让袁世凯头痛。1913年立宪过程中,国民党人主张"民权主义",要求既给予国会更大的权力,也给地方更大的自治权,理由是这样更加民主。双方分歧太大,导致的结果是,中央与地方关系在《天坛宪法草案》中再次缺席,袁世凯无法通过制宪来缩小地方权力。[25]

在我看来,即便没有宋案发生,1913年的局面也已经是在悬崖边沿。考虑到国民党内阁可能给自己的"削藩"事业带来的不良影响,手握重兵的袁不太可能接

---

[25] 参见章永乐:《旧邦新造:1911—1917》,北京大学出版社2011年版,第82—109页。

受国民党完全自主组阁，他可以接受黄兴路线，允许赵秉钧内阁的"政治化妆术"继续下去，或者在内阁中多放一两个真国民党人。就政党责任内阁而言，袁世凯连与自己渊源很深的唐绍仪都难以容忍，何况是被北洋集团视为暴民领袖的宋教仁？[26] 而国民党既然赢得了大选，自然也不会允许自己的权力有所减损，因此袁在1913年正式宪法起草过程中试图获得的自主任命国务员的权力与解散国会的权力，都不太可能实现。妥协的空间非常狭小，即便双方有所勾兑，那也只是将冲突往后推而已。

如果时势迫使袁世凯最终接受宋教仁出任内阁总理，宋教仁又能有什么作为呢？这位总理行政权再大，也不具有指挥军警的权力。处于总理位置上的宋教仁将发现自己处于北洋集团与国民党党内鹰派的夹缝之中。北洋集团对他的不信任自不待言；在国民党内部，宋教仁也根本不具备一呼百应的威望。尽管宋教仁是同盟会改组为国民党的主要操盘手，但他对国民党的控制力是相当有限的。

首先，同盟会内部一直存在两湖、江浙、广东的地域矛盾，即便是具备"屡败屡战"之坚韧、能筹款、有理论三大优点的孙文，也被许多人仅仅视为粤派领袖，出自两湖、资历尚浅的宋教仁更缺乏弥合地域矛盾的威望。事实上，早在南京临时政府时期，宋教仁就受到胡汉民等同盟会粤派人士的极力排挤，仅被委任为法制局长。[27]

其次，将同盟会改组为国民党，受到了田桐、白逾桓等同盟会内激进派人士的反对。而孙文也只是暂取"雌伏主义"，[28] 虽然其在公开场合支持国民党改组，但其真实主张是同盟会不参与与袁世凯的党争，而是在野展开社会经济建设工作；黄则试图调和北洋官僚与革命党人，拉赵秉钧内阁阁员入国民党就是他的手笔，但此举实则与宋教仁的纯粹国民党政党内阁路线相左。三个人有三种不同的路线，孙、黄在南方又有很大的威望与人脉，故李剑农评论称"国民党的弱点便伏在此处，宋教仁的生命也便丧在此处"。[29]

---

[26] 李剑农：《中国近百年政治史》，复旦大学出版社2002年版，第339页。
[27] 于右任在一封书信里透露宋教仁受到排挤的事实，并称因为他与宋渊源较深，也受到波及。参见傅德华主编：《于右任集》，复旦大学出版社1986年版，第240页。
[28] 李剑农：《中国近百年政治史》，复旦大学出版社2002年版，第338页。
[29] 李剑农：《中国近百年政治史》，复旦大学出版社2002年版。

最后,必须将国民党内掌握军队的地方实力派(如安徽都督柏文蔚、江西都督李烈钧等人)作为独特的一类人来看,他们虽在国民党内,但并不听命于宋。这些地方实力派在袁世凯的"削藩"过程中受到最为直接的压力。袁世凯可以用大量合法的手段来削弱这些地方实力派,对他们来说,坚持遵守法律,军事实力日益沦丧是可想而知的结果。在袁世凯"温水煮青蛙"的"削藩"攻势下,这些地方实力派为了自保,有很强的突破法律框架、进行再次革命的动机。

而那位后来将宋教仁贬斥为国民党"罪人"的戴季陶,于1911年底初见孙文后,即成为孙文忠实的追随者。孙文初时力主北伐,其接受南北妥协,确系出于南方财政窘迫之无奈。但妥协一旦进行,孙文的公开言论也趋于温和。但其青年信徒戴季陶作为南京临时政府使节北上迎袁未果,形成强烈恶感,在其公开言论中,"继续革命"始终是一个选项。袁世凯于3月10日登上临时大总统宝座不到一个月,戴季陶就有抨击文章出炉。在1912年至1913年的一系列文章中,戴季陶认为辛亥革命并未取得成功,只是换来民国之虚名,而实质仍为旧官僚的专制统治,同盟会—国民党不论采用和平或武力手段,都需要完成未竟之革命。[30] 在1912年5月20日的一篇题为"杀"的文章中,戴季陶甚至直接喊出了"袁世凯专横,杀!"的口号。[31] 值得注意的是,戴季陶"不是一个人在战斗",他代表了同盟会—国民党内部一个激进派别,尽管人数不多,但颇具宣传能力。

综上,我们很难相信宋教仁能像袁世凯控制北洋集团那样主导国民党。如果宋支持袁世凯"削藩",那么就面临着与国民党地方实力派决裂的危险;如果宋反对袁世凯"削藩","削藩"的进程可能会缓下来。但这并不意味着冲突得到了解决,而只意味着南北矛盾还将继续酝酿下去。

那么,宋教仁有没有可能在国民党与北洋集团之间斡旋,最终产生一个比较妥当的"削藩"方案吗?对此我深表怀疑。我的参照例子是:1914年之后,袁世凯针对北洋地方实力派进行"削藩"事业遭到了巨大的挫折。1913年镇压"二次革命"使得许多北洋集团将领从京畿地区到达地方,获得了自己的地盘,成为地方实力

---

[30] 参见唐文权、桑兵编:《戴季陶集》,华中师范大学出版社1990年版,第339—604页。
[31] 唐文权、桑兵编:《戴季陶集》,华中师范大学出版社1990年版,第389页。

派。按道理说,这些将领出自北洋集团,应当听从袁世凯这个首领的号令。但一旦他们抓住了地方军政大权,就紧握不放。1913年底,熊希龄内阁提出废省,遭到各省督军激烈反对,最终不了了之。1914年,袁世凯下令裁撤各省都督而设立将军诸名号,以加强中央对地方的控制,推行"军民分治":各省将军职权限于军事,民事则归于巡按使。但在裁撤都督之后,新设的将军权力仍与原先的都督相差无几,不能有实质改变,管理民政的巡按使"实则仰武人鼻息"。[32] 袁只能用几个办法来制约地方实力派:一是对调各省将领;二是在地方安插亲信,以监视地方要员;三是让地方要员以子为质。这些手段又在地方实力派中引发了许多不满。即便是在看起来相对同质的北洋集团内部,"削藩"也是如此困难,更不用说在异质的政治集团之间了。

因此,即便宋教仁当上总理,在当时的环境下,也很难有所作为。民国政治状况很难会有明显改观,当然,由他来居中斡旋,北洋集团和国民党的决裂有可能推后。但只要在关键问题上没有形成原则性妥协,决裂的可能性始终存在。

要达成原则性妥协,当时的政治家们非具备超常的政治美德不可——宋教仁必须始终能够居中调停,袁世凯能够始终节制对武力的使用,从形式上尊重《临时约法》确定的宪政游戏规则,而国民党地方实力派也能够接受自己的实权逐渐被削弱。但现实能提供这样强大的政治信任吗?

五、原则性妥协何以可能:以光荣革命与费城会议为例

为了进一步理解1913年不利于政治妥协的条件,我们或许可以作一个横向的国际比较。英国的1688年光荣革命与北美1787年的费城会议一直被其在中国的仰慕者称颂为政治妥协的典范。在这两个制宪时刻(constitutional moments),两国的政治精英在一系列重大政治原则问题上达成了一致,从而开启了一个新的时代。1911年至1912年间,中国的政治精英们也有意地参照了1787年的先例。如孙文在1912年1月1日发布的临时大总统文告即将中华民国的建国过程描述成为与美国建国类似的脱离旧帝国—重新联合的过程;2月15日袁世凯全票当选临

---

[32] 东南编译社:《唐继尧》,文海出版社1967年版,第30页。

时大总统之后,临时参议院去电称其为"中国第一华盛顿,世界第二华盛顿"。然而,民国的创建和制宪并未形成 1688 年和 1787 年的实质性妥协。需要分析的是,民初与英美的那两个时刻相比,究竟在妥协的条件上存在着哪些重要的不同?

首先,民初中国面临着的危机之复杂,远非 1688 年与 1787 年可比。1688 年只是要解决国王的信仰及与议会的关系问题,1787 年则是要在治理良好的十三个殖民地基础之上建立一个权力相当有限的联邦政府。在这两个案例中,政治任务相对单一,国家的重塑也有现成的、较为成熟的社会和政治支配结构作为基础。

相比之下,中国的辛亥革命是政体的大变革,也标志着一系列国家基础制度的大崩溃。中国面临着军权与财权的继续下沉、官僚制度的崩溃、边疆分离主义兴起等紧迫的问题,皇权崩溃所产生的文化意识形态危机则是更为长远的问题。这种全面性的危机是 1688 年与 1787 年那两个时刻未曾遇到的。后辛亥革命的中国政治精英们面对的是一个失败帝国的"旧邦新造",他们需要控制边疆分离态势,恢复社会秩序,建立中央政权,获取列强承认,重构中央—地方关系,更新意识形态。所有这些任务如同大山一样,压在中国尚未实现充分整合的政治精英身上。

在这些危机之中,最为直接的消极因素是军事控制权的分散化。军队在政治革命中往往是必不可少的因素,但如果其在新政治秩序的开创中介入过深,就往往使得政治被强力或偶然性所主导,剥夺审慎所能发挥的空间。在民初,"军省格局"给审慎所留下的空间尤其小。因为军权过于分散,而掌握军权的人存在相互恐惧,因而己方力量的保全和壮大,而非公共利益,会成为基础的政治动机。

在 1688 年或 1787 年,军队发挥的作用可谓恰到好处。1688 年的英国议会能聚集恰当的军事力量来赶走国王,但军队的力量又没有强大到克伦威尔的"铁甲军"的程度。克伦威尔时期的"铁甲军"给英国的有产阶级留下了惨痛的教训,这支军队的存在比国王的专制更为可怕,因而在"护国主"政体倒台、斯图亚特王朝复辟之后,这支最多时达到四万人的常备军就被遣散了。在斯图亚特王朝复辟时期,尽管詹姆斯二世努力组建重建常备军,但并没有走出多远。国内"私军"力量弱小,就为英国政治精英们之间的妥协提供了较好的条件。而被邀请来的荷兰军队能够起到抵御詹姆斯二世势力的作用,但又不至于像克伦威尔的军队一样,反过来对议会形成重大压迫。

1787年的费城会议则更为平和。为了打独立战争而召集起来的志愿军已经被遣散,十三个新独立的国家(states)以及共同结成的"邦联"为了"送神"煞费苦心。1786年发生了独立战争老兵谢司发动的起义,更是让北美的绅士们对革命军队心有余悸。美国的国父们并不是带着各自的军队到费城去的,如果是那样的话,恐怕费城会议就要开成按照军队实力来分配政治"股份"的大会了。而英国与印第安人的外部威胁既存在,又没有那么迫切,正好既为政治共同体的整合提供一个动机,又不至于过度影响政治权力的分配。这就为理性的审议留出了空间。

　　反观中华民国,1912年南北之所以通过妥协逼清帝逊位,并由袁世凯出任临时大总统,首先还是与军事力量上的势均力敌相关。北洋军训练较好,但在数量上不如南方民军。南北两个政府都濒临财政破产,很难把仗打下去。"大妥协"之后,南方解散了近三十万军队,但同盟会—国民党地方实力派仍然保留了相当的武装力量。各方手握军队的结果是,始终存在武力解决的可能性,各方达成的妥协没有一个更高的第三方来保证其效力,一旦发生争执,就很可能擦枪走火。比如说,1913年的"二次革命"无疑与国民党手中仍掌握一定武力有很大关系。

　　其次,从政治精英的产生机制而言,中国的问题也比英美复杂得多。1688年革命与1787年制宪的领导者是社会公认的精英分子,这些精英分子在社会中的领导地位是非常稳固的,因而,看似少数人之间的精英共识也就能迅速将社会安定下来。但在中国这样一个体量庞大、处于农业时代的国家,其基础是像"口袋里的马铃薯"那样的相互之间缺乏联系的小农,很难通过经济活动产生横向联系紧密的领导阶层。[33] 在中国,一个全国性的社会领导集团的产生和维系始终离不开帝国政府的积极参与。隋唐以来,读书人、地主、官员通过科举逐渐联为一体,地方精英通过建立在科举制基础上的官僚制度进行全国性流动,形成一个全国性的领导集团。然而,到了晚清,中国的社会精英生产机制就已陷入紊乱,与科举紧密结合的旧士绅的社会领导权已经动摇。辛亥革命之后,士绅、官僚、新军、海外留学生、海外华人、会党势力等种种力量都跃上了政治舞台,争夺政治领导权。革命派将中下阶层

---

[33] 参见《马克思恩格斯文集》(第2卷),人民出版社2009年版,第566、567页。

(如会党)政治势力引入政治舞台本来就令传统官僚与士绅不满。[34] 即便是革命派内部,其政治权威结构也相当脆弱,地域矛盾、派系矛盾等都很突出。且不说同盟会与光复会之间发生的公开火并,就连南京临时政府内部都很不团结,临时参议院"固多同盟会会员,而与政府终不免形格势禁"。[35] 在未独立的北方各省,其与中央政府的关联也遭到了削弱,如在财政制度上,袁世凯要求北方各省向北京解款的命令就未得到积极回应。在政治权力与社会权力碎片化的背景下,北洋集团虽因其相对较大的凝聚力而获得了主导地位,但其治国方式存在巨大的"路径依赖",因此也很难与以同盟会为代表的新政治精英相互理解,并在此基础上达成妥协。

最后,民初政治引入了一套从外部移植的、本土精英都不够熟悉的规则。这套游戏规则将政治正当性的基础从"天命"转向了人民的"公意",将政治正统的象征从君主与王朝转向宪法与国会。但哪怕是高呼为实现这套游戏规则奋斗的政治精英,对它的理解往往也是有限的,更不用说那些被"抛入"新时代的旧精英了。以政党与议会为例,1911年至1913年间出现了300多个政治团体,其中有15个比较大的。在这一政党繁荣的景象的另一面则是,许多政党没有真正严肃意义上的政纲,政党纪律松弛,对党员缺乏约束力,跨党现象严重,哪怕是最为成熟的国民党,也或多或少存在这些问题。议会讨论中,议员个人往往逞个人意气,缺乏合作精神,造成很多议题迟迟得不到推进。[36]

在新的政治游戏规则下,旧式官僚制度下常见的妥协方式,不一定能够奏效。举例来说,袁世凯试图通过"行政吸纳政治"的方法,通过将同盟会—国民党人引入内阁来实现对他们的政治整合。这在20世纪之前是比较有效的政治整合方式,因为在野者在意识形态上通常与在朝者并无很大差别,整个国家也没有定期通过和平方式更换在朝政治集团的制度。但这在《临时约法》所规定的体制下,恰恰无法奏效,因为国民党人持有与北洋集团不同的意识形态,而且根据《临时约法》,他们作为多数党,他们的确可以合法地组织政党内阁,将北洋集团掌控的内阁

---

[34] 1913年国民党被主流舆论斥责为"暴民",即可反映出这一结构性的冲突。参见高波:《从制宪到革命:张东荪对民二年政局的观察与批评》,载强世功主编:《政治与法律评论》(第2辑),法律出版社2013年版。
[35] 居正:《辛亥札记》,大东书局1947年版,第115页。
[36] 参见张玉法:《民国初年的政党》,岳麓书社2004年版。

赶下台。

这与 1688 年的英国或 1787 年的北美形成鲜明对比。它们当然创造了新的政治规则,但它的基本要素却是两地社会中已经存在的惯习和历史记忆。选举、议会立法、陪审团制度、法官的独立审判,这些都是两地人民已经熟悉的实践。还需要补充的是,1688 年的妥协不能离开 17 世纪英国革命的大环境和英国数百年国王与议会的斗争史。英国人在议会与国王的斗争中已经流过许多血,从中获得的经验教训对 1688 年的妥协自然具有重要意义。而 1787 年的创建者们不仅承载着英国政治的经验教训,也有着对古典共和政治的记忆。在这些惯习和记忆的基础之上做"加法"与对整个系统进行改造完全是两回事,后者的难度要大得多。

当然,政治规则的本土化可以通过时间来解决,只要大环境稳定,按照这套游戏规则玩下去,政治精英们不是没有熟悉并玩转它的可能。但问题是这套规则"植入"的初期,民国政治始终存在擦枪走火的风险。而如果冲突导致崩盘,"时间窗口"就会关闭,不再有机会去调适。

我们无法完全排除一种可能性:好运气和政治家的超常美德有可能突破这些不利的结构性条件所造成的束缚,从而造就有利的结果。然而,在作较长时段的历史推演的时候,我们无法寄希望于偶然性和政治家的超常美德,那样会将严肃的历史推演变成小说创作。如果就常态而言,不能不说,民初的中国如同一片政治的盐碱地,其基础条件本来就更倾向于长出军事独裁或军事割据,而很难开出共和之花或君主立宪之花。

六、真正的转折点

从上面的分析来看,宋教仁之死固然是民初政党与议会政治走向失败的标志性事件,但从各项基础性、结构性条件来看,即便宋教仁不死,中国的政党与议会政治也很难走上康庄大道。一些热烈认同宋教仁道路的学者认为,北洋集团"刺宋"和后来国民党人的军事报复,终结了民初大好的政治局面,从此革命成为不可阻挡的潮流。宋案是扣动连环革命的扳机吗?对此我也深表怀疑。

"刺宋"与"二次革命"固然终结了 1912 年形成的妥协格局,但这一格局的终结并不意味着北洋集团失去对局势的控制。事实上,国民党的"二次革命"最终遭到惨重失败,不仅在军事上输了,在政治上也没有获得中国有产阶级主流舆论同情——因为辛亥革命之后,中国的有产阶级普遍人心思定,不希望再生战乱,同时宋教仁案尚在司法阶段,此时起兵,法理上不占上风。北洋集团则打着反对分裂的旗号,掌握了江西、安徽、湖南和四川等省的控制权,"削藩"的事业迈出了很大一步。

在军事胜利之后,袁世凯也就可以正式抛弃"借壳上市"道路,打造一个解释权掌握在自己手里的法统。袁世凯先是以议会中的国民党议员与参与"二次革命"的叛乱分子有勾结为由,取消全体国民党议员资格,后干脆解散国会乃至地方各级议会,另起炉灶,以召集特别制宪会议的方式,制定了新宪法即《中华民国约法》。《约法》将自身的正当性上溯至《清帝逊位诏书》,强调民国与清朝的连续性。《约法》实行总统制,其第十四条明确规定:"大总统为国之元首,总揽统治权"。[37] 总统成为整个政体的中心,立法机关事实上变成了依附于总统的"橡皮图章"。

在战火刚刚熄灭不久、社会渴望安定的环境下,这个以总统集权为标志的新《约法》并没有遭到多少政治上的抵制。1916年激烈反对袁世凯称帝的梁启超此时大力支持袁世凯搞总统集权。他在新成立的参政院中担任了参政,并参与了参政院的宪法起草委员会的工作。梁启超对当时产生成熟的议会政治并不抱任何希望,从而将总统集权作为合理的改革方向。[38] 而像张东荪这样的自由主义者尽管对袁世凯开政治倒车不满,但也认为如果袁世凯政府"能不借款,不增赋,速裁兵,速剿匪,排尽贪官恶吏,不复变卖国产,则即使今日五光十色之法律不为改正,吾第二者亦可无反对之必要"。[39]

在财政制度建设上,袁世凯也取得了明显的效果。他扭转了辛亥革命以来中央无法从地方获得财政收入的局面,1913年至1915年这三年,各省向中央解款数目分别是560余万元、1400余万元、1795余万元,增幅显著,财政建设成就斐然。1915年反对袁世凯称帝的汪凤瀛在《致筹安会与杨度论国体书》中也肯定1914年新宪制运行的效果:"顾自此制实行后,中央之威信日彰,政治之进行较利,财政渐

---

[37] 转引自白蕉《袁世凯与中华民国》,中华书局2007年版,第113页。
[38] 丁文江、赵丰田编:《梁启超年谱长编》,上海人民出版社1983年版,第675页。
[39] 张东荪:《匪政与第三者之责任》,载《中华杂志》1卷8号(1914年8月1日)。

归统一,各省皆极其服从,循而行之,苟无特别外患,中国犹可维持于不敝。"[40]

当然,袁世凯的国家能力建设在另一些方面推进遇到一些挫折。1913年镇压"二次革命"导致北洋军分散到了地方,袁对军队的控制力弱化。地方实力派不听号令的情况时有发生。尽管如此,1914年至1915年大概是民国政治上最为统一的时期,后来的国民党都没能在大陆造就这样的局面。

葬送这一局面的直接原因,是袁世凯个人的虚荣与野心。称帝后的袁世凯很快陷入内外交困的境地:梁启超迅速与西南地方实力派联合反袁;北洋集团内部,段祺瑞、冯国璋等人也不予合作,甚至暗中破坏;许多地方实力派见风使舵,看到"护国军"在军事上的成功,就决定抛弃袁世凯,宣布"独立";甚至原来支持袁称帝的列强看到形势的发展,也放弃了对他的支持。洪宪帝制的"事业"因而只能半途而废。袁世凯死后,北洋集团失去公认领袖,内部派系斗争显性化。"护国战争"导致袁世凯前几年所作的"削藩"努力大半付诸东流,中央对地方日益失控,既控制不住亲清廷的地方实力派,也控制不住亲革命派的地方实力派。而同时,北洋集团内部的派系斗争进一步激化,皖、直、奉三系争斗不止,导致北京政权在不同派系间不断易手,中央政府名存实亡。在这种情况之下,地方实力派更是"八仙过海,各显神通",弱者求自保,强者求统一。

中国的上层阶级迟迟无法建立起一个稳定的政治结构,中国陷入政治权力碎片化的境地,从而成为孕育"继续革命"的最佳土壤。但中国的上层阶级究竟是在什么时候才完全失去对政治局面的掌控的呢？1913年还算不上一个"失控"的时刻,"二次革命"的失败,实际上还大大加强了北洋集团的掌控力。真正的转折点是在1916年:袁世凯称帝所带来的北洋集团的内部分裂,使得一个稳定的"上层建筑"已不可能持续下去。于是,"潘多拉的盒子"被打开了。

七、余论

对于将民初政党—议会政治的成败寄托在宋教仁身上的人士来说,本文无疑是一篇"败兴"之作。但这并非是我刻意要唱反调,而是因为对历史情境的深入分

---

[40] 参见汪凤瀛:《致筹安会与杨度论国体书》,转引自白蕉《袁世凯与中华民国》,中华书局2007年版。

析很难支持那样一种"移情"。在其生活的时代,乃至我们所生活的时代,宋教仁都称得上一个杰出的政治人才,但他的德性与才能还没有到了能扭转乾坤的地步。

从本文的研究来看,根本的问题仍然在于辛亥革命后的中国形成了一种极为险恶的政治社会结构。在社会层面,旧制度下的士绅随着科举制的废除和皇权的消亡而日趋衰落,其地方色彩也日益增强,而新的社会领导集团尚未产生,此时的中国比晚清时期更趋于"一盘散沙"。在政治层面,1912年的"大妥协"所产生的政治体系原本就极其脆弱,许多重要的政治问题只是被"延迟决断",并没有获得真正的解决,这就为之后的冲突埋下了伏笔。由于独特的建政路径,1912年至1913年的立法机关也并没有获得广泛的代表性,无法完成政治整合的使命。现实世界中的南北矛盾延伸到政治体系中,形成立法与行政的对立。等到国民党一方在大选中获胜,试图夺取行政权力,那些被"大妥协"掩盖的问题全都浮出水面。宋案只是这种结构性冲突的一个结果。即便宋案不发生,要勉强维持1912年形成的妥协局面,对政治家的德性也提出了超常的要求。在这种条件下,认为1913年的决裂只是因为两边的政治家素质和觉悟太低,可谓皮相之论。

同时,1913年的"大决裂",也并不表明更激进的革命必然到来。在北洋集团尚有能力维持一个相对稳定的中央政府的条件下,大革命并不容易发生。真正的大革命是在北洋集团内部分裂之后才成为可能的。1916年,而非1913年,才是更为重要的转折点。

这就需要我们更为严肃地对待袁世凯时代,重新评价其在中国的"革命世纪"中的意义。袁无疑挫败了议会民主制,但在袁死后与北洋集团坚决斗争的革命者,大多也不再是议会民主制的拥趸。尽管宋教仁在正史中始终以正面人物的形象出现,但这似乎只是"文与实不与",人们赞扬宋教仁,惋惜他的命运,但他的道路却逐渐荒芜了。

这种荒芜绝非偶然。"皇纲解纽"后的中国所面临的整合危机,绝非中央政府层面简单的权力再分配所能解决。一个在军事上时刻受到地方挑战、在财政上极端窘迫的中央政府,即便是采取与中国帝制传统更为接近的总统制的政府形式,也很难将自己的意志贯彻到全国。即便在军事与财政上有一定保障,要产生运作有效的内阁制政府,也需要运作有效的议会与政党;而要产生运作有效的议会与政党,则需要有建立在全国性利益关联基础上的、具有一定权威性的社会领导群体。然而在 1912 年至 1913 年的中国社会,也许只有士绅在中国社会中还有较为普遍的权威性,但他们在政治上总体趋于保守,而且在很大程度上已经地方主义化了,其结果是主动代表"中流阶级"、支持加强总统权力的进步党无法凝聚足够的政治支持;而热衷于议会—政党政治的同盟会—国民党固然有一定的士绅与官僚成分,但其领导者是尚未在中国社会取得普遍权威的、主要以通商口岸和大城市为活动基地的新知识分子,其成员中又包含了较多不入士绅法眼的由游民组成的秘密会社势力。在这样一种碎片化的社会基础之上,要产生具有社会领导力与政治整合力的政党并非全无可能,但这需要具有超常魅力的领袖,需要组织引入严密的组织性、纪律性、对成员具有很强的感召力和塑造力。这恰恰是列宁主义政党的方向,而不是议会党的方向。议会党对组织性、纪律性要求天然较弱,如果没有超凡魅力领袖,其是否能形成政治整合,很大程度上就看社会本身的团结程度。但如果一个社会自身如同"一盘散沙",又存在不同政制方案(如共和的总统制、一元或二元的君宪制)的竞争,内阁制政府的政治整合力注定不可能强大。[41] 一旦持其他政体方案的群体势力上升,甚至内阁制这种政制方案都难以生存下去。[42]

当然,也许 20 世纪中国革命所取得的"国家建设"(state building)成就为宋教仁式人物的回归提供了某些基础性条件。但如果今人只是因为对当下现实不满去召唤宋教仁的幽魂,而不追问他的道路何以荒芜,不去思考欲通过宋教仁道路实现中国的富强民主文明,需要具备哪些基础性条件,宋教仁就永远只是"后悔史学"中令人唏嘘的悲剧角色,不会对新的政治建设产生什么积极作用。

---

[41] 正因如此,内阁制政府往往还要祈灵于君主制的帮助,因为君主制,以及与之相关联的文教制度,可以对社会起到某种整合作用。
[42] 世界上存在社会层面整合程度低、议会—政党政治整合力弱、而内阁制政府却能够存活下来并持续加强的情形,那就是印度。但印度的案例具有若干特殊性:第一是在冷战时期美苏都试图拉拢印度,印度在地缘政治上压力比较小,如果当时有超级大国蓄意与印度为敌,在其内部扶植反对势力,印度的政治体系是很难抗住压力的;第二是印度的种姓、宗教、民族、语言所造成的内部隔阂远甚于中国,这既不利于政府,也不利于反体制势力的社会动员,因而只要政府在相对意义上比反体制势力政治整合力更强一些,就又可以稳住局面。

最坏的政体
——古德诺的隐匿命题及其解读

田 雷[*]

一、认真对待古德诺

一个多世纪前,面对着所谓的"三千年未有之大变局",中国从老大帝国变为现代民族国家的"旧邦新造",从一开始就围绕着"开议院,定宪法"的政治诉求,要学习西方宪政经验来推动本国的宪政建设。[1] 在中国走向共和的历史开端,弗兰克·古德诺教授以民国政府聘请的总统宪法顾问的身份来华,从1913年至1915年参与中华民国初期的宪政建设。古德诺在华前后近两年时间,最后在1915年暑期访华期间应袁世凯总统的要求写下了一篇比较共和制与君主制的"备忘录",也就是我们今天所知的《共和与君主论》[2],"一不小心"成为洪宪帝制运动所借重的外国先进理论。也是因此,在主流的历史叙述中,古德诺来华构成了民初宪政失败总记录的一个片段。而古德诺也通常被认为是袁世凯复辟运动的"吹鼓手",即便

---

[*] 田雷,重庆大学人文社会科学高等研究院副教授、博士生导师,政治学博士。本文原载《华东政法大学学报》2013年第5期(总第90期),第20—32页。
[1] 关于宪政与国家建设在民初宪政史中的讨论,参见章永乐:《旧邦新造:1911—1917》,北京大学出版社2011年版,第14页。
[2] 《共和与君主论》中文版,参见[美]古德诺:《解析中国》,蔡向阳等译,国际文化出版公司1998年版,第148—154页。"备忘录"原文,可参见美国国务院的外交关系档案,Dr. Goodnow's Memorandum to the President, in U. S. Dept. of State, Papers Relating to the Foreign Relations of the United States, 1915 (Washington, 1924), pp. 53-58。

偶尔出现同情式的理解,也忘不了去揶揄古德诺那"老学究的政治天真"。[3]

学术研究经常免除不了因人废言的流俗,古德诺与中国宪政的题目迄今并未出现兼具理论深度、历史视野和政治关怀的研究。本文提出要认真对待古德诺,其意不在为古德诺翻案。这里的认真对待,首先是要承认古德诺及其备忘录对中国宪政史的"介入",作为宪法学研究的课题,所具有的意义远远超出当下占据学者研究日程的许多题目。正如唐德刚先生所言,"这一年半,却是中国试行共和政体的关键时刻。以古氏在学术界的权威地位,他的片言只字,对中国政治所发生的影响,都是无法估计的"。[4] 但在宪法学的意义上,古德诺对民初宪政的介入并不是因为唐先生所说的学界权威地位,而在于古德诺的总统宪法顾问的政治身份。因此,在古德诺来华一百周年之际,有必要去重新讲述古德诺的故事。

重新讲述古德诺与民初宪政,作为一篇法学论文,势必要从他的《共和与君主论》入手,重返历史的现场,对这篇让古德诺"百口莫辩"[5] 的文献做语境化的解读。重返现场从逻辑上有两种方法,第一种是"横看",古德诺来华担任总统宪法顾问,此事件本身已经构成了中国宪政史的一部分,"横看"就是考察古德诺作为一种外来变量,是如何"介入"民国宪政斗争的,是如何镶嵌在民初宪政的运转系统之内的。法学界近期对清帝《逊位诏书》的深度研究就属于此类"横看",讲述的是历史在某个横断面上的群像。[6] 第二种方法就是本文所要采取的"纵观"。唐德刚曾用"满腹诗书,胸无城府"[7] 来评点古德诺,古氏是否真是"胸无城府"暂且不论,而他的"满腹诗书"却是盖棺论定的,古德诺被公认为美国政治学、行政学和行政法学三个学科的奠基人,因此"纵观"就是要将古德诺在《共和与君主论》的论断放回到古德诺学术思想的来龙去脉内,用古德诺自己去比对、解析和批判古德诺。古德诺在美国是一位进步主义的改革者,而他在中国却首先是一位极尽保守之能的"复辟"分子,"纵观"是希望能找到一种新的叙述,将两种形象的古德诺综合为一个完整的古德诺。

---

[3] [美]唐德刚:《袁氏当国》,广西师范大学出版社 2004 年版,第 160 页。
[4] [美]唐德刚:《袁氏当国》,第 155 页。
[5] [美]唐德刚:《袁氏当国》,第 159 页。
[6] 关于清帝《逊位诏书》的研究,参见《环球法律评论》2011 年第 5 期的专题讨论。
[7] [美]唐德刚:《袁氏当国》,广西师范大学出版社 2004 年版,第 155 页。

为此,本文将重读古德诺以下三种论述:(1)古德诺关于中国宪政改革的学术论著,主要是 1914 年、1915 年发表于《美国政治学评论》上的《中华民国的议会》和《中国的改革》以及 1914 年末在政治学联合会的演讲《宪法调适与民族需求》,也包括古德诺在 1926 年出版的专著《解析中国》,其中有大量讨论中国政治和政局的章节。(2)古德诺在华期间,曾于 1913 年秋季学期为北大学生开设比较宪法的系列讲座,1916 年在美国基于北大讲稿出版了《立宪政府原则》,出版后的成书虽然是面向美国学生的教材,但不少地方还是保留了对中国宪政问题的评点。(3)古德诺发表的一般学术作品,例如公共行政学的开山之作《政治与行政》以及《比较行政法》等经典作品。而本文所要进行的纵观,就是根据古德诺在以上三个层面上的论述去对勘《共和与君主论》中的论述。[8]

君主制比共和制更适合中国,这是古德诺在《共和与君主论》中的结论,我将之称为古德诺的"显白命题"。正是因为有了这个白纸黑字的论断,古德诺好像在作案现场被当场抓获的罪犯,他在共和制与君主制之间站错了队的事实可以说是铁证如山。但问题在于《共和与君主论》本身是袁世凯为古德诺所出的"命题作文",而古氏的显白命题实际上只是对袁世凯所出题目的一个"回应"而已。其实,在不同的场合或语境内,古德诺还指出过总统制比议会制更适合中国,咨询性的议会要比决策性的议会更适合中国。这与其说是古德诺本人的自相矛盾,不如说是我们缺乏一个理解古德诺思想的"纲领"。

本文的任务,正如文章标题所示,就是要发掘出在古德诺显白命题下的"隐匿命题"。有了这个隐匿命题,古德诺在不同场合针对不同听众或读者的论述不再是无法拼贴的碎片,而成为一个融贯的整体。古德诺关于中国宪法改革的全部论述,思考的出发点都是中国的宪法改革如何避免改成衰朽的最坏政体。这一隐匿命题

---

[8] 正文中所涉文献分别如下:Frank Goodnow, The Parliament of the Republic of China, The American Political Science Review, vol. viii, no. 4, pp. 541-562, November 1914; Reform in China, The American Political Science Review, vol. ix, no. 2, pp. 209-226, May 1915; The Adaptation of a Constitution to the Needs of a People, Proceedings of the Academy of Political Science in the City of New York, vol. 5, No. 1, pp. 27-38, 1914; Frank Goodnow, Principles of Constitutional Government, Harper & Brothers Publishers, 1916。[美]古德诺:《解析中国》,蔡向阳等译,国际文化出版公司 1998 年版;《政治与行政:一个对政府的研究》,王元译,复旦大学出版社 2011 年版。

可以从两个层面上理解。一方面,如果只是在古德诺论述解读何种政体更适合中国,那么答案总是由语境而定的,但古德诺的宪法思想有一个从未变过的公理,这就是对最坏政体的回答,在古氏看来,最坏政体就是一国境内"小专制者林立"、"军人专政"的政治格局。另一方面,古德诺在回答何种政体更合适中国的时候,他的逻辑是追问何种政体更有可能避免中国走入最坏政体,例如,君主制之所以比共和制更适合中国,并不是君主制在一般意义上要优于共和制,而是因为共和制更有可能衰变为最坏的政体,而君主制则有更多的资源去预防这种最坏的场景。

本文将重读古德诺1915年的"备忘录",并建构古德诺本人的思想世界,在一个更大语境内去思考古德诺的显白命题,由此得出"最坏政体"的隐匿命题:古德诺作为总统宪法顾问,其思考出发点始终是一国的宪法设计要避免宪政改革衰朽为最坏政体,这在另一种意义上也是唐德刚所说的"受人之托,忠人之事"。[9] 思考古德诺的论述对当下宪法学的意义,在于我们能否从古德诺这位失败者的思想中找到我们更需要同时又更缺乏的理论资源。

二、古德诺的隐匿命题及其解读

在进入古德诺的隐匿命题之前,有必要强调,备忘录原本就是一个命题作文,古德诺这位顾问有职责对命题人所出的题目给出具体的回应,这个回应也就是本文所说的显白命题,即君主制比共和制更适合中国。古德诺在回答了袁世凯的问题后,还有一段附论。虽然君主制比共和制更适合中国,但中国已然走向了共和,在此条件下,如要完成由共和到君主的反向运动,古德诺直言应符合以下三项条件:(1)中国人民和海外列强不反对改建君主制;(2)君主制在宪政建设上并非"一试就灵",也不是为了君主制而君主制,而必须确立公认的可操作的继承规则,由此解决执政权的交接问题;(3)新的君主制应是立宪君主制,而不是绝对君主制。但这三项条件是否具备,古德诺也说得很清楚,这并非他这位外来专家所能判断的,而必须要交给"既熟悉中国,又对其未来发展有责任的人士"来决定,宪法顾问只是

---

[9] [美]唐德刚:《袁氏当国》,广西师范大学出版社2004年版,第155页。

"顾而不问"而已。[10] 因此,我们不可因为古德诺的论述成为帝制复辟运动所借的"东风",就对古德诺及其宪法思考做全盘否定。

古德诺之所以主张君主制比共和制更适宜中国,原因在于中国民众因为自治经验和公共教育的欠缺而不具备共和制所需的政治智慧和能力,因此无法解决共和制内执政权的继承问题,反而是君主制自带一套传统资源也即"王位继承"的明文法或惯例去解决此问题。[11] 但如果我们对古德诺的解读仅限于此的话,就只能让我们多些关于古德诺的谈资,显白命题下的古德诺仍是庸俗乏味的,不难令人联想到诸如民主素质论此类的反民主论调:因为中国人尚且不具有民主政治所要求的素质,所以要民主缓行,而且古德诺确实也曾发表过中国人无社会合作精神、无组织纪律观念、无个人权利意识,更适应专制体制的论述。例如,在古德诺发表《中国的改革》演讲后,一位来自爱荷华大学的印度裔学者进行了一番东方主义式的即席批评,对古氏的显白命题给出一个很经典的批判:"常识告诉我们,如果一个国家没有机会去试验自治政府,那么该国如何可能适应自治政府呢?自治政府仅仅适用一个实行自治的民族,这难道不是政治的自明之理吗?"这位名叫博思的印度学者最后的评论言辞激烈:"我们东方人只要求西方一件事。这就是——你们西方人不要管我们和我们的问题:让我们去解决我们自己的问题,探索出我们自己的道路……你们能为我们做的最好的事情就是不干涉我们。"[12]

(一) 重读"备忘录"

古德诺的隐匿命题并不那么隐匿,至少他并没有对此命题讳莫如深,我们在备忘录中就可以发现它的线索,出现在备忘录中学理建构和中国案例分析两部分之间的交界处。在比较了欧洲成功案例和拉美失败案例之后,古德诺得出了自治实践、公共教育及由此培育的民众政治智慧和能力,乃是共和制所生长于其上的土壤,在此后,古德诺紧接着指出,如果共和制没有其赖以生存的土壤,"此类条件均

---

[10] Dr. Goodnow's Memorandum to the President, in U. S. Dept. of State, Papers Relating to the Foreign Relations of the United States, 1915 (Washington, 1924), p. 58.

[11] Dr. Goodnow's Memorandum to the President, in U. S. Dept. of State, Papers Relating to the Foreign Relations of the United States, 1915 (Washington, 1924), pp. 56 - 57.

[12] Sudhindra Bose, Remarks on President Goodnow's Paper, The American Political Science Review, vol. ix, no. 2, pp. 209 - 226, May 1915, pp. 224 - 6.

不存在之处,共和制政府——亦即执政权非世袭的政府——一般都会通向最坏政体(the worst possible form of government),这就是军人独裁政体。在这种政体下,所能期望的最好就是和平时期与混乱时期的交替而生"。[13]

我们在此要抓住古德诺所说的"最坏政体",以此概念作为一种方法,就可以在一种新的逻辑关系上来重新梳理古德诺的思考。在此前,在显白命题所确定的逻辑中,解读者都只在共和制和君主制之间来回打转,所提出的问题始终是君主制和共和制在政体意义上哪个更好,更准确地说,哪个更合适中国。但也正是古德诺给出显白命题之前,古德诺首先明确承认此乃"难题"(difficult questions to answer),紧接着无任何铺垫就以不容置辩的语气回答了这个"难题",原话为"此殆无可疑者也"(of course not susceptible of doubt),[14]因此,古德诺对此问题的显白回答必须在引入最坏政体作为第三个支点后才能得到真正的解释。

最简单地说,我们可以认为,古德诺并不是以固定僵化而是以发展变化着的眼光去回答这个二元对立的问题。共和制之所以不那么适宜中国,是因为中国没有共和制生长的土壤,因此共和制在中国是不可持续的,会衰变为"军人独裁"这种古德诺所说的最坏政体,就会造成失序、混乱和无政府的政治格局。如果我们对备忘录做一词频分析,就会发现 disorder、chaos 和 anarchy 三个词反复出现在古德诺的行文中,因此宪政设计如何防止这种局面的出现,这是古德诺作为宪法顾问思考问题的原初出发点。具体地说,真正的比较并不发生在共和制和君主制之间,而是要引入最坏政体作为第三个支点,共和制和君主制不是两相比较,而是分别与最坏政体进行关联,如此逻辑就发生了变化。在这一新逻辑内,君主制之所以更适宜中国,就是因为理论上,君主制在中国比共和制更能避免这个最坏政体以及由此导致的最坏格局,因为君主制在定义上就是执政权世袭,而如果在世袭过程中可以形成有权威的继承明文法或惯例,则君主制比起共和制更能解决交接班这个所有人类政府都面临的难题。

---

[13] Dr. Goodnow's Memorandum to the President, in U. S. Dept. of State, Papers Relating to the Foreign Relations of the United States, 1915 (Washington, 1924), p. 57.
[14] Dr. Goodnow's Memorandum to the President, in U. S. Dept. of State, Papers Relating to the Foreign Relations of the United States, 1915 (Washington, 1924), p. 57.

因此，我们可以说，古德诺所思考的是中国宪政如何避免拉美化的问题，尤其是如何避免深陷墨西哥的政治困境。古德诺写作备忘录时，正值墨西哥掌权35年的独裁者迪亚斯总统在上月去世，因此他在拉美宪政那一节对墨西哥有专案分析，介绍了墨西哥在迪亚斯总统老迈之后出现的军事割据和内战的局面。事实上，古德诺返美后还公开声明："君主制解决了选择总统继任者的难题，因此消除了我们在墨西哥所正看到的革命局面的可能性。"[15]所以说，古德诺在理论上主张中国宜用君主制，所考虑到的就是袁世凯死后怎么办的问题，袁生前是将中国维持在一起的第一人，而在袁退场之后，在中国的政权、军权和财权自晚清以来地方化的格局下，中国如何才能避免军阀割据、小专制者林立且逐鹿中原以竞取政治中枢、中央政府不断根据"胜王败寇"的逻辑来轮流坐庄的政治局面。在此意义上，古德诺所说的最坏政体，也就是原始并且赤裸的枪杆子里出政权，就是霍布斯所说的所有人反对所有人的自然状态，就是现在政治学中所说的失败国家。

因此政体之间的二元取舍，无论是君主制和共和制、总统制和议会制、咨询性议会和决策性议会、一院制和两院制，这些都是古德诺宪政设计中的第二性问题，而如何避免向最坏政体的衰变才是第一性的问题，是决定以上对策问题答案的原初出发点。但最坏政体论是否只是古德诺在写作中的一闪念的表述，被本文拿来大作文章，还是古德诺思考中国宪法问题的真正支点，由此我们可以组织起一个不同于以往的古德诺，这还需要与古德诺论述的文本互证。也就是说，首先要承认古德诺的思想有其体系，如果避免走入最坏政体确实是"共和与君主论"以及其他种种宪政论述的纲领，那么它不可能只是备忘录内的一次闪现，而必定在古德诺的其他文本内也留下过线索。

(二) 1914年的《中华民国的议会》

《中华民国的议会》是古德诺这位美国政治学会创始会长在《美国政治学评论》(1914年11月号)上的一篇论文，根据作者说明，此文也是根据写给民国总统之备忘录扩展而来的。在这篇讨论民国议会的文章中，古德诺论述了中国宪政改革有

---

[15] 转引自 Noel Pugach, Embarrassed Monarchist: Frank J. Goodnow and Constitutional Development in China, 1913-1915, Pacific Historical Review, vol. 42, no. 4, p. 512, 1973.

可能会"拉美化":

> 虽然在中国完全有可能建立起一个披着共和制外衣的暂时性专制,但却绝难建立起一个世袭性的专制。皇室的产生并非一日之功。更何况,西欧政治理念对中国已有潜移默化的普遍影响,现在去建立一种世袭制专制要比此前更为困难。正是因此,我们必须承认,中国必定面临着以下两种前途的选择,要么就是多个接连而起的暂时性专制,伴随着在此类条件下政治权力转移所附带的所有罪恶,要么就是建立起符合中国需求的某种形式的代议制政府。[16]

古德诺在此推进了最坏政体论的阐释。首先,正如古德诺在备忘录内所言,一个因传统而权威的皇室原本是宪政建设可利用的资源,但1911年的共和革命却废弃了这一本土资源,与此同时,由于西学东渐渐入人心,君主制作为一个现实的选项已经不复存在了。因此,虽然立宪君主制作为"世袭制的专制",既可以保证政权在宪政时刻的顺利交接,也可以使得王权在常规政治中遵守宪法约束,但是中国已经难以重新转入这条轨道。共和政体既已在中国确立,共和理念也已成为顺者昌、逆者亡的时代潮流,那么中国的宪政建设实际上只能走有中国特色的代议制道路。假如中国当政者只会照搬照抄外国共和制的成功模式,一味地进行古德诺所反对的"一般原则的普遍适用",那么一个在理论模式上完美的共和制设计却有可能让中国在现实中衰变为最坏政体。正因此,古德诺认为,中国所面临的现实选择不在君主制和共和制之间,而是要么走有中国特色的共和制道路,要么就会形成一个又一个以枪杆子力量占据政治中枢的军人独裁政权,这是古德诺所说的"暂时性的专制","没有确定的交接规则,而只能取决于军人专制的暴力","长远看来,是一个国家所能出现的最坏政府形式"。也是在这里,我们可以清楚地看到古德诺不是不要代议制政府,不是建议中国当局舍共和制而复辟君主制,而是要根据中国的现实来

---

[16] Frank Goodnow, The Parliament of the Republic of China, The American Political Science Review, vol. viii, no. 4, p. 549.

进行共和宪制的改造,而所有调适现有模式的出发点就是要防止中国衰退为最坏政体,不要让民国不如大清。即便是绝对君主制,也是皇室一家坐庄,因此执政者有其长期规划,而暂时专制却是由掌握枪杆子的军阀来轮流坐庄,既无继承法律,也无执政规范,政治中枢的占据者所追求的是短期利益的最大化,国家分裂,生灵涂炭。[17]

共和制的基础在于主权属于人民,因此在这一大范畴内可有各种不同的政府组织形式。古德诺向来主张中国应实行1914年袁记约法所规定的总统制,而不是1912年临时约法的议会制,而他在此篇论文中亦对民国议会的设计和功能做了如下建议:(1)代表谁:主要代表已具有自觉政治意识的商人阶级;(2)如何代表:议员采取任命制,由地方政府任命,而非直选产生;(3)议会应是咨询性和建议性的:无议程设定权和决策权,议会应采取一院制,可以减少政府内的掣肘,中国政府当下最需要的就是迅速而有效的行动。[18]

(三) 1915年的《中国的改革》

《中国的改革》发表于1915年5月号的《美国政治学评论》,古德诺开篇即指出,世界历史过去两、三百年的大趋势是"西风压倒东风","西方文明和西方制度,在当下看起来比东方文明和制度更有效率,在东方和西方的冲突中,西方在各方面看起来都是胜利者"。因此,中国应当学习西方的制度和理念,但古德诺还认为:"中国只学习西方制度,熟悉西方理念,尚且是不足的。这种学习有其必要。但同样必要的是中国应当知道她自己。"[19]因此,古德诺在该文中以一种旁观者清的姿态阐释和总结了中国与欧洲文明之间的差异:"中国是农业而非工业国,民众相比较而言没有社会合作的能力;是由伦理规范所统治的,而不是由一个得到承认的政治权威所颁布的法律进行统治;中国人未曾受过纪律的规训,甚少关注个人权利;

---

[17] 关于军阀轮流坐庄体制的理论分析,可参见 Susan Rose-Ackerman, Was Mancur a Maoist? An Essay on Kleptocracy and Political Stability, Economics & Politics, vol. 15, No. 2, pp. 163-180, July 2003。

[18] Frank Goodnow, The Parliament of the Republic of China, The American Political Science Review, vol. viii, no. 4, pp. 552-560.

[19] Frank Goodnow, Reform in China, The American Political Science Review, vol. ix, no. 2, May 1915, pp. 209-211.

至今还未能将科学理论广泛地适用于生活行动。"[20]

而对本文的讨论而言,尤其要关注的是古德诺对中西政治权力观的比较。古德诺认为,中国在历史上并未发展出欧洲出现的政治权威:"事实上,政治权力在中国从未如今日欧洲那样延伸地如此广泛。中国可谓是自由放任的故乡",在中国,"那种干预生活日常事务的政治权力不曾存在。中国是由道德训令和习惯而非法律和敕令所统治的。"[21]也正因此,在古德诺这位宪法顾问为中国政府开出的五条改革建议中,首要的第一条就是要强化中央政府组织,从而对外"保家卫国",对内"培育民众对政治权威的尊重"。因此,古德诺认为:"政治学中所说的总统制政府,要比迄今为止发展出的任何形式的议会制政府,更适合中国的需要。中国的政府制度应当效仿德国或美国政体,而不是英国或法国。"[22]

而之所以一个强有力的中央政府有其必要,古德诺的论证同样是以避免走入最坏政体展开的:"除非一个强有力的中央政府得以确立,否则政治上的分裂就很有可能出现,而许多的小专制者(petty tyrants)将因此登场,他们一旦出现,则个体的私权观念的发展将是完全不可能的。"[23]而在此后,古德诺建议要通过代议机构的建设来培育民众的社会合作精神,在此实际上再一次点出了中国面临的前途选择,世袭君主制已是历史翻过的篇章,中国要么就要继续着共和制下代表制和政治参与的建设,要么就有可能出现最坏政体:"只要一国无法通过某特定家族内的继承来解决权力交接问题",绝对主义"将很可能产生迄今为止出现的最坏政体——军人独裁"。[24]

本部分通过对古德诺多个文本的互证,发掘并且组织起隐匿在显白命题之下的最坏政体论。行文至此,我们对最坏政体论可以做如下两方面的概括。一方面,

---

[20] Frank Goodnow, Reform in China, The American Political Science Review, vol. ix, no. 2, May 1915, p. 217.

[21] Frank Goodnow, Reform in China, The American Political Science Review, vol. ix, no. 2, May 1915, pp. 214-5.

[22] Frank Goodnow, Reform in China, The American Political Science Review, vol. ix, no. 2, May 1915, p. 210.

[23] Frank Goodnow, Reform in China, The American Political Science Review, vol. ix, no. 2, May 1915, pp. 217-8.

[24] Frank Goodnow, Reform in China, The American Political Science Review, vol. ix, no. 2, May 1915, p. 220.

军人独裁、小专制者林立、走马灯式的短暂专制,这是古德诺多次明确讲到的最坏政体。这种政体意味着政治失去了中枢,军阀以枪杆子来决定谁来坐庄,会导致古德诺在备忘录内所反复提到的"失序"、"混乱"和"无政府",因此宪法设计者不可不考虑最坏政体的问题。另一方面,哪一种政体更适合中国,古德诺对此类政体比较问题的答复,从来都取决于对一个前置问题的回答,这就是所要比较的政体中,哪一个更有可能避免最坏政体的出现,例如,古德诺之所以认为君主制/总统制(分别较之于共和制/议会制)更适合中国,就是因为前者有更多的资源去解决政权交接班的难题,因此不太可能衰败为最坏政体。

三、古德诺可以教给我们什么

由最坏政体论呈现出的古德诺,我相信是一个更接近真实的古德诺,而这个古德诺在事后看来非但不是失败者,反而更像是一个学术先知。这并不是说古德诺的最坏政体命题作为一种理论没有任何瑕疵,而是说最坏政体论确实预判到了中国宪政建设在当时的两难困境,要重返君主制事实上已不可能,而继续共和制却很快面临着袁世凯之后怎么办的问题。历史也为古德诺验证了他的最坏政体论,袁世凯在皇帝梦破灭后撒手人寰,中国在后袁时代的政治格局就正是古德诺所说的最坏政体。古德诺在1926年的《解析中国》中就回顾了这段历史:"中国最近这一段时间的政治充满着动荡,国无宁日,一个接一个的军阀上台,但又在他们的反对者的进攻下倒台,而靠武力上台的新的继任者们不久后又要遭受同样的命运⋯⋯目前中国的真实状况就是它是一个被军事独裁者们统治着的国家,在企图实现西方式民主政治的革命之后,产生的却是一批军阀,他们才是这个本来是和平主义的国家的最高统治者⋯⋯不管怎么样,至少从目前来看,辛亥革命及其之后所发生这种动荡的政治局面,显然是对自从秦始皇开始就一直在中国实行的中央集权的政治制度的抛弃,政治权力从北京分散到了各个地方,目前的情况与秦始皇之前诸侯各霸一方的局面有些类似,各地的军阀各行其是,纷争不休。"[25]

古德诺在这时有理由重申多年前为世人误解的洞见:"在这种军阀各霸一方,

---

[25] [美]古德诺:《解析中国》,蔡向阳等译,国际文化出版公司1998年版,第126、127页。

各行其是,征战不息的混乱状态下,中国人的生活该是一番多么痛苦而悲惨的景象呢?"[26]但本部分并非意在塑造一个先知古德诺的偶像,而是在为古德诺正名之后,思考古德诺的最坏政体论对当下的宪法研究能否有所助益。

(一)普适的宪法学,还是本土宪法学

古德诺的最坏政体论告诉我们,中国的共和试验很可能是"播下龙种,收获跳蚤",因为共和制在当时的中国并没有适宜的土壤。这就要回到古德诺政体论的第一原则:一个国家的政体并非来自民众或精英的自觉选择,而取决于历史传统、实力政治和社会经济条件。由此,我们可以推出古氏政体论的第二原则:不可能有一种放之四海而皆准的政体形式,也没有什么普适性的政体原则,所有的只是(根据古德诺另一篇文章的题目)"调适宪法以适应一个民族的需要"。[27] 同样的道理,古德诺在其经典著作《比较行政法》内也曾讲过,每个国家的政府权力的适当范围"应当由该国的历史和政治需要加以决定,如果将任何由先验推理或他国经验之归纳总结所得出的硬性规则施加于某个国家,实际上更可能会遭遇失败,而非成功"。[28]

因此,古德诺认为,中国人不应该在意识形态上闭关锁国,而要学习西方制度和理念,但更重要的是,不能迷信西方,中国人"同样必要的是要理解自己",这对古德诺这位洋顾问而言是难能可贵的,因为他并非以中国问题专家的身份受聘此职。古德诺在来华之初就在写给巴特勒的信中称,中国在他这位学院派眼中是一个"奇异的国度"。[29]而我相信,即便是在1926年出版经典的《解析中国》后,中国在古德诺眼中恐怕还是安守廉所说的"不可思议的东方"。[30]因此,政体的设计必须综合考虑普遍性原理和本土资源,如果自家的土壤里移植某种不适宜的政体,水土不服就会造成政体衰变。

也就是说,古德诺并不认为有所谓的普适宪法学,宪法学思考在一定程度上都

---

[26] [美]古德诺:《解析中国》,蔡向阳等译,国际文化出版公司1998年版,第145页。
[27] Frank Goodnow, The Adaptation of a Constitution to the Needs of a People, Proceedings of the Academy of Political Science in the City of New York, vol. 5, No. 1, 1914, pp. 27–38.
[28] Frank Goodnow, Comparative Administrative Law, 2 vols, New York, 1893, Part I, p. 22.
[29] 转引自 Noel Pugach, Embarrassed Monarchist: Frank J. Goodnow and Constitutional Development in China, 1913–1915, Pacific Historical Review, vol. 42, no. 4, p. 509, 1973.
[30] William Alford, The Inscrutable Occidental: Implications of Robert Unger's Uses and Abuses of the Chinese Past, Texas Law Review, vol. 64, no. 5, 1986, pp. 915–972.

是本土性的,古德诺在《中国的改革》中有一段话讲得尤其精彩:"中国的问题是一种中国问题。它的解决方案不应当是简单地复制欧洲,而应如下,虽然可能受到欧洲理念的影响,中国问题的解决却必须基于中国的传统和历史而得到审慎和缓慢的推进,其方式应当符合中国生活的特殊性。"[31]

根据古德诺为《立宪政府原则》所写的序言,古德诺曾在北大讲堂上讲授过"什么是立宪政府的本质?"这一基础问题,同时也正是因为其北大讲座讨论了这些具有一般学理意义的问题,古德诺才在美国整理出版了此次课程讲义。在古德诺看来,立宪政府首先是一种"法治政府",而非"人治政府",但更能反映古氏宪法思想的是,古德诺主张,立宪政府所要守的法来自先例、习惯和惯例,而这些习惯性规范则根源于一国历史上政治斗争的解决,包括诸如内战或革命这类暴力斗争。[32] 我们由此可以得出古氏政体论的第三原则,一国宪政都是历史生长起来的,而宪法规范既要有控制现实政治的功能,同时在很大程度上也是由实力政治所塑造的。

也是在这本教科书的序言内,古德诺讲到了他在中国的观察,中国的政治和知识精英对宪政有一知半解的理论认识,他们的结论基本上照搬了外国宪法的研究,但中国和欧美国家的"传统"和"条件"却是迥然相异的。正因此,古德诺对1912年南京国民政府制定的临时约法向来评价不高,他曾讲过,该部宪法是建立在如下理论上的:"宪法文本自身就可以对政治行为施加一种控制性的力量,而无论该宪法所适用民族的传统和现实条件。"[33]古德诺由此提出的是一个规范性宪法理论很少去思考的问题,简单说起来就是羊皮卷如何可能约束枪杆子的问题,他在1913年写给巴特勒的信中也指出:"如果在不远的将来要通过任何宪法,那它必将是本国当下政治力量的冲突的产物,而并不是来自外国意见的影响力。"[34]同样,古德诺在其宪法讲义内讲过一个来自美国的比喻:"据说有位美国总统曾评论过,美国

---

[31] Frank Goodnow, Reform in China, The American Political Science Review, vol. ix, no. 2, May 1915, p. 218.
[32] Frank Goodnow, Principles of Constitutional Government, Harper & Brothers Publishers, 1916, pp. 2 - 3.
[33] Frank Goodnow, The Adaptation of a Constitution to the Needs of a People, Proceedings of the Academy of Political Science in the City of New York, vol. 5, No. 1, 1914, p. 31.
[34] 转引自 Noel Pugach, Embarrassed Monarchist: Frank J. Goodnow and Constitutional Development in China, 1913 - 1915, Pacific Historical Review, vol. 42, no. 4, p. 510, 1973.

宪法对于美国而言就好比一件太小的上衣,如果他从前面将扣子扣上,后面就会开裂。"[35]因此,一部基于本国实力政治的宪法如要真正发挥约束现实政治的功能,则制宪者必须有妥协的精神以及因势利导、以小谋大的政治智慧。

与以上古氏政体论的三原则均有关联的是第四原则,古德诺非常重视"纸面宪法"和"实在宪法"之间的区别。早在《政治与行政》这部公共行政开山之作中,古德诺开篇就指出,大多数美国政府问题的研究者,其研究方法都是从宪法起,也以宪法终,很少可以超越法定政府组织,而去考察人民真正的政治生活,"再没有什么研究方法比这种方法更能把在判断一个国家真正的政治生活的学者们引入歧途了"。[36]而在《立宪政府原则》这本书中,古德诺一方面承认成文宪法的意义,任何有关不成文宪法的讨论不应直接用以否定成文宪法的约束力,但另一方面则更为强调不成文宪法的正当性:"一部成文宪法只是陈列在一部文件内的政府拟议计划,它并不必然展示一国政府的实际形式……如果那些生活在成文宪法之下的人们根据规则来进行政治游戏,事实上他们不太可能长期如此,那么成文宪法也许可以在相当程度上反映出现实的政府体制。但是,如果他们并不如此进行政治游戏,政府研究者如要了解政治系统,则必须发现政治游戏事实上是如何进行的。"[37]

(二) 国家统一的宪法意义

最坏政体论认为,宪政设计以及改革始终要以避免最坏政体为出发点,而这个否定性表达的学术命题,如果翻译成肯定性的表达,那么就是国家统一应是一国宪政体制的最高价值。美国宪法学内有句名言,"宪法并不是一部自杀契约"[38],说的就是主权者不可做糊涂的东郭先生,而时刻应以维护共同体的统一为己任,当然这并非意味着执政者可以以国家统一或国家安全的名义,任意破坏宪法规范,剥夺私人权利。而古德诺的最坏政体论,也就是中国在革命之后、共和初造、"皇统解纽"后如何维系前帝国格局的大一统局面的问题。古德诺在《立宪政府原则》内也

---

[35] Frank Goodnow, Principles of Constitutional Government, Harper & Brothers Publishers, 1916, p. 11.
[36] [美]古德诺:《政治与行政:一个对政府的研究》,王元译,复旦大学出版社2011年版,第1页。
[37] Frank Goodnow, Principles of Constitutional Government, Harper & Brothers Publishers, 1916, p. 11.
[38] 相关的宪法理论解读,可参见[美]理查德·波斯纳:《并非自杀契约:国家紧急状态时期的宪法》,苏力译,北京大学出版社2009年版。

对国家统一的宪法价值进行了中美之间的比较评述:

> 中国在历史上所发展出的精彩文明,很大程度要归功于中国在过去有着一个伟大国家的事实。中国形成后,对外战争基本上停止了,中国人民的能量可以安全地转向内部条件的改造,而不必浪费在反对外部民族的战争上。中国更为晚近的历史也已表明,每当她边境处存在着敌对的政治强权时,就会形成巨大的不利。
>
> 中国过去的事实更是美利坚合众国的事实。美国在国境的东西两侧都有浩瀚海洋的保卫,同时占据着一块可在最大范围内进行内部商业交流的广袤疆域,因此美国非常生动地展示出政治统一的积极意义。正是认识到统一的意义,才使得北方的人民在南北战争期间付出巨大的牺牲,以维持已经存在着的政治统一。"保卫联邦"成为一句战斗口号,其势不可挡。[39]

古德诺是在美国内战爆发前夕出生在纽约市的,这一成长背景决定了他在分析宪法问题时不可能不带入林肯关于"分裂之屋不可站立"的著名论断。造化弄人的是,古德诺也是在宋教仁遇刺、孙中山二次革命、袁世凯南下"削藩"的当口到达中国的,因此孙中山以及南中国推开1912年《临时约法》的框架而起二次革命,袁世凯以及北中国作为政治正统而平息地方脱离势力之乱,这在古德诺眼中很难不是美国南北战争在中国的重演。也因此,南北问题始终是古德诺思考中国内部多元性的主要甚至是唯一的角度:"中国从气候、地理和种族的角度看都分为两大部分,北方和南方中国。"[40]直至1926年的《解析中国》,古德诺虽然一带而过地提到了"中国本部"和"亚洲内陆边疆"的区分,但还是用更多篇幅专门讨论了中国的"南北差异"。[41]

古德诺由始至终未改对袁世凯的支持,原因归根到底在于他在备忘录事件后

---

[39] Frank Goodnow, Principles of Constitutional Government, Harper & Brothers Publishers, 1916, p. 19.

[40] Frank Goodnow, The Adaptation of a Constitution to the Needs of a People, Proceedings of the Academy of Political Science in the City of New York, vol. 5, No. 1, 1914, p. 29.

[41] [美]古德诺:《解析中国》,蔡向阳等译,国际文化出版公司1998年版,第4、5页。

离开中国前所说的,袁"是将共和国维持在一起的第一人"。一方面,古德诺对袁世凯不乏褒奖,例如,他认为袁是"满清王朝末期最有能力的人",也曾讲过"我说他是保守派,但他的保守只是相对而言的。在革命之前,袁从来都被认为是在中国高级官员中最进步的一位"。另一方面,古德诺对袁也有清醒的认识,袁"既是一位政治家,也是一位政客……不如此的话,他不会有今时今日的地位"。但古德诺总体上之所以始终挺袁,就在于他看到袁世凯自身在共和宪制内承担着事实君主(区别于法定君主)的政治功能:"如果我们回头去看这些年,我们可以发现,袁世凯可以防止中国的分崩离析,在当前的欧战爆发之时,他几乎成功地重建了中国的财政,他正在从失序中造就秩序(bringing order out of disorder)"。[42]

如果说袁世凯的北方在中国宪政格局内代表着一种"保守的进步势力",那么在古德诺看来,南方的"年轻中国"(Young China)、以孙中山为代表的激进海归学生(returned students)必定是破坏有余而建设不足的。已如前述,古德诺从来就对1912年的《临时约法》评价不高,而基本上肯定1914年的袁记约法,其所持的理据就是徒法不足以自行,前者根本无视中国的传统和现实,后者却更契合中国的现实。古德诺不仅在理论上反对海归学生派在1912年约法内所写入的议会制政体,而且也对民国议会在现实中的运作极尽嘲讽,"这一由选举而产生的国会可以说并未构成中国任何重要利益的代表,唯一的例外可能就是海归学生",在袁世凯于1914年初解散国会前,这届国会的最主要立法就是将议员的高薪合法化,虽然古德诺承认袁解散国会的行为是"恣意"的,但他也认为因为国会并未代表中国本土的任何重要利益,因此无人哀叹国会的死亡。[43]

(三) 宪政建设为体,国家建设为用

在古德诺看来,中国近代的宪政建设和国家建设原本就是一体两面的,或者说宪政建设为体,国家建设为用。虽然古德诺没有使用现代政治科学的概念,但他的最坏政体论实际上已经超越了政体决定论的思维,没有哪种政府形式是一试就灵

---

[42] Frank Goodnow, The Adaptation of a Constitution to the Needs of a People, Proceedings of the Academy of Political Science in the City of New York, vol. 5, No. 1, 1914, p. 31, 37.
[43] Frank Goodnow, The Adaptation of a Constitution to the Needs of a People, Proceedings of the Academy of Political Science in the City of New York, vol. 5, No. 1, 1914, p, 34.

的,而在现当代的政治学家中,亨廷顿就曾对此题目给出影响力深远的判断:"各国之间最重要的政治分野,不在于它们政府的形式,而在于它们政府的有效程度。"[44]因此,近代中国宪政建设的关键功夫不在于共和制还是君主制这样的"面子工程",而是如何"多快好省"地推进现代国家建设。事实上,古德诺在其备忘录的最后特别强调中国要从共和复归君主制,一定是要在立宪政府形式下的君主制,至于为何如此,古氏有一小段的说明:"中国如要在民族之林中获得其适当地位,则其民众必须发展出更大的爱国心,政府必须增强其力量,以对抗外国侵略。但如果中国人民没有被赋予更多的参与政治的机会,那么人民不会发展出所需的爱国心。如果政府没有来自人民的真心支持,政府也不会获得必要的力量。"[45]

古德诺讲过,中国在过去曾有"一个伟大的国家",也因此诞生了灿烂的文明,但这个国家显然不是政治学中所说的现代民族国家,关于这一点,他在《解析中国》中有过论述:"我们经常谈到1894—1895年的甲午中日战争,然而事实上,除了中国的直隶省、福建省与日本发生了正面冲突之外,其他省份的中国人当时几乎不知道已经与日本发生了战争,这场战争实际上是在日本与两三个中国省份之间进行的。在这种各自为政的政治体制下,事实上不可能发展出全国观念这样的东西";"欧洲人的到来,反倒使中国这种各地各自为政的体制正在逐渐得到改变,让他们更加觉得自己是一个统一的国家。"[46]而这正是古德诺这位研究欧洲国家行政法历史和制度的学者的洞见所在,只是在他所处阶段尚未发展出现代政治学用以表达这一现象的概念。

因此,古德诺在《中国的改革》一文中所提出的五条建议均指向了实质性的国家建设。第一,已如前述,是要强化中央政府的组织,对外"保家卫国",对内"培育中国民众对政治权威的尊重"。第二,要开发国家的自然资源,由农业生活进步到工业生活。第三,要尽所有可能手段,培育在政治和工业组织内的社会合作精神,对有政治自觉的阶级扩大政治参与,首先在中央和省建立起咨询性的立法机构。

---

[44] [美]塞缪尔·亨廷顿:《变化社会中的政治秩序》,王冠华等译,上海世纪出版集团2008年版,第1页。
[45] Dr. Goodnow's Memorandum to the President, in U. S. Dept. of State, Papers Relating to the Foreign Relations of the United States, 1915 (Washington, 1924), p. 58.
[46] [美]古德诺:《解析中国》,蔡向阳等译,国际文化出版公司1998年版,第96、99页。

第四,逐渐推进对私权利的保护,个人的生命、自由和财产权应得到更好的保护。第五,重构中国的教育制度,让中国人可以将科学方法运用于日常生活。[47]

我们知道,古德诺的最坏政体论思考的是,在共和革命瓦解中央政府权威的伦理基础后,如何重建政治权威的问题。因此在总结他的五项改革建议时,古德诺特别指出:"政府重组可能构成中国未来政策的主要部分,因为政治制度的改进将有助于国家的重建";"还要记住,在势必将要进行的政府重组中,近期更重要的任务在于权力而不是自由,在于培育对政治权威的尊重,而不是对私人权利的关切,在于政府效能,而不是民众的代表。"而这些写给中国人民的建议仍是以防止最坏政体为出发点的,古德诺在此段内也写道:"铁路和汽船将把中国更紧密地联系在一起,因此将减少国家分裂的危险。"[48]

也应看到,古德诺主张改革在近期的重点在于培育权威,并非意味着古德诺在北京不认真对待人权。在一般意义上,古德诺从来不是在一个权力和权利彼此处于零和关系的尺度上来分析宪政问题,并非简单地认为国家权力是矛,而公民权利为盾。更重要的是,如果中央政府无法确立起在民众中间的权威,那么就有可能在代际政治交接过程中衰变为最坏政体,而国家的失败并不意味着地方自治、公民社会或私人权利的登场,反而是地方割据、黑社会统治以及公民权利的朝不保夕。

四、写在最后的一点说明

本文为古德诺正名,但并不是为其翻案。以上所有的论述都是为了呈现出一个更真实的古德诺,而最坏政体作为隐匿命题的提出,实际上是沿着这个逻辑和思路,我们能够重新组织起真正自圆其说的古德诺的论述。但是,无论是更真实,还是可以自圆其说,都并不意味着古德诺以上的论述是绝对正确的,正相反,古德诺在备忘录以及其他文献内关于中国问题的论述,是有许多技术瑕疵的,也不乏自相矛盾之处。这一部分是因为中国对他而言始终是一个不可思议的神秘东方,一部

---

[47] Frank Goodnow, Reform in China, The American Political Science Review, vol. ix, no. 2, May 1915, pp. 219-222.
[48] Frank Goodnow, Reform in China, The American Political Science Review, vol. ix, no. 2, May 1915, p. 223.

分是因为他关于中国宪政的论述始终都基于宪法顾问的官方身份,而非他的学术权威地位,换言之,都不可以归类为严格意义上的学术论述。

古德诺由最坏政体论所展开的中国宪政论述,虽然并非绝对正确,但不正确不意味着不重要。在有关宪政的学术论述中,很多论述反而因为太正确,正确得放之四海而皆准,反而导致其在实践中全无用武之地。因为宪政建设从来都不可能由理论标准来检验成败与否,正如古德诺本人也始终反对"一般政治原则的普遍适用"一样。古德诺在中国宪政的关键时刻来华,一百年前,顾而不问的他不应当为中国宪政的大失败承担责任,一百年后,我们也不必期待他的论述可以为我们的宪政建设以及宪法学理论提供现成的结论,重要的永远都是"启示",我希望本文的论述可以展示出古德诺思想的学术意义。

现实中的宪政从来都不是理性对话谈出来的,如果说费城是美国宪法的奇迹,那也绝对不是什么"民主的奇迹",但宪法学的进步却需要学者在学术场域内展开持续不断的理性对话。在美国本土,古德诺的思想最近已成为启发美国新行政法史论述的理论资源,[49]也希望本文对古德诺去粗取精、去伪存真的解读,可以成为一种新的理论资源元素,丰富当下的宪法学讨论。

---

[49] 参见 Jerry Mashaw, Creating the Administrative Constitution: The Lost One Hundred Years of American Administrative Law, Yale University Press, 2012。

民初制宪权问题的再审视
——比较宪法的视角

聂 鑫[*]

一、制宪权争议的提出

民初宪法史上有如下一桩公案：1913年10月，大总统袁世凯咨文宪法会议要求派遣委员列席宪法会议及宪法起草委员会并陈述意见，其理由是"大总统既为代表政府总揽政务之国家元首，于关系国家治乱兴亡之大法"，应当"有一定之意思表示，使议法者得所折衷"，"本大总统前膺临时大总统之任一年有余……现在既居大总统之职，将来即负执行民国议会所议宪法之责。苟见有执行困难，及影响于国家治乱兴亡之处，势未敢自已于言，况共和成立本大总统幸得周旋其间……今既承国民推举，负此重任，而对于民国根本组织之宪法大典设有所知而不言，或言之而不尽，殊非忠于民国之素志。兹本大总统谨以至诚对于民国宪法有所陈述，特饬国务院派遣委员……前往代达本大总统之意见。嗣后贵会开议时，或开宪法起草委员会，或开宪法审议会，均希先期知照国务院，以便该委员等随时出席陈述相应咨明"。[1] 在宪法起草委员会二读程序即将终了之时，袁氏派遣的八位委员不请自来并要求对宪法起草陈述意见。对此，宪法起草委员会认为，"本委员会规则只有两院议员可以旁听，是议员非当选委员者在本委员会亦无发言之权，何况非议员

---

[*] 聂鑫，清华大学法学院副教授，法学博士。本文原载《华东政法大学学报》2013年第5期（总第90期），第33—39页。
[1] 吴宗慈：《中华民国宪法史》（前编），1924年自刊，第49、50页。

乎",拒绝袁氏派遣委员出席会议,并将袁氏咨文退回。查《宪法起草委员会规则》,虽确有一条规定"本会会议时,两院议员得随时旁听"(第16条)[2],但这仅仅是授权条款,而非绝对禁止其他人旁听或发表意见。根据《议院法》的规定,国务员及政府委员,得随时出席两院并发表意见(第70条),并得出席于各委员会及协议会并发表意见(第71条),但不得参与表决(第73条)。[3] 宪法起草委员会就其性质,为国会之特别委员会,[4]由国务院派遣委员列席该委员会并代表总统发表意见并不算违规,只要其不参与表决即可。其实,在袁氏派员出席宪法起草委员会之时,"当时委员会已将宪法草案的条文,大部议毕,大旨尤早经决定;即令八委员得以陈述,亦不能更易大旨"。[5] 既然袁氏特派委员特派员在法律上不能参与表决,在事实上其出席与否也无法影响草案的拟定,为什么宪法起草委员会要断然将特派员拒之门外呢?

事实上,这已经不是国会第一次在制宪权问题上对袁世凯说不了。1913年10月初,宪法性法律《大总统选举法》由国会组成的宪法会议议定后即予以颁布,而不经《临时约法》第22条、第30条规定的由临时大总统公布法律这一程序。袁世凯当选正式大总统后,于同月18日咨文宪法会议要求对方做出解释,袁氏强调法律的制定包括提案、议决和公布三个环节,如果《大总统选举法》的性质属于一般法律,公布权依《临时约法》当然属于大总统;如果《大总统选举法》性质属于宪法性法律,依照民国二年《临时约法》由参议院咨送临时大总统公布的先例,其公布权亦属于大总统。宪法会议违背《临时约法》与宪政先例、侵夺了大总统的法定权力。咨文还指责国会自己违法越权却要求政府单方面守法,这显失公平,对于民国宪政前途也决非福音:"窃恐此端一开,今日民国议会之职权既可以自由轶出于约法规定范围以外。而独欲以遵守约法者责政府、服从约法者责国民,固失双方情理之平,尤非民国前途之福。"袁氏咨文的末尾要求国会(包括国会两院组成的宪法会议)回

---

[2] 法条参见夏新华等整理:《近代中国宪政历程:史料荟萃》,中国政法大学出版社2004年版,第192页。
[3] 法条参见夏新华等整理:《近代中国宪政历程:史料荟萃》,中国政法大学出版社2004年版,第189页。
[4] 宪法起草委员会为参、众两院各选举30名议员组成。
[5] 王世杰、钱端升:《比较宪法》,中国政法大学出版社1997年版,第366页。

答如下宪法问题:其一,《大总统选举法》是否应当比照临时约法由参议院咨送临时大总统公布的先例;其二,未来正式宪法的公布权是否属于大总统?[6] 对于袁氏上述咨文,宪法会议竟以"宪法草案尚未完成,无开议的机会","置而未复"。[7]

对于这段故事,一般宪法史著作有如下两个定见:其一,袁氏派员出席宪法起草委员会是企图干预制宪;其二,袁氏因为干预制宪屡屡失败,于10月25日通电攻击宪法草案,[8]并最终解散制宪机关——国会。吴宗慈有一段简略的描述:"袁世凯对于宪法主张既着着失败,乃为最后之疏通,疏通又无效,遂不能不下决心以破坏国会、破坏宪法会议于此。足见袁世凯对于政治上之忍耐性,与宪法起草委员对于宪法主张上之坚毅力矣。"[9]但是,对于袁世凯两道咨文提出的问题(其一,宪法公布权应属于国会还是总统;其二,总统对于宪法草案是否有发言权),当时的制宪者避而不答,[10]大部分宪法史著作对此也并未做太多解释。但吴宗慈的描述透露出一点:在制宪问题上,总统袁世凯一忍再忍("政治上之忍耐性"),希望能够在政治上折衷妥协,宪法起草委员则在宪法问题上则寸步不让("宪法主张上之坚毅力")。其实,宪法公布生效后作为最高法律固然不应随意屈从于政治,但制宪本身在一定程度上却是政治问题而非仅仅是法律问题,在制宪过程中必须基于政治现实折衷妥协。

"严格言之,民初国会议员无实际议会经验,此所以在议会中不知如何运用议论技巧,彼此意见不合,动辄冲突殴打。对于政府,一味强调责任内阁,不知进行协商;大言限制袁世凯的权力,岂知袁氏拥有武力后盾。这是中国民主政治失败的原因之一。"[11]制宪权就程序而言可细分为宪法的起草权、议决权和公布权,民初国

---

[6] 参见吴宗慈:《中华民国宪法史》(前编),1924年自刊,第46—48页。
[7] 王世杰、钱端升:《比较宪法》,中国政法大学出版社1997年版,第365、366页。
[8] 袁氏通电内容如下:"制定宪法关系民国存亡,应如何审议精详,力求完善。乃国民党人破坏者,多始则讬名政党,为虎作伥,危害国家,颠覆政府,事实俱在,无可讳言。此次宪法起草委员会,该党议员居其多数。阅其所拟宪法草案,防害国家者甚⋯⋯"参见吴宗慈:《中华民国宪法史》(前编),1924年自刊,第52页。
[9] 吴宗慈:《中华民国宪法史》(前编),1924年自刊,第51页。
[10] 宪法起草委员会仅仅是以程序性规定来拒绝总统派遣委员出席委员会,并未回答总统是否可以对制宪发表意见这一问题。
[11] 张朋园:《中国民主政治的困境1909—1949:晚清以来历届国会选举述论》,吉林出版集团有限责任公司2008年版,第103页。

会在制宪权问题上三权独揽,在整个制宪过程中蛮横地将总统袁世凯排除在外。《临时约法》关于政体的设计虽名为内阁制,但其仍包含总统制的因素,典型如美式总统法案复决权(veto)的规定(第23条),总统据此甚至可以制约国会的立法权,不可谓其为虚位。从《临时约法》到正式宪法,这应算是阿克曼所谓的"宪法时刻",在这样关键的时刻,总统居然被置于事外,这是民初国会制宪失败的根由之一。

二、需要检讨的几个问题

(一) 宪法起草委员会的组成是否存在一党畸大、垄断制宪的问题

宪法起草委员会虽不是宪法的议决机关,但起草者对于宪法的形式与内容无疑有着莫大的影响。在1912年国会成立之前,各方对于宪法起草的主体并无定见,国民党力主根据《国会组织法》第20条的规定由国会两院各选出相同数量的委员组成起草委员会;梁启超等则主张由政府发起,以总统府、临时参议院、各省都督及各党派代表共同组成宪法起草机关。国会成立后,由于国民党在国会居于多数,由国会两院选举议员代表组成起草委员会就称为定案。[12] 依据《宪法起草委员会规则》,委员会非有全体委员三分之二(40人)出席不得开议(第8条),委员会决议需由全体委员总额过半数(30人)同意(第9条)[13],宪法起草委员会由国会两院选出委员各30名共60名,候补委员各15名共30名,其中国民党籍的正式起草委员约有28名,[14]这意味着国民党只要团结极少数党外委员即可控制宪草委员会。其实,国民党籍议员之所以在宪草委员会中占据如此多的席位,与其利用国民党在国会的相对多数席位通过了有利于自己的议员互选宪法起草委员会规则有关。[15] 当然,就技术而言,由于委员会非有40人到会不能开议,其他党派的委员可以用不

---

[12] 参见荆知仁:《中国立宪史》,(台北)联经出版事业公司1984年版,第248页。
[13] 法条参见夏新华等整理:《近代中国宪政历程:史料荟萃》,中国政法大学出版社2004年版,第192页。
[14] 数据参见谷丽娟、袁香甫:《中华民国国会史》,中华书局2012年版,第628—631页。
[15] 国民党主张议员互选采用三分之二连计投票法,因为投票时一票所写的选举人越多,对于大党越有利。国民党在参议院占优势,采用此投票法即每票限连计20人获通过,这样可以保证国民党参议员占据30个代表席位中的近20个。参见谷丽娟、袁香甫:《中华民国国会史》,中华书局2012年版,第626、627页。

出席的方式制约国民党的多数。在宪草委员会中与国民党委员相抗衡者以进步党委员汪荣宝为代表,进步党是宪草委员会中的第二大党,有十余名代表。但赣宁事败后,国民党的一部分委员如张耀曾、谷钟秀等与进步党的部分委员组成民宪党,汪荣宝等进步党委员在宪草委员会中的势力大减,宪草委员会中保守的力量就进一步失语了。[16]

(二) 国会作为制宪会议是否是最佳选择

民国北京政府有"总统选举先于宪法颁布"的非常情况,袁世凯、曹锟均如是。"先选后宪"会造成如下宪政难题:总统的选任及其权力来源是现行的《临时约法》及其他宪法性文件,而不是尚未公布的宪法,而新宪法并不等到现任总统届满才生效;面对宪法秩序的变动及总统本人法定权力的变化,该总统是否可以表达意见? 宪法起草委员会将总统拒之门外,理由无非是因为其不愿满足袁氏总统扩权的要求。但事实上,发生先选后宪的不仅是总统,还有国会自身。国会通过制宪扩张本届国会的权力,这是否有"自肥"之嫌。比较各国制宪的故事,有国会制宪者,也有在国会之外单独召集制宪会议者。但由制宪会议制宪与国会制宪相较,前者制定的宪法往往更加稳定,也更好地区分了制宪权与修宪权,宪政秩序也不易为国会的选票所更动;并且制宪会议完成制宪后,随即解散,不发生代表制宪自肥的问题。

南京国民政府的制宪便采用了制宪会议的模式,选举代表组成制宪国民大会议决宪法,完成制宪后制宪国大解散;随即根据宪法和选举法在全国办理行宪国民大会代表的选举,组成第一届国民大会,再由该届国大选举总统、副总统。这样的做法一方面解决了制宪者自肥的问题,另一方面在宪法逻辑上非常清楚:制宪国大(制宪权)是宪法的权力来源、宪法是国民大会的法源、宪法与国民大会是总统权力的来源。如果民初一定要选择国会制宪的模式的话,新宪法应当在本届国会与总统均届满之后始生效,否则难免会有法理上的疑义,当然这中间还有参院、众院、总统选举时程不同的问题需要处理。

---

[16] 参见王世杰、钱端升:《比较宪法》,中国政法大学出版社1997年版,第361页。

(三) 制宪权的平衡问题：转型期的权益协调与政局稳定

从当代的视角看，除了解决"先选后宪"造成的法源混乱问题之外，民初制宪还需要解决一个问题——谁来约束制宪者的恣意。清末民初是中国社会大变动的时期，无疑会面临所谓"转型正义"的问题，宪法的规定不仅涉及总统、内阁与国会的权力格局，更事关新旧平衡与社会稳定。从帝制到民国，这是中国数千年未有之大变局。清末民初，中央官僚、军队将领与各省议会领袖往往与清王朝有着千丝万缕的联系，他们是否为革命的对象？如何保障其地位与权益？由袁世凯这样一个前清重臣来担任民国总统，有利于新旧过渡时期政局的稳定，也在一定程度上保障了上述利益集团的安全。而当第一届国会企图通过单方面行使制宪权来架空总统、改变既有政治格局时，他们威胁到的就不仅仅是袁世凯本人了。

当总统袁世凯（代表"旧势力"）与国会（代表"新民意"）发生制宪权争议之时，民初的政治体制缺乏一个居间的仲裁机关，《临时约法》也没有给出一个从"临时"到"正式"的过渡安排。比较起来，南非在从奉行种族隔离政策的白人独裁政权向民主宪政过渡时，倒是有一个比较稳妥的过渡办法。面对可能的"大多数人的暴政"，未来如何保障白人的利益，这是白人执政党最关心的问题，作为"权利保障书"的宪法当然是多党协商的重中之重。当时关于制宪权的问题存在很大争议，白人执政党希望由非民选的多党协商机制来拟定宪法案，再经由民主程序通过宪法；自由派则希望直接由民选代表草拟并通过宪法。通过妥协，各方就宪法制定达成了两阶段的程序，来平衡新旧、实现平稳的过渡。(1) 通过包括白人政府执政党在内的多党协商制定一部过渡宪法（the Interim Constitution），这部宪法规定了未来正式宪法的 34 项基本原则，政府立即施行这部过渡宪法，随之成立宪法法院并公布权利法案。(2) 由人民直选产生的国民会议（众院），与各省选举产生的参议院共同拟定正式宪法，但其通过的宪法案须提交宪法法院审查，宪法法院审查的基准是过渡宪法规定的基本原则。1996 年 5 月，国会以 86% 的压倒多数议决宪法案，并交由宪法法院审查；宪法法院通过审查发现，国民会议议决的宪法案，与之前通过的过渡宪法所规定的 34 项基本原则有冲突之处；国会根据宪法法院的裁决意见对宪法案迅速做出修正；1996 年底，修正的宪法案终于全文通过了宪法法院的审查，由总统于1997年1月颁布。[17] 南非之所以能够比较平稳的实现政权过渡,这与制宪权问题的妥善处理密不可分。

其实,强调宪法高于议会制定的一般法律,规定高难度的修宪程序,这很大程度上源于制宪者对于议会民主(议会专制)的怀疑乃至恐惧。美国制宪会议代表基本都是社会上层的有产者,他们普遍担心,占人口大多数的一般选民可能通过代议机关重新分配社会财富,均占人口少数的富人的产。从这个角度说,制宪权由议会独揽也不利于宪法的稳定与公平。宪法的批准固然需要经过民主的程序,宪法的草拟却不能仅仅依赖投票,它往往需要各方力量的充分参与,需要在新与旧、少数与多数之间达成妥协与平衡。与美国、南非的经历相比,民初宪法起草委员会完全通过选票产生也未免过于激进了。

(四) 从省制(地方制度)争议看民初制宪权的缺失

宪法中关于政府组织的规定,通常必须包括两个部分:其一是所谓"水平的分权",也即中央政府的政体,包括平行的政府部门之间的分工与制约;其二是所谓"垂直的分权",也就是中央与地方上下之间的分权,或者说是"中央与地方的关系"。民初制宪,议员们关于政体问题虽与总统针锋相对,但在国会内部尚能达成统一,而关于省制却在国会内部也发生严重冲突。查阅民国北京政府的宪法性文件,《临时政府组织大纲》、《临时约法》虽为各省代表共同制定,内容却仅限于中央政府的组织;天坛宪草也未涉及地方制度,据说是因为时局紧迫未及将地方制度入宪。到袁氏帝制破产、国会重开,1916年宪法会议审议会辩论省制问题时,在议场竟发生轰动一时的大斗殴。双方严重冲突的首要原因是国民党员议员主张省制入宪,宪法研究会及宪法讨论会议员则竭力反对。事后双方通电全国,各省督军省长也加入省制争议,争议的核心其一在省制是否应当入宪,其二在省长是否应当民选。直到1917年国会第二次解散,地方制度都无法通过宪法二读。

其实,就省制入宪问题而言,关键不是是与非,而是国会(宪法会议)在该问题上是否有制宪权的问题。国会两院议员均来自地方,参院从组成结构看应为各省

---

[17] 南非的例子参见 Vicki C. Jackson & Mark Tushnet, Comparative Constitutional Law, 2nd ed., New York: Foundation, 2006, pp. 280-285。

的代表,但这并不意味着他们就有权议决宪法的地方制度条款。中央的国会是否有权决定中央与地方的关系不在于纸面的宪法授权,而取决于现实的政治形势。如果中央政府不能实际有效控制地方、实现中央集权,不管其自命为单一制或联邦制国家,也不管地方政府是实行省宪的良制还是军阀独裁,宪法的最后议决权都不在中央的国会而在各省,国会仅有提案权,如同美国宪法案是由各州通过一样。辛亥革命是以各省宣告独立的形式展开的,而认为各省自治优于中央集权的思想在清末已广泛传播;"大多数省份在革命后,也都以完全自治的姿态出现",各省长官充分享受省自治乃至半独立的权力,他们"统率地方的军队,截留税收,选任省级和省内地方官吏"。[18] 各省难免担心中央制宪会剥夺其已得到的特权,当然在程序上可以是少数省服从多数省,中央政府可以与地方达成妥协、通过威逼利诱各省接受国会拟定的宪法案。但就当时的政局而言,且不说制宪机关国会与中央政府是否一条心,中央政府显然也缺乏威逼利诱各省的充分资源。而1920年由湖南发起、约十省相应的联省自治运动,其目标除了各省与制定省宪外,还要求由各省选举代表共同制定联邦宪法,这是对单一制下国会制宪权的重大挑战。[19] 民初国会的制宪权自始就是不完整的,就构成宪法基本内容的地方制度而言,所谓"正式宪法"注定并非完整或有效之宪法。民初国会制定正式宪法的条件并不充分,应当缓行。

三、制宪不如守法(《临时约法》)

其实,"自大总统选举法成立而后,中国制宪事业,倘从形式上说,或可告一结束;因为临时约法、国会组织法与大总统选举法三种法律,相互补足,实已构成一种与现代一般宪法相似的正式宪法"。[20] 就实践而言,宪法典这一形式并不是必需的,且不说英国宪法的构成,即使大陆法系的所谓法兰西第三共和国宪法也并非一部法典,而是由三个宪法性法律作为基础组成,包括《参议院组织法》、《公权力组织

---

[18] 参见[美]费正清编:《剑桥中华民国史》(上卷),杨品泉等译,中国社会科学出版社1994年版,第204页。
[19] 参见[美]杜赞奇:《从民族国家拯救历史》,王宪明等译,江苏人民出版社2009年版,第183、184页。
[20] 王世杰、钱端升:《比较宪法》,中国政法大学出版社1997年版,第363页。

法》、《公权力关系法》。但时人总不把《临时约法》当做正式宪法看待,究其缘由,其一,其并非由国民代表机关议决,有民主正当性的缺陷;其二,制定颁布《临时约法》的政府并非全国统一政权;其三,或许"临时"二字也注定了其命运。但比照二战后联邦德国基本法,我们发现以上三条理由都不够充分。

德国《基本法》制定的背景是东、西德已分裂,占领西德的西方列强于1948年授意西德各邦首长召开制宪会议,但西德的政治家们不愿意重新制定宪法,因为新宪缔造的国家并非完整的国家,宪法的颁布将加深德国的分裂。故而西德各邦都拒绝参加"制宪会议"、制定"宪法",最后的妥协是由总理召集邦议会的"联合委员会"(而不称"制宪会议")制定了"基本法"草案,并提交各邦议会批准。[21]《基本法》在第146条还明确规定了其时效,"本基本法在德国人民根据自由决定所通过的宪法开始生效之日起丧失其效力",这表明了基本法的临时性。德国基本法作为宪法有一些固有的"缺点":它是在德国分裂的状态下制定的,并非全德共同制定;它的制定过程不够民主,甚至存在严重的民主缺憾;[22]它没有吸收欧洲不少国家实行的公民投票制度;它在促进社会的实质平等(如男女平等、贫富平等)方面裹足不前;左派指责《基本法》在保障公民社会福利权方面几乎无所作为;绿党认为《基本法》应更多规定环保的内容。但两德合并时,并没有依照基本法原来设计的路径由全德人民共同制定新宪法,而是继续沿用了《基本法》。本来东德通过圆桌会议制定了东德新宪草,吸收了不少时兴的宪政理念,如公民投票,社会福利等,但由于东德人民急切希望加入联邦德国,宪草被民意抛弃。也有人批评说,两德统一过于急于求成,以至于错过了打造全新德国宪法的"宪法时刻",是一个"不完美的合并"。[23]但世上本没有完美的宪法,能够为大家遵守、可操作的宪法便是好宪法,《基本法》颁行以来受到普遍尊重,其取得的地位来之不易,不应轻易废弃。

德国《基本法》的经验强调宪法首先是一个共识问题,如果达成不了共识,有一方强行制定纸面上完美的宪法,将引发对立与分裂,倒不如"抱残守缺"。二战后建

---

[21] 参见邹文海,《各国政府及政治》,(台北)正中书局1961年版,第461、462页。
[22] 基本法不是由人民直接选举产生的制宪委员会草拟、提案,也不是由公民直接投票通过的,其民主性还不如早先的魏玛宪法。
[23] See Peter Quint, The Imperfect Union: Constitutional Structure of German Unification, Princeton University Press, 1997.

国的以色列也有类似的例子,1948年以色列建国之初本来组成了制宪会议,但是宪法中的政教冲突无法得到解决。当时的宗教势力相当强大,他们渴望新国家以宗教法作为立国之本,而不赞成政教分离的世俗主义原则。立宪必然涉及政教关系的处理,如果处理不当则可能会对新成立的犹太共同体造成无可挽回的伤害。在这样的困境下,制宪会议不得不改组为第一届议会,成为以色列立法机关,并通过制定基本法和一系列相关法律替代了宪法典。[24] 民初制宪的根本冲突在于总统袁世凯希望能够有职有权,最好能集权于总统;国会则希望最大限度的限制乃至架空袁世凯的权力,国会(议院的多数)与袁世凯(掌握军队的多数)在政体的根本原则上达不成妥协。在达不成共识的情况下,国会守成《临时约法》其实是较好的选择,制宪意味着太多的不确定与风险。但民初制宪者们由"刚毅"而"刚愎",将老袁拒之门外、由国会单边制宪,最终不仅未能毕其功于制宪,连《临时约法》的现状也维持不住,随之相继而来的是帝制独裁与军阀政权。

在军人统治之下,士兵成为"军阀唯一的选民",但其军事的胜利并不能带来有效的政体与稳定的文官政府,"中国的政治斗争进一步军事化",宪法本身变得可有可无。[25] 而民初所谓护法运动,护的正是那部不完美的《临时约法》。更反讽的是,当1923年正式的"完美"的宪法真的颁布了,反倒没人要"护法"了:"民国十三年以前,中国政治问题表面上所争的,只是一个'法'字。自所谓法统恢复后,那些坐在法统椅子上的先生们演出卖身的活剧,制成一部'遮羞的宪法'。从此没有人理会这个'法'字了。"[26]在民国宪法史上,与制宪者的热情相对,也有一种冷静的声音——"制宪不如守法",只是后者通常比较小声罢了。

---

[24] See Vicki C. Jackson & Mark Tushnet, Comparative Constitutional Law, 2nd ed., New York: Foundation, 2006, pp.312-320.
[25] 参见[美]费正清编:《剑桥中华民国史》(上卷),杨品泉等译,中国社会科学出版社1994年版,第248页、第310—312页。
[26] 李剑农:《中国近百年政治史》,武汉大学出版社2006年版,第537页。

立宪者毛泽东的人民民主专政理论

刘山鹰*

一、毛泽东关于人民民主专政的论述

毛泽东在其晚年回顾自己的一生时说:

> 中国有句古话叫"盖棺定论",我虽未"盖棺"也快了,总可以定论吧!我一生干了两件事:一是与蒋介石斗了那么几十年,把他赶到那么几个海岛上去了;抗战八年,把日本人请回老家去了。对这些事持异议的人不多,只有那么几个人,在我耳边叽叽喳喳,无非是让我及早收回那几个海岛罢了。另一件事你们都知道,就是发动"文化大革命"。这事拥护的人不多,反对的人不少。[1]

如果用人民民主专政(社会主义改造完成后演变为无产阶级专政)来贯串毛泽东的一生,来总结毛泽东对自己的"盖棺定论",那么,毛泽东干的第一件事,就是建立了人民民主专政的中华人民共和国;毛泽东干的第二件事,是按照其"无产阶级专政下继续革命"的理论,发动了"文化大革命"。

---

* 刘山鹰,中国社会科学院政治学研究所副研究员,法学博士。本文原载《华东政法大学学报》2011年第1期(总第74期),第135—145页。
[1] 中共中央文献研究室编:《毛泽东传(1949—1976)(下)》,中央文献出版社2003版,第1781、1782页。

毛泽东用《论人民民主专政》一文总结了中国的新民主主义革命,总结了自己前半生的奋斗。他又用"无产阶级专政下继续革命"总结了新中国28年的政治发展,标示了自己后半生的政治追求。

《论人民民主专政》是新中国的建国纲领,人民民主专政(无产阶级专政)是新中国意识形态的重要内容,由于这一重要地位,人民民主专政(无产阶级专政)被写入每一部新中国的宪法,具有最高的效力。本文主要探讨毛泽东关于人民民主专政国体的思考和设计。

可是,不管是从政治学的研究角度还是从宪法解释的研究角度,稍加深究,就会发现这里面存在一些尚待澄清的疑问。比如,如果人民民主专政真的如1982年《宪法》序言中所述,"实质上即无产阶级专政",那毛泽东在新中国成立前夕撰写的《论人民民主专政》为什么不直接改题目为《论无产阶级专政》,莫非"人民民主专政"是毛泽东在语言上的别出心裁?显然不是。毛泽东在《论人民民主专政》中指出:

> 总结我们的经验,集中到一点,就是工人阶级(经过共产党)领导的以工农联盟为基础的人民民主专政。这个专政必须和国际革命力量团结一致。这就是我们的公式,这就是我们的主要经验,这就是我们的主要纲领。[2]

在这段文字中,毛泽东用"我们的公式"、"我们的主要经验"、"我们的主要纲领"这些严肃的词语来表达"人民民主专政",而且《论人民民主专政》是作为新中国的设计蓝图来写作的。它回顾了中国近现代的革命历程,分析了各种救国方案的失败及其原因,以及各个革命阶级在中国革命进程中的作用,指出只有人民民主专政才是最适合新中国的国家形态。

特别需要提及的是,毛泽东在派薄一波接管平津之前,明确告诫薄一波:"做好城市工作要依靠工人阶级,还要团结好民族资产阶级,跟他们保持长期的统一战

---

[2]《毛泽东选集》(第4卷),人民出版社1991年版,第1480页。

线;现在是人民民主专政,不是搞无产阶级专政。"[3]"人民民主专政≠无产阶级专政",这就是毛泽东最明白无误的告诫。

一方面,毛泽东说"人民民主专政≠无产阶级专政";另一方面,1982年《宪法》则表示人民民主专政"实质上即无产阶级专政",如何理解这两者之间的意思冲突?人民民主专政究竟是、还是不是无产阶级专政?这里面究竟蕴含着怎样的政治思考和政治设计?相对于人民民主专政作为国体的重要地位——位居1982年《宪法》总纲第1条,学术界对于它的研究却是少之又少。

在宪法学研究中,宪法解释是了解宪法准确含义的重要途径,而在宪法解释的方法中,探究立宪者的立宪原意则是首要的方法。人民民主专政理论主要是毛泽东的创造,要想了解人民民主专政的准确含义,就必须了解毛泽东当年是如何思考这个问题的。只有这样,才能解开有关人民民主专政的谜团。

毛泽东关于人民民主专政的思考和论述主要集中在《中国革命与中国共产党》、《新民主主义论》、《论联合政府》、《论人民民主专政》等文章中。毛泽东是站在一个社会主义者的立场上来思考中国新民主主义革命以及革命胜利之后的政治蓝图的。他的思想可以总结为以下七点。

第一,鉴于中国社会殖民地、半殖民地和半封建的社会性质,中国革命应该分两步走。第一步是资产阶级民主主义革命,第二步是社会主义革命。这是性质不同的两个革命过程。"没有一个由共产党领导的新式的资产阶级性质的彻底的民主革命,要想在殖民地半殖民地半封建的废墟上建立起社会主义社会来,那只是完全的空想。"[4]

第二,现阶段的革命性质显然是资产阶级民主主义革命。革命的两重任务就是对外推翻帝国主义压迫的民族革命和对内推翻封建地主压迫的民主革命。这两个任务又是关联在一起的,把民族革命和民主革命分为截然不同的两个革命阶段的观点,是不正确的。抗战胜利后,由于和蒋介石集团的谈判破裂,中国革命的对象增加了官僚资产阶级。1947年10月10日,中国人民解放军发表宣言,提出"打

---

[3] 薄一波:《若干重大决策与事件的回顾(上卷)》,中共中央党校出版社1991年版,第5页。
[4]《毛泽东选集》(第3卷),人民出版社1991年版,第1060页。

倒蒋介石,解放全中国"的口号。[5]

第三,现阶段中国的资产阶级民族民主革命不属于旧的民主主义革命的范畴,而属于新的民主主义革命的范畴,即新民主主义革命。"是新民主主义的人民民主革命,而不同于十月革命那样的社会主义革命。"[6]

第四,新民主主义革命决不是也不能建立中国资产阶级专政的资本主义的社会,而是要建立以中国无产阶级为首的中国各个革命阶级联合专政的新民主主义社会。"是建立一个以劳动者为主体的、人民大众的新民主主义共和国,不是一般地消灭资本主义。"[7]"共产党人……不但不怕资本主义,反而在一定条件下提倡它的发展。""现在的中国……不是多了一个本国的资本主义,相反地,我们的资本主义是太少了。"[8]"只有经过民主主义,才能到达社会主义,这是马克思主义的天经地义。"[9]

第五,中国的资产阶级与俄国的资产阶级不同。中国民族资产阶级有在一定时期中和一定程度上的革命性,"他们是革命的力量之一","是我们的较好的同盟者"。在这里,无产阶级的任务,在于不忽视民族资产阶级的这种革命性,而和他们建立反帝国主义和反官僚军阀政府的统一战线。"对这个阶级的经济地位必须慎重地加以处理,必须在原则上采取一律保护的政策。否则,我们便要在政治上犯错误。"[10]

第六,"我们这个新民主主义制度是在无产阶级的领导之下,在共产党的领导之下建立起来的,但是中国在整个新民主主义制度期间,不可能,因此就不应该是一个阶级专政和一党独占政府机构的制度"。[11]"中国现阶段的历史将形成中国现阶段的制度。在一个长时期中,将产生一个对于我们是完全必要和完全合理同时又区别于俄国制度的特殊形态,即几个民主阶级联盟的新民主主义的国家形态

---

[5]《毛泽东选集》(第4卷),人民出版社1991年版,第1235页。
[6]《毛泽东选集》(第4卷),第1288页。
[7]《毛泽东选集》(第4卷),第1288页。
[8]《毛泽东选集》(第3卷),第1060页。
[9]《毛泽东选集》(第3卷),第1060页。
[10]《毛泽东选集》(第4卷),第1289页。
[11]《毛泽东选集》(第3卷),第1062页。

和政权形态。"[12]"我们主张……建立一个以全国绝对大多数人民为基础而在工人阶级领导之下的统一战线的民主联盟的国家制度,我们把这样的国家制度称之为新民主主义的国家制度。"[13]

第七,"人民是什么？在中国,在现阶段,是工人阶级,农民阶级,城市小资产阶级和民族资产阶级。""中国人民在几十年中积累起来的一切经验,都叫我们实行人民民主专政,或曰人民民主独裁,总之是一样,就是剥夺反动派的发言权,只让人民有发言权。"[14]

如果概括毛泽东在新中国建立以前关于人民民主专政的思想,很明显地呈现出这样的逻辑线条：由于中国社会的殖民地、半殖民地和半封建的性质,中国革命的对象就是外国帝国主义和封建主义。后来由于和蒋介石官僚资本主义的合作破裂,官僚资本主义也成为中国革命的对象。推翻帝国主义、封建主义和官僚资本主义这"三座大山"就是中国革命的任务。由此,革命的性质也就被决定了,是资产阶级的民主主义革命,而不是无产阶级的社会主义革命。

既然中国革命的对象是"三座大山",革命的性质是资产阶级的民主主义革命,那么能够加入到革命队伍中的力量会有哪些呢？或者说革命的动力来源有哪些呢？毛泽东认为,工人阶级、农民阶级、城市小资产阶级是当然的革命力量。"民族资产阶级在现阶段上,有其很大的重要性。……为了对付帝国主义的压迫,为了使落后的经济地位提高一步,中国必须利用一切于国计民生有利而不是有害的城乡资本主义因素,团结民族资产阶级,共同奋斗。"[15]因此,民族资产阶级也是中国革命的动力之一。

为了最广泛地动员这些革命力量参与到反对"三座大山"的民主主义革命中,就必须建立包括上述四个阶级在内的广泛的革命统一战线,共同奋斗。这是共产党"积二十八年的经验"得出的结论。

这个结论和孙中山先生"积四十年之经验"一样,即深知欲达到胜利,"必须唤

---

[12]《毛泽东选集》(第3卷),人民出版社1991年版,第1062页。
[13]《毛泽东选集》(第3卷),第1056页。
[14]《毛泽东选集》(第4卷),第1475页。
[15]《毛泽东选集》(第4卷),第1479页。

起民众,及联合世界上以平等待我之民族,共同奋斗"。[16] 通过革命统一战线的共同奋斗取得民主主义革命的胜利后,将建立一个统一战线的国家政权,即人民民主专政而非无产阶级专政的国家政权,这个政权的政府构成形式就是党派联合政府。由于新民主主义历史阶段的长期性,它的国家性质——中华人民共和国——将长期存在,政府形式——民主联合政府——也将长期存在,所以毛泽东在1949年6月15日新政治协商会议筹备会上高呼:"中华人民共和国万岁","民主联合政府万岁"![17]

二、人民民主专政与无产阶级专政

按照毛泽东的设想,人民民主专政是几个阶级的联合政权,无产阶级专政是无产阶级一个阶级的政权。特别是人民民主专政中的"人民"包含民族资产阶级,虽然它不起决定作用和领导作用;无产阶级专政则是消灭了私有制和民族资产阶级之后无产阶级单独掌握政权。人民民主专政与无产阶级专政最显著的区别在于,人民民主专政以民族资产阶级作为政权的主体阶级之一为前提,无产阶级专政则以在制度上消灭私有制和资本主义为前提。

利用资本主义,联合资产阶级,是中国共产党吸取历史经验的产物。毛泽东在1947年12月中共中央扩大会议上回顾历史:

> 土地革命战争时期,党内机会主义的主要特点是"左",先是表现在城市工作方面,不但把自己孤立了,而且后来在城市简直立也立不住,只好退到农村。……我们没能孤立蒋介石,而是孤立了自己。[18]

所以,革命力量遭受到很大的损失。解放后,邓小平也曾经这样总结:

> 大革命失败之后,我们党出现过三次"左"倾机会主义路线的错误,就是要

---

[16] 参见《毛泽东选集》(第4卷),人民出版社1991年版,第1472页。
[17]《毛泽东选集》(第4卷),人民出版社1991年版,第1467页。
[18] 中共中央文献研究室编:《毛泽东文集》(第4卷),人民出版社1996年版,第330页。

打倒一切。当时主要打击的是资产阶级、资产阶级的知识分子和小资产阶级的政党。这样做的结果,把我们自己孤立起来了。城市里的许多人,包括知识分子和青年人,在很长一段时间内脱离我们。工人运动也搞不起来,那时不区别对象,就是罢工,而且条件提得很高,结果工人运动也垮了。我们在城市中的力量一步步地丧失,一直到最后差不多搞光了。[19]

利用资本主义,联合资产阶级,在新民主主义阶段具有其历史的必然性和合理性。解放战争后期,共产党进城后,面临着工作重心从农村转移到城市的问题。1949年4月7日,毛泽东在给邓小平、饶漱石、陈毅的电报中指示:

我们认为,接受及管理上海如果没有自由资产阶级的帮助,可能发生很大的困难,很难对付帝国主义、官僚资本及国民党的强大的联合势力,很难使这些敌对势力处于孤立。[20]

是否联合资产阶级,决定着共产党是否能够在城市中立足。另外还有一个原因是,需要资本主义的工商业去解决农民的惜售问题。中国的工业化必须依赖于农民的积累。土改之后,农民成了土地的所有者,如果农民惜售,国家就不可能取得农民的粮食。怎么办呢?

同资产阶级的联盟有什么好处呢?我们可以得到更多的工业品来换得农产品。……我们现在搞一个同资产阶级的联盟,暂时不没收资本主义企业,对它采取利用、限制、改造的方法,也就是为了搞到更多的工业品去满足农民的需要,以便改变农民对于粮食甚至一些别的工业原料的惜售行为。这是利用同资产阶级的联盟,来克服农民的惜售。[21]

---

[19] 中共中央统一战线工作部编:《邓小平论统一战线》,中央文献出版社1991年版,第117、118页。
[20] 中共中央文献研究室编:《毛泽东文集》(第5卷),第274页。
[21]《毛泽东选集》(第5卷),人民出版社1991年版,第197页。

按照毛泽东的设想,无产阶级专政即意味着私有制和资产阶级的消灭。是否允许私有制和资产阶级的存在是人民民主专政和无产阶级专政的重要区别。其显著表现就是在政府机构的组成上有资产阶级政党及其代表人物的位置。

三、"人民民主专政实质上即无产阶级专政"之确切含义

要想了解这个问题,必须了解"人民民主专政实质上即无产阶级专政"最早的出处。新中国成立前,毛泽东曾经提到人民民主专政实质上是无产阶级专政。1949年2月毛泽东在会见来访的苏联领导人米高扬时说:

> 这个政权的性质简括地讲就是:在工农联盟基础上的人民民主专政,而究其实质就是无产阶级专政。不过对我们这个国家来说,称为人民民主专政更为合适,更为合情合理。关于政府的组成和它的成员问题,我们认为,它必须是个联合政府,名义上不这样叫,而实际上必须是联合的,有各党各派、社会知名人士参加的民主联合政府。[22]

第二次跟苏联解释这个问题是1949年7月刘少奇率团访问苏联,在写给斯大林的报告中,刘少奇"特别阐述了关于中国新民主主义的国家性质与政权性质":

> 它是以无产阶级为领导,以工农联盟为基础的人民民主专政的国家。工人阶级是这个专政的领导力量,工人、农民与革命知识分子的联盟,是这个专政的基础力量,同时,团结尽可能多的能够和我们合作的资产阶级与民族资产阶级及其代表人物和政治派别参加这个专政。中国的人民民主专政,与列宁在1905—1907年革命中所提出的"工农民主专政"有其共同点,也有区别点。以无产阶级为领导,工农联盟为基础,这是共同点,也有区别点,中国人民民主专政包括愿意反对帝国主义、封建主义与官僚资本主义的民族资产阶级的代

---

[22] 师哲回忆、李海文整理:《在历史巨人身边——师哲回忆录(修订本)》,中央文献出版社1995年版,第376页。

表和派别在内,这是区别点。[23]

龚育之先生在谈到刘少奇的这份报告时说:

> 人民民主专政把联合愿意反对帝国主义、封建主义和官僚资本主义的民族资产阶级的代表及其政党作为自己的基本的规定性,在这一点上,它不同于工农民主专政;人民民主专政以工人阶级为领导,以工农联盟为基础,以社会主义为前途,这一点,不因联合民族资产阶级和民主党派而改变,就这一点而言,它同工农民主专政实质上又是相同的。[24]

毛泽东在给米高扬说明两者"实质"上相同时,又指出人民民主专政"更为合适,更为合情合理"。换句话说,如果是搞无产阶级专政,则不那么"合适",不那么"合情合理"。接着毛泽东又说,"必须是个联合政府","必须是联合的",也就是说非此不可。既然实质上是一样的,那为什么又"必须"、非此不可地搞什么联合政府呢? 为什么不是搞无产阶级一个阶级的专政,不是搞共产党的一党政府呢?

对于任何重大的政治观点,只有把它放到当时的具体历史背景中去考察,才能了解其准确含义。其实,只要我们具体分析一下当时的语境和历史背景,就会发现,毛泽东实际上更多强调的是两者的不同,强调"必须是联合的"。中国人说话的一个习惯是,即便自己的观点跟别人不同,也不首当其冲表明自己的不同观点,而是先附和别人的说法,然后再表达自己的不同意见。这是其一。另一个原因是,当时的世界格局明显地分为美国和苏联两大阵营。新中国即将成立,是站在美国一边,加入美国为首的阵营,还是站在苏联一边,加入苏联为首的阵营,毛泽东必须做出选择。毛泽东觉得无法做一只蝙蝠,跟飞禽阵营说自己有翅膀,属于飞禽,转身又跑到走兽阵营说自己有脚,属于走兽。所以做出了"一边倒"外交决策,决定加入苏联为首的阵营。要想加入到这个阵营,寻找与该阵营的共同点就成为一项必不

---

[23] 师哲回忆、李海文整理:《在历史巨人身边——师哲回忆录(修订本)》,中央文献出版社1995年版,第400页。
[24] 参见龚育之:《党史札记》,浙江人民出版社2002年版,第63页。

可少的工作。所以,在理论上扩大人民民主专政与无产阶级专政的共同点,寻求苏联的帮助,就似乎是势所必然的事情。

这里面很可能有一种政治策略上的考虑。这样的策略考虑已经不是第一次。在抗日战争时期,毛泽东为了寻找美国政府的支持,也曾做过类似的工作。1944年7月4日《解放日报》在庆祝美国独立日的社论中宣称:

> 美国的民主已经有了它的同伴……这就是中国共产党和其他民主势力,我们共产党人现在所进行的工作仍是华盛顿、杰斐逊、林肯等早已在美国进行了的工作,它一定会得到而且已经得到民主的美国的同情……

毛泽东还亲自写信给罗斯福总统,希望到美国去见他。这样把历史前后联系起来,毛泽东对米高扬说人民民主专政"究其实质"是无产阶级专政,但同时又强调"必须是联合的",其准确含义究竟是什么,就不难理解了。

龚育之先生所借以论证人民民主专政与工农民主专政"实质上又是相同的"的那段刘少奇给斯大林的报告,其中并没有明确指出两者"实质上相同",龚育之先生的论述是依据刘少奇报告所作的推论,显然受到了毛泽东与米高扬谈话的字面意思的影响。如果把刘少奇访苏会见斯大林的目的弄清楚,龚育之先生的论述就颇可商榷。师哲在其回忆录中指出,刘少奇访苏的主要任务:

> 最迫切、最关键的问题是要取得苏联对我国革命的理解以及在各方面的支持和援助,尤其是通过他们争取国际间对中国革命在政治上、道义上的同情和声援,这是中苏两党间第一次进行的高级会谈,意义重大。[25]

这样就更明显了。要想站到同一个阵营中,获得别人的理解、支持和援助,获得同情和声援,在最基本的策略上,是强调双方的共同点多呢,还是突出其差异呢?

---

[25] 师哲回忆、李海文整理:《在历史巨人身边——师哲回忆录(修订本)》,中央文献出版社1995年版,第395页。

答案不言自明。

明白了这点,就能明白为什么毛泽东在《论人民民主专政》这篇关于新中国国体的文章中,将人民民主专政与"必须和国际革命力量团结一致"并列,称之为"这就是我们的公式,这就是我们的主要经验,这就是我们的主要纲领"了。[26] 严格来讲,国体讲的是一个国家的性质,人民民主专政讲的是新中国的国体,跟"和国际革命力量团结一致"并无必然的联系。它只是从一个方面说明了苏联当时对于中国的极端重要性,所以毛泽东不惜在这篇文章的最后一段着重指出:"苏联共产党就是我们最好的先生,我们必须向他们学习。"[27]

通过以上分析,就容易理解就在与毛泽东会见米高扬、刘少奇访苏会见斯大林,就人民民主专政向苏联做出解释争取同情和理解的相同时间段,毛泽东向薄一波指出"现在是人民民主专政,不是无产阶级专政"的更为全面的含义了。

另一个可以说明毛泽东真正想法的论述是毛泽东在《新民主主义论》中对共和国的分类:

> 全世界多种多样的国家体制中,按其政权的阶级性质来划分,基本地不外乎这三种:(甲)资产阶级专政的共和国;(乙)无产阶级专政的共和国;(丙)几个革命阶级联合专政的共和国。[28]

这个分类很明确地将几个革命阶级联合专政的共和国与资产阶级共和国和无产阶级共和国区分开来。在这里,几个革命阶级联合专政的共和国与无产阶级专政共和国的区别,完全是与跟资产阶级专政共和国的区别相并列的。而人民民主专政恰恰是属于"几个革命阶级联合专政的共和国"。

国外有学者则认为,毛泽东的人民民主专政思想,是马克思主义无产阶级专政学说的异端。戴维·麦克莱伦说:

---

[26]《毛泽东选集》(第4卷),人民出版社1991年版,第1480页。
[27]《毛泽东选集》(第4卷),第1481页。
[28]《毛泽东选集》(第2卷),第675页。

毛超出列宁关于专政只是一个革命阶级的专政的论断,他想强调的是中国人民作为一个整体的革命性质。强调革命的资产阶级性质使那些对于社会主义缺乏热情的农民感到满意。当他想到无产阶级时,他的真正意思是代表"尚缺的"工人阶级的中国共产党。向社会主义的迅速过渡和一九四九年以后中国发展以无产阶级专政为中心的性质都是毛当时思想中所没有的。[29]

而在已经实现无产阶级专政的苏联,曾担任苏联科学院远东研究所所长的米·伊·斯拉德科夫斯基认为:

> 毛泽东……在中共第七次代表大会上已经不再把他宣布的新民主主义制度限定在战争时期。他再一次重复自己的主张,即无产阶级专政不符合中国的国情。……毛泽东实际上勾销了马列主义关于社会主义过渡时期的论题,反对无产阶级专政这一过渡时期历史上必然的制度。毛泽东无论如何也不愿意把新民主主义制度算作无产阶级专政的形式之一,认为这一制度与无产阶级专政的政治制度有原则上的不同。[30]

国外的学者说人民民主专政是无产阶级专政学说的异端,大陆的学者说人民民主专政是对无产阶级专政学说的创新,这是因为不同的学者站在不同的角度看待问题。事实上,严格地讲,在当时的历史条件下,中国不可能实行无产阶级专政,无产阶级专政也并非毛泽东当时迫在眉睫的追求。

前面已经引述,毛泽东主张"建立一个以全国绝大多数人民为基础而在工人阶级领导之下的统一战线的民主联盟的国家制度,我们把这样的国家制度称之为新民主主义的国家制度"。"以全国绝大多数人民为基础"一直是毛泽东的理想,在这个政治追求上,孙中山的主张对毛泽东影响颇深。在《论联合政府》和《论人民民主专政》中,毛泽东都引用了孙中山在《中国国民党第一次全国代表大会宣言》的主张:

---

[29] 李君如:《毛泽东与当代中国》,福建人民出版社1991年版,第173页。
[30] [苏联]米·伊·斯拉德科夫斯基:《中国:历史、经济、意识形态的基本问题》,中共中央对外联络部苏联研究所1980年10月,第91、92页。

> 近世各国所谓民权制度，往往为资产阶级所专有，适成为压迫平民之工具。若国民党之民权主义，则为一般平民所共有，非少数人所得而私也。

在此基础上，毛泽东进一步指出：

> 除了谁领导谁这一个问题以外，当做一般的政治纲领来说，这里所说的民权主义，是和我们所说的人民民主主义或新民主主义相符合的。只许为一般平民所共有，不许为资产阶级所私有的国家制度，如果加上工人阶级的领导，就是人民民主专政的国家制度。[31]

毛泽东和孙中山追求的都是一个多数人的国家制度，而不是少数人的国家制度。而在当时的中国，如果刻意追求所谓的无产阶级专政，那将会是一个极少数人的政权。那不是与毛泽东追求多数人的政权的目标背道而驰吗？据毛泽东估计，中国当时的现代工商业在国民经济中的比重不足百分之十，相应的工人阶级占全国人口中的比重也大致差不多。建立一个无产阶级专政的国家，就是建立一个大约百分之十人数的国家政权，是一个极少数人的政权。毛泽东想要的政权不是这样的，而是在排除了"反动派"以外的所有"人民"的、绝大多数人的政权，是一个"为一般平民所共有"而不仅仅是无产阶级这一个"平民"群体所独有的政权。与此相适应的，是提出了无产阶级（通过共产党）在这个联合政权中的领导权。

事实上，中国共产党在土地革命战争时期之所以遭受失败，城市工作的阵地几乎全部消失殆尽，很大程度上，恰恰是因为这个时期的革命不合时宜地追求所谓纯而又纯的、"打倒一切"的"工农民主专政"的失败。它虽然打击了民族资产阶级，却也打到了自己。正如毛泽东所说："我们没能孤立蒋介石，而是孤立了自己。"

一个包括了民族资产阶级在内的绝大多数人的政权——人民民主专政，与一个在当时历史条件下极少数人的政权——无产阶级专政，在"实质上"怎么可能是一样的呢？所以，在新中国成立以前，毛泽东除了在会见米高扬那个特定的历史时

---

[31]《毛泽东选集》（第4卷），人民出版社1991年版，第1477、1478页。

刻说过人民民主专政"实质"上即无产阶级专政以外,再没有对这个问题的论述。

但是,在约定俗成的意义上,"人民民主专政实质上即无产阶级专政"这个说法是成立的。那么,"约定俗成的意义上"这几个字的内涵包括以下内容:其一,两者都是以共产党为领导;其二,两者都是以工农联盟为基础;其三,两者都以社会主义为前途。[32] 这些约定俗成的内涵从何而来呢?

据龚育之先生的考证,新中国成立后不久,1950年1月,中宣部在一次党内通报中指出:人民民主专政实质上就是工农民主专政,这种说法是正确的。所谓实际上是,应该理解为基本上是,或者主要地是,而又并不等于,即不完全是。同时,通报要求不要公开宣传这个观点,因为容易引起一知半解的人们的误解和曲解,不利于人民民主统一战线工作。[33] 这是共产党内部文件第一次正式说明人民民主专政实质上就是工农民主专政,但是仍然没有说明这个"实质"究竟是什么。关于人民民主专政实质即无产阶级专政的问题,在当时就曾引起过讨论。

1953年12月19日,中共中央专门为此发布《关于目前政权性质问题的指示》指出:

> 人民民主专政和无产阶级专政本无实质上的区别。省级以上的高级干部了解这个问题是必要的,但对于一般干部这样解释和宣传却是不适宜的……现在政权的统一战线组成并没有妨碍共产党和工人阶级的领导,相反地是有利于这一领导的……[34]

在这里,间接点明了"实质"就是共产党领导。紧接着,该指示还指出:

> 毛泽东同志在《新民主主义论》和《论人民民主专政》两书中都已明确说明我们的政权是无产阶级领导下的各革命阶级的联合专政,是工人阶级(经过共

---

[32] 参见龚育之:《党史札记》,浙江人民出版社2002年版,第63页。
[33] 参见龚育之:《党史札记》,浙江人民出版社2002年版,第64页。
[34] 中共中央文献研究室编:《建国以来重要文献选编》(第4册),中央文献出版社1993年版,第682页。

产党)领导的以工农联盟为基础的人民民主专政,这个说明对于中国工人阶级在目前和今后一个时期中的领导地位是适合的……因此,各地领导机关应注意控制这一问题的宣传,停止在广泛的干部中关于人民民主专政实质上就是无产阶级专政,(及实质上由共产党一个党决定纲领政策和计划)的宣传和讨论,如已宣布过的应予停止,并说明理由。[35]

如果从理论上严格推敲,以共产党领导来论述人民民主专政与无产阶级专政实质相同,在逻辑上是不严谨的。新民主主义革命与社会主义革命都是共产党领导的,但不能说新民主主义革命与社会主义革命"实质上"是相同的。实质就是本质。毛泽东在《矛盾论》中指出,"任何运动形式,其内部都包含着本身特殊的矛盾。这种特殊的矛盾,就构成一事物区别于他事物的特殊的本质"。[36] 一场革命的性质是由其革命的特殊的任务决定的,而不是由谁领导来决定的。共产党领导了本应该由资产阶级领导的中国的民主主义革命,但不能因此说这场革命由于是共产党领导的,它的性质就变成了社会主义革命,它仍然是资产阶级民主主义性质的革命。同样道理,人民民主专政与无产阶级专政的历史任务是不同的,各有其特定的任务,不能够因为两者都是由共产党领导的而得出在"实质上"是相同的结论。

因此,人民民主专政实质上即无产阶级专政,其中的"实质上即"的含义,只有从"共产党领导"这个特定意义上理解,才是准确的。

政治是尊重现实的,并不会因为理论上的逻辑不严谨而削足适履,它会照着自己的逻辑发展。中国共产党在中国政治发展中所起的领导作用,随着时间的延续,逐渐从党内的通报,演变成社会普遍接受的政治现实,人民民主专政实质上即无产阶级专政这样的表述也因此上升为宪法性的国家意志。

四、如何民主,如何专政

前文已述,毛泽东的民主观是追求"一般平民"所拥有的绝大多数人的民主。

---

[35] 中共中央文献研究室编:《建国以来重要文献选编》(第4册),中央文献出版社1993年版,第683页。
[36] 《毛泽东选集》(第1卷),人民出版社1991年版,第308、309页。

这样的追求是建立在对资产阶级民主实质上不过是少数人民主的认识之上的。这个观点不管是受孙中山的影响,还是毛泽东本人得出了和孙中山相同的结论,都是非常可贵的。这样一个多数人的人民民主该如何民主,专政该如何专政呢?毛泽东的回答是:对人民内部的民主方面和对反动派的专政方面,互相结合起来,就是人民民主专政。[37] 可见毛泽东的人民民主观是政权所有论和民主方法论的统一。

不过,毛泽东的人民民主观有一个内在的衔接机制中断——共产党领导和人民民主之间缺乏一个机制桥梁。人民民主专政一方面强调共产党的领导,另一方面强调人民的民主权力,人民行使权力的机构是各级人民代表大会。人民通过各级人民代表大会行使的权力,特别是监督权力,从制度安排和法律规范上,直接针对的是政府,这是一种机制性、法律性的硬约束。但是,在人民民主专政理论的框架下,共产党领导在实际政治生活中所起的作用远远大于政府,政府的作用相对于党的领导地位是弱势的,人民民主的硬约束所能约束的是相对弱势的政府,而不是相对强势的共产党。在实际的政治运行中,以党代政、党政不分成为政治运行的常态。"文化大革命"中造反派"踢开党委闹革命"而不是"踢开政府闹革命",生动地说明了共产党和政府之间的强弱关系,或者说党对政府的替代关系。因为在人们的心目中,党就是政府,或者政府就是党,两者是混同的。

对人民的民主与对敌人的专政的结合,就是人民民主专政,这是毛泽东的创造。毛泽东在掌握了马克思主义的阶级分析方法之后,把这个方法用于分析中国的阶级状况,并在此基础上,发展出用敌我分析法来分清敌我。继而又在此基础上,提出、完善和发展了共产党的三大法宝之一——统一战线,对中国革命取得胜利起了巨大的作用。可是,在人民民主专政中,在这种敌我分析中,由谁来对人民民主,由谁来对敌人专政,毛泽东没有作出明确的回答。另外,如何对人民民主,如何对敌人专政,毛泽东的阐述也是非常粗线条的。特别是在当今这个社会阶层关系发生巨大变化的时代,谁是人民?谁是敌人?这是人民民主专政理论面临的新问题。

---

[37]《毛泽东选集》(第4卷),人民出版社1991年版,第1475页。

彭真与宪法监督

刘松山*

1982年《宪法》确立了全国人大及其常委会监督宪法实施的制度。但是,宪法实施的近三十年来,理论和实践中对这一制度的批评持续不断,各种新的设想更是层出不穷。笔者认为,评判中国现行的宪法监督制度,构想宪法监督的未来,特别需要持有一种历史分析的态度和方法。1982年《宪法》是由彭真主持制定的,宪法监督制度的确立当然也是他深思熟虑的结果。《宪法》制定后,彭真又于1983年至1987年任六届全国人大常委会委员长,直接主持全国人大常委会监督宪法的实施。所以,彭真对宪法监督的设计、观点以及他致力于宪法监督的活动,集中代表、反映了我国宪法监督制度确立的背景和实施进程。彭真是我国法制建设的主要奠基人,回顾、分析他对宪法监督的态度和做法,具有鉴往知来的意义。

一、以务实的态度清醒对待宪法监督问题

1982年11月26日,彭真在五届全国人大第五次会议上作关于宪法修改草案的报告时强调:"中国人民和中国共产党都已经深知,宪法的权威关系到政治的安定和国家的命运,决不容许对宪法根基的任何损害。"[1]但是,彭真对我国宪法监督制度的设立与运行所持的态度,又始终是务实的、清醒的、理性的。

---

* 刘松山,华东政法大学教授、博士生导师,法学博士。本文原载《华东政法大学学报》2011年第5期(总第78期),第137—152页。
[1] 彭真:《论新时期的社会主义民主与法制建设》,中央文献出版社1989年版,第171页。

(一) 主张从国情出发建立宪法监督制度

1982年《宪法》制定时,一种倾向性的意见是,要求设立类似宪法委员会或者宪法法院的专门机构来监督宪法的实施。彭真也慎重考虑过这一设想,但最终,在他与邓小平、胡耀邦等中央领导人的商定下,宪法还是确立了由全国人大及其常委会监督宪法实施的制度。[2] 为什么呢?根本原因是基于我们的国情。

1982年12月3日,彭真安排胡绳并与胡绳一起到五届全国人大第五次会议的主席团会议上,对宪法修改的诸多问题做说明。[3] 在这个说明中,他们针对性地阐述了我国宪法监督制度的三个主要国情背景。

第一,人民代表大会制度的政治体制,决定了除全国人大和它的常委会之外,没有一个更权威的机关来监督宪法的实施。彭真说,宪法规定了全国人民代表大会是最高国家权力机关,全国人大常委会、国家主席、国务院、中央军委、最高人民法院和最高人民检察院,都由它产生,受它监督。全国人大一年只能开一次会,所以要加强全国人大常委会的职权。这样,全国人大和它的常委会都应当有监督宪法实施的职权。在人民代表大会制度的体制下,"恐怕很难设想再搞一个比人大常委会权力更高、威望更高的组织来管这件事。"[4]

第二,在中国的实际情况下,即使发生了违宪问题,也不是靠一个专门机构就能解决的。针对当时要求设立专门机构的意见,彭真反问道:"是不是搞一个有权威的机构来监督宪法的实施?"他随即举了"文化大革命"的例子来回答:"大家所想的,实际就是'文化大革命'把五四年的宪法扔到一边去了。实际上,在当时无论你搞一个什么样的组织,能不能解决这个问题呢?不见得。"[5] 彭真的意思很明确,"文化大革命"中,五四宪法虽然没有被废止,但是,在那样的环境中,发生那样一场违宪的动乱,甚至国家主席不经宪法程序就被打倒了,并不是搞一个什么专门机构就能解决违宪问题的。

第三,指望通过一个专门机构来解决所有违宪问题,也不现实。根据彭真的安

---

[2] 参见刘松山:《1981年:胎动而未形的宪法委员会设计》,载《政法论坛》2010年第5期。
[3] 也许由于这个说明是由胡绳的汇报和彭真的讲话要点交叉组成的,不是彭真单独的讲话,其内容就一直没有收入彭真公开出版的著作中。
[4] 1982年宪法修改档案。
[5] 1982年宪法修改档案。

排和嘱意,胡绳说,法国、意大利等国类似宪法委员会的机构,它们监督的任务是有限的,而我国由全国人大及其常委会监督宪法实施,"这样一套制度实际上已经起了某些国家宪法法院、宪法委员会的作用。"[6]"可是如果整个国家宪法的每一个条文,从每一件国家大事以至到每一个公民的自由权利都由一个专门的机构来保证,这是不可能的。"[7]

(二)政治体制改革未到位前还谈不上全面开展宪法监督

回顾20世纪80年代初、中期我国法制建设的历史可以发现,那时候,人大工作很活跃,人们对民主法制建设的热情和期望也很高,但人大工作并没有全面开展起来。拿全国人大及其常委会来说,开展的主要工作还是立法,而宪法和法律制定后面临的突出问题是,实施和监督不到位。到了1984年、1985年的时候,这个问题日益凸显。地方人大常委会和全国人大常委会的组成人员普遍提出,全国人大常委会对宪法和法律实施的监督工作做得不够,要求加强这项工作。彭真很重视这些批评和意见。他在1985年3月26日六届全国人大三次会议预备会议上开头就说,"这个意见提得好,已经吸收进常委会的工作报告"。[8] 这年的11月24日,彭真在各省、自治区、直辖市人大常委会负责人座谈会上讲话时又说:"从上次代表大会到现在,大家很强调人大常委会要搞好监督。这的确是一个重要问题。"到了1986年9月6日,彭真在各省、自治区、直辖市人大常委会负责人工作会议上讲话,谈到人大的监督工作时,还说了这样接受批评的话:"这个工作我们过去做得不够,有的同志批评说,人大定了那么多法,执行没执行没有好好管,这个批评我们接受。"[9]

是全国人大常委会疏于或者不愿意开展监督工作吗?或者是担任委员长的彭真没有专注于这项工作吗?当然不是。彭真熟谙民主法制的基本规律,又雄心勃勃地推进民主法制建设,他何尝不深知监督是权力机关的生命力所在,何尝不想加强监督,特别是加强宪法实施的监督呢。但彭真认识得更深的是,人大的监督问题

---

[6] 1982年宪法修改档案。
[7] 1982年宪法修改档案。
[8] 彭真:《论新时期的社会主义民主与法制建设》,中央文献出版社1989年版,第269页。
[9] 彭真:《论新时期的社会主义民主与法制建设》,中央文献出版社1989年版,第334页。

从根本上说,是一个涉及政治体制改革的问题,人大监督的进程实际上取决于政治体制改革的进程,而全国人大及其常委会对宪法实施的监督就更是如此了。

值得注意的是,彭真对政治体制改革与宪法监督包括整个人大监督的关系的阐述,并不是一次挑明的,而是经过了一个逐步点明的过程。还是在前述1982年12月3日的全国人大主席团会议上,彭真在强调由全国人大及其常委会"行使监督宪法实施的权力比较适宜"的同时,还说了一句耐人寻味的话:"当然,随着情况的发展,是不是还可以搞一些具体的规定,那要等将来再说。"[10]这里的"随着情况的发展",是指随着什么"情况"的发展呢?1982年的时候,政治体制改革已经提上议事日程,这个"情况"实际就是政治体制改革的情况。

在前述1985年3月的六届全国人大第三次会议预备会议上,为回应常委会委员们对加强监督的强烈要求,彭真讲的第一个问题就是监督。但是,他没有对人大及其常委会不能有效行使监督权的原因进行分析,而是着重从十分广泛的意义上对监督的主体予以分类。在讲到全国人大及其常委会对法律实施的监督时,他说,这"主要是监督宪法的实施,包括履行宪法规定的职权",但如何具体地监督宪法的实施呢?彭真只是说,"任何机关、任何地方如果做出同宪法相抵触的决议、决定,全国人大和它的常委会有权力、有责任予以撤销"。[11] 这里,彭真没有对全国人大及其常委会撤销有关违宪的决议、决定的具体措施和程序予以展开,更没有对宪法监督的其他内容予以展开。

到了1985年11月24日,在各省、自治区、直辖市人大常委会负责人座谈会上,彭真又将监督作为一个重要问题提出来。但是,与半年前在人大预备会议上不讲人大常委会不能有效行使监督权的原因不同,这次,彭真话锋一转即说:"现在,经济体制改革正在全面、深入展开。一切不适合、不利于社会生产力发展的生产关系和上层建筑的环节、规章制度、管理方法等,都要改革。""在这种情况下,要求人大监督的空气很浓。"[12]彭真所说的"生产关系和上层建筑的环节、规章制度和管理方法等"是什么呢?实际就是政治体制,但他没有点明。在讲完这个意思后,彭

---

[10] 1982年宪法修改档案。
[11] 彭真:《论新时期的社会主义民主与法制建设》,中央文献出版社1989年版,第270页。
[12] 彭真:《论新时期的社会主义民主与法制建设》,中央文献出版社1989年版,第294页。

真又从很广泛的意义上对监督的范围做了分类,最后才强调说,全国人大常委会要在《宪法》第67条规定的职权范围内进行监督,其法律监督主要是监督宪法的实施。但是,和在半年前的人大预备会议上一样,彭真仍然没有对监督宪法实施的具体问题予以展开。可见,他对宪法监督问题所持的态度是十分慎重的。

而到了1986年9月6日,在各省、自治区、直辖市人大常委会负责人工作会议上,彭真则明确提出了宪法监督取决于政治体制改革的问题。这是一次人大工作的重要会议。召开这次会议有一个大背景,就是1985年9月初,胡耀邦和胡启立先后批示,要由中央发一个加强人大工作的文件。根据这个要求,全国人大常委会办公厅在1986年两次组织起草文件,但大家对稿子不满意,未搞出来。[13]

为什么没有搞出一个大家满意的稿子呢?关键是人大工作的开展涉及许多重大的政治体制问题,而监督工作当然首当其冲。所以,在9月6日的这个会议上,彭真直接点破了人大工作与政治体制改革的关系。他开门见山地说:"我们不但要全面进行经济体制改革,还要进行政治体制改革。政治体制改革牵涉到的就多了,牵涉到党如何领导,牵涉到中央和地方的关系,牵涉到人大和政府。"[14]他进一步说:"党的领导体制包括在政治体制里面……而生产力发展了,生产关系要适应生产力的发展,上层建筑也要改革,党的领导当然也要改善。这个问题不解决,要全面讨论人大的问题,条件还不具备。"[15]彭真所说的"这个问题不解决"中的"问题",就是政治体制改革,特别是"党的领导也要改善"这个问题。而人大及其常委会的宪法监督问题,就是如彭真上面所说的,是涉及党的领导,涉及中央和地方关系,涉及人大和政府关系的重大和复杂的政治体制问题(当然,最根本的还是党的领导问题),只有解决了这个问题,才具备全面讨论宪法监督的条件。

彭真关于宪法监督取决于政治体制改革的认识,到了1988年3月31日,才由陈丕显副委员长在七届全国人大第一次会议上明确提出。在这次会议上,彭真委托陈丕显做六届全国人大常委会五年来的工作报告。根据彭真的意见,这个报告说,六届全国人大常委会在行使监督权方面所做的工作,"距离宪法的规定、人民的

---

[13] 参见刘政:《胡耀邦关于人大工作的一个批示》,载《中国人大》2005年第20期。
[14] 彭真:《论新时期的社会主义民主与法制建设》,中央文献出版社1989年版,第332页。
[15] 彭真:《论新时期的社会主义民主与法制建设》,中央文献出版社1989年版,第333页。

期望以及政治体制改革和经济体制改革的要求还有相当大的差距","要从政治体制改革和建设社会主义民主政治的高度,进一步提高对人大监督工作的认识。""监督问题的根本解决,则有待于政治体制改革的深化。"[16]这里虽然总体上说的是人大的监督问题,但宪法监督无疑是人大监督工作之牛耳。彭真主持起草的这个报告也是国家最高权力机关首次以正式文件的形式揭示宪法监督与政治体制改革的关系,而此后迄今的各类文件中鲜有这一提法了。

(三)宪法的真正实施和监督需要一个长期的过程

全国人大常委会法工委原副主任张春生先生在一篇文章中有这样一段回忆:"1985年底,在一次全国人大常委会召集的《民法通则(草案)》研讨会上,一位我所敬仰的老一辈革命家在讲到法治建设的不易时,很有感慨地说了一句话:'我这辈子看不到中国成为一个法治社会。'他又问在座其他几位老同志能否看到,回答是众口一词,都说看不到。"[17]张春生先生所说的"一位我所敬仰的老一辈革命家"就是彭真。彭真对中国法治建设需要漫长阶段的这一带有悲观色彩的话,没有出现在他公开出版的著作中,但类似的话在其著作中多次出现。仅在1985年的2至7月间,彭真在公开的讲话中就四次提出了这一观点,并突出地强调了宪法实施与监督的长期性和艰巨性。

1985年2月3日,彭真在对浙江省人大常委会组成人员谈立法工作时,专门讲了宪法实施问题:"大家关心宪法的实施,这的确是个重要问题。"但彭真话锋一转又说:"全国十亿人都按宪法办事,要有一个过程。"[18]为什么说要有一个过程呢?因为"我们国家几千年来,皇帝说的就是法律,朕即国家,皇帝的话就是金口玉言。"而新中国成立以后,"在很长一段时间里,我们对待法制的重要性认识不足。结果,来了一个'文化大革命',这下可不妙了。"彭真接着说,党的十一届三中全会才提出民主法制建设的问题,"从那时到现在,刚刚六年。我们国家立了这么多法,我看进步不算慢。大家逐步养成依法办事的习惯,也进步得不算慢。"但他还是说:"这要有一个比较长的过程,决不会三五年就可以实现人人养成依法办事的习惯。

---

[16] 刘政等主编:《人民代表大会工作全书》,中国民主法制出版社1999年版,第570、571页。
[17] 张春生:《法治建设中领导者的示范效应》,载《华东政法大学学报》2008年第1期。
[18] 彭真:《论新时期的社会主义民主与法制建设》,中央文献出版社1989年版,第268页。

因此,要有一点耐心。"[19]

1985 年 3 月 26 日,彭真在六届全国人大三次会议预备会议上说,宪法和法律制定以后,就要坚决执行。现在普遍存在的问题是,法制观念还不够强。但他又强调说:"这要有一个过程,还有一个习惯问题。"[20]这年的 6 月 7 日,彭真在同全国人大常委会机关负责同志谈话时,要求他们努力学习马克思主义的基本理论,并特别提醒要好好学习宪法,他忧虑地说:"健全社会主义法制,不是三五年就可以搞好的。现在很多人连宪法还没有好好学习,怎么能够严格按照宪法、法律处理具体问题呢?"[21]

不到一个月,1985 年 7 月 1 日,彭真在全国人大常委会组织的立法工作干部培训班上讲话。他强调:"如果不是不管什么人,都要遵守宪法和法律,都没有超越宪法和法律的特权,那么国家的安定和社会主义事业的顺利进行,就不能说是有保障的。"[22]但他又说,"健全社会主义法制,不仅要有法可依,还要依法办事,这是一个长期的艰巨的任务。"对依法办事的长期性和艰巨性,彭真形象地说,"旧中国没有民主,老百姓开个会都不行,撒一张传单就可以抓起来杀头。"新中国成立以后,我们在法制建设方面的基础比较薄弱,政法干部也比较少,这是有原因的。"拿我们党来讲,""没有依法办事的习惯"。"还有,我们经历了几千年的封建社会,封建残余思想至今影响着我们。"[23]

彭真在以上几次不同场合的讲话或谈话,表明了他对宪法实施的长期性和复杂性所持有的清醒认识。

二、关于如何开展宪法监督的重要观点

在现有的国情下,在政治体制改革还没有到位的情况下,在宪法实施与监督面临长期性和艰巨性的背景下,如何开展宪法监督工作呢?彭真提出了以下重要观点。

---

[19] 彭真:《论新时期的社会主义民主与法制建设》,中央文献出版社 1989 年版,第 268 页。
[20] 彭真:《论新时期的社会主义民主与法制建设》,第 275 页。
[21] 彭真:《论新时期的社会主义民主与法制建设》,第 281 页。
[22] 彭真:《论新时期的社会主义民主与法制建设》,第 285 页。
[23] 彭真:《论新时期的社会主义民主与法制建设》,第 286、287 页。

(一) 将宪法监督的重点先放在对有关法规和决议是否违宪的审查撤销上

全国人大及其常委会监督宪法的实施,究竟要行使哪些职权,要对什么样的违宪行为进行监督,又按照什么样的程序,采取什么样的措施进行监督呢?这是相当复杂的问题。在宪法实施过程中,违背宪法的主体不仅包括有关国家机关,还包括政党等组织和个人,违宪的行为不仅包括有关国家机关制定法规,做出决议和决定等行为,还包括其他主体的诸多行为。这些行为都应当承担不同的责任。因此,全国人大及其常委会监督的对象、内容和措施应当是广泛的。

但是,注意分析彭真关于宪法监督问题的一系列讲话,就会发现,他所讲的宪法监督,主要地是指全国人大及其常委会对有关国家机关制定的法规和做出的决议是否与宪法相抵触进行监督,而没有或者很少在更广泛的意义上谈宪法监督问题。

如上文所引,彭真在1985年3月26日、11月24日以及1986年9月6日的三次讲话中所提的宪法监督,都是对国务院、地方人大及其常委会制定的法规和做出的决议、决定是否违宪的监督,如果违宪,全国人大及其常委会就有权力、有责任予以撤销。也就是说,彭真主要是在法律监督的层面上谈宪法监督的。即使到1987年6月22日,彭真在六届全国人大常委会第21次会议联组会议上发表的那篇著名的"一不要失职,二不要越权"的讲话中,也仍然重复了这样的说法。

彭真在多次讲话中反复强调任何个人和组织都必须遵守宪法,依宪法办事,不得有超越宪法的特权,对一切违背宪法的行为必须予以追究。可是,在谈到全国人大及其常委会的宪法监督时,他为什么主要在法律监督的层面谈这个问题,并着重谈对违宪的有关法规和决议的审查撤销呢?这是颇耐人寻味的。综合前文所述的一些背景和情况可以发现,全国人大及其常委会监督宪法实施,固然有很多的方面和内容,但在现实情况下和现有条件下可以和能够做到的,恐怕主要的也还是对与宪法相抵触的法规和决议的撤销。[24] 这样,我们也就不难理解彭真为什么没有从更广泛的意义上谈宪法监督了。

---

[24] 即使这样,恐怕也不易。设想一下,全国人大及其常委会公开撤销一件国务院制定的与宪法相抵触的行政法规,会产生什么样的影响呢?

(二) 要求有关国家机关自查自纠违宪问题

1983 年 2 月 26 日,彭真在中央政法委员会扩大会议上的讲话中,主要结合政法机关自查自纠违宪行为的问题,系统地阐述了他对中国式违宪问题处理方式的思想。

为避免政法机关发生违宪问题,彭真要求各机关做决策之前先要检查一下是否符合宪法。他说:"一九五四年通过第一部宪法,那个时候,中央决定重大问题时,毛主席、周总理常问:是不是符合宪法?现在这样强调社会主义法制,更要注意符合宪法,政法机关尤其必须注意依法办事。"[25]

针对政法机关已经发生的违宪问题,彭真提出的处理方式是:"政法各部门要尽先主动地、系统地检查一次工作中有没有和宪法不符合的问题。""主动检查一下,凡是与新宪法不符合的,要抓紧认真纠正。""不要等到六届全国人大开会时代表提出来,哪个机关违宪了,那时才检查,就比较被动了。"为什么要政法机关主动检查,不要被动地等人大来检查处理呢?因为,政法机关"过去工作中不符合新宪法的事情不很少,等到人大提出来,你处理不处理?人大不处理,人大就被动;处理吧,要处理多少?"[26]

当时,彭真还将对违宪问题的主动处理由政法机关扩大到其他国家机关:"政法各部门,包括立法机关、执行机关和司法机关,各自系统地进行一次检查,各系统自己抓。"他要求,"凡是与宪法不符合的,要尽快地、主动地纠正,不要等人家提出来或者检举控告时才被动地改。主动纠正好,还是被动纠正好?还是主动纠正好","在六届人大前,请各部门自己检查一次"。[27]

那时候,中央很重视对违宪问题的检查处理,这就涉及一个向中央报告的问题。是在处理之前向中央报告,被动等待中央的处理意见,还是主动自查自纠后再向中央报告呢?彭真强调说:"现在主要不是给党写报告的问题,而是实际检查纠正的问题,最好先检查纠正再报告。"[28]

---

[25] 彭真:《论新时期的社会主义民主与法制建设》,中央文献出版社 1989 年版,第 174 页。
[26] 彭真:《论新时期的社会主义民主与法制建设》,第 173、174 页。
[27] 彭真:《论新时期的社会主义民主与法制建设》,第 175 页。
[28] 彭真:《论新时期的社会主义民主与法制建设》,第 175 页。

根据杨景宇先生的记录,[29]到了两个月后的 1983 年 4 月 30 日上午,彭真在同胡绳、王汉斌等专门谈监督宪法实施问题时,又再次强调说,"对于违宪行为怎么办?""重要的是,不要等到违宪了再来纠正。人民群众、人民代表、社会团体、国家机关,随时发现违宪的问题和苗头,就要随时提出,认真解决"。"这样,解决问题就会比较及时,比较好。"[30]

彭真上述处理违宪问题的观点是相当深刻而重要的。他显然不主张用公开冲突、事后由其他机关监督纠正的方式来处理违宪问题。这主要有三个原因。一是现实中违宪的问题"不很少",一件一件都由人大及其常委会监督处理,可能不堪重负。二是从政治伦理上看,我国的国家机关之间是不尚冲突和争斗的,遇事注重通过沟通和协商来解决问题,这不同于西方国家机关之间的关系。所以,彭真强调还是"主动纠正好",等到被检举控告后由其他机关来纠正,这个违宪的机关就"被动"了。这种"主动"和"被动"的用语,显然已不完全是法律意义上的,它带有主观的政治伦理的色彩。三是中国缺乏法制的传统,不适宜一下子采取过硬的办法处理违宪问题。在前述 1985 年 2 月 3 日对浙江省人大常委会组成人员的谈话中,彭真就说:"几千年不讲法制,现在要人人养成依法办事的习惯,那是不容易的。所以,对于有些问题,全国人大常委会一般采取提醒的办法,改了就好。"[31]

(三) 监督宪法实施关键是要监督广大党员干部遵守宪法

彭真认为,监督宪法的实施,关键是要监督广大党员干部遵守宪法。为此,他专门引用胡耀邦在党的十二大报告中的话:"特别要教育和监督广大党员带头遵守宪法和法律。""新党章关于'党必须在宪法和法律的范围内活动'的规定,是一项极其重要的原则。从中央到基层,一切党组织和党员的活动都不能同国家的宪法和法律相抵触。"[32]

彭真有一个著名的论断,几十年来一直被广泛引用:"在我们的国家,党领导人民制定宪法和法律,党又领导人民遵守、执行宪法和法律,党自己也必须在宪法和

---

[29] 杨景宇,曾任彭真秘书,国务院法制办原主任,全国人大法律委员会原主任委员。
[30] 参见杨景宇笔记。
[31] 彭真:《论新时期的社会主义民主与法制建设》,中央文献出版社 1989 年版,第 268 页。
[32] 彭真:《论新时期的社会主义民主与法制建设》,中央文献出版社 1989 年版,第 171、209 页。

法律的范围内活动。"[33]他认为,监督宪法的实施当然离不开党的领导,但他又说,党领导的最好方式,就是发挥党员遵守宪法的带头作用。[34]

彭真多次对监督党员领导干部遵守宪法存在的困难进行分析,并特别强调要警惕封建残余思想的影响。他若有所指地批评某些不重视宪法的领导者:"有的人没有当'长'的时候对民主法制还觉得重要一点,当了什么首长就对民主和法制不那么热心了,或者不是那么严格、甚至有点嫌麻烦"。[35] 1983年12月3日,为纪念八二宪法颁布一周年,彭真向新华社记者发表谈话。在强调党员领导干部要带头遵守宪法,严格依照宪法办事时,彭真严厉地说,对于那些违背宪法的,"不管什么单位,不管什么人,党内党外","依法该怎么处理就怎么处理","不这么办,还有什么社会主义法制!"[36]

(四) 对党的违宪行为与国家机关的违宪行为要分开处理

全国人大及其常委会监督宪法实施面临的一个严峻问题是,一旦党派包括中国共产党违背了宪法,怎么办? 这实际是涉及中国党政关系的一个核心问题,在监督法的制定过程中就遇到过。最初起草的《监督法》草案中,就曾有全国人大及其常委会撤销与宪法相抵触的党的文件的规定,但后来被删去了。在理论与实践中,也一直存在一种要求权力机关对政党的违宪违法行为进行监督的观点。这实在是一个重大而复杂的问题。

彭真是如何看待这一问题的呢? 在前述1982年12月3日的全国人大主席团会议上,彭真先说了铺垫性的话:"从法律上来讲,宪法序言里写了:一切国家机关和武装力量,包括人民解放军,各政党——当然也包括中国共产党","都必须以宪法为根本的行动准则,并且负有维护宪法尊严、保证宪法实施的责任。""宪法条文还规定,任何个人、任何组织都没有超越宪法和法律的特权。"显然,彭真是在说,"从法律上来讲",在这些不得违宪的主体里,中国共产党无疑是包括在内的。他还强调:"这一点,我们宪法规定的比较严格"。紧接着,他明确提出:"有的同志问,如

---

[33] 彭真:《论新时期的社会主义民主与法制建设》,中央文献出版社1989年版,第327页。
[34] 彭真:《论新时期的社会主义民主与法制建设》,第287、296页。
[35] 彭真:《论新时期的社会主义民主与法制建设》,第287页。
[36] 彭真:《论新时期的社会主义民主与法制建设》,第209页。

果党违背了宪法怎么办?"彭真自答道:"我们的党章规定了党的活动、党员的活动,都要在宪法规定的范围以内。""耀邦同志十二大的报告又专门讲了。"为说明共产党不得违背宪法,彭真还引用了邓小平关于任何党员干部都不得触犯刑法的话做类比。他说:"其实不是从现在起,刑法公布时,邓小平同志就讲,从中央主席到支部书记,对刑法都要遵守和执行。那时这个思想就定了。"对于中国共产党也不得违宪的问题,彭真总结说:"从法律上讲,比较完备了。"〔37〕

彭真这段关于党也不得违宪以及党违背宪法如何处理的话,十分艺术。他从开始就说,"从法律上来讲",宪法序言里是写了共产党不得违背宪法的。在回答完党违宪了怎么办后,他又说,对这个问题的规定,"从法律上讲",比较完备了。"从法律上讲"是一个限定性的用语,显然有未尽之意。实际上,在1982年那个时候,能够明确将包括共产党在内的任何党派都没有超越宪法的特权写进宪法,本身就是一个巨大的勇气和进步。那么,党一旦违背了宪法怎么办呢?彭真看似没有正面回答问题,但意思很明确:即对于党的违宪问题由党章来处理。他的思想是,党章明确规定,党必须在宪法和法律的范围内活动,因此,党违背宪法首先就是违背了党章,要先在党内按照党章来处理。

仔细研读彭真在不同场合的讲话可以发现,他始终是将党的违宪违法问题与党章以及党内的处理联系在一起的。比如,1984年3月13日,彭真在省级人大常委会负责人会议上所作的"不仅要依靠党的政策,而且要依法办事"的讲话中说:"党的活动不在法律的范围内,行吗?不行!决不行!这是十年内乱已经证明了的。党章、宪法对此有明确的规定。"〔38〕据此,党如果不在法律的范围内活动怎么办呢?当然首先是按照党章的规定在党内处理。再比如,在前述1985年3月26日的讲话中,彭真在将监督分为四种类型时,就说,"第一种是党的监督。党有党章、党纪,违反党纪的,由党的组织管"。据此,党如果违反宪法,当然首先是违反了党章,是严重的违反党纪,应当由党的组织依照党章管。彭真还进一步说:"有的党员违法乱纪,党的纪律检查机关撤销他的党内外一切职务。撤销他的党内职务,当

---

〔37〕 1982年宪法修改档案。
〔38〕 彭真:《论新时期的社会主义民主与法制建设》,中央文献出版社1989年版,第222页。

然是党组织的事。撤销他的党外职务,当然属于建议性质,还要由有关机关依照法定程序处理。"[39]这就进一步明确了,党员的违宪违法问题,先由党内处理;涉及担任国家机关职务的,随后由国家机关按照法定程序处理。这就是现在实际工作处理党员干部违法问题的基本步骤。

1986年3月2日,彭真在全国政法工作会议上的讲话中,还专门强调政法机关党员要分别以党章和宪法为依据检查自己的违宪问题。他说,"党章是所有共产党员共同的根本准则;宪法是所有公民共同的根本准则,也是所有共产党员共同的根本准则。""希望我们政法队伍里的每个党员同志,都把党章、宪法作为镜子,经常照照自己的言行"。[40]

那么,全国人大及其常委会如何处理党的违宪问题呢?这从彭真前述1985年11月24日在省级人大常委会负责人座谈会上的讲话中可以得到启发。他说,"有些违反党纪的问题,应由党去处理"。"全国人大如果发现了属于党风党纪的问题,可以主动向中央反映情况。""全国人大常委会不可能,也不应该越俎代庖直接处理这方面的问题。"彭真还进一步说,"各级人大常委会要主动地和同级党委、政府建立密切的联系",要"依靠党的领导,同各方密切协作,把事情办好。"[41]这就清楚地表明,即使是全国人大常委会也不能独立地处理党的违宪问题,对于党的违宪问题,全国人大常委会应当与中央沟通协作,由中央先按照党章和党纪处理。地方各级人大常委会也应当这么做。

实际上,彭真在历次讲话中都没有要求全国人大常委会(包括地方人大常委会)直接监督党的违宪问题。为什么呢?笔者以为,这主要有两个重要原因。

第一,彭真是严格按照人民代表大会制度的政治体制来思考宪法监督问题的。如前所述,他所说的宪法监督,主要是全国人大及其常委会的一种法律监督,而这种监督也被限制在国家机关体制的内部。按照人民代表大会制度的体制,人大及其常委会只能监督由它产生、对它负责、受它监督的那些国家机关,而按照宪法的规定,包括共产党在内的各党派以及社会团体、企业事业单位,都不属于国家机构

---

[39] 彭真:《论新时期的社会主义民主与法制建设》,中央文献出版社1989年版,第270页。
[40] 彭真:《论新时期的社会主义民主与法制建设》,第320页。
[41] 彭真:《论新时期的社会主义民主与法制建设》,第296页。

的体系,所以,是否可以由全国人大及其常委会去监督它们的违宪行为,的确是值得深加研究的。

第二,人大及其常委会能否监督党的违宪问题,还是一个如前所述的涉及政治体制改革的根本性问题。彭真很清楚,在政治体制改革还没有到位的情况下,要谈人大及其常委会监督党的违宪问题,条件还不成熟,因此,他在不少讲话中,总是强调党"必须在宪法和法律的范围内活动",而没有就监督党的违宪问题进一步展开他的思想。

(五) 监督宪法的实施要依靠群众和社会力量

宪法规定,全国人大及其常委会监督宪法的实施,这是不是意味着只有全国人大及其常委会才能监督宪法的实施,其他任何组织和个人都无权监督呢? 当然不是。[42]

但长期以来,理论和实践中有一种倾向:一讲宪法监督,总是聚焦或者局限于全国人大及其常委会对这一职权的行使。彭真是如何看待这一问题的呢? 根据杨景宇先生的记录,彭真在前述1983年4月30日同胡绳、王汉斌等的谈话中,专门谈了监督和保证宪法实施的六个要点。他说:第一,要监督国家机关和国家工作人员严格地遵守宪法。"这是宪法能不能执行的关键所在"。第二,要靠十亿人民,使十亿人民掌握宪法,"并同违反和破坏宪法的行为进行斗争"。"这是贯彻执行宪法的最伟大的力量和最根本的保证。"第三,工会、妇联、共青团等社会团体和村民委员会、居民委员会等组织,要学习和宣传宪法,同违反和破坏宪法的行为进行斗争。第四,报纸、刊物、广播、电视等宣传部门,都要结合实际,经常地、反复地、生动活泼地宣传执行宪法的好人好事,揭露、批评违反和破坏宪法的行为,造成维护宪法的强大舆论。第五,如前文所述,要随时发现违宪的问题和苗头,认真及时解决,不要等违宪了再来纠正。第六,才是由全国人大和它的常委会监督宪法的实施。[43]

分析上述彭真与身边工作人员谈话的六个要点的排序可以发现,其中有四个要点是讲监督宪法实施的主体的。第一类主体是十亿人民,第二类主体是工会、妇

---

[42] 对这个问题,笔者已有论述。参见刘松山:《地方人大及其常委会保证宪法实施的地位和作用》,载《法学论坛》2009年第3期。
[43] 彭真档案1983年卷第154号。

联等社会组织,第三类主体是新闻媒体,最后一个主体才是全国人大及其常委会。前三个主体实际就是群众力量和社会力量。这就有一个引人深思的问题了,那就是对于监督宪法实施的主体,彭真虽然也提到了全国人大及其常委会这一宪法规定的国家机关,但是,他更重视的却是社会组织和媒体特别是十亿人民对宪法的监督,也就是说,彭真是十分重视以群众力量和社会力量来监督宪法实施的,甚至把这一监督的重要性置于全国人大及其常委会之前、之上,全国人大及其常委会的监督实际只是一个最后的法律手段。而分析彭真讲话中的另外两个要点又可以发现(第一个要点讲的是监督国家机关及其工作人员的遵守宪法,第五个要点讲的是要随时发现违宪的苗头和问题),这两个要点虽然讲的是具体的监督活动,不是监督主体,但却与监督主体密切相关,因为监督国家机关及其工作人员是否遵守宪法,发现违宪的苗头和问题,主要的还是要依靠群众力量和社会力量。

两个月后的1983年6月21日,彭真在六届全国人大一次会议上首先就讲了宪法实施问题。他讲的标题就是:"动员一切力量,从各方面保证宪法实施。"对于"从各方面"保证宪法实施的"一切力量",彭真虽然首先提到的就是全国人大及其常委会和地方人大及其常委会,但对这两个重要的主体,他只是一言带过,紧接着却花了相当长的篇幅强调人民群众、社会组织和新闻媒体等力量监督宪法实施的重要性。[44] 可见,在这个公开讲话中,彭真关于依靠群众力量和社会力量来监督宪法实施的思想,与上述内部谈话的精神是一脉相承的,或者可以说,彭真4月30日的内部谈话就是为这次公开讲话做准备的,是基础。

这里要特别提出的是,彭真认为,宪法监督的根本力量在十亿人民。1982年11月26日,他在五届全国人大第五次会议上作宪法修改草案的报告中就说,十亿人民"同违反宪法和破坏宪法的行为进行斗争,这是一个伟大的力量。"[45]在上述六届全国人大一次会议上,彭真再次强调,"保证宪法的实施,从根本上说,要依靠人民群众的力量。"[46]彭真在其他公开和内部的讲话中,也曾多次提出要靠人民群众监督宪法实施的思想。

---

[44] 参见彭真:《论新时期的社会主义民主与法制建设》,中央文献出版社1989年版,第187、188页。
[45] 彭真:《论新时期的社会主义民主与法制建设》,第172页。
[46] 彭真:《论新时期的社会主义民主与法制建设》,第188页。

为什么要强调依靠人民监督宪法的实施呢？在六届全国人大一次会议上的讲话中，彭真对这个问题进行了逻辑和理论的阐述。他说："毛泽东同志说过：'马克思列宁主义的基本原则，就是要使群众认识自己的利益，并且团结起来，为自己的利益而奋斗。'"这就巧妙地借毛泽东的话，引出了马列主义有关于利益问题的经典说法。紧接着，彭真将这个利益问题与宪法联系起来。他说："我们的宪法是经过全民讨论，集中最广大群众的意见制定出来的。""它是维护人民管理国家的权力和其他各项公民权利，并且制裁极少数破坏社会主义的敌对分子的有力武器。"[47]一言蔽之，"它代表十亿人民的根本利益和长远利益，同时也保护每个公民正当的个人利益和当前利益。"[48]彭真在这里提出一个十分重要而务实的命题，即宪法集中反映、代表了十亿人民的根本利益和长远利益，保护着每个公民正当的个人利益和当前利益，而只要"十亿人民充分认识实施宪法同他们的根本利益和切身利益的关系，就会自觉地为维护宪法尊严、保证宪法实施而奋斗。"[49]这就得出一个结论了：因为宪法是人民利益的反映，所以，只有亿万人民才会最自觉、最根本地监督宪法的实施。

彭真关于宪法监督根本上要依靠人民的讲话过去快三十年了，现在看来仍是切中要害的。而这些年来宪法监督的实际情况，似乎更应验了他的这一思想。在宪法监督制度还不甚健全、法定的国家机关尚没有充分行使宪法监督职权的情况下，充分依靠群众和社会的力量，的确是监督宪法实施的有效办法。这些年来，由公民、媒体等社会力量发起的监督宪法实施的诸多案例也充分证明了这一点。

值得注意的是，彭真虽然将全国人大及其常委会的监督作为最后的法律手段，但在他看来，即使是这两个监督宪法实施的机关，在发生违宪行为时，也应当受到监督，而监督者只能是授出权力的一方，从终极的意义上说，就是广大人民群众。在 1982 年 12 月 3 日的主席团会议上，对于宪法监督问题，彭真就说，"人大常委如果行使不对，全国人民代表大会可以撤销，也可以变动，还可以撤换全国人大常委

---

[47] 彭真：《论新时期的社会主义民主与法制建设》，中央文献出版社 1989 年版，第 188 页。
[48] 彭真：《论新时期的社会主义民主与法制建设》，第 188 页。
[49] 彭真：《论新时期的社会主义民主与法制建设》，第 188 页。

的组成人员。"[50]而全国人大一旦违宪,则是相当复杂的问题,彭真没有给出系统解决的措施,但他着重从代表与选举单位的关系上提出了解决问题的方案。他说:"全国人大代表由选举单位监督。""我们国家主席受人大监督,人大代表又受他们选举单位的监督。如果搞得不好,法律不能容许,原选举单位也可以撤换他。"[51]全国人大真的违宪,由选举单位撤换其组成人员,并非不可行,但操作起来确是一个难题,这是人民代表大会制度实行过程中遇到的一个困惑。但彭真提出这个问题,主旨和意义并不在于解决方法的本身,而是在强调,违宪的一方总要受权力授予一方的监督,归根结底是要受亿万人民的监督,"我们全国十亿人没有一个不受监督,除了被剥夺政治权利的以外,也没有一个人不监督人的。"[52]彭真的这些观点,充分反映了他在宪法监督问题上所秉持的人民本位而非某一个机构本位的思想,是发人深省的。

(六)监督宪法实施要发挥专门委员会和地方人大常委会的作用

虽然宪法规定,全国人大及其常委会监督宪法的实施,但彭真认为,这并不意味着全国人大及其常委会是在孤立地行使宪法监督的职权,他强调,在国家机构的体系中,全国人大及其常委会这一职权的行使,离不开其他国家机关的协助和保障。在1982年12月3日全国人大主席团会议上的说明中,彭真专门讲到这个问题。他说,一方面,要发挥全国人大专门委员会的作用。"凡是人大和它的常委会认为违反宪法的问题,就可以交有关的专门委员会去研究。"对于违宪问题,"人大常委委员可以提出来,代表也可以来信检举,每一个公民,每一个单位也可以检举",但还是要先"由常委会交专门委员会去研究","这样在组织上讲比较理想"。[53]另一方面,要发挥地方人大常委会的作用。他强调说,监督宪法的实施,"地方各级人大常委会也有这样的责任。"[54]到了1983年6月24日,彭真还专门强调,省级"人大常委会对政府工作的监督,主要是监督它是否违宪、违法"。[55]彭

---

[50] 1982年宪法修改档案。
[51] 1982年宪法修改档案。
[52] 1982年宪法修改档案。
[53] 1982年宪法修改档案。
[54] 1982年宪法修改档案。
[55] 彭真:《论新时期的社会主义民主与法制建设》,中央文献出版社1989年版,第198页。

真认为,全国人大及其常委会监督宪法实施,充分发挥全国人大各专门委员会和地方人大常委会的作用,"这比外国的什么宪法委员会、大法官更保险些。"[56]

(七)不同程度的违宪行为由不同机关分别处理

长期以来,我们过分专注于对建立什么样的违宪审查制度这一宏大问题的讨论,却忽视了对违宪行为的个别情况以及不同的违宪行为由谁来处理等具体问题的研究。其实,这个问题在1982年宪法修改过程中已经受到了注意。宪法修改委员会秘书处在设计全国人民代表大会宪法委员会的时候,就将它的职权限定为处理"重大违宪问题",并一一列举了"重大违宪问题"的情形。[57]而实践中,违宪行为是很复杂的现象,如果将所有的违宪行为都交由全国人大及其常委会处理,全国人大及其常委会就会陷于不堪重负的境地。

彭真是如何看待这一问题的呢?1983年4月21日,他在同全国人大常委会机关内部有关负责人谈人大常委会监督宪法实施时,专门提出了这个问题:"违宪行为有各种各样,有大违、中违,也有小违。"如果"所有违宪都提到全国人大常委来管,怎么管得了?"那么,不同的违宪行为应当谁来处理呢?彭真提出,一方面,"要使宪法为全体人民掌握,成为习惯,自觉地执行宪法,自觉地维护、监督宪法,这比什么力量都大。"另一方面,"有些违宪行为,县、省可以处理,只是重大的违宪行为,由人大处理。"[58]十天后的4月30日上午,在前述同胡绳、王汉斌等人的谈话中,彭真再次提出违宪行为有大违、中违,也有小违的问题。并说:"一般的违宪行为,由各地方、各部门、各方面及时处理、纠正";"全国人大和它的常委会主要是对那些有关国家安危、国计民生的重大违宪事件,进行监督"。[59]这里,彭真提出了一个对违宪行为根据严重程度来分类处理的问题,即违宪有大违宪、中违宪和小违宪,而全国人大及其常委会处理的应当是那些重大的违宪事件。

如何将违宪行为具体地分为大、中、小,又由谁去处理各种不同程度的违宪行为呢?这是相当复杂而实际的问题,在当时直到今天的理论和实践中尚缺乏应有

---

[56] 1982年宪法修改档案。
[57] 参见1982年宪法修改档案。
[58] 全国人大常委会法工委档案1983年第94卷。
[59] 彭真档案1983年卷第154号。

的讨论、探索。彭真上述两次谈话中的观点,实际带有内部探讨的性质,所以他在公开的讲话和著作中都没有完全用原话表达这些观点。但是,彭真在前述六届全国人大第一次会议上的讲话中,还是以严谨的方式明确地、原则性地提出了这一思想。在讲到各级人大及其常委会监督宪法实施的职责时,他强调,一方面,"全国人大和它的常委会要认真依法履行这个职责,纠正和追究重大的违宪行为。"另一方面,"地方各级人民代表大会应当按照宪法的规定,切实地保证宪法和法律在本行政区域内的遵守和执行。"[60]值得注意的是,在这里,彭真明确地提出,全国人大及其常委会监督宪法实施的职责,是纠正和追究"重大的违宪行为",那么,那些并不重大的违宪行为也即"中违宪"或"小违宪"的行为由谁处理呢?彭真没有正面回答,但他要求,地方各级人大要按照宪法的规定,切实保证宪法在本行政区域内的遵守和执行,据此,地方各级人大当然有职责在本行政区域内处理那些"中违宪"和"小违宪"的行为了。如何来确定"中违宪"或者是"小违宪"的情况呢?这需要理论和实践的进一步探索,彭真的讲话很慎重,他没有直接回答,而是严格按照宪法的规定,要求地方人民代表大会保证宪法在本行政区域内的实施。

三、身体力行地推进宪法监督

作为社会主义民主与法制建设的主要奠基人,彭真不仅从国情出发,主持设计了现行宪法监督制度,开拓性地提出一系列宪法监督的重要观点和思想,他还身体力行地、殚精竭虑地推进中国的宪法监督。

彭真对宪法监督的重视首先是从全国人大常委会抓起的。身为全国人大常委会委员长,他对全国人大常委会制定的每一件法律、法令,做出的每一个决定或者决议、每一项人事任免,以及行使的其他每一项职权,都首先要检查是否符合宪法的规定,决不允许全国人大常委会在行使职权的过程中发生违宪的情况。彭真曾说过这样坚定的话:如果在他的任上,全国人大常委会发生违宪的事情,他将首先辞去委员长的职务!

六届全国人大常委会任期伊始,在彭真的主导下,常委会不仅十分重视行使监

---

[60] 彭真:《论新时期的社会主义民主与法制建设》,中央文献出版社1989年版,第187、188页。

督宪法实施的职权,而且注意从中国的实际出发,采取适当的措施,"艺术地"纠正各种违宪问题。在1984年的六届全国人大二次会议上,受彭真委托,陈丕显所作的常委会工作报告中就专门说到监督宪法实施的方法和"艺术"问题,"常委会对这方面出现的问题,有的提醒注意,有的进行批评;对一些带有共同性的问题,采取适当措施,加以纠正"。[61]

彭真要求,除了全国人大常委会带头严格遵守宪法外,中央其他有关方面也必须带头遵守宪法,对于相关方面的违宪行为,全国人大常委会要及时果断地监督纠正。在彭真担任委员长期间,曾发生这样的事情:按照宪法的规定,中国驻外全权代表的任免要由全国人大常委会决定,但我驻南亚某国的大使未经全国人大常委会的决定,正在飞赴该国上任的途中。彭真得知这一情况后,严肃要求其立即先在第三国下机停留,必须等全国人大常委会依照宪法决定通过后方可重新启程履职,从而及时纠正了一件严重的违宪行为。

彭真没有将加强宪法监督仅视为中央层面的问题,他要求对各级国家机关、各个部门和单位以及各级党政领导干部,是否严格遵守宪法,无一例外地加强监督。20世纪80年代初期,彭真担任中央政法委员会书记。那时,正是"文革"结束不久,政法机关刚刚走出混乱,处于恢复、重建和整顿阶段,其中违宪的情况不在少数。彭真将纠正政法机关的违宪行为作为十分紧迫的问题来抓。宪法制定后不到三个月,即前述1983年2月26日,彭真在中央政法委员会扩大会议的讲话中,突出地指出了政法机关的违宪问题。彭真共讲了三个问题,第一个就是强调政法机关不要违宪。他焦虑地说:"是不是违宪的问题,已经紧迫地提到我们议事日程上了。怎么办?"[62]为此,他要求各级政法机关包括其他国家机关,主动、坚决、迅速地检查和纠正工作中存在的各种违宪行为。

彭真的这个讲话(主要内容前文已有述及)具有很强的针对性。第二天,即1983年2月27日,中共中央就印发了彭真《在中央政法委员会扩大会议上的讲话要点》的通知,要求各级党委、各地方、各部门认真执行。中央的这个"通知"指出:

---

[61] 刘政等主编:《人民代表大会工作全书》,中国法制出版社1999年版,第549页。
[62] 彭真:《论新时期的社会主义民主与法制建设》,中央文献出版社1989年版,第174页。

"彭真同志在充分调查研究的基础上提出了当前政法工作中亟需解决的几个问题，是很重要、很及时的。解决好这些问题,对全国政法工作必将有一个重大的推动。""通知"进一步针对实践中出现的违宪问题说了至今听来也令人震动的话："应当指出,工作中的违宪问题,政法部门有,其他一些部门也有,相当一部分党委也经常发生,诸如未经法定任免手续就正式宣布干部调动,以及对司法工作的干预等,已经造成了不好的影响。"针对实践中发生的违宪问题,"通知"严肃地重申了党章的规定："党必须在宪法和法律的范围内活动。党必须保证国家的立法、司法、行政机关,经济、文化组织和人民团体积极地、独立负责地、协调一致地工作。""因此,中央认为,政法部门有必要系统地检查纠正工作中有没有违宪的问题,其他部门,各地、各级党委也应该这样做。"[63]

如同上述中共中央"通知"中所说的那样,"诸如未经法定手续就正式宣布干部调动"的违宪问题,在地方的"相当一部分党委也经常发生"。新宪法颁布实施后,类似的违背宪法和地方组织法等法律的行为,是地方干部任免中的一个突出问题。1983年12月8日,彭真在同各省、自治区、直辖市人大常委会负责人谈话时专门提到了这个问题。他说："有的省,有的地区,人大常委会任免厅局长,有不同意见,还没有决定,党委就公布了,或者宣布撤销了,这不好,应注意依法办事,不要疏忽。"[64]如何处理地方党委的这种违宪问题呢？彭真要求地方人大常委会包括全国人大常委会都要负起责任来,"人大常委会有维护宪法实施的责任,遇到这类问题,大家要坚持按宪法和法律办事。""有些问题如果认为解决不了,就提到这里,办公厅或者法工委研究后,作出正式答复。"彭真这里所说的办公厅和法工委,是指全国人大常委会的办公厅和法工委,这就要求全国人大常委会的工作机构在纠正地方党委的违宪行为中发挥作用。

当时,还发生了这样一个典型案例：某自治区党委提出的外贸厅长人选,在自治区人大常委会会议上未获通过,但自治区党委违背宪法和相关法律的规定,坚持对外公布并让该人选上任。这一事件引起了很大反响。彭真十分重视。他亲自召

---

[63] 彭真档案第153卷。
[64] 彭真的这次谈话没有收入他出版的著作中,参见彭真档案第158卷。

集全国人大常委会的党内副委员长和秘书长,讨论研究后认为,自治区党委的这一行为,是违背宪法的,不能允许的,并将这一事件专门向中共中央书记处写了报告。随后,中央有关负责人专门与该自治区党委书记进行谈话,批评和纠正了他们这一违宪的做法。[65]

除了发表谈话、亲自督促纠正地方任免干部中的违宪行为外,彭真还支持全国人大常委会办公厅编印《工作通讯》公开登载批评地方的各种违宪行为。1985年的《工作通讯》第12期刊登的一篇标题为"中共常熟市委检查纠正不依照法定程序变动正副乡长的错误"的报道就是一个生动的例子。[66]

彭真不仅支持在《工作通讯》上公开登载地方纠正违宪行为的做法,在他的主导下,这一做法还被直接写进了全国人大常委会的工作报告。受彭真的委托,陈丕显在1985年、1986年的六届全国人大第三次、第四次会议上所作的全国人大常委会工作报告中,就两次报告了这种公开登载地方纠正违宪行为的做法。[67] 在《工作通讯》上登载地方采取措施纠正违宪行为的做法,看似一种普通的媒体行为,实则极富创意,在中国独特的政治传统和体制背景下,对于加强宪法监督,督促各方面自觉依照宪法办事可以起到很好的推动作用。

1988年初,彭真从委员长任上退下来,不再担任国家领导职务,但他依然严肃地关注着宪法监督问题。1989年春夏之交,北京发生了政治风波。采取何种方式解决这场政治风波呢?全党和全社会都在焦急地思考着。这时候,彭真提出了以宪法和法律为依据,在民主和法制的轨道内解决问题的方式。5月26日,他在七届全国人大常委会党外副委员长座谈会上发表了"用宪法和法律统一思想"的重要讲话,强调用宪法有关国体的规定、有关游行示威的规定以及国务院戒严范围的规定,来衡量当前政治风波中各方的行为,用宪法和法律统一各方面的思想。他有针对性地、明确地说,"国家机关,包括国务院,也包括全国人大常委会","各政党,包括共产党,也包括民主党派","个人,包括普通老百姓,也包括党和国家领导人",

---

[65] 这件事在全国人大常委会原副秘书长刘政先生的回忆中也有反映,参见刘政:《人民代表大会制度的历史足迹》,中国民主法制出版社2008年版,第190页。
[66] 全国人大常委会办公厅编印:《工作通讯》第20期,1985年5月2日。
[67] 刘政等主编:《人民代表大会工作全书》,中国法制出版社1999年版,第554、549页。

"谁都必须在宪法和法律的范围内活动,谁都没有超越宪法和法律的特权"。他还严肃地说,"一定要坚持法制,不能搞人治,任何人都不能有超越宪法和法律的特权,希望每个人都用宪法和法律来规范自己的行动"。[68]

在政治风波平息不久后的 6 月 24 日,彭真出席中央政治局扩大会议。会上,他就整顿党的作风和民主法制建设问题发表了长篇讲话。其中,再次涉及宪法的遵守和执行问题。他认为,北京政治风波的发生实际就是因为宪法没有得到遵守,"以宪法为准则,一切大是大非就会一清二楚"。[69]

二十多年前在北京发生的那场政治风波,也许不只是一个在学术层面讨论的问题,彭真对于北京是不是发生动乱的看法,离开了宪法的规定,也许会遇到不同的意见。但是,他强调在国家遇到重大问题乃至严重危机时必须用宪法来衡量大是大非,用宪法统一思想,坚定不移地监督宪法实施的观点,实在是一种远见卓识,也完全符合我国宪法的精神,这对于维护一个法治国家的长治久安和宪法权威,具有无比重要的意义。

四、结语

在中国,坚定不移地监督宪法的实施,实非一件易事。彭真从国情出发,从政治体制改革和历史传统的因素出发,对我国宪法监督制度所持的清醒认识和务实态度,在今天看来仍有很强的现实意义。彭真对推行宪法监督所提出的一系列重要观点和思想,同样是务实的、清醒的,并且是策略的,对于加强今天的宪法监督具有很强的针对性和指导性。彭真视宪法权威如泰山,以坚韧不拔的意志和科学的方法推进宪法监督,在今天看来,都备加令人崇敬和鼓舞。以彭真认识问题、解决问题的态度和方法,以及执着于宪法实施的精神来推进宪法监督,我国的宪法实施必然会有光明的前景。

---

[68]《彭真文选》,人民出版社 1991 年版,第 655—658 页。
[69]《彭真文选》,人民出版社 1991 年版,第 664 页。

协商与代表:政协的宪法角色及其变迁

高全喜 田飞龙[*]

田飞龙(以下简称"田"):高教授,您好,很高兴应您之约继续就百年中国的宪政转型主题展开进一步的讨论。我注意到最近两三年您在学术研究的重心上有一定的调整,即从侧重早期现代宏观思想背景梳理的政治思想史层面转换到侧重百年中国宪政转型的政治宪法学层面。这一学术调整的效果是显著的。2011年,您推出了《立宪时刻:论〈清帝逊位诏书〉》一书;[1]2012年,您又就八二宪法主题连续发表对谈或论文。[2]在我看来,您对中国宪法史与宪政转型问题的研究可谓独辟蹊径,既非以材料为中心的传统史学模式,亦非局限于条文注释和案例模拟的宪法教义学模式,而是一种融合历史与哲学路径的政治宪法学模式。这一次,您决定选择"政协"这一主题,有何特别的思考呢?

高全喜(以下简称"高"):刚才你提到我的学术调整,概括得较为准确。《立宪时刻》出版之后,引起学界和社会较大的反响,不少学术界朋友跟我说,那本书无论是方法论还是思想路线都有创新和综合提升的表现。这些年来我一直有一种很深的忧虑,即现有的关于百年中国宪政的史学研究和法学研究各说各话,有的只是关

---

[*] 高全喜,北京航空航天大学法学院教授、人文与社会科学高等研究院院长,哲学博士;田飞龙,北京航空航天大学人文与社会科学高等研究院讲师,法学博士。本文原载《华东政法大学学报》2013年第5期(总第90期),第143—154页。
[1] 参见高全喜:《立宪时刻:论〈清帝逊位诏书〉》,广西师范大学出版社2011年版。
[2] 有关对谈参见高全喜、田飞龙:《八二宪法与现代中国宪政的演进》,载《二十一世纪》(香港)2012年6月号;有关论文参见高全喜:《革命、改革与宪制:八二宪法及其演进逻辑》,载《中外法学》2012年第5期;《政治宪法学视野中的八二宪法》,载《清华法学》2012年第6期。

注某个历史细节或制度条文的考辨,缺乏深沉的历史哲学视野和长时段的演化史观。我去年对八二宪法的研究也大体延续了《立宪时刻》的基本风格。

至于政协话题,我在《立宪时刻》中已隐约触及,因为在那一次的"中国版光荣革命"中,立宪派的政治协商功能已经显露。政协更精彩的表现是在1945年和1949年,其以"协商制宪"的模式分别缔造了国民党的1947年民国宪法和共产党的1949年共同纲领,在宪法意义上为今日海峡两岸的政治格局奠定了法统基础。然而,政协在辉煌之后却归于沉寂,在大陆逐渐被改造为"多党合作与政治协商制度"的一部分,政治功能被大大弱化和限定,在台湾地区则于国民党赴台之后销声匿迹,在岛内戒严政治和族群政治中并无突出表现。政协及其背后的立宪派建国路线是中国立宪史上的一道极其亮丽但并非主流的风景线,和居于主流的、由国共两党分别担纲的"党治国家"建国路线形成长期的历史与价值角力,并构成后者结构转型的重要推动力。我们今天的宪法史研究大多在国共两党各自的法统内展开,对于政协的历史功绩、宪法角色与未来政治定位关注不足、挖掘不够。未来中国,无论是两岸政治统一,还是大陆自身的政治转型,政协的基本经验都不容忽视、不可或缺。这是我决定从事这一主题研究的基本背景。

田:我很赞同您的基本方法与思路。我记得姚中秋教授曾专门撰文梳理过现代中国的"保守宪政主义"思想与政治传统,[3]对晚清至民国数波立宪潮中的思想精英及其政治文化背景进行了概括,其中的思路和不少具体观点与您的论述有相近之处。我也曾将您在《立宪时刻》中展示出的新的历史方法论概括为"保守改良主义",定位为一种具有自由内核、保守取向和大历史意识的立场。[4]在我看来,政协是可以纳入"保守宪政主义"或"保守改良主义"的思想脉络中予以重新阐释和挖掘的。

高:是的。我看重政协还有一个缘由,因为它是一种超"党治国家"的历史现象与政治存在,与20世纪大革命中的国共两党均保持着相当的政治距离,其中流淌着具有普适性的自由共和主义精神血液。为了更好地理解政协的来龙去脉及其宪

---

[3] 参见姚中秋:《论现代中国的保守——宪政主义思想与政治传统》,载《洪范评论》(第13辑),生活·读书·新知三联书店2011年版。
[4] 参见田飞龙:《保守改良主义与百年共和》,载《战略与管理》2011年第3/4期合编本。

法角色,我们还是得从一百年前说起,从中国现代史上的第一个共和国及其立宪时刻说起。

田:好的,我们就从那一次"失败的光荣革命"说起。

一、协商建国的早期传统

高:辛亥革命本身并不能说是失败的,甚至其开局非常良好,它以极低的代价建立了中国而且也是亚洲第一个现代共和国。言其"失败",是因为它所宣扬的自由共和价值与政治美德没有巩固与存续下来,而是逐渐被军阀政治和党治国家所冲破。辛亥革命开局良好的重要原因就在于立宪派的协商建国努力。我们知道,在武昌首义、举国动荡之际,立宪派在革命党、清廷及北洋军阀诸派势力的夹缝间积极奔走,最终促成了清帝逊位和革命派总统退位,使得中国由大清帝国全身进入中华民国的历史新纪元。当时革命派与北京政府的"南北和谈",立宪派起到了一种"早期政协"的作用,他们和后来的政协力量一样,有钱有位,但无权无枪,凭借对社会秩序的责任感、对传统文化与西方新价值的兼容并取以及诉诸理性与妥协的政治精神与各种政治强力沟通对话。他们是一群眼界开阔、胸怀天下同时又理性开明的"君子"与"士绅"。[5]

田:这一群人在武昌首义之后为保全中国作出了积极努力。一方面,他们利用地方性影响积极承担起革命之后地方秩序的维护责任,确保江南地区的基本稳定。另一方面,他们对革命派与清廷及北洋军阀同时展开说理与对话,使"五族共和"成为现实,著名的《清帝逊位诏书》就是立宪派领袖张謇起草的。[6] 如果说《临时约法》从革命者的共和主义理想角度勾画了中华民国的宪制蓝图的话,《清帝逊位诏书》则为这一蓝图的展开提供了完整的疆域、国族和政治前提。

高:这是一种"一退一进"式的光荣革命,清帝全身而退,民国全身而进。识大体、知进退,这表明当时的中国政治精英还具有某种节制美德与妥协精神。立宪派的"早期政协"工作很出色,他们成功地消磨了清廷的保守倾向和革命党的激进倾

---

[5] 关于这些精英与治理秩序的关系,参见姚中秋:《君子或绅士中心的秩序》,载《读书》2010 年第 12 期。
[6] 具体参见高全喜、田飞龙:《辛亥革命与现代中国》,载《南方论丛》2011 年第 4 期。

向,完成了民国奠基之初的历史整合。然而好景不长,1913年的"宋教仁案"彻底颠覆了民国宪政常态化的理想。

田:宋案是中国议会政治的重大挫折。本来,在宋教仁的努力下,国民党一度朝着标准的议会政党转型,同时还倒逼袁世凯组党参与宪法程序内的政治竞争,这一政党化的进程还将立宪派中的诸多力量包括维新派的梁启超等纳入其中,初步显示出《临时约法》的宪法实效和立宪派在协商制宪之后力主议会政治的历史成果。

高:从宪政原理上讲,议会政治依赖于多元主义,是现代政治力量整合与互动的理性化的系统架构。宋案的发生无情中断了经由立宪派"早期政协"工作所缔造的共和宪政进程。宋案之后,国民党内黄兴等人主张法律解决,上海地方司法机关积极介入,发出了对国务总理赵秉钧的传讯命令,但孙中山坚持武力解决,发动二次革命,失败后在日本组建中华革命党。政治强力一旦刀兵相见,立宪派及政协机制就自然靠边站了,因为主导逻辑又回到了后来毛泽东所概括的"枪杆子里出政权"。

田:中华革命党可不是什么议会政党,同时也区别于之前的同盟会及国民党,其建党原则中已经包含了后来的"党治国家"的某些要素,比如效忠领袖原则。

高:显然,宋案对孙中山刺激很大,二次革命的急速失败进一步强化了这一刺激,于是他要求重回革命理想主义与激进主义的建国轨道,建立更具纪律性和战斗力的政党。但事与愿违,孙中山的建党事业并未显示出太大的成效,直到后来借助列宁主义和共产党的政治援助而完成国民党的改组与改造之后,才轰轰烈烈起来。1920年代的政治景观与1910年代大为不同:1921年,共产党成立,西方政治现代性中的激进主义经由苏俄影响培育而在中国扎根;1924年国民党完成改组,确立"党治"原则和"训政"方针,而同期的"黄埔精神"则成为一种严酷的"军政"精神。传统的立宪派继续靠边站,中国的政治协商与合作开始在国共两人政党之间展开,他们的共同目标是反帝反封建。

田:这实际上标志着民国政治进入了"大革命时代"。立宪派的早期政协及议会政治努力宣告失败,但他们并未彻底放弃对中国政治与社会的影响:在经济领域,他们利用一战中列强纷争留下的缝隙加速推进民族工商业的发展,为中国奠定更坚实的现代化基础,并培育出与这些经济基础相适应的时代价值和社会阶层;在文化领域,他们在逐步兴起的学院体制内著书立说,与激进取向的新文化运动形成必要的张力平衡;在政治领域,他们倾向于有保留地与国民党政府合作,推动其尽快完成向宪政的过渡。

高:在这一点上,我们也确实需要注意国共两党的差异。孙中山毕竟长期在欧美社会生活,领导过辛亥革命的反专制主义斗争,所以不可能完全接受列宁主义。我记得王奇生教授的书中就提到过孙的政治思想格局是"三民主义为体,俄共组织为用",[7]列宁主义只是用来服务于"军政"和"训政"时期的阶段性政治目标,而最终还是要被摒弃,所走向的是体现三民主义的"宪政"。共产党人与孙中山不同,他们对列宁主义的接受则比较系统化,相对完备和忠诚,在其核心教义中并不存在明确的"宪政"目标,因为它的国家不过是一个"专政国家",其服膺的目标是最终的共产主义。

田:所以,国共两党的大革命合作并不能持久,甚至"军政"阶段都还没有走完。1927年的"四一二"政变宣告了国共两党第一次合作的结束,随之展开的是国共的十年内战和国民政府的"黄金十年"。1931年,国民党制定了《训政时期约法》,从法律上结束军政,进入训政,但内忧外患不断,军政在事实上不可能结束。同年,共产党在江西瑞金制定《中华苏维埃共和国宪法大纲》,建立中华苏维埃共和国。

高:这实际上确定了后来的旧政协(1945年政协)宪法任务的两个基本层面:一是推动国民党内部从"训政"主动走向"宪政";二是通过政治协商促成国共第二次合作,建立宪政基础上的民主联合政府。所以,在1930年代以来国民党的"攘外"与"安内"的政治变奏之中,新的立宪派就又开始了积极的政治努力,他们为上述两大协商制宪任务而积极奔走。立宪派们这一次似乎在政治上更加成熟,多管齐下、多头并进:一是有立场地推动并参与国民党在抗战之前的宪法起草工作,影响国民党法统内的宪政转型;二是与共产党人进行政治接触,协调联合抗战以及战

---

[7] 参见王奇生:《党员、党权与党争:1924—1949年中国国民党的组织形态》,上海书店出版社2003年版,第11页。

后建国问题,比如1938年梁漱溟与毛泽东的彻夜对谈以及1945年黄炎培与毛泽东的窑洞对话;三是自主建党,通过政党化的组织活动扩大政治与社会影响力。

田:他们的这些努力还是很有成效的。毛泽东在1940年代有比较集中的关于新民主主义宪政的论述,中共七大上更是提出了联合政府理论。[8]这里固然存在着共产党自身的革命阶段论构想以及统战策略的考虑,但也与立宪派日益彰显的立宪主张之影响不无关系。

高:随着抗战的胜利,协商建国问题开始提上正式的政治议程。抗战以血与火的考验与凝聚初步完成了中华民族共同意识的塑造,使得中华民族在政治上成熟起来,为1945年的协商制宪提供了政治基础。在抗战提供的客观条件以及立宪派表达的立宪主张之下,无论是国民党法统内的"训政"到"宪政"的转型,还是共产党法统内的"专政",都不可能再按照各自预定的节奏、路线和方案展开,而必须开创一种新的建国路线。这种新的建国路线就是1945年旧政协的路线。新的立宪派继承了1910年代早期立宪派的政治协商经验与传统,获得了进一步的政治发展与成熟,成为战后一股不容忽视的政治力量。中国立宪史进入了再一次的"协商制宪时刻",可惜的是,这又是一次"失败的光荣革命",但这一次失败却有着不同凡响的影响和遗产。

二、1945年旧政协的理想与失败

田:其实严格按照孙中山的《建国大纲》和1931年的《训政时期约法》,民国由"训政"向"宪政"的过渡采取的并不是精英取向的"政治协商"模式,而是民众取向的"地方自治"模式,以全国半数的地方自治达标作为实行宪政、还政于民的基本前提。当然,这一过程是可以在各种"理由"之下不断被延期的,具体节奏由国民党一党裁决。这一过渡模式是一种严格的体制内转型模式,排斥外部政治精英与力量的实质性参与。

高:尽管如此,由于国民党的政治基础本身就是多元化的,内部派系林立,立宪

---

[8] 毛泽东:《新民主主义论》、《新民主主义的宪政》、《论联合政府》,载《毛泽东选集》,人民出版社1964年版。

派社会人士与自由知识分子还是可以寻觅到适当的参政空间。实际上,关于"协商制宪"的问题,在抗战中后期就已经在酝酿了。民主立宪、和平建国,可以说是大势所趋,是真正的"民意"。在政治上日益成熟和组织化的立宪派对此心领神会、积极奔走。在此直接而强烈的"民意"之下,民族利益和宪政前途压倒了政党私利和阶级利益。

在抗战后期,国共两党相继发表了回应这一"民意"的政治声明。国民党方面在最初立场上依然坚持 1936 年的《五五宪草》框架。1943 年 9 月,国民党五届十一中全会决议通过《关于实施宪政之决议案》,规定在战争结束后一年内恢复召开制宪国大。1943 年 11 月,国防最高委员会成立宪政实施协进会,研究《五五宪草》和制宪问题。以民盟为代表的立宪派不满足于此,提出了自身的立宪主张。1945 年 8 月 15 日,日本宣布投降,中国民主同盟发表《在抗战中的紧急呼吁》,提出"民主统一、和平建国"主张。共产党的主张与立宪派形成合力。1945 年 8 月 25 日,中国共产党发表《关于目前时局的宣言》,提出"和平、民主、团结"主张,要求召开国是会议,商讨抗战后各项重大问题,制定民主施政纲领,结束训政,成立举国一致之国民政府,筹备国民大会代表的自由普选。

田:面对民盟等立宪派以及作为实力派的共产党的政治协力,国民党很难再坚持原议,不得不逐渐敞开政治胸怀,放松政治立场,容纳体制外政治力量的实质性参与。应该说,旧政协得以成为国民党制宪的优先与前置程序,来自一次决定性的政治决断,这一决断确定性地开启了战后的制宪过程。

高:对,应该从政治决断的宪法意义上,来看待 1945 年 10 月 10 日国共双方在重庆签署的《政府与中共代表会谈纪要》(双十协定)。这个协定认同结束训政实施宪政,并由国民政府召开政治协商会议,讨论和平建国方案及召开国民大会等问题。双十协定以国共两党的联合名义发布,这是当时中国最有实力的两大主要政党的联合意志,是对"民主立宪,和平建国"这一根本"民意"的政治确认与表达。在国共联合作出关于立宪的政治决断之后,旧政协正式开始筹备运作,其主要目标是协调各方具体立场,起草宪法修改原则草案。尽管新的制宪过程是以尊重国民党领导权、参与修改《五五宪草》的形式展开的,但立宪派的主张和共产党的立场具有新的构成性意义,对原有草案形成结构性与实质性修改。后来的 1947 年宪法内容本身充分证明了旧政协制宪工作的实质成效。

  双十协定确实构成了中国战后国家重建的政治决断基础,某种意义上可以视为第二次国共合作的继续。除了民盟等立宪派基于自由民主理想的宪政主张之外,我注意到共产党人在这一重大问题上也进行了积极的理论探索和立场调整,即不再固守严酷的阶级斗争理论,而发展出一种"新民主主义"理论,在战后政治立场上就体现为中共七大报告中的"联合政府"理论。实际上,在1946年的旧政协代表构成上已经体现了这样一种"联合政府"原则:共38名代表,国民党8席,共产党7席,民盟9席,无党派9席,中国青年党5席。这样一种高度均衡化的政治代表性,在中国立宪史上恐怕是极其罕见的。联合政府理论是个好点子,我觉得有点"混合政体"的味道。

  田:是的,处于执政党地位的国民党也不过只有8席,国共两党代表总和不超过一半。难怪旧政协决议最终能够充分体现民主宪政的基本原则与精神呢? 联合政府确实具有混合政体的印痕。我觉得共产党提出这一理论不是偶然的,是自身政治实践、理论反思与策略设计的综合结果,其依据大体包括:(1)革命阶段论的实践理性运用;(2)抗日根据地政治实践中的"三三制"经验;(3)与国民党的合作历史及对孙中山民主主义法统的追溯;(4)对立宪派及全国民意的合理解读与回应;(5)对自身实力及其政治地位的正确评估。

  高:从严格的教义立场来看,国共两党在列宁主义影响之下,都希望追求一种简洁而严酷的政治一元主义。蒋介石就曾将"党治国家"原则解释为"一个主义,一个政党,一个领袖"。对于共产党而言,其内部"左倾"力量尽管反蒋,但在原则立场上也必然接近上述"一统天下"的解释。但是抗战改变了这一切,每一阶层都以其实际行动与牺牲作出了巨大贡献,开始了实质性的政治自觉和政治参与。旧政协就是在这样一种政治多元主义的氛围中发挥历史作用的。

  政协代表构成上的实质多元化保证了政协决议的宪政属性。1946年1月25日,政协通过《宪草修改原则》十二条(即政协决议)。在此基础上,旧政协委托立宪派领袖张君劢担任宪法起草人,使得政协决议与立宪派主张更好地结合进了更为正式的宪法草案之中,而不再受到《五五宪草》的严格限制。1946年1月31日,政协通过《和平建国纲领》,并决议于1946年5月5日召开制宪国大。国民政府成立宪草审议委员会对《宪草修改原则》进行审查,由政协秘书长雷震负责整理宪法条文。制宪形势一度大好。

田:可是好景不长,国民党很快就对政协决议突破《五五宪草》的趋势进行了反弹和遏制。1946年3月,国民党召开六届二中全会,明确指出政协决议破坏《五五宪草》基本原理,要求制宪必须以国民党的《建国大纲》作为最基本的依据。同期,蒋介石于国民参政会第二次会议上宣布政协会议不是制宪会议,只有国民大会有此职权。这里就出现了一个理论性的问题:旧政协在宪法上到底是什么?

高:如果制宪会议指的是有权直接通过宪法的特别代表会议,那么旧政协确实不是制宪会议。我们可以联系一下美国的费城制宪,如果有人主张费城会议不是制宪会议,也没有大错,因为原来的《邦联条例》并未授予此次会议以制宪权力。但人们习惯上也称美国的费城会议为制宪会议,尽管它所具有的权力不过是一种制宪建议权。在此意义上,旧政协也可以被宽泛地称为制宪会议,但其权力类似于费城的制宪建议权,本身并不具有制宪权。后来的1949年的新政协则具有完备的制宪权。

应该指出,国民党的反弹可以视为对旧政协工作性质的一次质疑:这到底是一次以国民党《建国大纲》和约法体制为前提的、针对国民党版的《五五宪草》的一次修宪行为,还是突破国民党法统而直接诉诸人民主权的一次制宪行为?国民党与蒋介石的理解自然是前者,而民盟等立宪派与共产党的理解自然是后者。这里暴露出了国民党与体制外政治力量之间的实质性分歧,这一分歧最终导致了共产党的退出与旧政协的失败。

田:其实国共两党在政治协商中的真诚度都不及立宪派,双方在政治协商的同时都在加紧军事准备,而且局部摩擦不断,政治信任从未实质性确立。与旧政协工作同步展开的是军事整顿与统编问题,我记得这也是美国特使马歇尔的调停重点。这里出现了一个困扰国共两党的死结:"政治民主化"与"军队国家化"的优先性问题。共产党主张"政治民主化"优先,这样可以获得政治安全保障。国民党则主张"军队国家化"优先,这样有利于国家统一。双十协定和政协决议都未能圆满解决这一问题。

高:关于作为政协决议的《宪草修改原则》,共产党在国民党压力之下曾有妥协意见,但很快收回妥协,坚持原议。国民党方面则成立了专门的宪草审议委员会,积极介入后续制宪工作,并于 1946 年 4 月 19 日完成了作为新宪法底本《政协宪草》,但共产党不予承认。1946 年 6 月 26 日,国民党军队大举进攻共产党中原解放区,解放战争正式拉开帷幕。旧政协在结构意义上面临解体,但国民党主持的制宪工作依然延续旧政协名义并继续推进。1946 年 11 月 15 日,国民政府在南京召开制宪国大,共产党没有参加。1946 年 12 月 25 日,制宪国大在《政协宪草》基础上通过《中华民国宪法》,宣布 1947 年 1 月 1 日公布,同年 12 月 25 日实施,正式结束训政。这部宪法成为中华民国第一部正式宪法,主要起草人张君劢因此而享有"中华民国宪法之父"美誉。[9]

田:尴尬的是,这部宪法从诞生之初就是先天不足的。作为中国主要政治力量之一的共产党未能走完制宪全程,立宪派也面临着分裂,在国共两党之间各自站队,新宪法的政治统合作用大大削弱。在严酷的内战环境中,国民党需要的不是一部常态宪法,而是一部战时宪法,但又不能在制定之初即予废止,所以,这部宪法在实施之后最先动用的条款就是总统的紧急状态权力,这多少有些反讽。1948 年 5 月 10 日,《动员戡乱时期临时条款》颁布,宪法主要条款被冻结,国民党戒严体制形成。新宪法被束之高阁,国民党重回"军政"阶段,孙中山的三阶段论开始从头演绎,直到台湾地区在 1980 年代完成政治民主转型。在大陆,旧政协的某些理想在新政协中获得了实现,但并不完全,也没有持久。

高:不过,我觉得旧政协还是有着积极的历史贡献和宪法价值。这部新宪法在形式意义上终结了国民党的"训政"阶段,兑现了孙中山的宪政承诺,彰显了辛亥革命内蕴的自由民主价值,成为国民党所领导的现代立国与"六法全书"体系化的一个高潮。[10] 尽管蒋介石领导的国民党政府在新宪法通过之后依然保持较浓厚的专制色彩,但该部宪法在整体上确立了理想主义的基本框架与标准,同时也成为台湾地区民主运动的法律基础。如果没有这部宪法作为理想标杆,台湾地区的民主

---

[9] 张君劢先生对该部宪法用力颇深,在宪法草案正式通过之前即开讲该部宪法之基本原理与制度,对宪法之解释与宣传颇有美国式的联邦党人风范,参见张君劢:《中华民国民主宪法十讲》,载张君劢:《宪政之道》,清华大学出版社 2006 年版。
[10] 关于孙中山宪政阶段论与旧政协制宪之关系的理论分析,参见田飞龙:《孙中山的宪政阶段论与旧政协的宪法意义》,载《原道》第 19 辑,华东师范大学出版社 2013 年版。

转型是无法想象的。更重要的是,尽管共产党在后续制宪中退出,但它的早期努力以及立宪派贯穿始终的宪政主张最终还是在国民党主导的制宪成果中获得了较大程度的体现。

从历史时段来看,旧政协是国共第二次合作的尾声。这一政治经验对共产党本身也极富启发。为了汇流入战后国家重建的主流之中,共产党本身也进行了严格的理论反思与构造,其新民主主义论和联合政府论与民主宪政之间存在着较强的亲和性。1949年的新政协、作为建国临时宪法的共同纲领以及邓小平时代的体制改革,都从这一基本经验中继承并发扬了有益的思想与制度要素。今天还屡有党内外人士主张回到新民主主义路线,其背景显然与立宪派推动的旧政协模式无法进行有效的切割。所以,旧政协是20世纪中国宪政运动的重要制度创造,它不仅是1947年宪法的"助产士",而且直接影响到新中国的制宪与建国模式,并逐步转型为新中国的一项重要的宪政制度。

前已述及,国民党抗战之后的宪政转型并不是严格按照建国大纲和训政约法的步骤与标准展开的,而是建立在抗战之后的全新的政治基础之上,即党派协商模式。尽管国民党最终排斥了共产党和民盟对制宪过程的参与,但后两者对于1947年宪法的实体内容具有历史性贡献。而且,经过旧政协时期的政治合作,共产党与民主党派在基本政治原则与合作方式上已经具有共识基础和基本经验,这也是1949年的新政协顺利召开和新中国顺利制宪建国的重要历史基础。在某种意义上,1946年的旧政协就是国民党从"训政"转型为"宪政"的制度中介。

田:所以,对于旧政协的成败需要辩证地看,需要后人予以严肃而正确地认识、评价与创造性运用,因为作为其失败的制度性后果,两岸统一还未寻找到合理的理论与制度模式。

高:我觉得1945、1946年的旧政协和1949年的新政协是有历史连续性的,但也有着重要的断裂,尤其是在制宪背景与制度功能上存在重要差别。新政协后来在大陆体制内的演化与变迁也不是立宪派最初能够预料到的,因此我们还是需要进一步谈谈1949年的新政协及其变迁的问题。

三、1949年新政协的制宪与转型

田:共产党尽管在后期退出了旧政协和国民大会,但有一个重要的成果,即获得了民盟等立宪派的政治同情,积累了与这些政治力量协商进退的政治经验。在1948年三大战役格局初定的背景下,共产党已经将召开新政协、建立新中国的任务提上了议事日程。1949年2月,共产党发布解放区通令,废除"六法全书",确立了解放区司法原则,为新中国的成立预留了宪法空间。[11]

高: 共产党在旧政协中的政治表现以及解放战争中民意的一边倒,使得旧政协中的诸多立宪派人士对之寄予厚望,比如张澜、黄炎培等人。蒋介石曾声称政协不是制宪会议,共产党则将新政协明确定位为制宪会议,具有制宪权力,代表全中国人民的政治意志。在1949年新中国建国的政治叙事中,政协达到了其政治生命的巅峰:(1)作为制宪会议直接行使制宪权;(2)作为新中国第一部宪法的共同纲领全称为《中国人民政治协商会议共同纲领》,政协的组织纲领直接作为国家的宪法纲领;(3)在行宪意义上,在全国人民代表大会选举产生之前,代行全国人民代表大会职权,成为宪法上的最高国家权力机关。

田: 从代表性上来看,相比1945年的旧政协,新政协无论在代表数量还是在政治覆盖面上似乎都要更为广泛。第一届政协于1949年9月21日正式成立,代表来自46个单位,总数为662人(含候补代表77人,特邀代表75人),分为五个界别:政党代表、区域代表、军队代表、团体代表和特邀代表。当然,这些代表不包括国民党法统内的、反对共产党的政治派别与力量。此外,由于解放战争还在进行之中,不可能组织真正意义上的代表普选,而只能由各界别在分配的代表名额范围内自主推荐。但是,这一程序上的瑕疵并不减损新政协的政治代表性和正当性。

高: 确实如此,新政协在1949年的功能已经不限于1945年的"政治协商",而是直接作为中国人民的代表行使制宪权了。而共同纲领本身也主要体现了1945年旧政协框架内立宪派与共产党的主要政治理想。共产党人以"各革命阶级的联合专政"这样一种列宁主义式的政治术语表达了新民主主义和联合政府论的政治精髓,而立宪派也大体认同这个共和国的组织原理。我记得陈端洪教授专门研究过1949年共同纲领制定中的制宪权问题,称之为"第三种形式的共和国的人民制

---

[11] 关于这一新旧法更替的宪政转折意义,参见高全喜等:《现代中国的法治之路》,社会科学文献出版社2012年版,第131—162页。

宪权"。[12] 无论如何,我感觉新政协的制宪是共产党政治成熟的表现,相比于五四宪法及其后的宪政规划具有独到的高明之处。

何谓成熟呢？新民主主义本身只是过渡安排,在党的政治规划中分量不大,但就是在这分量不大、过程短暂的制度实践中,充分体现了共产党政治治理的成熟性、丰富性、开放性与包容性。五四宪法之后,政治上日益激进化,对国家社会的性质认知与治理安排不够成熟,合法性根基弱化,依靠虚幻的理想和力量投入建立了比共同纲领更纯粹和更理想化的体制,但其执政的合法性基础和具体的治理绩效却在退步。改革以来,中共决策层一直在试图恢复共同纲领的合理要素,建立常态化的法治社会,但至今没有完成。新政协是共产党的重要政治遗产,但无论是在政治实践还是在理论研究中,朝野各界对其一直重视不够。

田：这并不奇怪。在共产党的教义体系内,新民主主义只具有过渡性质,联合政府也只能是一种暂时性安排,在条件成熟时自然要向社会主义过渡。1950年代的历史就印证了这一政治路线图。此外,从共产党人的立场来看,无论是新政协还是旧政协,都有着统一战线的功能。新政协在"协商"与"代表"之间有着复杂的定位。

我同意您的"成熟说",无论沧海桑田,1949年的共产党人和立宪派还是成功地通过制宪建立了新中国,其基本经验在于：(1)将统一战线转变成建国方案,是毛泽东的创造,构成第三种形式的人民共和国(陈端洪语);(2)共同纲领反映了当时的社会基础、力量构成和民心所向,符合民主共和立宪的基本原理,将资产阶级共和国和无产阶级共和国的合理因素进行了实践性综合,寻找到了一种本土化的普遍方案,为后发国家建立共和国提供了重要经验;(3)对现代中国之共和、协商、代表相综合的建国传统进行了深化,为人民主权的制度化进行制度性准备(代行人大职权);(4)共同纲领序言体现了党所认同的新民主主义建国理念,在制度安排上体现了政党平等的民主原则;(5)新中国第一届政府构成体现了政党平等和政治制衡,是对当时社会结构的一种合理反映。

---

[12] 参见陈端洪：《第三种形式的共和国人民制宪权——论1949年〈共同纲领〉作为新中国建国宪法的正当性》,载陈端洪：《制宪权与根本法》,中国法制出版社2010年版。

高：正是由于共同纲领的创造性表现及其政治效果，1949年之后的共产党人在一段时期内甚至都不愿意重启制宪过程。不过，两个因素导致五四宪法的制定在时间上被大大提前：一是朝鲜战争促使共产党加速国内政治整合，共同纲领所根植的政治与社会多元化格局日益被打破；二是冷战体系的影响，斯大林催促中国共产党加紧模仿苏联1936年宪法制定出一部社会主义性质的宪法，彻底解决社会主义政党统治合法性的问题并为中国的"一边倒"政策进行法律上的背书。中共最终接受了这一建议，1953年通过了《选举法》，启动代表选举和正式制宪，1954年通过了《中华人民共和国宪法》。至此，新政协及其制宪成果《共同纲领》完成了历史使命，"代行"模式终结，其政治代表性实际上已被取消。

田：所以，后来甚至有民主人士提出各民主党派是否还有必要存在。毛泽东力主保留了各民主党派，新政协在组织上依然存在。

高：在我看来，这与共产党对政协功能的多重定位有关：政协一直是统一战线组织，经常成为政治协商组织，有时成为制宪机关。在五四宪法之后，尽管政协的代表性功能大大弱化，但其协商性功能和统一战线功能并未消失。此后，新政协就基本上循着协商性功能和统一战线功能进行着角色调适和功能强化。共产党对新政协及各民主党派的功能限定实际上堵住了这些政党以组织形态进入议会政治的可能性。

这里有一个关键点不能忘记，即新政协的转型存在着一个默认的政治前提，就是共产党的领导。在共同纲领中，基于"联合政府"的政治承诺，共产党的领导在制度上还不十分突出，政党平等还存在一定的制度依据。但是五四宪法改变了这样一种政党关系模式，确立了共产党的法定执政权，其宪法含义在于共产党的执政权不依赖于周期性的政治选举，而依赖于宪法上的明确宣告。这一原则被陈端洪教授称为"第一根本法"，[13]八二宪法中有，五四宪法中也有。新政协的转型定位只能与这一根本政治原则进行协调，因此新政协就只能作为一种政党制度，而不是一种国家制度，在宪法意义上是一种"前国家"的制度安排。这也是为什么五四宪法之后，政协的宪法地位一直不够明确的根由。对于这样一种中国特色的政治制度，

---

[13] 参见陈端洪：《论宪法作为国家的根本法与高级法》，载《中外法学》2008年第4期。

苏联的党治国家体系中缺乏成例可循,需要中国共产党人进行制度创造。

这一制度创造的结果最终反映在1993年的宪法修正案之中。新政协及其民主党派的宪法角色被认为:(1)协商性功能:多党合作与政治协商制度;(2)统一战线功能:最广泛的爱国统一战线。这里面就出现了一种特殊的中国政治现象:有政党,但没有政党政治。因此,中国的政党制度与西方存在很大差异,这是一种侧重协商的合作型政党制度,而不是一种诉诸周期性选举和议会内博弈的竞争型政党制度。故而,欠缺决策权配置的政治协商不具有政治性,不具有代表意义,只具有咨询意义。尽管每年的"两会"已成宪法惯例,但政协会议在制度上不可能作出任何具有法律效力的决议,政协委员们可以"议政",但不是在"议会"内议政,而是在自身的委员会内议政。这也佐证了中国政体设计上的"一院制"定位。

田:有一个现象我一直比较关注,就是政协的领导权问题。从第一届政协开始,其全国委员会主席一直是共产党的高级领导人,而各民主党派的领导人也逐渐具有双重党籍,党内重要人事任命也需要接受共产党的领导。这固然完美地贯彻了党的领导原则,但似乎破坏了政党自治与政党独立,似乎各民主党派与共产党并不是同一类事物。

高:以我的观察,它们确实不是同一类事物。在现有的制度安排之下,政协领导权归属共产党,各民主党派在制度上与共产党不存在任何有意义的政治竞争。我们的体制对各政党的名分是有明确分配的,共产党是"执政党",各民主党派是"参政党",相互之间是"兄弟党"。这里不存在"政党父权",却存在具有父权意味的"政党兄权",长兄为父。这很像一个政治大家族,以"政党"的名义建构起来的、具有中国古典"家国同构"意蕴的政治组织体系。这就形成了一种"执政党/参政党"关系模式下的政党等级制,取代了共同纲领中的政党平等制。[14] 这是一种政治社会学的描述,不掺杂政治价值判断。

田:看上去这样一种政党制度安排有其合理性:(1)克服了西方政党政治的不稳定性,形成了超稳定的政党结构,形成了政党与国家之间稳定连续的领导关系;

---

[14] 关于中央对这一政党等级制的演变及其合理性说明,参见《中国的政党制度》(白皮书),国务院新闻办,2007年。

(2)较容易吸纳非党员的社会精英,使其参与国家公共事务并可担任重要职位(针对个人),改革以来这一渠道在不断扩大;(3)为社会精英(社会多元结构)提供流动管道,强化政治吸纳机制与政治整合能力;(4)为中央决策提供必要的审议理性。

高:你说的这些合理性我们也不能否认。确实,这一制度强大的政治与社会吸纳能力既汲取了大量的管理技术人才,又有效消解了体制外政治力量实现横向联合并形成多中心格局的可能性。这在统治术的意义上可以得高分。这也是中共体制比苏共体制更富弹性和抗压能力的奥妙所在。不过,合理性分析不能代替正当性论证。就像香港的"行政吸纳政治"模式不能持久一样,我觉得目前的政协制度所体现的"政党吸纳政治"的模式也不能持久。在中国宪政转型的大格局中,政协的再转型是一个不容回避的宪法命题。

我的理由是这样的:(1)前述制度安排只是"术",不是"道",无法适应未来社会转型中精英参政与建构政治自主性的需要,这构成了"道"层面的不正当;(2)现有制度安排无法激励具体的政协成员发挥出审议理性,也难以对国家大政方针起到实质性贡献,政协委员只是追求个人名利,缺乏团体政治的自觉与公共理性的呈现,缺乏代表性,缺乏责任感,这构成了"术"层面的无效率。

田:我同意您的这两点理由。尽管目前的政协制度在新中国前60年尤其是改革30年起到了巨大的政治整合与吸纳作用,实现了政治社会的基本稳定与合法性的有效维持,但随着政治体制改革的深化、宪政转型的推进与精英/大众民主参政的实质化,现有体制正面临着政治多元化的巨大挑战。这些挑战无法通过"民生"议题予以有效应对,因为"民生"的根本在民权,在于有效制约政府侵权,同时精英层追求的不是社会保障意义上的"民生",而是政治权力。

高:其实,政协再转型的问题早在八二宪法制定过程中就有人提出来了,即所谓的"政协上院化"的提议,当时的反驳理由似乎很奇怪——如果政协上院化,中国就是两院制,国务院到底听谁的呢?[15] 这肯定是一种对宪政原理的误解。两院制不是两个司令部,而是一种立法制衡机制。国务院听法律,而不是听任何一个议院或其领袖的。

---

[15] 参见蔡定剑:《宪法精解》,法律出版社2004年版,第71页。

针对当今中国的社会政治状态,我觉得应该进一步推动政协的再转型,使得百年政协能够进入议会政治,成为一种具有实质性的政治代表,成为一种正式的国家制度。这应该构成中国政治体制改革的核心议题之一。而且,这与中国共产党的领导原则并不矛盾,它完全可以像领导人大那样来领导政协,而人大与政协也可以像国外两院制那样更加高效地运作。这样,每年的"两会"才是真正的国家"两会"。为此,应确定政协再转型的指导原则:第一,将政协制度改造为正式的国家制度,可以先作为咨询性议院,逐步改造为决策审议性议院,最终目标是"上议院"或"参议院";第二,政协委员应具有明确的代表性与选举程序,具有确定、唯一的选举基础。[16]

田:这实际上意味着中国的政党制度要回调到共同纲领的传统上,回调到政党平等原则上,然后将其汇流入议会政治的框架内。这并不意味着突破八二宪法确定的党的领导,而只是将政协制度由政党制度改造为国家制度,将其由"前国家"状态推进到"国家"状态。

高:作为一种理性和平的转型方案,中国可以缺失以执政权为标的的周期性政党选举,但不能缺失议会内各政党的组织化竞争。这实际上构成了一种政治的辩证机制,即议会政治只有经过公开、多元、理性的组织化竞争,才可能达成真正的政治共识与合作。我们往往只看到西方选举政治和议会政治多元分裂、恶性竞争的一面,而没有看到这一面向是与人民对政治的广泛参与以及议会内的理性审议与合作,共同构成了民主政治的"一体两面"。缺乏竞争就缺乏政治活力,其决策的参与度、理性化与可接受性就会大打折扣。你可以基于国家理性限制某些政治竞争,但不能完全没有竞争,也不能只有幕后的无序化竞争。近些年中央也不断重申"扩大群众有序的政治参与",这里的"有序"不能被仅仅理解为"走过场"式的程序编排,而应具有政治代表与政治审议的意义。如果没有科学、优良的制度设计,参与就只能是"走过场",当下中国公众参与的公信力危机源出于此。如果政协制度能够实现理性的再转型,我们就有理由期待中国的"代表"政治和"参与"政治会大有

---

[16] 关于政协的法制化改造,法学界一直有相关的理论讨论,参见范忠信、王亦白:《论人民政协的民意机关化和法制化》,载《法商研究》2001年第6期。

起色。

田：是的。我注意到您在关于八二宪法的研究中将政协制度明确地作为中国的"复合代表制"的结构性要素予以定位。[17] 中国的政体内确实存在多元化的代表机制，单一的、高度现代化的形式代表制无法对中国政体做出科学解释。政治学者皮特金（Hanna F. Pitkin）曾提出三种代表概念："象征代表制"、"实质代表制"与"形式代表制"。[18] 执政党提出的"三个代表"理论其实可以有更丰富且更有实践价值的解释可能性。政协的再转型严格而言也是一个代表制问题。关于中国政体在代表制层面的完备分析，是政治宪法学的中心议题之一，但只能是另一场学术对话的主题了。

---

[17] 参见高全喜：《政治宪法学视野中的八二宪法》，载《清华法学》2012 年第 6 期。
[18] See Hanna Fenichel Pitkin, The Concept of Representation, University of California Press, 1967.

叁　法学

大学之"大"
——贺学校、学报更名

李秀清*

无论是聆听韬奋钟声还是暂栖海外，每每念及自己是华东政法学院这一"学院"的属分子时，总会伴随着一种归属、自豪之感和亲切、留恋之情。

近年来，大学合并之风骤起，高校扩招浪潮未歇，专科纷纷升格本科，兼之偶尔出席公务会议时遇到的匠心暗运的座次安排，以及时常传来的大学更名成功后的庆贺，一切都似乎昭示着"学院"必定次于"大学"、学院仅是从专科到大学之过渡。"学院"怎么啦？原本温馨的称谓遭遇到了尴尬。而生存于学院中者，虽私议中尚能言 MIT、Wellesley，然理直，气却不壮。时务如此，不得不识。于是乎，体察上下，建设表里，张罗内外，终于迎来了一纸红头文字，学院更名为大学。因自信于本校的基础和实力，不仅是我，可能还有许多同仁，对此结果都不会太感惊讶。但这期间充满了众人的忙碌、艰辛和心血。我们要庆贺成功，享受愿望成真的喜悦，自然，也有了更多的期盼和祝福。

从学院更名为大学，是一种标志，这将会在我们的校史上留下里程碑式的记录。无论如何，按照时下高等教育的管理模式和要求，只有条件和规模达到一定标准后，学院才可能称之为大学。就此而言，获准更名为大学，既是对我们多年来致力于发展外延和提升内涵的肯定，也是对今后不断拓展、深入工作的激励。因此，这确是一种标志，需要记录，也值得庆贺。不过，从学院更名为大学，仅仅是一种标

---

* 原载《华东政法大学学报》2007 年第 3 期，封三。

志。标志有了、庆贺过了,那就真的"大学"了?坊间广传的大楼大师之辩,已指明治理大学的基本之道。但大楼毕竟有形,至多至广总是有数;大师毕竟为人,至高至尊终究非神。况且,多年来,新建校舍楼宇成群,已不觉何者为大楼;标榜名师大家成堆,反怀疑可否真有大师。大楼、大师之外,"大气"可能更为大学所需。所谓"大气",乃是一种精神,一种气魄,它要求生存于其中者有宽宏大量的胸襟,有开放恢弘的视野,有独立不羁的思考,有深切沉重的责任,有遇挫不馁的心态,有脱俗大方的言行。

大学需要这样一种精神,也应该有这样一种精神。好在华东政法名称依旧,老校区雅致依然,新校区气派已现,相信我们的华政园定会有这种精神。这是期盼,也是祝福。

2007 年 4 月 23 日
于美国 Ann Arbor, Michigan Law School

吴经熊与东吴大学

孙 伟[*]

东吴法学院是我国最早创办的大学法学院,在 20 世纪上半叶享誉海内外,被誉为中国"近代法律家的摇篮",特别是在培育我国比较法学及国际法人才方面贡献至巨,时有"南东吴、北朝阳"之美誉。其中最值得称道的是当时在法学界极具声望的东吴校友——吴经熊,他是 20 世纪中国罕见的学贯中西、具有世界影响的法学大家,一生充满了传奇色彩,前半生风光无限,后半生皈依天主教,而这些都与东吴大学有着直接或间接的联系。[1] 笔者试从吴经熊求学于东吴法科、执教和执掌于东吴法学院三个方面考察他与东吴大学的关系。同时将探讨他对近代中国法学教育的影响,得出他不愧为近代中国"著名法学教育家"的结论。

一、求学东吴法科

吴经熊(1899.3.28—1986.2.6),字德生,浙江宁波鄞县人,英文名 John C. H. Wu。早年曾就读于上海沪江大学、天津北洋大学法律预科。1920 年毕业于东吴法科,获法学学士学位(LL. B.),同年留学美国。可以说,这 3 年的大学求学经历改变了他的一生。

---

[*] 孙伟,中国井冈山干部学院教学科研部副教授,历史学博士,政治学博士后。本文原载《华东政法大学学报》2008 年第 1 期(总第 56 期),第 145—152 页。
[1] 吴经熊思想广博、法学洪深、志行高远,被认为是社会法学派在近代中国的代表性人物。但由于个人和时代的原因,20 世纪 40 年代以后,他在法学方面的影响逐渐减弱,直到当今更是很少为人所知。本文欲通过复原他与东吴大学的关系,开启他日后所取得巨大成就背后的相关因子。

他于 1917 年 8 月 12 日入校就读于东吴法科,1920 年 6 月 1 日毕业,3 年大学期间学业非常优秀,各方面均表现优异。在校 3 年成绩平均分是 89 分,并获得一等奖学金,从 1918 年到毕业担任了两年半的班长。[2] 他在大学期间勤奋好学,后来在法学等诸多领域不懈努力并取得巨大成就。这都和他在东吴大学所受的教育和影响分不开的,笔者将从以下两方面进行探究。

(一) 学校开化育人理念的影响

东吴大学开办之初,第一任校长孙乐文(1901—1911)在学校和学生管理及学生的道德培养方面有独特的思路和方法。[3] 如孙认为,首先要把学生培养成社会的有用人才,为社会、国家作出贡献;同时还应该在道德上使学生养成基督教式的"完全之人格"。东吴大学的校训"养天地正气,法古今完人"一直悬挂在学校大门的上方。又如在学校和学生管理方面,孙没有制定多少规章制度,但学校仍然井然有序,几乎没有任何纪律方面的问题。孙说:"我们相信纪律问题将来会更少。我们强调德行高尚、举止礼貌、令行禁止。我们努力把每一个学生作为诚实的人来对待,几乎没有起码的规章制度。"

第二任校长葛赉恩(1911—1922)的教育思想与前任孙乐文的思想几乎一脉相承。首先,他注重教育对传教事业的作用。他认为在当时急剧变化的中国社会背景下,传教士的活动不应是破坏,而应是尽力帮助保存所有的好东西,向更好的方面努力。其次,他坚信传教士的基本角色应是一个教育者而不是宣教士。通过基督教教育,福音能更加容易地将人们带入一个更新更大的生命空间中去——从个人到社会,再到整个民族。再次,他认为基督教教育在中国文化复兴运动中所起的有力影响,主要反映在为复兴的中国社会培养出建立在个人思想和精神自由基础上的自由人。

可见,这两任校长都汲取了美国先进的大学管理经验,且办学理念具有相承性,为吴经熊的大学学习营造了一个良好的环境。不仅为他的法学知识的汲取创造了好的条件,还为他整个人生塑造了良好的品行,如后来的秉公执法、具有相对

---

[2]《东吴大学法学院第一届至第十一届学生成绩及有关材料》,苏州大学档案馆藏,3—185(永),第 8—9 页。
[3] 王国平:《东吴大学——博习天赐庄》,河北教育出版社 2003 年版,第 40—42 页。

独立的法律人格等等。同时，浓厚的宗教熏陶也为他后半生皈依天主教埋下了种子。

(二) 法科系统教育的培养

1915 年，美国大律师兰金(Rankin, C. W.)博士利用当时中国和上海的有利条件和机遇，在东吴大学第二中学的教室的基础上，效仿美国开办起一所夜间授课形式的法律专门学校，名为"东吴法科"(Comparative Law School of China)。东吴法科的开办得到了上海美国司法委员法院和有关人员的大力支持和帮助。兰金聘请当时上海法律、司法界的许多名人，如罗炳吉(Charles S. Lobingier)、工部局总办费信惇(Fessenden)、驻沪美国律师公会会长佑尼干(Jernigan)、林伯克(Linbarger)、刘伯穆(Blume)，和我国的王宠惠、梅华铨、谢永森、林鼎章、张君劢等中外著名法学专家，到东吴法科兼职授课。

东吴法科效仿美国著名法学院的做法，招收的学生至少须有 2 年大学学历，法律课程的学制为 3 年。东吴法科的主要目的是培养学生通晓三种不同的法律体系：英美法、罗马法以及希伯来法体系，让学生在比较中掌握法律制度的基本原则。教学上除与中国法有关的课程用汉语外，其他课程均用英语教学，使学生受到更多的英语训练(双语教学)。在 3 年学习期间，学生要完成一定的课时、学分，否则不予毕业。对于完成所有学业、成绩合格的学生，由教师推荐，学校授予法学学士学位。

东吴法科还得到美国一些著名法律学校和著名大学法学院如哈佛大学法学院、密歇根大学法学院等的大力支持和合作，这些院校承认东吴毕业生的法学士学位。这就使得很多成绩优秀的毕业生从东吴法科取得学士学位后，经过学校推荐可以直接到美国攻读硕士或博士学位。

正是由于东吴法科优秀的师资、严格的入学条件、系统的美式法学训练、英语的教学及出国深造的平台，造就了吴经熊优异的大学成绩，并得以迅速走在国际法学的前沿。

总之，吴经熊在东吴法科 3 年大学期间非常好学和优秀，不仅打下了扎实的法学功底，掌握了当时国际前沿的英美法系专业知识，还为后来迅速成为国际知名的法学大师准备了条件。他在东吴大学留下了浓重的一笔，也对东吴真正怀有深厚的感情,为 4 年后的回归埋下了伏笔。

二、执教东吴法学院

1921 年,吴经熊以 10 个满分的优异成绩,获得美国密歇根大学法学博士学位(J.D.);同时由于学业突出,毕业时获得公费访学的机会。

吴经熊先后游学于法国巴黎大学、德国柏林大学和美国哈佛大学,并结交享有国际声誉的国际大法学家惹尼、施塔姆勒、庞德和霍姆斯等。1924 年春,吴经熊回到上海,他作为当时东吴法科最优秀的毕业生,于是年秋接受刘伯穆的邀请,出任东吴法科的教授。此时他的选择很多,而最终回归东吴大学,除了对自己母校的深厚感情外,更是和此时东吴法科的发展前景密切相关。

1920 年刘伯穆接任兰金任法科教务长,为扩大法学教学科研,采取了几项措施。[4] 首先,改变了长期以来完全依赖兼职教师的状况,逐步增加全职教师,吴经熊就是其中一位。其次,聘请了当时上海的许多社会名流、学者和专家到校兼职执教,如章太炎、林语堂、许国璋等。再次,创办《法学季刊》(China Law Review)。该刊物为中英文两种文字印刷,于 1922 年 4 月以季刊的形式开始发行,是全国最早出版的大学法学期刊。《法学季刊》的宗旨是:引进国外的法律原理,并将中国的法律介绍到国外;推进中外法律原理的比较研究;在中国广泛宣传和推广这些法律原理的知识,为中国法律的改革做准备。该刊物创办初便表现出了相当高的学术水准。又次,在教学中引入"型式法庭"。将型式法庭与教学活动相结合,是东吴大学法科教学的创举和特色。在型式法庭上,由教师担任法官,律师、陪审员、证人或翻译则由学生担任,所有的三年级学生都要参加旁听。很多有关政治、经济、外交等方面的复杂案件都经常在型式法庭上得以模拟演练,增强了学生运用课堂上所学理论和知识的能力,增长了才干。

此时,为保证招生质量,并和美国学校的标准相统一,自 1924 年起,学校进一步提高了入学标准,要求所有入学者都必须在入学前完成学士课程或至少修完 3 年大学课程。1924 年,为适应发展的需要,东吴大学校董会决定将法科搬迁到昆

---

[4] 王国平:《东吴大学——博习天赐庄》,河北教育出版社 2003 年版,第 68—70 页。

山路11A号,这样法科有了更适合其发展的校园。可见,此时东吴法科正日臻规范和完善,逐步提升到国内领先的地位。

吴经熊作为一名大学教师,其角色的"扮演"是非常成功的,实属优秀之列。具体可从以下两方面来考察。

(一) 教学方面

他在任教期间,承担了较为繁重的教学任务,站在了教学的第一线,且教研相长,并注重应用性。在教学上比较灵活,循循善诱,言传身教,真正成了学生的良师益友。他在东吴法学院日校部和夜校部所授的课程有:国际公法、国际关系;法理学、法律哲学;法制史及各国通史;比较法。[5]

吴经熊当时先进的法律教育理念主要表现以下几个方面。[6]首先,培养法律人才的重要性。"在中国的现状中,自然科学的人才于复兴中国是很重要的,然而社会科学的人才,尤其是法律人才,更是重要。因为国家不以法治,什么事情,都不上轨道,无论自然科学发达到如何程度,决不能使国家发达的。"其次,法律教育要培养学生的远大理想。"人生的理想也就是法律的理想。有三个问题:第一,人生的理想何在;第二,对于实现人生的理想,法律的贡献何在;第三,法律在种种所以促进人生理想的工具中处于什么地位,如何和他们分工合作。我们教授法律学生的时候,一定要时时刻刻使他们注意到这些问题,并且帮助他们推求对于这些问题的解答。"再次,法律教育要有历史的眼光。"自然法是适合社会情状的,实事求是的,具有先见,能促进文化,使其于最短期间之内,从现有的地位踏进比它高一级境界的一种法律。而法律教育的最高目的,就在于帮助学生以社会历史的方法,去寻找这种法律。"

总而言之,他的法律教育思想,立意高远,既注重追求法律教育的终极理想,又非常强调法律教育的现实目的,并在此两者之间,努力寻求其完美的结合。[7]

他在任教期间,不摆架子,尊重学者和学生,以学生为本;另外,他非常年轻、幽

---

[5]《东吴大学法律学院一览(1933年秋—1934年夏)》,苏州大学档案馆藏,3—155(永),第75—86页。
[6] 吴经熊:《法律哲学研究》,清华大学出版社2005年版,第311—316页。
[7] 王健:《中国近代的法律教育》,中国政法大学出版社2001年版,第333页。

默和活泼,不受传统教学模式的束缚,给东吴法学院带来了清新和活跃的学术氛围。

他在给霍姆斯的一封信中谈到了自己的教学情况,当时运用了"开放式"兼"案例式"的教学方式,且教学相长,现在看来都不为过时。

> 我敢保证,教学是一个创造性的过程。常常,整个班都因一个问题而争论得冒火。学生们自然而然地按照他们的哲学倾向而分为两组,有时候是更多派别。一天,我们正在讨论 Chapin v. Freeland 的案例,对该案例你曾恰当地形容为"一个不能经得起声明的题目,也不会经得起抗辩"。约三分之二的学生赞同你的意见,余下的则站在菲尔德法官一边。前一组有一个学生说,你使逻辑成了公共政策的婢女。
>
> 我相信,我的法律知识由于教学而变得较为巩固了。我正在搜集和密切调查法律各分支的案例,以作为"法律中的人性:心理法理学中的研究"的资料。我发现学问上无捷径可寻,惟有凭着耐心和艰苦努力才有望抵达知识的应许之地。惟有学习才能"校正高尚情感的庸俗泛滥"……[8]

他不仅自己嗜书如命,具有学者风范,更重要的是影响了一代东吴学人,下面是一则东吴学生的回忆录,透射出他现在看来仍十分开化的教学理念。

> 吴先生对教书很认真,但有时也弄些花样松散学生的倦意。如有一次叫着某学生的名字问一个书上的问题,某学生没有预习,急遽地回答:"Dr. Wu……I has not prepared",吴先生就板起面孔说:"You is wrong",引得哄堂大笑。这事曾有人刊入《论语·雪花》。他教书的方法,喜欢用照书上字句宣读的方法,你如其预先读过的话,听他按句读下去,自会得到许多新的了解,发现许多新的意义。但有某一级的学生,反对这种教授法,他一点不恼,说教育是他的终身事业,他应该接受任何意见。他就请这级学生共举一位认为教授法好的教授来代课,他自己坐在学生座位中学习。这事轰动了全校,引得别

---

[8] 吴经熊:《超越东西方》,社会科学文献出版社 2002 年版,第 120、121 页。

级的学生和校中茶房们都探头探脑站在窗口张望,认为奇事。[9]

(二) 科研方面

吴经熊在教学之余,还作为一位学者进行了一系列的学术活动,并取得了巨大的成绩。包括撰写学术论著、参加国内外学术会议及与同事进行学术交流等,进而引领法学时代潮流。

可以说,1924年至1937年是他一生中法学成就集大成的时期,留下了许多影响后世的成名之作,如1928年出版的《法学论丛》(Juridical Essays and Studies)、1933年的《法律哲学研究》、1936年的《法律的艺术》(The Art of Law)和1937年的《中国制宪史》等。1931年10月21日,他参加了在上海举行的太平洋国际学会第四届大会,研究国际问题,与国外学者进行国际交流与对话。又如时任东吴法学院教授同时是《法学杂志》编委的孙晓楼,组织了两期的"法学教育专号"(1935年第7卷第2期、第3期),发表专论和译文共计22篇,这些论著主要是东吴的法学教授撰写的,孙在此基础上写出了中国法学史上第一部法律教育专著《法律教育》(1935年)。他非常支持,且亲自作序以鼓励,并作学术争鸣,指出"这部著作实在可认为研究法律教育的开路先锋"。[10]另外,1933年他作为当时的宪法起草委员会副委员长,在一个多月内就提出了著名的"吴氏宪草",对近代中国宪政进程起了重要的作用,这和他长期的学术研究分不开。

总之,一方面正是东吴法学的迅速发展吸引了吴经熊前来任教;另一方面他的课堂授课影响了一大批东吴学子,同时他的课外科研不仅使自己成为当时法学界的骄子,更使东吴法学名声鹊起,引领法学时代潮流。

三、执掌东吴法学院

1927年东吴大学法科改名为东吴大学法律学院(Soochow University Law

---

[9] 车吉心:《民国轶事(十)》,泰山出版社2004年版,第4542页。
[10] 孙晓楼:《法律教育》,中国政法大学出版社1997年版,第5页。

School),[11]吴经熊被选为法学院首任院长,校董会在人事安排时充分考虑到他是当时最能在公众关系中提高法学院声望的人选,[12]事实情况正如他们预料。此时的东吴法学正如日中天,他的到来更把它引入了鼎盛时期。这也开了中国人正式担任东吴体系中独立院校院长(校长)的先河,成为后来东吴深入改革的先声。东吴法学院因为远在上海,实际上已成为东吴教育体系中的独立实体。自1927年任职至1937年由于日本侵略上海而去香港而辞职,[13]吴经熊作为一位大学管理者,在已有条件的基础上较为自由地进一步进行改革,并使得东吴法学走在了时代的前列。

(一) 调整教育方针

东吴法学院一直以"养天地正气,法古今完人"为根本教学目的。自吴经熊1927年任院长后,其具体的人才培养模式发生了变化,此受1927年中国化变革影响。此前,东吴法学院由美国人领导,其培养的学生是为英美等国在华(特别是在上海)的外交、外贸利益服务。因此,学院基本采取英美法教育。1927年后,中国对英美等国的侵华权益有所收回,上海会审公廨被改造后不久又遭废止,租界内的司法权被逐渐收回国有。同时,东吴大学等教会学校出现改换中国籍校长,改任中国人为主的董事会,改向中国政府注册,遵守中国政府的教育方针等中国化变革。在这股时代潮流下,东吴法学院的教育方针也发生变化。

吴经熊上任后,作为学院第一任华籍领导,对具体的人才培养模式加以调整。学院一方面继承原先的英美法和比较法教育传统,另一方面也加重了对中国法律和其他大陆法系国家法律的介绍与研究,对学生的培养目标也不局限于为英美等国的在华利益服务,同时面向整个中国司法界,为中国司法改造输送人才。这样为东吴法学院的发展和学生的就业大大拓展了空间。

可见,学院的教育方针的调整是在他的领导下完成的,并于1929年7月向南京国民政府教育部立案,获得当局的认可与支持。

---

[11] 1935年正式更名为东吴大学法学院,简称东吴法学院,这也是后人对它的通称,本文中亦采用通称。
[12] [美]文乃史:《东吴大学》,王国平等译,珠海出版社1999年版,第78页。
[13] [美]文乃史:《东吴大学》,王国平等译,珠海出版社1999年版,第80页。

(二) 扩大生源和培养法学硕士

在吴经熊和法学院师生的共同努力下,东吴法学院成绩斐然。如扩充了学额,生源情况非常可观,学生由最初的 7 人,到 1933 年的各类在校生共 312 人。[14] 又如,他为了形势发展的需要,自 1937 年起增设了会计系。[15]

随着社会经济的发展,中国社会特别是上海商界对高层次法律人才有很大需求,加上国内当时没有相应的学校开设研究生课程,1926 年开设了一期法学硕士班,为国内最早培养法学高层人才的学院。[16]

吴经熊任院长后,继续加大对硕士教学的投入。该班曾中断一段时间,但随即于 1929 年秋恢复,至 1937 年共有 8 届计 14 人毕业获得硕士学位。[17]

法学硕士班开设主要科目一种,次要科目两种,院长吴经熊亲自授课。学院规定硕士班学员除在法学院按照所选定之科目受课外,并须于每星期二晚间,至吴院长的书斋听讲。[18] 这体现了吴经熊对本院培养的法学硕士的重视程度。

(三) 注重师资建设

吴经熊执掌东吴法学院期间,为保证教学质量和信誉,在他的人际关系影响下,法学院(尤其是研究院)所聘教授皆为法学界一时之选,如教授萨赉德、姚启胤、梁仁杰、刘世芳、张志让、戴修瓚等。东吴优秀毕业生倪征燠 1930 年刚从美国留学归国就接到了其老师吴经熊的邀请而任教于母校。[19] 名师云集,这才造就了东吴律师派日后能蜚声海内外。

另外,为加强与国内文化学术界的交往,延揽国内名师到校短期任教。1927 年至 1929 年间,受聘到东吴法学院的国内知名教授就有:胡适之、徐志摩、林语堂、张慰慈、潘光旦、陈望道诸位先生。他们的到来,极大地开阔了东吴学生的眼界,优化了东吴学生的知识结构,为学生人格的健全提供了丰富的精神食粮。同时也增

---

[14]《东吴大学法律学院一览(1933 年秋—1934 年夏)》,苏州大学档案馆藏,3—155(永),第 143 页。
[15] 李中道:《回忆东吴大学及东吴法学院》,载中国人民政治协商会议上海市委员会文史资料委员会编:《上海文史资料选辑》(第 49 辑),上海人民出版社 1985 年版。
[16] 汤能松等:《探索的轨迹——中国法学教育发展史略》,法律出版社 1995 年版,第 246 页。
[17]《东吴大学法学院历届教职员暨毕业同学名录(1947 年 4 月)》,苏州大学档案馆藏,3—48(永)。
[18] 盛振为:《法学院概括及本年大事记》,载《东吴大学年刊(1930 年)》,苏州大学档案馆藏,3—14(永)。
[19] 倪征燠:《淡泊从容莅海牙》,法律出版社 2003 年版,第 37 页。

强了东吴的知名度,提高了社会影响,密切了学校和社会的关系。

(四) 加强国际学术交流

在吴经熊的影响下,东吴法学院还加强了与国外学术界的交往,聘请名家学者到校做短期讲座。1929年夏,美国哈佛大学国际公法教授威尔逊博士来华游历,被请做报告,题为《国际公法之趋势》。当年秋,菲律宾大学法科教务长卜科博博士来华考察司法状况,慕东吴大学法学院之名到校参观,也被邀请做演讲。当年12月,美国华盛顿大学法科教务长马丁博士携夫人来华,也莅临东吴参观并做演讲。马丁博士盛赞东吴法学院是中国当时少数能为将来培养法律栋梁之才的学校,并承诺以后将为东吴的学生赴美留学提供帮助。

吴经熊本人也再次走出国门,进行学术交流,1929年至1930年间,赴美国西北大学和哈佛大学。他是我国受聘哈佛任教的第一人,又是继剑桥大学霍兹沃思教授和国际法院波特曼法官之后,担任西北大学罗森泰(Julius Rosenthal)讲座教授的第三人。[20] 他享此殊荣时年仅30岁。

(五) 致力法律图书馆建设

1924年东吴法科搬到了上海昆山路11号,这时其图书馆才建成。先期所藏图书,大多由中外人士捐赠,共拥有3000册英文书籍和1000册中文书籍。这些藏书虽然很有价值,但由于缺乏系统的筛选,所以不能完全满足需要。[21]

吴经熊任院长期间,开始认真致力于图书馆建设。如逐年添购图书,藏书日渐丰富。1935年末,图书馆已扩充达"20000多册法律类图书",被誉为"远东最佳图书馆之一"。[22] 图书馆在20世纪30年代中期至晚期的目录也列出了相当丰富的美国、英国原版资料和一流的中国著作。东吴法学院图书馆还藏有相当数量的法国、德国和日本原版资料,包括书籍和杂志,还至少有少量的"其他外国法"的书籍。[23] 另外,还初步制订了现在看来仍比较规范的借阅规则,如包括办证、借阅时

---

[20] 盛振为:《法学院概括及本年大事记》,载《东吴大学年刊(1930年)》,苏州大学档案馆藏,3—14(永)。
[21] [美]文乃史:《东吴大学》,王国平等译,珠海出版社1999年版,第76页。
[22] The China Law Review, IV, 1935(8).
[23] 20世纪30年代东吴法学院刊印并散发了几份图书馆的目录。可参见喻友信:《东吴大学法律学院图书馆图书目录(1933年)》,苏州大学档案馆藏;《东吴大学法学院图书馆图书目录(1937年)》,苏州大学档案馆藏。

间、借阅数量、借阅期限、罚则等等。[24]

图书馆是最重要的教学科研辅助设施,对于法律院系尤其如此,世界著名大学法律院系都有自己独立设置的法律图书馆。曾留学美国的吴经熊更深知其重要性,因此特别重视建设壮大东吴自身的法律图书馆。其逐渐完备为东吴法学院师生迅速掌握最新的中外法律创造了条件,从而为东吴法学的腾飞提供了充分的保证。

(六) 开展留学教育

吴经熊还利用各种条件和关系,顺应时代需求,组织留学教育。包括两个方面,一是走出去,二是请进来。前者如除了派遣教师留学或访学进行深造外,还给本院的本科生出国留学创造条件和提供信息。如在他的推荐下,杨兆龙于1934年跟随哈佛大学法学院院长庞德读博士。[25] 如在1933年度该院的各项统计中,毕业生之赴国外大学留学者中:美国45人,英国1人,法国3人,瑞士1人,德国1人,共计51人。[26] 而在1935年,留学总人数上升到95人,包括赴日本和菲律宾各1人。[27]

另外,还招收外国留学生。1929年法学院有留学生4人,分别来自美国康乃尔大学、密歇根大学、纽约大学、科劳鲁劳大学。1930年,又有3名留学生入学,其中1人来自哈佛大学,2人来自密歇根大学。其中"有习工程者,有习文学及商科者,亦有尝习法律者"。[28] 以上这些,很多和他早年在美国求学的经历有关,更与他在美国法学界的影响有关。

总之,吴经熊主要是从宏观上对东吴法学院进行规划和掌控,以其丰富的学识、卓越的社会工作以及广泛的社会关系,大大拓展了学校的生存与发展空间,为当时中国的法律现代化建设输送了大批合格的法律人才,并将东吴法学院引入鼎盛时期。

---

[24]《东吴大学法律学院一览(1933年秋—1934年夏)》,苏州大学档案馆藏,3—155(永),第30页。
[25] 陈夏红:《百年中国法律人剪影》,中国法制出版社2006年版,第157页。
[26]《东吴大学法律学院一览(1933年秋—1934年夏)》,苏州大学档案馆藏,3—155(永),第144页。
[27]《东吴大学法律学院一览(1935年秋—1936年夏)》,苏州大学档案馆藏,3—155(永),第87页。
[28] 盛振为:《法学院概括及本年大事记》,载《东吴大学年刊(1930年)》,苏州大学档案馆藏,3—14(永)。

吴经熊作为大学教师有着先进的法律教育理念，并承担较为繁重的一线教学工作；作为学术权威著书立说和参与各种学术交流活动，引领法学时代潮流；作为法学院院长大大拓展了当时学校的发展空间，为学校赢得卓越名声。可见，他不愧为近代中国"著名的法学教育家"，其人其才其学直接和间接地影响了一大批东吴学人。

吴经熊在近代中国被看作是超越东西方的法学大家，此非一朝一夕之功，和他与东吴大学的学源分不开。他曾求学于东吴法科、执教和执掌东吴法学院，所扮的学生、教师（学者）、管理者三种身份都非常出色，这也铸造了他在法学界的成就。需特别指出的是，他一生中法学造诣和影响的鼎盛时期同时也是引领东吴法学走向顶峰的时期，虽然东吴法学的腾飞离不开当时的时代、区位背景和广大师生的共同努力，但他的功劳不可小觑。这对其个人是一大幸，对东吴学人是一大幸，对东吴大学亦是一大幸，对近代中国法制更是一大幸。他对近代中国法律现代化进程的影响重大，对东吴大学屹立于中国大学之林，乃至世界大学之林更是功不可没。

吴经熊在密歇根大学法学院

李秀清*

近代中国,法学人才辈出。这其中,有一个名字恐怕很难被遗忘,那就是吴经熊(1899—1986)。在这么一段时期里,比如20世纪二三十年代,在学术研究、法律教育、立法及司法实务等领域所取得的成就和赢得的声誉,几乎无人能及,甚至可以说,他是那个时期中国最著名、最杰出的法律人,即使在此不用"之一"两字,可能也无不妥。但由于各种原因,在曾经不短的时期里,大陆学界差不多遗忘了近代数十年中国法学曾繁荣异常的史实,法学领域的学术史动则以"新中国"为起点,一切皆是"新开端"、"新制度",即使对曾叱咤风云如吴经熊者,也很少有人提起。

值得庆幸的是,最近十多年来,法史学界的众多学人,开始倾心于过去并不屑于一顾的近代法领域,法理及比较法学界在探讨法学教育变革、法律移植、中西法律交通史等课题时,自然也离不开对近代法数十年变迁的关注。于是,"北朝阳、南东吴"的称谓,及王宠惠、吴经熊、杨兆龙等人的名字,终于走出了多年的历史封尘。其中,对于吴经熊的学术理路和人生历程的研究,在吴氏自传体灵修著作《超越东西方》的汉语译本出版(2002年)之后,更是接二连三地问世。

近七八年来,我的部分兴趣在于梳理中国近代移植外国法,对于这样一位博古通今、学贯中西,并有着不平凡的、丰富多彩的人生经历的前人之论著,自然不可能

---

* 李秀清,华东政法大学教授、博士生导师,法学博士。本文原载《华东政法大学学报》2008年第2期(总第57期),第139—148页。

不注意。不过,我从来未曾想过,自己会为他写些什么。2006年10月,我有幸作为富布赖特研究学者,来到密歇根大学法学院(The University of Michigan Law School,以下简称"密大法学院")[1]的所在地,位于美国北部的小城安娜堡(Ann Arbor)市。这是吴经熊首次海外学习的地方,也是他数度出国访学经历中,唯一为获得学位而生活过的地方。随着翻阅资料的增多,我渐有了写作此文的决意,而生活、学习于那个小城、那个校园一年之后,亦觉有完成此文的义务。本文虽有瞎凑热闹之嫌,但希望不要有滥竽充数之实。

一、东吴法科毕业后赴密大法学院继续深造

吴经熊在东吴大学法科(简称"东吴法科")毕业之后,之所以能获得机会,赴密大法学院留学深造,还得先从两校的历史及彼此关系说起。

密歇根大学是美国较早与中国建立联系的大学之一。其第一届,也即1845年毕业的11名学生中,有名为Judson D. Collins(1823—1852)者,在毕业两年后,受美国卫理公会教派指派,以传教士身份来到中国福建,他应该是第一个到达福州的西洋传教士。尽管我们对早期传教士在华活动自有评判,但在美国,他被认为是来华传教士的先驱,也因此成为密歇根大学早期的著名校友。而曾任密歇根大学校长达三十八年之久的詹姆斯·安吉尔(James B. Angell,1829-1916,1871-1909年任校长),于1880年至1881年担任过美国政府派驻中国的大使,因这一关系,密歇根大学在当时的中国极为知名。在他回国之后,一些中国学生相继赴密歇根大学留学。尤其是在安吉尔及其他有识之士的努力下促使美国政府归还了多收的庚子赔款后,赴美求学的中国学生日益增加,去密歇根大学学习者亦随之增多。

据有关资料统计,1911年至1917年间,留学密歇根大学的中国学生就约有50

---

[1] 在美国密歇根州,冠有"密歇根"字样的大学有密歇根大学、密歇根州立大学、东密歇根大学等,加上"Michigan"的中文音译又有密歇根、密西根、密希根、密执安等,故极易混淆。位于安娜堡的是密歇根大学。若按学科水平和学术声誉等方面,密歇根大学最强,不仅在该州,而且现在它还是美国公立大学的佼佼者。因此,需要顺便说明的是,田默迪先生的《东西方之间的法律科学——吴经熊早期法律哲学思想之比较研究》(中国政法大学出版社2004年版)就有阐述上的个别出入,其第8页的"他(吴经熊)于1920年8月前往美国求学,在密西根大学就读法律研究所"与第22页的"吴氏1920年秋在安娜堡(Ann Arbor)的密西根州立大学注册攻读法律硕士学位……"相互矛盾。密歇根州立大学不在安娜堡,而是位于州府兰辛(Lansing)。

人至70人之多。[2]

密大法学院创建于1859年,初期举步维艰,但仍不断得到发展,逐步取得骄人的成就。尤其是1910年起,贝茨教授(Henry M. Bates, 1869-1949)就任院长之后,进行了一系列的改革,最重要者如:1910年,开始授予J. D.,即通常所说的法律博士(Juris Doctor)学位;1915年法律系升格为法学院;同时,为实现建立国际知名一流法学院的目标,邀聘若干国际法和比较法专业的教授,课程设置、法律图书馆藏书也均显示出此特色。至1920年,在经过六十多年的发展之后,密大法学院不仅已享誉美国,而且也有了良好的国际声誉。由于自身的发展,也因为密歇根大学与中国已形成密切联系的氛围和传统,它自然也成为当时中国的法学院毕业生们赴美深造的心仪去处之一。1909年至1918年间,就有12名中国学生在密大法学院就读。[3]

民国初期的中国,法政学校众多,许多私立大学(学院)和教会大学也设有法律系(法科),法学教育似乎仍延续着清末最后十数年的盛况,尽管政府时有相关的整顿法令出台。[4] 东吴法科无疑是其中办学最有特色、发展最为迅速者之一。

东吴大学是美国监理会[5]来中国,特别是到上海及其周围地区从事传教活动的产物,于1901年正式成立于苏州,同年获得美国监理会本部所在地田纳西州政府的注册。因此,从一开始,如同其他教会大学一样,就具有创办者教派所在国的深深烙印,包括师资、课程及管理模式等。1915年,在同样由该教派创办的上海中西书院并入东吴大学的基础上,于上海昆山路成立了东吴法科,它有一个响亮的英文名——"The Comparative Law School of China",由来自田纳西州的律师兼传教士、时在大学总部任教政治学的兰金(C. W. Rankin)先生主持,并得到上海法律界

---

[2] Nancy Bartlett(editor), The University of Michigan and China: 1845-2006, Bentley Historical Library, The University of Michigan, p. 6.
[3] 据统计,1896年至1958年间,法学院的留学生中,来自中国的最多(有28名)。若仅从数字上看,并不多,但在这一时间跨度内,法学院招收的留学生共161名,他们分别来自40个国家,除中国留学生最多的外,其他较多的依次是德国21名、加拿大14名。参见Elizabeth Gaspar Brown, Legal Education at Michigan: 1859-1959, The University of Michigan Law School, 1959, p. 693.
[4] 参见王健:《中国近代的法律教育》,中国政法大学出版社2001年版,"第三章 法律学院"。
[5] 即"Methodist Episcopal Church(or Mission), South",是卫理公会(The Missionary Society of the Methodist Episcopal Church)的一个分支,是美国新教来华传教活动的主要教派。

中外人士的广泛支持。从其英文名就可知道,东吴法科的主要目的是培养精通"比较法"的人才,具体要求学生学习和掌握世界主要法系的基本原则。但由于主持人兰金,及大多数兼职任教的教授自身都具有英美法的学习背景,因此讲授内容侧重于英美法,而且除与中国法有关的内容用汉语外,其他课程均用英语教学。同时,从设立伊始,就效仿当时美国著名法学院已普遍确立的做法,至少须已有两年大学学历者才能入学,采取学分制,学制也为三年。开始时招生不多,第一届7名,于1918年获得法学学士(LL. B.)学位,第二届仅2名,第三届为8名。但由于学生勤奋努力,教育管理有方,因此很快便赢得了较好声誉。又因其与美国有如此深厚的渊源关系,于是得到了包括密歇根大学在内的美国一些著名大学法学院的承认和支持。[6] 其中,若干学生在毕业并获得法学学士学位后,经推荐赴美国的这些法学院直接攻读硕士或博士学位。第三届的8名毕业生中,就有6位在美国取得了学位。[7]

吴经熊即是东吴法科的第三届毕业生。他于1917年9月12日注册,1920年6月1日毕业。在进东吴法科读书之前,他曾在上海沪江大学读过科学,在北洋大学学过半年的法律。自6岁起,他就在私塾老师的指导下习读四书五经,9岁上小学时就开始学习英语,在位于开放口岸宁波接受的中学教育又深受西方的影响,故而在入大学之前,吴经熊就已有了中西学两方面的良好基础。尤其是英语,按他自己所言,"从一开始就喜欢英语",觉得"记英语单词要比记忆汉字省力得多","对英语是一见即爱",经常"用英语思想,却用中文感觉"。[8] 有这样的基础,使得其在就读于大多数课程以英语教学、以英美法为重的东吴法科后,很快就显示出了他的

---

[6] 曾在上海档案馆查阅过《私立东吴大学法学院历史事实考证书(1915至1952)》(档号为Q245—1—1),其用词和口吻有很深的时代烙印,现在读来让人忍俊不禁。比如,其中写道:"在一九二七年大革命以前,东吴法学院所开的课程,完全是英美帝国主义的法律课程,没有一门中国法律课程。课程讲授全用英语,研究内容则更是英美的例案。除正课外,校长还经常请一些'美国学者'到校演讲,藉以深入灌输帝国主义的政治思想。同时美帝国主义为了在东吴法学院毕业生中深造一些为他们服务的奴才,美国各大学对东吴法学院的毕业生就大开方便之门。凡是东吴法学院毕业的学生,可以免试入美国各个大学,用不到一年的时间便可以得到法律博士学位。"此段描述并不完全属实(尤其是最后一句,后文的阐述时会涉及),不过,却也可帮助我们从另一角度了解东吴法科早期的成功及其与美国的密切联系。
[7] 王国平编:《东吴大学——博习天赐庄》,河北教育出版社2003年版,第54、55页。
[8] 吴经熊:《超越东西方》,周伟驰译,雷立柏注,社会科学文献出版社2002年版,第46—48页。

潜质和优势。其学籍记录[9]显示,他在三年中学习了四十多门课,有一半以上的课程取得了九十分以上的优异成绩。作为班级中年纪最小者,他却从1917—1918学年第二学期起,担任班长(monitor)直至毕业,并以总评成绩90.25分,荣获该届毕业生中唯一的"最优生"(First Honor)。[10]

如此看来,因密大法学院具有良好的国际声誉,且与中国的关系密切;而东吴法科既是美国基督教派在上海及其周围地区传教的产物,由基督徒、美国律师主持,并以美国的法学教育为模式,创立不久就已名声鹊起;吴经熊本人又学养深厚、成绩优秀、热心班务。诸种主客观因素的综合,使吴经熊成功获得了赴密大法学院深造的机会,游学海外的崭新历程随之开启。

二、一个学年即取得法律博士学位

1920年夏,刚从东吴法科毕业、才21岁的吴经熊,登上了美国"南京号"轮(S. S. Nanking),开始其首次海外之旅。漫长的海上航程并没使他感到无聊困顿,茫茫浩瀚的太平洋也并无让他觉得颠簸劳累,离乡别亲也没有引起多少伤感愁绪,他反而觉得"自由快乐,如鸟在天,如鱼在渊"。[11] 这不仅是一位狂热基督徒的喜悦,也是一个对生活、对前程充满了期盼的世俗青年的纯然感受。

吴经熊以"John Wu"的名字,于1920年10月5日在密大法学院注册,1921年6月30日毕业,获得了法律博士学位。因获得这一学位,他才有了其后紧随其一生的"吴博士"、"Doctor Wu"的称呼,尽管功成名就之后他还获得了若干著名大学荣誉博士的称号,但那毕竟仅是"荣誉"而已,只是后续的锦上添花。

当今美国的主流法学院,主要有三种学位,即J. D.、LL. M.(法学硕士)及S. J. D(或J. S. D.,法学博士)。其中,攻读后两者的基本上是留学生。法学硕士学位一般是已完成一个学年的学习并顺利获取足够的学分者才能获得。法学博士学位

---

[9] 感谢苏州大学孙伟博士惠寄这一珍贵的吴氏学籍记录。原文除中文名字和中文家庭地址外,其他各栏目皆为英语。顺便说明的是,据该记录,其在东吴法科时期的正式英文名并非如吴氏本人在《超越东西方》(第60页)所言的为"John Wu",而是"Wu Chin-hsiung"。

[10] 根据《东吴大学法学院第一届至第十一届学生成绩及有关材料》,在东吴法科的前四届毕业生中,每届均只有一名最优秀的学生获得此荣誉。参见孙伟的《吴经熊与东吴大学》(最初投稿版),该文经修改后发表于《华东政法大学学报》2008年第1期。

[11] 吴经熊:《超越东西方》,周伟驰译,雷立柏注,社会科学文献出版社2002年版,第73页。

则常是在美国的法学院获得法学硕士学位者,经申请并获准,按要求在导师的指导下,再在一年内选修足够学分(有的法学院并无此要求)后,继而花上二三年或更长时间,完成一篇学位论文后,才能获得。法律博士学位则是最主要的学位,也可以说是最具美国法律教育特色的学位,不仅申请攻读的人最多,而且申请资格和程序也比较复杂。随着美国高等教育国际化进程的推进,每年赴美攻读法学硕士和法学博士学位的国外留学生不断增多,但是即使现在,攻读法律博士学位的留学生仍然人数有限。申请资格条件较高且程序复杂、三年学制需要高额费用、法学的社会科学属性和美国法律的应用性特征,如此种种都意味着攻读并获取法律博士学位远非易事。即便是美国学生,以一年时间拿到著名法学院的法律博士学位都绝无可能。至于母语为非英语的留学生,这更是天方夜谭了,除非他恰好达到什么特别的要求。

当吴经熊于1920年秋注册入读时,密大法学院只授予两种学位,即法律博士学位和法学硕士学位。[12]如前所述,法律博士学位的授予始于1910年。法学硕士学位的授予则更早,始于1890年。初期规定,申请法学硕士学位者,必须从所列举的课程中至少选择三门,在教授的指导下学习和研究,并需经常向教授报告自己学习研究计划的进展情况,必要时还应参加考试,以确定他们的学习和研究能力,最后还须提交已被确认选题的一篇论文。

当吴经熊就读时,密歇根大学的法律博士学位授予已在本大学或其他得到承认的大学获得学士学位,并在法学院就读了三个学年,或在其他被承认的法学院学习了一年,再在本法学院学习至少两年,完成规定的基本学分且至少四分之三的课程取得优异成绩者。这是一般情况。同时,法学硕士学位被授予给那些已获得本大学或被承认的其他法学院所授予的法学学士学位,且在取得该学位的法学院学业成绩已达到很高水准,并且根据要求在本法学院完成了第四年学习任务并取得足够学分的学生。而作为例外,对于其中成绩特别优异者,授予法律博士学位。[13]

由此可知,吴经熊仅用一个学年的时间,若是取得法学硕士学位,那是一般情

---

[12] 密歇根大学法学院的另一学位,即法学博士学位(S. J. D.),始于1925年。
[13] 参见 Elizabeth Gaspar Brown, Legal Education at Michigan: 1859 - 1959, The University of Michigan Law School, 1959, pp. 746 - 747。

况,而能取得法律博士学位,则为例外。这也就是说,他从受密大法学院承认的东吴法科毕业并取得法学学士学位,且学业优秀,达到申请资格,并顺利注册攻读法学硕士学位,[14]终因成绩特别优异,被授予法律博士学位。

根据在密大法学院查找到的其学籍记录[15]可知,吴经熊是作为法学院三年级,也即毕业班的学生入学就读。既然他已经在上海的东吴法科学习了三年,因此这相当于根据要求应该完成的第四年学习。在这一学年中,他攻读五门课程,即政治理论(Political Theory)、宪法(Constitutional Law)、国际法(International Law)、罗马法(Roman Law)及法理学(Science of Jurisprudence),共取得20学分。其中,前三门都为两个学期的课,学分依次为4分、6分和4分,后两门均只是一个学期的课程,罗马法是该学年上学期,即第五学期上的,法理学是下学期,即第六学期上的,学分各为3分。在1912年至1925年间,法学院规定的一个学年的基本要求是,完成4至6门课,并取得20至24学分。因此,若仅描述至此,修了5门课,取得20学分,吴经熊也只是完成了基本的学习要求而已。而令人称奇的是,其五门课程的成绩全部为"A",因此他在两个学期内共获得了8个"A"。按照当时(现在通常也是)的成绩评定级别,分为A、B、C、D、E五等,其中A是优秀,即"Excellent"。当时教授给分的准确情况,现在很难获知,但根据笔者在那里访学一年期间的侧面了解,及向写此文期间到访我校的密大法学院前院长圣安东尼教授(Theodore St. Antoine)征询而知,得优秀者(现在包括A+、A、A-在内)一般不会超过所有选课者的五分之一。有一门课获得优秀,一般学生已觉欣喜,所有五门课全部获得优秀,而且是一位中国的留学生,实属不易,令人称奇。因此,作为成绩特别优异者,吴经熊最后取得法律博士学位。

吴经熊并非东吴法科毕业生中第一位前往密大法学院攻读学位的,早其一年,

---

[14] 2007年9月28日,笔者在密歇根大学的本特雷历史图书馆(Bentley Historical Library)查找到吴氏的档案卷。其中一张浅绿色的,即是吴经熊填写的交纳10美圆毕业证书费(diploma fee)的卡片,"学位"一栏上是手写的"J. D. or LL. M."。

[15] 2007年10月3日,曾在位于密歇根大学法学院Hutchins Hall之300室(Records Office)查找到"John Wu's Record",对于至今也不知其名的那位女性工作人员的热情、专业的服务,我一直心存感激。

第二届毕业生王傅璧即赴那里读书,并获法学硕士学位。[16] 吴经熊也不是那一年唯一去该法学院攻读学位的东吴法科毕业生,同班同学中还有陈霆锐和陆鼎揆。同学三人,均只用一学年便获得了法律博士学位。后两人所选修具体课程及成绩尚不得而知,但可以推测的是,他们也都属于成绩特别优异者。1920-1921学年,密大法学院的外国留学生只有5位,三年级的学生共有98人。因为有深厚的学养基础,接受过真正与美国法学院接轨的完整的英美法训练,三位黑头发黄皮肤的青年才俊,在法学院里个个出类拔萃,该是何等引人注目。这不仅是当时东吴法科的骄傲,也是当代我们这些以法律为业者的自豪。不过,遥想当年,环顾周围,不免使人心生往昔不再之感慨。

话说回来,吴经熊学业优异并顺利获得法律博士学位,可能还得益于生活环境适宜、日常心情舒畅及人脉关系良好广泛。到密大法学院后,尽管其基督教的兴趣和信仰渐渐淡化,加之反感于年轻人的拜金主义,并曾有过"这就是华盛顿、林肯和爱默生的美国吗"的怀疑,但总体上言,吴经熊的读书生活不仅十分顺利,也非常惬意。在此,摘录其如下回忆为证:

> 我呆在安亚伯市(Ann Arbor)的日子是我一生最快乐的时期之一。我的老师亨利·巴特斯(Henry M. Bates)主任、若瑟·达克(Joseph H. Drake)和爱德华·迪坚逊(Edwin Dickinson)教授,对我个人感兴趣。他们是如此忠心耿耿地善待我,而我是如此废寝忘食地忙于研究,以致我抽不出时间来害乡愁病,尽管这是我首度出国。达克教授称我为"奇才",巴特斯主任则常问我,"你又在白热地工作?"安亚伯市确有某种如家似归、温暖舒适的东西,其居民也温和有同情感。那儿也有不少中国学生,校园里有家不赖的中国餐馆。我的房东哈钦森太太(Mrs. Hutchinson)对我也很好。有一次,她对我接电话的傻样大笑了半天。有人要跟我通电话,她叫我过去,我放声喊了5分钟的"哈喽",

---

[16] 王国平编:《东吴大学——博习天赐庄》,河北教育出版社2003年版,第55页。需说明的是,本人曾在本特雷历史图书馆查阅过一本名册,名为"Catalogue of Graduates, Non-Graduates, Offices, and Members of the Faculties: 1837-1921",找到了其中第614页的陈霆锐(Ding Sai Chen)及第615页的陆鼎揆(Ting Kwei Loh)、吴经熊(John Wu)的信息,但也许由于我的疏忽,并没有看到王傅璧的名字。

却什么也听不到。她下来看发生了什么事,发现我在对听端发话,听的却是说话的一端!这是我第一次与电话打交道。[17]

引文中所说的亨利·巴特斯主任,也就是前文已提及的1910年起任法学院院长的贝茨教授,他是吴经熊的宪法老师,爱德华·迪坚逊是其国际法老师,若瑟·达克是其法理学老师。吴经熊在毕业之后能立即顺利申请到国际和平卡内基基金[18]的资助,并成功选择赴巴黎大学访学,就是得益于迪坚逊首先推荐。贝茨院长、达克教授,及其政治理论老师克拉内(Robert T. Crane)等人也共同参与了推荐。[19] 因此,这也从侧面印证了吴氏在安娜堡学习时受到教授们器重的这些回忆并非虚言。而且,只有对那段经历有着美好回忆的人,才会在多年之后,以如此温馨的口吻,重提在异域生活中出过的这种大洋相。

三、处女作发表于《密歇根法律评论》

吴经熊在密大法学院一个学年的学习生活中,不仅以优异成绩完成了所选课程的学习并顺利获得法律博士学位,而且还在1921年3月号的《密歇根法律评论》上发表了其处女作——《中国古代法典与其他中国法律、法律思想资料辑录》(下简称《资料辑录》)。[20]

在美国,自哈佛大学法学院的一名学生于1887年,发起了第一家由学生管理和编辑的刊物——《哈佛法律评论》以后,一些著名法学院也开始效仿,冠有"法律评论"的杂志相继问世,发展至今,成为了比"专家法律刊物"更能代表美国法学研究水平的刊物。《密歇根法律评论》创刊于1902年,按时间先后,在美国现在数百种同类名称刊物中位列第六,当属元老级的法律评论。不同的是,从其创刊到

---

[17] 吴经熊:《超越东西方》,周伟驰译,雷立柏注,社会科学文献出版社2002年版,第94、95页。
[18] 即Carnegie Endowment for International Peace。
[19] 参见"John C. H. Wu: An Autobiographical Sketch",载"东吴年刊:吴经熊像、序言及题辞"(1930年),上海档案馆,档号为Y8-1-206-4。
[20] 即"Readings from Ancient Chinese Codes and Other Sources of Chinese Law and Legal Ideas", Michigan Law Review, vol. 19, 1921, pp. 502-536。以下所涉该文的具体内容,均依据此原作,并同时参见田默迪:《东西方之间的法律科学——吴经熊早期法律哲学思想之比较研究》,中国政法大学出版社2004年版,"第二章 第一篇法学论文"。

1940年,它并非完全由学生、而主要由法学院的教授管理和编辑,但其所刊载的文章质量及其在学界的声誉并不因此处于劣势,那是因为从其创刊起,支撑它的就是一个著名的、有较强实力的法学院团队。

吴氏就读那里时,该杂志在学年期间(头一年10月至翌年6月),除开学初的10月份外,其他每月一期。每期通常除"编务杂记"、"最近重要决定"及"书评"外,所刊专业论文不过三四篇。就吴经熊刊登了处女作的第十九卷(1920—1921学年,共8期)而言,担任主编的是法学院著名的埃格勒教授(Ralph W. Aigler, 1885-1964),[21]副主编共5人,其中就有上文已提及的贝茨院长及法理学达克教授,同时由教授们任命的21位学生也参与协助编务。编辑部阵容不可谓不强。

再从此卷刊登的文章作者来看,第1期的作者之一是西北大学法学教授、美国分析法学家代表人物考克雷克(Albert Kocourek,1875-1952),第3期的作者有威斯康星大学法学院教授Oliver S. Rundell和密大法学院教授John B. Waite,第4期的作者有前已提及的法理学教授达克。与吴经熊同在第5期发表文章的是匹斯堡大学法学院的George J. Thompson教授。我们姑且不论吴氏之文在选辑中国古代法典和法律思想资料上是否完全妥当,翻译是否完全妥帖,阐述逻辑是否十分严谨,学术观点是否均新颖有据,即使仅从作为一个刚到美国不久的中国留学生,在这种档次的杂志上发表论文,与美国著名大学法学教授们的名字一起出现在同一本刊物上言,也不得不令人感叹,吴经熊真乃"人中之龙"![22]

况且,吴氏此文本身尚有诸多可圈可点之处。

《资料辑录》选辑、翻译并介绍了中国古代的若干法律文献,其中相当一部分属由作者新译。吴氏所言的"中国古代",是指公元前2255年至公元630年。该文洋洋洒洒三十五页,且并非完稿,文末尚有"未完待续"(to be continued)字样,不仅翻译了中国古代各主要文献中的法律典籍、主要人物的法律思想,且作了分析,从而描述了中国古代法律的沿革轨迹及详尽图景,并介绍了血亲复仇、连坐制度及刑罚

---

[21] 埃格勒教授于1907年毕业于密歇根大学法学院,1910年任副教授,1912年升任教授,直至1954年退休,他是著名的财产法和商法专家。参见Allan F. Smith, "Ralph W. Aigler", Michigan Law Review, vol. 63, 1964, pp. 2-4。

[22] 参见吴树德先生的《温良书生 人中之龙》,此为《法律哲学研究》(吴经熊著,清华大学出版社2005年版)之"序"。

目的等方面专题。在翻译和阐述中,还不时说明选择某文献的原因,介绍某些文献的历史背景及作者的思想,就某些特别难懂的词汇进行解释。因此,从行文形式到阐述分析,都属一篇名副其实的学术论文。

在正文七个部分之前,有一引言性的叙述。在第一自然段,吴经熊开门见山地写道:

> 随着当今法学界对于普遍的法学观念的研究兴趣不断浓厚,法学观念影响的时空越久越广,似乎其就越有权威。正如国际法必然比民法更加合乎人的理性,我们也可以说,包含一切时代的法律比某一时代的法律定更深居于人性。比较法学的范围包含了整个人类历史的法学观念,故而不能忽略任何能让我们领略古代世界法律观念的材料。

这一有如宣言性的表述,已间接表达了他对于中国古代法律文明的自豪。而紧接着的第二段最后一句所说的"本文所含的中国法的翻译,则是一个在真正中国环境中成长的中国人的翻译"。这既隐含表述了即使是著名学者如威格摩尔(John H. Wigmore, 1863-1943)关于中国法的翻译也尚有待商榷之处,而且也直接明白地表示出对于中国法的翻译和阐述,由真正生于斯长于斯的中国人,如他吴经熊者担当更为合适之意,从而显示出其作为一个中国学者,愿与西方学者就中国古代法律文明进行学术上对话和交流的信心。

《资料辑录》其他部分的内容也显示出作者具有博览群书的视野和架沟中西、求同存异的努力。比如,他把考克雷克教授关于法律发展的三阶段论运用到中国古代的法律史,提出中国古代法律思想有与西方相似的法学派别,将罗马法的准则与中国古代法则进行比较对照,认为中国法律思想足以接受西方近代法的理论和原则,强调法律精神的重要性,等等。因此,此文的发表对于介绍中国法律文明,让西方主流学术圈了解中国古代法典和法律思想,无疑有不可否认的学术价值。而且,此处女作的发表,不仅显示出吴经熊的学术潜质,也同时为他在密大法学院所已树立的成绩特别优异的形象增色,并为其后的学术发展奠定了基础,尽管吴氏本人后来对此文并不太满意。这一处女作的另一重要意义在于,它是吴经熊和霍姆斯法官(Oliver W. Holmes, Jr., 1841-1935),一个刚刚步入法律界的中国青年学子和已是耄耋之年的美国著名大法官之间后来长达十数年的学术交流和忘年之交的媒介。此文发表之后,"因为我(吴经熊)曾多次听教授们以最褒扬的口吻提及大法官霍姆斯,便给他赠送了一份《密歇根法律评论》的复印本。同时给他写了一封信告诉他这件事"。[23] 从此,一来二往,一个至今仍让人津津乐道的国际学术佳话开始登场,[24] 并由此进而引出了吴氏与施塔姆勒(Rudoif Stammler, 1856-1938)、庞德(Roscoe Pound, 1870-1964)、威格摩尔等学界大师级人物之间更多更精彩的故事。

四、斯人远去而余影犹在

1920 年吴经熊来到安娜堡,次年学成赴欧洲,后又数度到美国多所大学从事研究或任教,但都没有再回到密大法学院学习或任职。不过,在离开之后,吴经熊仍经常与院长贝茨教授及其他教授保持信件联系,他们对他的欣赏和赞誉并没有因为他的离开而终止。[25]

岁月流过八十多年,而斯人亦逝二十余载了。当我来到他生活学习过的这座法学院时,依旧能感觉到他的余影。或许是因为他的杰出的学业成就,他的丰富多彩的法律人生涯,或许还因为他的跨越法律与宗教的人生体验,他的超越东西方的学识和影响,使他当之无愧成为法学院的著名校长。他在那里所产生的影响及获得的赞誉,至今几乎无人能够望其项背。

如前文言,我在密歇根大学本特雷历史图书馆查阅到吴氏档案,尽管只是几张卡片及有关其翻译《圣经》等宗教活动的数份报道,在法学院的学籍档案室查到了他的学籍记录单。而在法律图书馆,吴氏的中英文著作全能够觅到,或作为作者或

---

[23] 吴经熊:《超越东西方》,周伟驰译,雷立柏注,社会科学文献出版社 2002 年版,第 92 页。
[24] 关于吴经熊与霍姆斯之间的交往,学界多有论述,在此不必赘言。他们之间的若干通信,吴氏《超越东西方》一书中多处引用。部分信件中译本还见于《吴经熊与霍姆斯通信选》(郭兰英译、李嘉熙校,载《湘江法律评论》第 2 卷,湖南人民出版社 1998 年版)。
[25] 在贝茨院长于 1924 年 5 月 26 日给当时哈佛大学法学院院长庞德的一封信中,特别提到吴经熊,赞誉他"有特别的才干"。庞德在同年 6 月 2 日的回信中,对吴经熊更是欣赏有加,称赞他"在每件事情上都显示出真正的才能。我相信他会有辉煌的未来"。感谢密大法学院法律图书馆馆长伊尔女士(Margaret A. Leary)于 2007 年 12 月 4 日寄来这两封信的复印件。

作为顾问而印有其名的《法学季刊》(China Law Review)也悉数在馆。也许可以说,在图书馆能找到他的档案和在法学院能找到他的学籍记录单,除能说明密歇根大学的档案和学籍管理完善之外,并不能说明其他,但事实上,八十多年前的其他毕业生在历史图书馆中有档案的只是少数,在法学院也并非都能找到那时所有毕业者的学籍记录单。也许可以说,在法律图书馆能查阅到吴氏著作和印有其名的《法学季刊》,除能说明其馆藏丰富,及民国时期的东吴大学法学院与密大法学院联系密切(况且这种密切的关系或许更应归功于刘伯穆先生[26])之外,也并不能说明什么,但是,法律图书馆却没有收藏同时期问世、在国内学界比吴氏之论著影响大得多(包括同样曾在那里学习过的作者所完成)的其他论著。

而当吴氏于1986年逝世后不久,密大法学院的内刊 Law Quadrangle Notes 对此就有专门的报道。其1986年春季号校友纪念栏目中,登载了吴经熊于该年2月在台湾去世的消息,称他是"杰出的学者、政治家和哲学家,出类拔萃的文化人",[27]并附有其晚年照片。次年,该刊春季号又刊载了他与霍姆斯法官之间的若干通信,并配有两人的照片(其中,吴经熊的那张是其在密大法学院时的学生照),最后还列出了吴氏发表的主要英文论著名称。

即使现在,"John Wu"这个名字在密大法学院仍常被提及。法学院中只要对中国近代法律有点兴趣者,或者对于密大法学院与早期东吴大学的交往历史有所了解者,无不知道这位杰出校友。比如,我所认识的前文已提及的圣安东尼教授,及法学院副院长高丹女士(Virginia B. Gordan)、法律图书馆馆长伊尔女士等都知晓他,而我的合作教授、著名中国法学家郝山教授(Nicholas C. Howson),更是常以吴经熊的成功激励我。

倘若这些尚嫌不足,那么译自法学院"中国法研究"项目网页上可供随时查阅的一段话,当可作为佐证:[28]

---

[26] 即从密大法学院毕业的 William W. Blume,在1921年至1927年间,任东吴法科第二任教务长,离任后回密大法学院任教授。
[27] Law Quadrangle Notes, Spring 1986, The University of Michigan Law School, p. 24.
[28] 参见 http://www.law.umich.edu/centersandprograms/chineselegalstudies/Pages/default.aspx.

> 在美国所有的法学院中,就与中国的相互交流看,或许密歇根大学法学院拥有最丰富的历史。……在1859年至1959年的百年间,法学院来自中国的留学生较任何其他国家的为多,其中最著名者之一即是吴经熊——1946年《中华民国宪法》的主要起草人和与霍姆斯法官有长期密切友谊的中国学者,作为当时密大法学院与东吴法科交流的一部分,他来此就读深造……

能在密大法学院留有如此深刻的痕迹,有这样长久的影响,也只有兼具卓越天分、万丈雄心、才高八斗如吴经熊者才能做到,他确可配称是少年得志,沐浴欧风美雨的真正成功者。不管法律足以或不足以慰藉心灵,[29] 能视法律为自己的偶像,且有这么一段后人长期难以超越的成功经历,如此的人生,足够让人敬慕不已的了。

至此,行文字数已以万计,但对于吴经熊在密大法学院留学一个学年的各方理路是否已梳理得充足、清晰,实在没有自信。尽管无数次来往于曾留下吴氏足迹的小城安娜堡的街区小巷,找寻过他曾安顿居住过的两个处所,说不定不经意间在法律图书馆翻阅过他曾浏览的书籍;也曾先后走过他曾短期访学逗留的西北大学、哈佛大学的校园,并在回国途经檀香山时也没有忘记直奔他曾任教多年的夏威夷大学一游,所有这些,都因为对他的无比敬意,及由此而起的试图阅读其学术人生的强烈愿望。不过,因时空相隔,主要的还是由于此为本人学力和视野所不逮,因此,再怎么尽力也无法真正描述此位"John Wu"在密大法学院——其人生重要驿站的生活、读书的全貌,更多的文字也不能深入阐述所蕴涵的其他与此相关的更多、更深层次的理论问题。所以,就此打住,乃为上策。

---

[29] 许章润:《法学家的智慧》,清华大学出版社2004年版,"第三章 当法律不足以慰藉心灵时"。

罗炳吉与东吴大学法学院

李 洋[*]

一、东吴法学传统的塑造者:罗炳吉

东吴大学法学院的初创乃至中国法学教育近代化的促成,美国法律职业群体不容忽视。传统研究视角常聚焦于教务长兰金(Charles W. Rankin)、刘伯穆(W. W. Blume)及吴经熊在东吴法学院的教、管实践。[1] 这固然无差,不过与之相较,东吴法学院的英美法因素更有赖于英美法律职业群体的参与、英美式样司法环境的熏陶。20世纪20年代,身兼美国驻华法院(United States Court for China)法官及远东美国律师协会(Far Eastern American Bar Association)会长于一身,堪称上海律师界乃至法律界翘楚的罗炳吉(Charles Sumner Lobingier)为东吴法学院定型

---

[*] 李洋,南京师范大学法学院博士后研究人员,法学博士。本文原载《华东政法大学学报》2014年第6期(总第97期),第146—158页。

[1] 如朱志辉《两位美国人与清末民初的中国法律教育》(载《环球法律评论》2005年第3期)、孙伟《吴经熊与东吴大学》(载《华东政法大学学报》2008年第1期)等文即是关涉兰金、吴经熊之于东吴法学的专论。此外,康雅信(Alison W. Conner)教授的《培养中国的近代法律家:东吴大学法学院》、《中国比较法学院》两文,以详实笔墨深挖细琢东吴法学比较法传统、英美法教育模式颇值得关注。See Alison W. Conner, Training China's Early Modern Lawyers: Soochow University Law School, Journal of Chinese Law, Vol. 8, No. 1, 1994, pp. 1 - 46;[美]艾莉森·W.康纳:《培养中国的近代法律家:东吴大学法学院》,王健译,载《比较法研究》1996年第2期;Alison W. Conner, The Comparative Law School of China, in C. Stephen Hsu, ed., Understanding China's Legal System, New York University Press, 2003, pp. 210 - 273;[美]康雅信:《中国比较法学院》,张岚译,载《中外法学》2003年第6期。她还发表了《东吴法学院与上海律师》,不过这篇文章主要观点基本上包含在《中国比较法学院》一文中。See Alison W. Conner, Soochow Law School and the Shanghai Bar, Hong Kong Law Journal, Vol. 23, No. 3, 1993, pp. 395 - 411.

之着力尤应称道。学界同仁对此虽有关注,却往往流于表面且不乏讹误。[2] 故而,本文拟以钩沉罗炳吉生平起步,通过检视罗炳吉与东吴法学传统的塑造借以阐释英美法律职业群体对中国法学教育近代化的进程的见证与参与。

罗炳吉,1866 年出生于美国伊利诺伊州的拉纳克(Lanark, Illinois),1888 年毕业于内布拉斯加大学,获文学学士学位,[3]继而修得文学硕士、法学硕士学位。[4] 1900 年在内布拉斯加大学获罗马法博士学位,并受聘为该校法学教授。1904 年,罗炳吉被委任为菲律宾初审法院法官后,[5]曾担任菲律宾法律编纂委员会执行主席、菲律宾学会主席等职位。1910 年,菲律宾大学法学院成立之际,罗炳吉不仅参与菲律宾大学法学院的初创,[6]更是受聘为高级讲师教授民法,并以其 33 节罗马

---

[2] 王健教授主编的《西法东渐——外国人与中国法的近代变革》(中国政法大学出版社 2001 年版)曾收录罗炳吉的两篇论文,文后"附录"部分也对罗炳吉生平作以记述。不过,对于罗炳吉著述的描述,王健教授显然存在误读与疏漏。首先,《美国法院在中国》(American Courts in China)乃是一篇论文而非著作,也非发表于 1919 年,而是刊登于 1918 年《菲律宾法学杂志》(Philippine Law Journal)。See Charles Sumner Lobingier, American Courts in China, Philippine Law Journal, Vol. 5, Num. 2-02, 1918, pp. 52-61. 其次,《大美国按察使衙门案例集》(Extraterritorial Cases)实际上还收录不少"英皇在华高等法院"(His Britannic Majesty's Supreme Court for China)审判的案件,称之《治外法权案例集》显然更为妥当。而且,(2vols, 1902-1928)的说法显露出王健教授抄录时的疏漏,因为 Extraterritorial Cases 两卷本分别于 1920 年和 1928 年在马尼拉和上海出版。See Charles Sumner Lobingier ed., Extraterritorial Cases (Volume I), Manila:Bureau of Printing, 1920; Charles Sumner Lobingier ed., Extraterritorial Cases (Volume II), Shanghai: Bureau of Printing, 1928. 最后,罗炳吉著有《民法之演进》(The Evolution of the Civil Law)而非《罗马法之演进》(The Evolution of the Roman Law),只不过该书目录之下列"Part One:The Roman Law",以其在菲律宾大学的 33 节讲义为基础对罗马法历史与演进作以分析。笔者揣测,可能是罗炳吉有意出多卷本,但只完成了第一部分。See Charles Sumner Lobingier, The Evolution of the Civil Law, Charles S. Lobingier, 1915. (该书是罗炳吉自己出版,并无出版社。笔者所据电子版是康奈尔大学图书馆于 1917 年 12 月 8 日收录)不过,该书再版时确实更名为 The Evolution of the Roman Law,但出版时间为 1923 年(第二版),内容也由最初的 105 页扩充为 319 页。See Book Review:The Evolution of the Roman Law, The China Law Review, Vol. 1, No. 7, 1922-1924, pp. 334-335. 此外,何勤华教授《中国法学史》(第三卷)(法律出版社 2006 年版)的"法学家列传"简述罗炳吉生平,不过同样未对其著述详加考证。

[3] See Hon. Charles Sumner Lobingier, Lawyer and Banker and Southern Bench and Bar Review, Vol. 10, 1917, p. 209;有学者指出罗炳吉曾就读于哈佛大学法学院,参见张新:《旧上海的美国法院、法官与律师》,载《档案与史学》2001 年第 3 期,第 56 页。笔者对此观点深表疑虑。

[4] See Judge Charles S. Lobingier, The Green Bag, Vol. 26, Number 8, 1914, p. 343.

[5] See Lobingier is Named as One of the Philippine Judges, Omaha World Herald, May 12, 1904.

[6] 1910 年,在基督教青年会教育署委员会(Educational Department Committee of the Young Men's Christian Association)的赞助下筹备建立的菲律宾大学法学院,由马尔科姆(George A. Malcolm)担任教务长,最初教员主要来自美国驻菲律宾法院法官、检察官等,包括菲律宾最高法院法官莫兰(Sherman Moreland)等。参见《菲律宾大学法学院简史》(A brief history of the College of Law of University of the Philippines),来源:http://law.upd.edu.ph/index.php? option=com_(转下页)

法讲义成就《民法之演进》(The Evolution of the Civil Law)一书。此外,他还曾授教于美利坚大学。[7] 1914年,罗炳吉被委任为美国驻华法院法官一职后,当然地参与了援建东吴大学法学院,其活动多含蕴于建言命名"中国比较法学院"、援教东吴大学法学院、借《法学季刊》著述立说及借由《法学季刊》刊载驻华法院案例的层层面面。

二、建言命名"中国比较法学院"

1915年,东吴大学政治学兰金教授受命于上海创办法学院,初命名"东吴大学法科"。[8] 办校初期,兰金即拜访罗炳吉,恳请罗氏协助策划及实践其在上海开设一法律学校的愿景。事实也正如此,"这一法律学校在上海开办时,如果没有罗炳吉法官无私的帮助,我们很难想象这一工作是否能完成。聘任律师任教、学校校名选定、课程设置计划、学校规程等多来自罗炳吉法官的建议"。[9] 可见,东吴法学院初创阶段,罗炳吉的贡献不容忽视。尤其关涉校名选定,学界普遍认为兰金接受了罗炳吉的建议,如康雅信指出:"兰金向罗炳吉请教学校校名,罗炳吉建议以'比较法学院'(Comparative Law School)为其英文校名。"[10] 这一根据来源自罗炳吉1944年发表于《律师协会评论》的《二十世纪中国的法学教育》,该文提及,"他(兰金)拜托我为学校取个名字,我提议'中国比较法学院'(Comparative Law School of China)最宜表达学校创办目的及办学特色"。[11] 这一观点为学界普遍接

(接上页)content&view = category&id = 34&Itemid = 53,2013年12月10日访问。
[7] See Hon. Charles Sumner Lobingier, Lawyer and Banker and Southern Bench and Bar Review, Vol. 10, 1917, p. 209.
[8] 1927年春,南京国民政府颁布《外国人兴资办学条例》,东吴大学校长文乃史辞职,东吴法科更名为"东吴大学法律学院"(Soochow University Law School),参见《申报》,1927年3月26日;1935年7月6日南京国民政府教育部发布训令(钧部第8524号),"东吴大学法律学院"正式更名为"东吴大学法学院"。参见上海市档案馆馆藏档案:Q245—1—3,"东吴大学苏州校本部抄送教育部指示改组东吴大学法学院的训令及复文稿";忻福良、赵安东编:《上海高等学校沿革》,同济大学出版社1992年版,第149—152页。
[9] W. W. Blume, Judge Lobingier, The China Law Review, Vol. 1, No. 6, 1922-1924, p. 265.
[10] Alison W. Conner, Training China's Early Modern Lawyers: Soochow University Law School, Journal of Chinese Law, Vol. 8, No. 1, 1994, p. 6.
[11] Charles Sumner Lobingier, Legal Education in Twentieth Century China, Lawyers Guild Review, Vol. 4, 1944, p. 2.

受。[12] 不过,缘何以"比较法"命名,学界并无过多关注,在笔者看来,"比较法"观念关乎学校办学及发展宏旨,并成为东吴法学发展的特色,所以有必要予以阐明。

其一,上海租界内东西交融的司法机构与法律文化是"比较法"观念产生的大背景。19 世纪末 20 世纪初的上海,作为西方列强在华治外法权实践最为成熟的地域,司法机构极为繁杂。依照治外法权条约,英、美、比、丹、意、日、荷、挪、葡、西班牙、瑞典、瑞士、巴西等 13 个国家先后在上海公共租界设立领事法庭;[13]英美两国还分别设置驻华法院;公共租界及法租界也都设有会审公廨;此外还有受理公共租界工部局为被告的"领事公堂"。[14] 如此,领事法庭与会审公廨、领事公堂的混杂,公共租界及法租界的分野皆造成上海租界内部多重司法与法律文化交融的局面。英美普通法系司法机构存续及司法理念的宣扬与大陆罗马法系司法机构及理念之间存在的多样化,租界西方法律精神与华界传统中国司法理念之间的差异,既使得上海成为多元法律文化的汇集地,在客观上也为比较法的传播与发展奠定了基础,表达了刘伯穆所言创办东吴法学院"使学生充分掌握世界主要法律体系的基本原理,致力于中国法学的发展与创新"[15]的初衷。

其二,罗炳吉所秉承兼采英美法与罗马法的法学教育理念是"比较法"观念的思想根源。已获民法博士学位的罗炳吉曾受聘于其母校——内布拉斯加大学,与罗斯科·庞德同期任教于法学院,[16]就职菲律宾初审法官时,曾参与菲律宾大学

---

[12] 不少论著提到这一点,如王健编:《西法东渐——外国人与中国法的近代变革》,中国政法大学出版社 2001 年版,第 238 页;孙伟、王国平:《中国最早的法学研究生教育——东吴大学法学研究生教育》,载《苏州大学学报(哲学社会科学报)》2008 年第 2 期;朱志辉:《清末民初来华美国法律职业群体研究(1895—1928)》,广东人民出版社 2011 年版,第 85 页等。

[13] 周武:《论晚清驻沪领事和外籍关员》,载《学术月刊》2000 年第 3 期;也有学者指出有比、丹、意、日、荷、挪、葡、西班牙、瑞典、瑞士、巴西等十二个国家在上海公共租界设立领事法庭,参见徐公肃、丘瑾璋:《上海公共租界制度》,载蒯世勋:《上海公共租界史稿》,上海人民出版社 1980 年版,第 155 页;王立民:《会审公廨是中国的审判机关异议》,载《学术月刊》2013 年第 10 期。疑问之处在于徐公肃、丘瑾璋著作虽写明 12 国,但实际列数只有 11 国,令人诧异。大概是计算美国而并未计算英国,因英国 1865 年设立在华高等法院以取代领事法庭,美国设置"驻华法院"并未取消领事法庭。

[14] 史梅定主编:《上海租界志》,上海社会科学院出版社 2001 年版,第 297 页。

[15] W. W. Blume, Legal Education in China, The China Law Review, Vol. 1, No. 7, 1922‐1924, p. 306;[美]刘伯穆:《二十世纪初期中国的法律教育》,王健译注,载《南京大学法律评论》1999 年春季号,第 23 页。

[16] See Robert E. Tindall, The Graduate School of Law, Soochow University, Republic of China, International Lawyer, Vol. 7, 1973, p. 711.

法学院的创建并在该校开设罗马法课程。在菲律宾有过历练的罗炳吉对于兰金呼吁创设法学院显然既有兴趣也有经验,当然愿意为东吴法学院的初创出谋划策。实际上,对于东吴法学院,罗炳吉的贡献绝不仅限于此,甚至可以说,他的个人趣旨与对时局的把握成就了东吴法学院以比较法为特色的传统。作为20世纪20年代较为著名的比较法学家,罗炳吉对于罗马法及大陆法系的推崇使其视野绝非仅限缩于普通法视阈内。

早在菲律宾大学法学院任教时,他即开设罗马法、诉讼程序法、证据法、宪法以及现代民法等课程,[17] 1915年出版的罗马法讲义——《民法之演进》,以"奎里蒂法"(Jus Quiritium)、"市民法"(Jus civile)、"万民法"(Jus Gentium)以及"自然法"(Jus Naturale)直至《国法大全》(Corpus Juris Civilis)编纂为脉络梳理了罗马法的演进进程。[18] 此外,罗炳吉于1908年发表《民法权利通过普通法救济》一文,试图解决菲律宾原始西班牙法与英美法之间的冲突,进而实现大陆法系与英美法系两大法系之间在权利救济方面的互通;[19] 1915年发表《罗马法对英美法学的影响》一文,指出"当世三大法系之首的罗马法可称作其他法系的渊源",并列举人法、义务、财产法、刑法以及法律程序诸多方面的原则都能在罗马法上找到其最初规定,"这些从罗马法上'借用'的程序实际上不仅仅运用于教科书编纂及法官司法实践中,也同样运用于立法层面"。[20] 可见,罗炳吉对罗马法的钟爱并非毫无缘由。此种钟爱也表现为其极力呼吁建立以罗马法为基础的法学教育体系。[21]

针对罗马法在法学院课程设置中的必要性,罗炳吉在《课程设置中罗马法的价

---

[17] Charles Sumner Lobingier, Legal Education in Twentieth Century China, Lawyers Guild Review, Vol. 4, 1944, p. 1.
[18] See Charles Sumner Lobingier, The Evolution of the Civil Law, Charles S. Lobingier, 1915.
[19] See Charles Sumner Lobingier, Civil Law Rights through Common-Law Remedies, The Juridical Review, Vol. 20, 1908 – 1909, pp. 97 – 108.
[20] See Charles Sumner Lobingier, Influence of the Roman Law upon Anglo-American Jurisprudence, The Law Student's Helper, Vol. 23, 1915, pp. 20 – 22.
[21] 康雅信认为,罗炳吉"将罗马法视为比较法课程对普通律师有着特殊价值,因其是基本法律理念、特别原则及法律术语的来源"。See Alison W. Conner, The Comparative Law School of China, in C. Stephen Hsu, ed., Understanding China's Legal System, New York University Press, 2003, p. 214. 但在笔者看来,他对于罗马法推崇并不简单局限于此,通过对罗马法及法国、德国民法的传播以及将罗马法规则运用于驻华法院案件审判中均可体现其对罗马法的推崇,绝非因其实用性使然。

值与地位》一文中鲜明提出,"很明显,罗马法对于现代律师的价值绝非仅限于其与英美法相联系的部分","以我在菲律宾大学法学院的教学经验来说,选择罗马法作为研究方向的远远多于其他现代部门法",并认定罗马法在沟通传统研究及现代法律实践领域起到了桥梁作用,由此也呼吁确定罗马法作为法学院所设置的"法学通论"(Elementary Law)课程。[22] 此外,他还发表德国法对罗马法的继受、罗马法复兴、德国民法典的演进及拿破仑民法典的域外影响与现代发展等类型文章。[23]

前述种种皆反映了罗炳吉秉持发展罗马法的宏大抱负。此种宏大抱负与中国亟需各"新式法律体系"社会现实之间的冲突更坚定了罗炳吉引介外国法律制度的决心。至于引介路径如何选择,身兼罗马法学者与美国驻华法院法官的双重身份的罗炳吉,所给出的兼容并包的答案可谓意味深长:"应首先将外国法律制度教授给中国年轻人,随后让他们从中挑选素材以便构建自己的新式法律体系。"[24]

于是,上海租界这一复杂政治大背景及罗炳吉双重身份的特殊性促成了以"比较法"为目标与特色,坚持中国法与英美法并重的比较法学院。这一点,东吴法学院在教员选聘、教材选择等层面的表现足以印证。学院创设初期除聘任美国在华律师、法官外,还聘请柏恩普(H. Baerensprung)、[25] 高恩厚(Rudolf Kahn)博士为德国法教授,法国人宝道博士为法国法教授,[26] 再加上留学美、德兼采两大法系的

---

[22] Charles Sumner Lobingier, The Value and Place of Roman Law in the Technical Curriculum, American Law Review, Vol. 49, 1915, p. 367; Charles Sumner Lobingier, The Value and Place of Roman Law in the Technical Curriculum, Southern Law Quarterly, Vol. 1, 1916, pp. 127 - 128; Charles Sumner Lobingier, The Value and Place of Roman Law in the Technical Curriculum, The Juridical Review, Vol. 30, 1918, p. 161.

[23] See Charles Sumner Lobingier, The Reception of the Roman Law in Germany, Michigan Law Review, Vol. 14, No. 7, 1916, pp. 562 - 569; Charles Sumner Lobingier, The Revival of Roman Law, The Cornell Law Quarterly, Vol. 5, 1919 - 1920, pp. 430 - 439; Charles Sumner Lobingier, The Evolution of the German Civil Code, Southern Law Quarterly, Vol. 1, 1916, pp. 330 - 337; Charles Sumner Lobingier, Napoleon and His Code, Harvard Law Review, Vol. 32, No. 2, 1918, pp. 114 - 134.

[24] Charles Sumner Lobingier, Legal Education in Twentieth Century China, Lawyers Guild Review, Vol. 4, 1944, p. 2.

[25] 柏恩普是汉堡大学法学博士,前美国纽约大学教授,教授德国刑法、监狱学。参见"教授一览表",东吴大学法学院编:《私立东吴大学法学院一览》,东吴大学法学院1936年版,第7页。

[26] 参见王健编:《西法东渐——外国人与中国法的近代变革》,中国政法大学出版社2001年版,第243页。高恩厚在伦敦大学获取法律学位,是格雷律师公会(Gray's Inn)成员,来上海前曾任教于柏林大学。See Alison W. Conner, The Comparative Law School of China, in C. Stephen Hsu, ed., Understanding China's Legal System, New York University Press, 2003, pp. 258 - 259.

王宠惠、吴经熊等人的加入,使得比较法学院名副其实;在教材择取方面,"大概1/3为各国比较法,用英语或各该国语言教授;2/3中国现行法规,用华语教授"[27]的设置也是比较法实践的绝佳表现。在《法学季刊》第1期"社论"中,刘伯穆也指出比较法研究的重要性:"只有通过将中国法与那些现代国家法律比较的基础上建立的法律体系,中国才能更好地管理自己并将其法律体系与现代社会相融合。"[28]对于比较法观念表现出赞赏的口吻。乃至1927年哈佛大学哈德森(Manley O. Hudson)教授在东吴法学院的演讲中指出:"尽管对于世界大多数的法学院甚为熟知,但我并不知晓比较法为名者。最近我曾到访土耳其两所顶级法学院,那里正经历着外国法的继受,学生们通过学习印度法学院所尝试的掌握三种法律体系(英国法、印度法及伊斯兰法)来研究土耳其法。但与前述以不同法律体系勾画国内法蓝图不同的是,教授以英美法及大陆法相互比较基础之上之国内法的中华比较法律学院显然实至名归。"[29]

三、呼吁援教东吴法学院

曾执教诸多法学院校的罗炳吉,对于任教东吴法学院显然并不排斥。1915年东吴法学建系伊始,罗炳吉便应兰金之邀于工作闲暇之余义务兼职法学教授。此外,他还答应鼓动远东美国律师协会在籍律师前去支援。[30] 曾于1917年9月至1920年6月入读东吴法学院的吴经熊指出:"课在晚5:00—8:00上。常任教授只有兰金本人,但实际上上海有名的律师都会来充当职员,主讲法律各门分支,这些人里甚至包括美国法院大法官Lobingier。"[31]事实确是如此,东吴法学创办之初的11位教师除王宠惠外,其余皆为美国在华律师、法官等,包括美国驻华法院法官罗炳吉、前美国驻华法院检察官巴西特(Arthur Bassett)、前上海美国总领事佑尼干(Thomas R. Jernigan)、礼明(William S. Fleming)、上海美国副领事毕射谱

---

[27] 孙晓楼:《法律教育》,中国政法大学出版社1997年版,第202、203页。
[28] W. W. Blume, Editorial, The China Law Review, Vol. 1, No. 1, 1922-1924, p. 34.
[29] Manley O. Hudson, Address at the Inauguration Exercises, The China Law Review, Vol. 3, No. 4, 1926-1929, p. 149.
[30] See Charles Sumner Lobingier, Legal Education in Twentieth Century China, Lawyers Guild Review, Vol. 4, 1944, p. 2.
[31] 吴经熊:《超越东西方》,周伟驰译,社会科学文献出版社2002年版,第61页。

(Crawford M. Bishop)、德惟士(James. B. Davis)、罗礼士(Joseph W. Rice)、代理驻华法院检察官罗思尔(Earl B. Rose)、黄添福(T. H. Franking)及教务长兰金。[32] 律师、法官也只能在工作之余到法学院兼职任教,也就使得最初法学院的课程一般安排在下午至晚上。谭金土谈及,东吴大学法学院办学之初,常规的法律课程是每天3小时,从周一到周五,每天下午4点30分到7点30分上课。[33] 这一设置与菲律宾大学法学院初创时的理念可谓如出一辙。[34] 不过"上夜课"并不意味着东吴法学院是一所"夜校"。[35] 将课程安排在晚上显然便于兼职的法官和律师来上课,在积贫积弱的旧中国恰是最为适宜的学习方式。有学者甚至指出,"'法科'……能成为国内有数的法律教育机关,却当归功于半日制度"。[36]

1923年,经罗炳吉推荐,美国驻华法院前任检察官陆赉德(George Sellett)博士赴东吴大学法学院长期兼任教职。[37] 为表彰其为法学院任劳任怨工作11年的突出贡献,《法学季刊》编辑委员会特意撰文向其致谢。1935年2月的《法学季刊》撰文刊载时任教务长的吴经熊对陆氏的"致意"文章。文章指出,陆赉德博士毕业于密歇根大学法学院,曾做过驻华法院地方检察官,在担任东吴大学代理教务长及教师期间为之做出贡献。[38] 据康雅信对东吴法学前辈的访谈可知,正是陆赉德将案例教材及"案例教学法"引入东吴法学院,开创了案例教学法的新型教育模式。

---

[32] 上海市档案馆馆藏档案:Q245—1—256,《东吴法学院法律系历届教授名录》;《前任教职员名录》(自民国四年至民国二十四年),参见东吴大学法学院编:《私立东吴大学法学院一览》,东吴大学法学院1936年版,第60、61页。
[33] 谭金土:《回顾东吴大学法学院》,载《检察日报》2003年2月14日。
[34] 法学院设立初期课程一般安排在下午5点开始,既满足学生日常工作,也方便兼职教师有时间前来授课。参见《菲律宾大学法学院简史》(A brief history of the College of Law of University of the Philippines),来源:http://law.upd.edu.ph/index.php?option=com_content&view=category&id=34&Itemid=53,2013年12月10日访问。
[35] 傍晚上课模式一直到1937年才正式开设实行日、夜班两种模式。康雅信指出,也有一些东吴法学院的毕业生认为该校可成为夜校,但她认为东吴法学院在某些方面与美国私立法学院较为近似。See Alison W. Conner, Training China's Early Modern Lawyers: Soochow University Law School, Journal of Chinese Law, Vol. 8, No. 1, 1994, pp. 16 - 17.
[36] 卤厂:《东吴大学法律学院的今昔》,载《新社会半月刊》第7卷第9期(1923)。
[37] 也有学者认为,陆氏于1922年始任教于东吴法学院。参见谭金土:《回顾东吴大学法学院》,载《检察日报》2003年2月14日;王国平编著:《博习天赐庄——东吴大学》,河北教育出版社2003年版,第68页;王国平:《东吴大学简史》,苏州大学出版社2009年版,第80页。
[38] John C. H. Wu, An Appreciation, The China Law Review, Vol. 7, No. 3 - 4, 1935, pp. 113 - 114.

学生需要作出判例摘要、叙述案件事实、争议、判决及理由。[39]

为表彰罗炳吉为东吴法学院创设及早期教学实践的重大贡献,1923年,在东吴法学院第6届毕业典礼上,教务长刘伯穆代表学校授予罗炳吉荣誉法学博士学位(Doctor of Jurisprudence, honoris causa)。[40]《法学季刊》记载着刘伯穆对罗炳吉法官的致辞,先是介绍了罗炳吉法学实践与法学教育的经历,随后指出"应东吴大学董事会推荐,决定授予罗炳吉法官荣誉学位……他早已获得民法学博士学位,也曾撰写上百篇论文,享誉业内……任职美国驻华法院期间的创造性工作为人熟知,建立法院图书馆为人称赞",在谈及罗炳吉对东吴法学院的贡献时,刘伯穆指出:"这一法律学校在上海开办时,如果没有罗炳吉法官无私的帮助,我们很难想象这一工作是否能完成。聘任律师任教、学校校名选定、课程设置计划、学校规程等多来自罗炳吉法官的建议。"[41]他还提及前任教务长兰金于建校伊始的感言:"吾美按察使罗炳吉先生之教育功绩,殊不能磨灭。"[42]

身为远东美国律师协会会长的罗炳吉,还特别要求新赴上海的美国律师都应有义务支持、援教东吴法学院。此外,他曾出版的罗马法讲义——《罗马法之演进》(Evolution of the Roman Law)经修订后的1923年版本也成为东吴法学院的指定教材。[43]

四、借《法学季刊》著述立说

1922年4月,在教授编委会监督管理下,东吴大学法科学生会创办中英文合刊《法学季刊》(The China Law Review),至1940年前后是以季刊形式发行。起初

---

[39] Alison W. Conner, Training China's Early Modern Lawyers: Soochow University Law School, Journal of Chinese Law, Vol. 8, No. 1, 1994, p. 13.

[40] 罗炳吉成为首位被东吴法学院授予荣誉法学博士学位的法学家,翌年,东吴法学院又授予董康、王宠惠荣誉法学博士学位。参见东吴大学法学院编:《私立东吴大学法学院一览》,东吴大学法学院1936年版,第67页。

[41] W. W. Blume, Judge Lobingier, The China Law Review, Vol. 1, No. 6, 1922-1924, pp. 264-265.

[42] 上海市档案馆馆藏档案:Q245—1—486,《教务长刘伯穆先生为赠送美国驻华按察使罗炳吉先生荣誉学位法学博士启》。

[43] See W. W. Blume, Judge Lobingier, The China Law Review, Vol. 1, No. 6, 1922-1924, p. 266.

每2年共8期编为1卷,[44]如1922年出版3期(4、7、10月),1923年出版4期(1、4、6、10月),1924年1月出版1期,以上8期编为第1卷;1924年7月至1926年4月出版8期编为第2卷。由于1927年刘伯穆的离任,《法学季刊》1928年并未出刊,直至1929年2、4月连出2期,才勉强编为第3卷;随后,1929年11月至1931年4月出版8期编为第四卷。1931年底《法学季刊》面临改革,为充实篇幅及编辑便利,将中英文分作两刊,中文方面改名《法学杂志》,每2个月出版1期,英文方面仍沿其旧,每季出1册。[45] 1937年,抗日战争爆发使得上海沦为日占区,英文版《法学季刊》于1940年6月发行最后一期后宣告停刊。故而,该刊自1922年至1940年共刊行10卷53期,[46]详情如下:

卷数	期数	出版时间
Volume I	Issue 1、2、3、4、5、6、7、8	1922.4;1922.7;1922.10;1923.1;1923.4;1923.6;1923.10;1924.1
Volume II	Issue 1、2、3、4、5、6、7、8	1924.7;1924.10;1925.1;1925.4;1925.7;1925.10;1926.1;1926.4
Volume III	Issue 1、2、3、4、5、6、7—8	1926.7;1926.10;1927.1;1927.4;1927.7;1927.10;1929.2—4
Volume IV	Issue 2、3、4、5、6、7、8	1929.11;1930.2;1930.4;1930.7;1930.12;1931.1;1931.4
Volume V	Issue 1、2、3、4	1932.1;1932.2;1932.7;1932.11
Volume VI	Issue 1、2、3、4	1933.1;1933.4;1933.7;1933.10
Volume VII	Issue 1、2、3—4	1934.1;1934.11;1935.2
Volume VIII	Issue 1、2、3、4	1935.5;1935.8;1935.11;1936.2
Volume IX	Issue 1、2、3、4	1936.6;1936.9;1936.12;1937.3
Volume X	Issue 1、2	1937.6;1940.6

---

[44] 佛罗里达州立大学法学院教授塔希瑞·李(Tahirih V. Lee)以为《法学季刊》每年发行6期,See Tahirih V. Lee, Orienting Lawyers at China's International Tribunals Before 1949, Maryland Journal of International Law, Vol. 27,2012, p. 188.

[45] 参见《本刊启示》,载《法学杂志》第5卷第1期(1931)。

[46] 据孙伟统计,1922年4月至1941年1月共刊印72期,参见孙伟:《吴经熊法律实践研究1917—1949》,苏州大学博士学位论文,2009年,第54页。

在《法学季刊》创刊"社论"中,刘伯穆即指出:"本刊宗旨,一则引介外国法原理并使外国了解中国法,二则推进以比较法研究前述原理,三则广为传播此种原理以备法律改革之需。"[47]于是,在此种理念引导下,关注外国法律观念、制度文章屡见不鲜。发表论文者有不少为东吴法学院任教的教师,吴经熊便曾于该刊发表论文、书评近20篇,包括享有盛名的《罗斯科·庞德的法哲学》、《卡多佐法官的法哲学》、《霍姆斯法官的思想》等文对美国法哲学作以引介。[48]此外,董康、丘汉平、孙晓楼也曾为《法学季刊》撰写不少引介性的文章。如上诸端,正可谓西法东渐的大背景下达致近代法政杂志之"求是"与"致用"的反映。[49]

作为东吴法学院兼职教授的罗炳吉,亦是《法学季刊》的常客,不仅于1931年4月位列"顾问部",[50]更是杂志的高产学者。据笔者统计,1922年至1940年间,罗炳吉即于该刊发表论文13篇之多,大力倡导罗马法及英美法的传播。

早在《法学季刊》创刊伊始,罗炳吉便作《罗马法之繁荣》一文,重点介绍了罗马五大法学家帕比尼安、乌尔比安、保罗、莫迪斯蒂努斯及盖尤斯对于罗马法繁荣的推进,并指出"拥有四千年历史的国度却依然是法学的处女地,中国期待它的帕比尼安",以此激励中国学生为中国法学的繁荣发展而努力;[51]在《法律课程设置中罗马法的地位》一文,罗炳吉重申罗马法是"世界各文明国家法律体系中各种基本法律概念、特定原则的来源,是法律术语及研究法律发展模式的富矿",而且"学习罗马法最佳时间是课程开始而非课程终结";[52]《常设国际法院》一文是对1922年国联创设国际法院的评析。[53]

---

[47] W. W. Blume, Editorial, The China Law Review, Vol. 1, No. 1, 1922－1924, p. 33.
[48] See John C. H. Wu, The Juristic Philosophy of Roscoe Pound, The China Law Review, Vol. 1, No. 8, 1922－1924, pp. 360－368; John C. H. Wu, The Juristic Philosophy of Judge Cardozo, The China Law Review, Vol. 2, No. 3, 1924－1926, pp. 109－116; John C. H. Wu, The Mind of Mr. Justice Holmes, The China Law Review, Vol. 8, No. 2, 1935－1936, pp. 77－108.
[49] 参见程燎原:《中国近代法政杂志的兴盛与宏旨》,载《政法论坛》2006年第4期。
[50] "顾问部",《本刊职员》,载《法学季刊》第4卷第8期(1931)。
[51] See Charles Sumner Lobingier, The Flowering of Roman Law, The China Law Review, Vol. 1, No. 6, 1922－1924, pp. 269－275.
[52] Charles Sumner Lobingier, The Place of Roman Law in the Legal Curriculum, The China Law Review, Vol. 1, No. 7, 1922－1924, p. 332.
[53] See Charles Sumner Lobingier, The Permanent Court of International Justice, The China Law Review, Vol. 1, No. 8, 1922－1924, pp. 369－372.

即使在卸任驻华法院法官一职后,罗炳吉仍关注与支持杂志,更将视野移转至中国现代法律体系的建设等具体问题。1929年发表《中国法导论》一文,从中国传统习惯法、成文法及法典编纂及其世界性影响诸方面对中国法详加分析,旨在回应学者惯常以为的中国并无构建现代法律体系的可能,从侧面对中国现代法制的生成抱有殷殷期望;[54]《中国应否建立统一的法律体系?》一文则更为直接地将此种期许表露于外,对中国为争取治外法权的取消而构建现代法律体系,罗炳吉表现出赞同并议请美国政府作出"让步"(recession),不过此举更有助于"提升美国之于中国之威望"。[55]

当然,他还是将主要精力放诸世界法系的传播方面。如1931年发表的《世界法之关联点》,认为"以色列习惯法"(Israel's Customary Law)在4000年发展历程中贯穿了以"摩西十诫"(Decalogues)、"约书"(The Book of the Covenant)、"摩西五经"(The Book of the Law)为线索的希伯来法,以犹太法典《塔木德》(The Babylonian Talmud)为代表的不成文法,以《圣经》为例所体现的超国家性(extra-national),最终表达其作为古今法律体系的关联点及在世界法律的变革中的重要影响力。[56] 这一研究给拥有同样悠久历史的中国以极大启发。

出于对罗马法研究的青睐,罗炳吉连续在《法学季刊》刊发关涉罗马法命题的论文。如《罗马法在西方的复兴:学术传统的胜利》一文,指出罗马法通过10世纪末新课程的设置,经由帕维亚(Pavia)到博洛尼亚(Bologna)大学的发展,由瓦卡里乌斯(Vacarius)传播至英国,进而传播至法国,最终完成罗马法在西欧的复兴。[57] 在谈及这一文章宗旨时,罗炳吉不无感慨地表示,罗马法复兴中博洛尼亚大学可谓

---

[54] See Charles Sumner Lobingier, An Introduction to Chinese Law, The China Law Review, Vol. 4, No. 5, 1929 – 1931, pp. 121 – 132;[美]罗炳吉:《中国法律导论》,王笑红译,载王健编:《西法东渐——外国人与中国法的近代变革》,中国政法大学出版社2001年版,第40—52页。

[55] See Charles Sumner Lobingier, Shall China have an Uniform Legal System? The Chinese Law Review, Vol. 6, No. 4, 1933, pp. 327 – 334;[美]罗炳吉:《中国应当建立统一的法律体系吗?》,王笑红译,载王健编:《西法东渐——外国人与中国法的近代变革》,中国政法大学出版社2001年版,第53—60页。

[56] See Charles Sumner Lobingier, The Connecting Link in World Law, The China Law Review, Vol. 4, No. 8, 1929 – 1931, pp. 327 – 372.

[57] See Charles Sumner Lobingier, The Revival of Roman Law in the West: A Triumph of Academic Tradition, The China Law Review, Vol. 7, No. 3 – 4, 1934 – 1935, pp. 116 – 136.

居功至伟,而东吴比较法学院作为西法引介的重要阵地,期望其试图也能如博洛尼亚大学般在法学传播中作出卓越贡献,并隐喻中国法学生能跻身伊纳留斯(Irnerius)般先贤行列。[58]《英格兰法:基于十三世纪莫顿男爵们宣言的新解释》一文则指出基于1236年英格兰男爵们在莫顿所发表的宣言:我们不希望改变至今在英格兰适用和颁布的法律(Nolumus leges Angliae mutare),考察了成文法(Jus Scriptum),格兰维尔(Glanvill)、布拉克顿(Bracton)注释及习惯法、王室法庭规则、罗马法、教会法等实际渊源及素材以及13世纪法令大全,发现13世纪罗马法促成本地习惯法的转移可称作英国乃至欧洲大陆司法变革中最为显著的特征,并断言13世纪的英国法不乏罗马法元素。[59]

其后,罗炳吉开始关注法律人类学领域的发展,发表了《关于"人"的新科学及其中法律的地位》一文,以探讨人类学这一关于人的科学的诸般相态,并指明法律作为人类学中一个分支的地位;[60]随后又发表《法律人类学背景》,从"何谓人"、"人的类型与种族"、"种族周期"诸方面对法学家关于人类学的研究作以阐释。[61]由前述两篇文章,罗炳吉向国人介绍了英美学术界较为热门的话题。此外,对于法律起源方面的研究也是罗炳吉后期较为关注的研究领域,他接连发表《以眼还眼:关于法律起源的研究》及《法律的性质及起源》两篇论文,前篇洋洋洒洒70页,从复仇观念的起源、运作、限制性条件、替代性解决措施等方面对这一观念全方位分析,并以现代社会中对其的各种制度性演进为参照,极具说服力。[62]后篇则从原始人的法、法律与宗教、法律与习惯、法律与道德、法律的渊源的角度透视法律的发展与

---

[58] See Charles Sumner Lobingier, Legal Education in Twentieth Century China, Lawyers Guild Review, Vol. 4, 1944, p. 5.
[59] See Charles Sumner Lobingier, The Laws of England: In the Thirteenth Century with a New Interpretation of the Barons' Reply at Merton, The China Law Review, Vol. 8, No. 3, 1935 - 1936, pp. 153 - 191.
[60] See Charles Sumner Lobingier, The New Science of Man and Law's Place Therein, The China Law Review, Vol. 9, No. 2, 1936 - 1937, pp. 107 - 124.
[61] See Charles Sumner Lobingier, Law's Anthropological Background, The China Law Review, Vol. 9, No. 3, 1936 - 1937, pp. 211 - 226.
[62] See Charles Sumner Lobingier, Jus Talionis: A Study in Legal Origins, The China Law Review, Vol. 9, No. 4, 1936 - 1937, pp. 306 - 375.

演进。[63]

不可否认,前述论文在引介西方法等方面有其局限性。原因在于,罗炳吉对罗马法过分青睐、着重刊发罗马法领域的论著从而忽视了其他实用性法律制度的引介,后期又因学术兴趣点转移至法律起源及法律人类学等领域而与《法学季刊》西方法引介的宗旨渐行渐远。不过,也应看到他致力于传播法律前沿问题及呼吁解决中国问题的诸般努力,也正是在罗炳吉等美国法律职业群体的引介、传播之下,西方法制、文化如涓涓细流滋润中华法制文明。

五、《法学季刊》刊载驻华法院案例

在罗炳吉的参与下,《法学季刊》定期刊载法院审判的案例,其中既有对中国法院的案件审判结论及适用原则的翻译,也有直接摘录、总结英、美驻华法院的案件审判书。根据笔者的查阅,《法学季刊》基本上每期都会有对中国法院所审判案件及规则的介绍,当然也有为数不少关涉会审公廨及美国、英国驻华法院的典型案件。此种模式的最初目的在于本着引介与交流的传播精神实现中西审判风格的互通,不过,此举无疑为东吴法学院"案例教学法"的促成提供了绝佳素材。

1921 年秋,东吴法学院即开始以"模拟法庭"(Moot Court)展开教学理论与司法实践相结合的教学模式,并充分利用上海这一混合司法区域,前往租界英、美驻华法院观摩英美法系庭审,更为直观地体验庭审及诉讼程序的场景展现,并将此种场景再现于课堂之上,让学生能于耳濡目染中心领神会。"开庭前由主教者将疑案之事实,通知原被告律师,两律师先后各备诉状及答辩书,届时由双方提出人证及物证,并各具言词。辩论终结后,法官宣告判词。败诉者如有不服,复可请求再审,或声明上告。所用程序,均照现行法院或上海会审公廨,及英美法庭审理,间用陪审制。学生各得轮值充任。"[64]

与此同时,《法学季刊》又以法院经典案件判决为例证,从而达致与模拟法庭教学模式的交相呼应。翻阅《法学季刊》所载案件讨论,即有不少典型例证。此处仅

---

[63] See Charles Sumner Lobingier, The Nature and Origin of Law, The China Law Review, Vol. 10, No. 1, 1937 - 1940, pp. 55 - 90.
[64] 参见王国平:《东吴大学简史》,苏州大学出版社 2009 年版,第 81 页。

以美国驻华案件为例,对此种状况予以阐明。

1922年《法学季刊》的第1卷即刊载了关涉美国驻华法院审判的三件案例。其中第3期"各法庭案件报告"(Miscellaneous Documents)一栏收录1922年8月31日"徐文华堂诉美孚行案"(Hsu Wen Wha Tang v. Standard Oil Company of New York)的案件摘要及判决结论,并冠以"美国法庭规则"(Ruling in U. S. Court)之名。这是一起中国家庭作为原告起诉美国洋行请求返还不动产所有权的民事案件,案件审理中被告主张原告并不具备起诉的法定资格,原告当事人存在缺陷,对于这一抗辩主张,法院最终作出维持的判决。[65]

第4期所刊载的"美国法庭判决录"(United States Court for China)是关于1922年11月28日所审理的"中国海关诉美丰银行案"(Chinese Maritime Customs v. American-Oriental Banking Corporation, Garnishee)的案件摘要及判决结论,这是一起中国原告起诉美国洋行要求美国驻华法院作出执行判决的案件,该案原本是一起美国人诉中国人的、已在上海会审公廨作出判决的案件,诉至本院是需要驻华法院就被告财产作出财产扣押令,最终,依照会审公廨判决,原告胜诉。[66]

第7期首设"法庭判决"(Court Decisions)专栏并刊载美国驻华法院于1923年9月19日审理的"美国诉卡尼案"(United States v. Lawrence D. Kearny,一般称作"凯雷军火案"),对于这一起共谋买卖走私枪支、弹药等违禁品案件,《法学季刊》编辑予以全文转录,对罗炳吉法官在案件审判中法条的援引和证据的说明等环节都作了很好的展示,法官对于被告所提出的抗辩予以驳回,[67]最终判处被告有罪并罚款2500鹰洋。[68]

第2卷第1期的"法院判决"专栏收录了1924年1月26日美国驻华法院所受理的"美国诉史密斯案"(United States v. Arthur W. Smith)案情摘要及判决结论,该案被告对于美国驻华法院的管辖权表示异议,但最终法院驳回被告抗辩,对其作

---

[65] See Ruling in U. S. Court, The China Law Review, Vol. 1, No. 3, 1922 – 1924, pp. 149 – 150.
[66] See United States Court for China, The China Law Review, Vol. 1, No. 4, 1922 – 1924, pp. 190 – 192.
[67] See Court Decisions: In the United States Court for China, The China Law Review, Vol. 1, No. 7, 1922 – 1924, pp. 336 – 346.
[68] See Charles Sumner Lobingier ed., Extraterritorial Cases (Volume II), Shanghai: Bureau of Printing, 1928, p. 686.

出有罪处罚。[69] 第 8 期所刊载的"美国巡回法院判决"(U. S. Circuit Court Decision)是针对"纽纶洋行诉万尔第仁代表良济洋行案"(Neuss, Hesslein & Co. v. L. Van der Stegen, doing business under the firm name and style of the Belgian Trading Company)这一就美国驻华法院审判不服而上诉至第九巡回法院的案件的审判书,不过第九巡回法院最终作出维持驻华法院判决的结论。[70] 这一上诉案件的审判所表现出的审判风格亦非在华美国法庭所能比拟,而此种类型判决书的解读也必然更具教科书意义。

除了案件判决书的收录之外,《法学季刊》对于美国驻华法院的一些组织规则也表现出了些微关注,1923 年 10 月的"时事记载"(Current Events)即有关于"美国驻华法院组织变更建议"(Organic Changes Proposed for U. S. Court for China)的报道。对 1922 年美国国会通过法案对上海的美国法院关于检察官、司法委员的设置规程作出解读。[71]

虽然,不论从数量还是影响力而言,前述案件产生的社会影响并非深远,《法学季刊》刊载驻华法院案件的惯例在罗炳吉卸任驻华法院法官一职后也逐渐销声匿迹。但仅有可资参考的案件至少可以说明,最初东吴法学院引入法学实践课程在一定程度上与其关注美国驻华法院审判有着关联性。如果说,刊登中国法院的案件旨在传播中国审判原则与精神的话,收录美国驻华法院案件则更为务实,它为学生提供了一个更为系统地了解英美法系审判程序的平台。

六、结语

基于罗炳吉的鼓动与感召,上海的美国律师赴东吴法学院兼职授课,无疑对东吴法学院的最初创办贡献良多。可以说,他们亲历参与,同时也见证了东吴法学院的成长以及中国近代法学教育的萌发。

---

[69] See Court Decisions: In the United States Court for China, The China Law Review, Vol. 2, No. 1,1924 - 1926, pp. 34 - 39.
[70] See In the United States Circuit Court of Appeals for the Ninth Circuit, The China Law Review, Vol. 2, No. 8,1924 - 1926, pp. 350 - 359.
[71] See Organic Changes Proposed for U. S. Court for China, The China Law Review, Vol. 1, No. 7,1922 - 1924, pp. 303 - 304.

对此,学者早有评价,"大律师中究竟也有不少高明之士,而且在经验上亦非那些回国就到大学贩卖学识的留学生可比……";[72]盛振为也认为,这些教师"皆为海上中西法学大家,其一知半解、滥竽充数者绝不厕身于其间"。[73]

与此同时,美国律师、法官参与法学教育也塑造了东吴法学院"美国式"的法学教育模式。创建初期的东吴法学院基本上沿用了美国教学模式,学院前十年的课程设置与美国法学院基本近似,由受过美国法训练的律师以英文教授普通法课程。[74]同时,在教学实践中,律师们也开始考虑使用自己代理过的案件,以案说法,向学生们传授法学实践经验,陆赉德将"案例教学法"引入便是此间明证。

此外,不少美国律师也曾就中国法律、社会相关问题发表论著,阐明主张,或专注于中国传统法律的宣传,或聚焦于外国法律体制的引入。

诚然,若以殖民视角加以考量,美国法律职业群体对东吴法学院的创建,以及英美式法学教育模式、案例教学模式、模拟法庭模式的引介所描述的俨然是一种"法律帝国主义"观念的推广过程,皆可将之视作一种殖民话语下的侵略与蚕食。不过,后发式法制对于先发式法制的继受本身就夹杂着诸多无奈,绝不会因秉持民族情节固守姿态而减弱半分。这也正是此种被动继受的法制近代化在最初阶段屡遭国人愤恨,却最终不得不依此路径步履蹒跚地开启艰难历程的内在因由。

---

[72] 卤厂:《东吴大学法律学院的今昔》,载《新社会半月刊》(第7卷)1923年第9期,第267页。
[73] 盛振为:《十九年来之东吴法律教育》,载孙晓楼:《法律教育》,中国政法大学出版社1997年版,第186页。
[74] See Alison W. Conner, The Comparative Law School of China, in C. Stephen Hsu, ed., Understanding China's Legal System, New York University Press, 2003, p. 213.

四川法政学校
——中国近代法学专门教育的地方实践(1906—1926)

里 赞 刘昕杰[*]

光绪二十八年(1902年),清廷颁布《钦定学堂章程》,提出建立学堂和国民通识教育体系,其中法律学被订为学堂政法科下与政治科并列的一门学科。[1] 同年四月,沈家本和伍廷芳受命"将一切现行律例,按照交涉情形,参酌各国法律,悉心考订,妥为拟议,务期中外通行,有裨治理"。[2] 晚清修律,国内对法律人才的需求日益急切。光绪三十一年三月,在奏请尽快设立京师法律学堂后,沈、伍二人提出在各省已开办的课吏馆内专设仕学速成科,要求各省"课程一切参照大学堂章程内法律学门所列科目及日本现设之法政速成科办理。选派明习法律的人员及外国游学毕业者充当教员,分门讲授,令学员在堂录写讲义,定六个月为一学期,三学期毕业,造就已仕人才,俾办地方庶政。当务之急,莫过于此"。[3] 为此,四川在光绪二十九年开办课吏馆的基础上,[4] 及时地按照中央的要求,参仿湖南例专设仕学馆造就具有政法知识的地方官僚。四川总督锡良在赴日考察近代教育后,责成提学使方旭、候补道周善培在已开办半年的仕学馆基础上创办四川法政学堂,[5] 光绪

---

[*] 里赞,四川大学法学院教授、博士生导师,历史学博士;刘昕杰,四川大学历史文化学院博士研究生。本文原载《华东政法大学学报》2009年第1期(总第62期),第140—152页。
[1] 王健:《中国近代的法律教育》,中国政法大学出版社2001年版,第188页。
[2] 沈家本:《删除律例内重法折》,载沈家本《寄簃文存》,中华书局1985年版。
[3] 伍廷芳:《奏请各省专设仕学速成科法》,载《伍廷芳集》(上册),中华书局2004年版。
[4] 四川省地方志编纂委员会:《四川省志·哲学社会科学志》,四川人民出版社1998年版,第206页。
[5] 省官立绅班法政学堂:《四川省官立绅班法政学堂一览表》,1910四川法政学校档案,四川大学档案馆藏。

三十二年(1906年)八月四川法政学堂成立,是为四川法政学校的前身。

一

四川法政学堂初分"官班"和"绅班",彼此相互独立。由于官班专为有科举功名和世家阀阅的人而设立,故而具有实质意义的法学教育为绅班,称"官立绅班法政学堂"。四川法政学堂地址初设在成都皇城贡院西偏,后迁总府街内务司旧署。[6] 根据1910年该校的统计,四川法政学堂共有讲堂五间,教员准备室二间,自习室三十二间,寝室三十间,教员室八间,司事室十二间,仆役室十五间,食堂十间,浴室三间,理发室二间,问客室三间,学生接待室二间,厨室八间,操场一所,阅报室二间,藏书室二间,厕室十一间,盥所五间。四川政法学堂共占地178600方尺,操场占地30400方尺。[7] 与当时法政学堂的典范京师法政学堂相比,四川法政学堂在成立之初,并不具备完备的分科体系。1907年2月成立的京师法政学堂分设正科、别科和讲习科。正科学习期限三年,规定由二年预科毕业之后或相当学力者升入,然后自行选择一门。预科招收中学有根底者入学。别科则专门招收各部院人员及举贡生监,三年毕业,课程略为专门,别科不必像正科那样由预科升入,惟取速成之意,并且对在职服官或已有科名人员特别优待。讲习科专为吏部新分及裁缺人员入学肄业而设,各门只须讲授大要,一年半毕业。[8] 四川政法学堂只设别科和讲习科,而没有开设标准最高、年限最长的法律正科。由于别科和讲习科的要求较低,学时较短,四川法政学堂建立初始便颇有应景速成的意味。

宣统二年(1910年)二月,《法院编制法》颁布实施,各地对审判人员和法检人员的需求扩大,为此清廷学部要求各地扩充法政学堂的办学规模。[9] 但同时为避免法政教育鱼目混杂,学部开始考虑提高法政学堂的教育质量。同年十二月,学部颁布《改定法政学堂章程》,强调政法学堂的宗旨是"养成专门法政学识,足资应

---

[6] 省官立绅班法政学堂:《四川省官立绅班法政学堂一览表》,1910四川法政学校档案,四川大学档案馆藏。
[7] 省官立绅班法政学堂:《四川省官立绅班法政学堂一览表》,1910四川法政学校档案,四川大学档案馆藏。
[8] 王健:《中国近代的法律教育》,中国政法大学出版社2001年版,第202、203页。
[9] 《学部通行各省法政学堂应次第扩充文》,载朱有瓛:《近代学制史料》,华东师范大学出版社1989年版,第487页。

用",课程当以中国法律为主,除政治、法律外增设经济科。该章程提高了法政学堂的入学标准,要求必须有中学文凭,同时延长法律正科学习年限至四年,并废除了讲习科。[10] 民国代清,教育部于民国元年(1912年)八月公布《专门学校令》,改清末学堂为学校,规定"专门学校以教授高等学术、养成专门人才为宗旨",法政专门学校为十类专门学校之一,并废除别科。同年十一月又接连公布《法政专门学校规程》。要求法政专门学校以养成法政专门人才为宗旨。修业年限本科三年,预科一年,[11]并规定需先入预科,预科毕业后才能升入本科。[12] 为顺应法政教育的趋势,1912年四川法政学堂合并官绅两班,改学堂为学校,成立四川法政学校,驻绅班原址。1915年1月四川法政学校在四川省学校新定名运动中改称四川公立法政专门学校,[13]按照教育部规定,四川法政专门学校"以养成法律政治经济专门人才为宗旨",并设政治、法律和经济三科,本科为主要建制。

二

中国的近代法学教育受日本影响甚深,[14]地处西南地区的四川也不例外。在四川法政学堂开办初期,仿照日本法科教育模式,聘用日本留学回国人员执教,传授大陆法系的法学观点。根据宣统二年的学校统计,四川法政学堂从学堂监督、教务长到一般教员,绝对多数为日本大学毕业,且多半具有科举功名,充分表现出其时法政师资人才在中国传统知识体系向日本近代法学知识体系转型的特点。在法学课程的教材中,除大清律例和大清会典是使用国内版本外,从法学通论到宪法再到部门法,都无一例外地采用日本教材,而且所选均为当时各领域著名法学家,如梅谦次郎、冈田朝太郎等主编。而且这一现象并未因民国代清而迅速得以改变。

---

[10]《学部奏改法政学堂章程折》,载《学部奏咨辑要》。
[11] 中国第二历史档案馆编:《中华民国档案资料汇编》(第3辑),江苏古籍出版社1991年版,第107—111页。
[12]《教育部令各省法政学校遵照部令办理公告》,载《教育新法令》。
[13] 由于此时期的法政学堂仍带有很大的速成性质,造成很多学校教学质量较差,故而从1913年起教育部开始对法政学校进行整顿,先是通令京外法政专门学校立即停止招考别科生,后又严厉取缔了不合格的私立法政学校。参见陈建华:《清末民初法政学堂之研究:教育史的视角》,载《华东政法学院学报》2006年第3期。
[14] 中国近代的法学教育中,日本教习以及日本归国留学生发挥了重要的作用。参见王健:《中国近代的法律教育》,中国政法大学出版社2001年版,第208页。

直至民国六年,在四川法政学校十九名专业教员中,北京法科学校毕业的六名,留学欧洲两名,而留学日本的多达八名,近居半数。但随着我国自身法学教育的迅速发展以及对美欧法学教育的重视,日本法学影响减退的趋势在民国十年之后逐渐显现出来。法政学校的专业课的教员学历背景从1906到1926的二十年间,体现出从几乎全部为日本学历,到以日本为主兼及本国,最终变成以本国为主兼及日美欧的发展趋势(见表1至表4,表中为专业课主要教员,未将体操、算学等科计入。下文中所有表格和引文中的"□"代表原始档案资料的空缺处)。

表1 宣统二年四川法政学堂教员名录[15]

姓名	履历	担任科目	姓名	履历	担任科目
邵从恩	山东即用知县,日本法政大学毕业。	监督	周常昭	江津县附生,日本法政大学毕业。	商法总则商法商行为教习
李德芳	宜宾县举人,日本法政大学毕业。	教务长兼法学通论教员	刘天佑	长寿县附生,日本法政大学毕业。	政治学行政学教习
陈润梅	乐山县举人	大清律例教习	程莹度	荥阳县附生,日本明治大学毕业。	法院编制法教习
龚道耕	成都县举人,内阁□□□。	大清会典教习	周择	成都县人,中书科中书,日本法政大学毕业。	经济学财政学教习
孔庆余	华阳县□生,日本法政大学毕业。	城镇乡地方自治章程、国际公法国际私法教习	郑鸿基	广安州廪生,日本法政大学毕业。	民法教习
李光珠	乐山县举人,日本法政大学毕业。	刑法总论民事诉讼法教习	罗纪	西充县附生,日本实科学校毕业。	日语日文教习

---

[15] 省官立绅班法政学堂:《四川省官立绅班法政学堂一览表》,1910 四川法政学校档案,四川大学档案馆藏。

续 表

姓名	履历	担任科目	姓名	履历	担任科目
覃育贤	彭县举人,日本法政大学毕业。	宪法、民法教习	刘 良	都县人,候选知县,日本振武学校毕业。	日语日文教习
陈崇基	大足县举人,热河补用知县,日本法政大学毕业。	民法总则民法物权教习			

表2 民国三年四川法政学校教员表[16]

姓名	履历	担任科目	姓名	履历	担任科目
印焕门	日本早稻田大学商学士,曾任成都电报局局长,本校教习及商业学校教务主任。	校长	周常昭	日本法政大学毕业	商法、会社、手形
刘 维	日本明治大学政学士	教务主任	王焜燿	北京法政学校法律科毕业	民法物权
钱为善	英国伦敦大学电机科毕业	英文	王 钺	日本早稻田大学专门法科毕业	商业簿记
马 质	日本早稻田大学政学士	行政法比较宪法	周晓峰	日本法政大学毕业	刑法各论
谢盛堂	北京法律专门学校毕业	刑法刑事诉讼法	贺维翰	北京法政学堂毕业	国际私法
蒋云凤	日本早稻田大学史地科毕业	政治史外交史、日语	游汉章	法国巴黎大学法科毕业	罗马法
王家琛	日本山口高等商业学校毕业	经济原论商业政策	史悠彦	日本法政大学毕业	罗马法

[16] 四川法政学校:《本校人员一览表》,1914四川法政学校档案,四川大学档案馆藏。

续 表

姓名	履历	担任科目	姓名	履历	担任科目
李道溥	日本法政大学专门法科毕业	民法概论民法继承	陈 纶	日本明治大学商学士	银行法
覃育贤	日本法政大学毕业	宪法	马之骥	金陵大学堂毕业	英文
朱大镛	日本明治大学法学士	民法总则	陈国华	日本法政大学毕业	政治学
屈鸿钧	美国哥化比亚大学毕业	英文	刘维	日本明治大学政学士	国家学
施□愚	日本法政大学毕业	法学通论	赵□香	日本东京农科大学毕业	农业政策
赵增瑃	前清举人	国文	杨彭龄	北京法政学校毕业	行政法各论
双 雄	前清举人	国文	唐宗尧	日本早稻田大学政治经济科毕业	财政史、经济史
钟 山	四川高等学校毕业	法制史	杨 炯	日本早稻田大学政学士	财政学
朱 炎	上海方言馆毕业	法语	孔庆余	日本法政大学毕业	国际公法
欧阳煦	北京法律学堂毕业	民法债权、民法总论			

表3　民国六年四川公立法政专门学校教员调查表[17]

姓名	履历	担任科目	姓名	履历	担任科目
沈仲荧	北京法律学堂毕业	民法物权	李觉明	日本大阪商业专门学校毕业	农业政策

---

[17] 四川法政学校:《四川公立法政专门学校教员调查表》,1917 四川法政学校档案,四川大学档案馆藏。

续　表

姓名	履历	担任科目	姓名	履历	担任科目
谢盛堂	北师法律学堂毕业	民法债权	陈子立	日本法政大学毕业	商律概论
盛宗培	京师法律学堂毕业	刑事诉讼法	陈无畅	日本明治大学学士	货币民行
罗学洙	北京法律学堂毕业	商律通则	宋元熙	前清举人	国文
沈翰	北京法政专门学校毕业	商事条例	李德芳	日本法政大学毕业	财政学 法学通论
（缺）	日本东京法政大学毕业	国际公法	覃育贤	日本法政大学毕业	国法学 比较宪法
钱为善	英国伦敦大学毕业	英语文（四门）	陈国华	日本法政大学毕业	政治学、行政法
李喆元	湖北自强学堂毕业	法律大意原书	雷孝函	不详	经济原论
刘照青	法国巴黎法科大学毕业	第二外国语法文国家学	蔡锡保	京师大学师范科毕业	心理学 伦理学、论理学
马水源	日本山山高等商业学校毕业	商事政策			

表 4　民国十二年四川公立法政专门学校职员录[18]

姓名	履历	姓名	履历	姓名	履历
杨伯谦	美国密歇根大学政治经济科博士	唐炤业	日本明治大学法学士	吴炯章	北京大学毕业
饶炎	日本明治大学民法学士	谭其磎	美国密歇根大学政治经济科硕士	李言磩	北京大学政学士

---

[18] 四川法政学校:《四川公立法政专门学校教员调查表》,1917 四川法政学校档案,四川大学档案馆藏。

续 表

姓名	履历	姓名	履历	姓名	履历
薛仲良	日本麦町区法政大学法律专科及法律高等研究科毕业法学士	杨德培	北京法政专门学校毕业,日本明治大学政学士。	杨季高	北京法政专门学校毕业
徐明稜	警官	李正熙	日本早稻田大学政治经济学士	祝同会	曾任省立师范教员
张俊章	北京国立法政专门学校毕业	钟师谦	上海南洋公学毕业	曾 湘	北京法政专门学校毕业
谢盛堂	北京法律学校毕业	刘孝颐	北京清华学校毕业	陈钟英	北京大学法学士
王主一	日本早稻田大学政治经济学士	曾昭鲁	通省师范学校学生	萧汉动	日本法政大学卒业
李孔阳	北京国立法政专门学校毕业	罗 坚	四川绅班法政学校毕业	叶江楫	日本明治大学政学士
陈燮周	日本法政大学毕业	易光枯	北京大学毕业	熊佛恬	日本明治大学政学士
江静甫	复旦公学毕业				

日本学历背景的专业课教员在几次统计中所占比例分别是：宣统二年(1910年)87%；民国三年(1914年)64%；民国六年(1917年)42%，民国十二年(1923年)29%。不仅是教员学历的比例变化,学校开设外国文和所选教材也反映出这一趋势。法政学校所开设的外国文,在宣统二年为单一的日文,民国六年以后,学校的外国文变成以英文为主要语言,并开设了意大利文、法文等,日语成为备选第二外国文之一。学校成立之初,除大清律例和大清会典科外,所有法学课程全部都采用日本著名教授的讲义。而到民国十年以后,随着我国法律的不断颁布和完善,学校所用教材只区分按所颁行法律或法律草案编纂还是按照学理编纂,但都系教员自编,而无一门科目再采用日本教材(见表5、表6)。

表5　宣统二年四川法政学堂部分课程及选用教材[19]

课程	教材	课程	教材
法学通论	日本梅谦次郎讲义	行政法	日本美浓部达吉讲义
大清律例	国朝定本	民事诉讼法	日本板仓松太郎讲义
大清会典	湖北局本	法院编制法	国朝定本参考日本裁判所构成法
宪法泛论	日本觉克彦清水澄各讲义	国际公法	日本中村进午讲义及日本各法学家著作并参考本国国际各条约
刑法总论	日本冈田朝太郎讲义	国际私法	日本山田三良讲义
民法总则	日本梅谦次郎讲义	城镇乡地方自治章程	教员自编
民法物权	日本梅谦次郎讲义	世界史	教习自编
民法债权	日本乾政彦讲义 日本梅谦次郎讲义	政治学	日本小野塚善平次郎讲义
商法总则	日本志田钾太郎讲义	经济学	日本山崎觉次郎讲义
商法商行为	日本志田钾太郎讲义	财政学	日本高野岩三郎讲义

表6　民国十年四川公立法政学校课程及教材[20]

课程	教材来源	课程	材料来源	课程	教材来源
宪法	本校编辑	商法公司	草案编辑	法院编制法	本校编辑
行政法	本校编辑	破产法	草案编辑	中国、外国法制史	本校编译
刑法总则	草案编辑	刑事诉讼法	本校编辑	国际私法	本校编辑
刑法公则	本校编辑	民事诉讼法	本校照草案编辑	国际公法	本校编译
民法总则	草案编辑	民法亲属继承	草案编辑		
民法物权、债权	本校编辑	商法总则、手形	本校编辑		

---

[19] 省官立绅班法政学堂:《四川省官立绅班法政学堂一览表》,1910 四川法政学校档案,四川大学档案馆藏。

[20] 四川省省长公署:《要求报送本校近况表的文（第 3498 号）》,1921 四川法政学校档案,四川大学档案馆藏。

作为地方性法学教育的学校,从法政学堂到四川法政学校各时期,学校的教员几乎都为四川籍,这些四川籍的教员因留学国外具备现代法学专业知识,且熟悉四川地方情况,故而易于在地方法律职业中发挥作用。

民国政府法律人才的缺乏,使法学教育机构和法律实践部门人员流动成为经常现象,仅民国二年一年间,原有许多教员中就有不少人弃教从政,分赴行政和司法机关高就,如周世屏担任重庆高等检察分厅检察长,萧应湘担任荣县知事,黄辅翼担任庆符知事,其后谢盛堂还担任四川省高等法院院长。[21]教员在学校和实务部门流动虽然有利于地方的法制建设,但也成为学校教员队伍不尽稳定影响教学的原因。四川法政学校的教员很少有超过三年以上任职者,大多数教员任职一两年后便因各种原因离职。在民国三年统计的教员中,有一半以上教员到校时间还不足半年。[22]由于法政学校创办初期急需新式知识体系对传统知识体系的替代,而具备现代法学知识的师资又非常短缺,因而很难做到师资的严格遴选,许多教员都是从国外留学回来后即投入教学之中,教员的整体年龄很低,教学水平或学术水平均难以确定。

根据民国十二年的统计,校长杨伯谦仅32岁,所有教员年龄都在45岁以下(见表7)。年龄较长的教员由于仅具备前清科举功名和传统教育背景,在法政学校的地位历来不高,法政学堂初期担任国文教习,之后国文教习逐渐改由师范大学毕业者从事,副贡一类的前清功名也就只能充当文牍之职而不能参与教学了。

表7 民国十二年四川公立法政专门学校教员年龄结构[23]

	40—44岁	35—39岁	30—34岁	合计
人数(人)	10	4	12	26
比例(%)	38.4	15.4	46.2	100.0

---

[21] 四川省法政学校:《本校填报民国周年概况》,1914四川法政学校档案,四川大学档案馆藏。
[22] 四川法政学校:《本校人员一览表》,1914四川法政学校档案,四川大学档案馆藏。
[23] 根据《四川公立法政专门学校教员调查表》(1933年6月聚昌公司印行,四川法政学校档案,四川大学档案馆藏)制成,不含学监和文牍等职员。

三

四川法政学堂的经费在建立之初，主要是依靠官方的财政补助。宣统二年，四川法政学堂学期总入15921两，[24]其中：旧余收入747两，学生缴纳收入4421两，官款拨给10752两。学期岁出13901两，其中：职员薪金付出2202两，教员薪脩付出4609两，司事薪水付出422两，丁役工食付出506两，饭食茶水付出1384两，油烛薪炭付出435两，讲义书籍付出1929两，杂项庆吊及退学费付出170两，添购器皿付出219两，电报邮信付出40两，还债及购股付出1904两，修缮堂舍付出71两。[25]此时的法政学堂尚能收支平衡。从民国开始，四川法政专门学校的经常费用由省公署按照预算拨给，[26]民国三年实际领到33320元，民国四年拨给30693.996元，这些费用都不足以支付教员薪酬和教学支出。到民国五年，四川法政专门学校得到的拨款是23020.497元，但支出则为29687.407元，[27]学校不敷的部分一般只能由学生所缴纳的学费和出售讲义所得补充。一般而言，学校学费分春秋两期征收，每名学生五元以上，民国三年合计收入学费6081元，讲义费1950元。四川法政专门学校仍常年入不敷出，故而此后每年学费均略上调，而教授所上课程也均采取自编讲义的方式以增加收入。但自民国四年（1915年），四川巡按使公署检查对学校教师"不用审定课本"提出批评后，[28]学校逐渐不再出售自编讲义。因此学校的资金缺口不断增大。仅民国六年到民国七年（1917年至1918年）一年间四川公立法政学校就有多达3436元的积欠，但在此般困难的情况下，法政学校对杂役和雇员的工资却完全没有拖欠，大部分教师的工资也没有拖欠，积欠

---

[24] 此处货币单位不详，因清末货币单位相当混乱，民间多用铜元，官方多采银两为单位，故估计为"两"。
[25] 省官立绅班法政学堂：《四川省官立绅班法政学堂一览表》，1910四川法政学校档案，四川大学档案馆藏。
[26] 四川省行政公署：《四川省行政公署公函民国三年字第1438号》，1914四川法政学校档案，四川大学档案馆藏。
[27] 四川法政学校：《本校情况一览表》，1917四川法政学校档案，四川大学档案馆藏。
[28] 四川巡按使公署：《要求本校切实改变现存缺点的文（1729号）》，1915四川法政学校档案，四川大学档案馆藏。

薪酬最多的反而是学校领导层,其中仅校长颜楷就有600元工资未能支领。[29]

四川巡按使公署在质疑四川法政学校不用审定课本的同时,还指出当时法政学校的其他问题,要求学校予以整顿。

> 关于全校之缺点:欠缺精神;学风多属不良。
> 关于教授上之缺点:教授钟点未尽遵照部章;教程预算不能实行;未能贯彻教育宗旨;不用审定课本;教员多自由旷课;教员优给分数;轻视国文、清通者少;学生字迹恶劣者多。
> 关于管理上之缺点:管理未尽认真;延长休假日期;簿册设备不全方式亦不一样;无自习钟点。
> 以上各条应饬令各校亟力整顿。[30]

事实上,法政学校与民国初年的其他学校相比存在较大的教学和学风问题。法政学堂自清末开办之始,便伴随着政府对"法制"的盲目的急切追求和学生学法律而仕的功利目的,学员数目一直在各专门学校中居于首位。民国初年黄炎培对法学教育的泡沫繁荣提出了批评。

> 光复以来,教育事业,凡百废弛,而独有一日千里,足令人瞿然惊者,厥惟法政专门学校教育。……一国之才智,而群趋于法政之一途,其皆优乎?供多而求少,已有耗多数人才于无何有之乡,而或劣者杂出乎其间。[31]

竞明也说道:

> 专门法校之设立,为学非为官……谬视法校者,乃以政法为官之利器,法

---

[29] 四川法政学校:《四川法政专门学校支付职员、教员、雇员、杂役薪修表》,1918 四川法政学校档案,四川大学档案馆藏。
[30] 四川巡按使公署:《要求本校切实改变现存缺点的文(1729号)》,1915 四川法政学校档案,四川大学档案馆藏。
[31] 黄炎培:《教育前途危险之现象》,载《东方杂志》1913 年第 9 期。

四川法政学校——中国近代法学专门教育的地方实践　263

校为官所产生,腥膻趋附,熏莸并进……有名无实之法校,先后纷至。[32]

由于法政成为显学,成为走向仕途的终南捷径,专门学校要求低,学时短,吸引了大量学生就读。大规模的学生投入到这样一个并不成熟的学科教育中,造成教学质量下降和一系列社会问题,因而民国元年开始,教育部就对如法政学校这种专门学校进行整顿和限制,全国法政专门学校数量从民国元年的64所降到民国五年(1916年)的32所,学生数从30803人降到8803人。四川法政学校也在此大趋势下逐渐降低了招生人数,学生数从民国元年的939人降到民国六年的204人(含政治科),具体如下(见表8—9)。

表8　1912—1916全国法政专门学校统计[33](单位:人)

	1912年	1913年	1914年	1915年	1916年
学校数	64	56	44	42	32
学生数	30803	27848	23007	15405	8803

表9　四川法政学校历年学生数[34](单位:人)

	1911年前	1912年	1913年	1914年	1915年	1916年	1917年
学校数	约1000	939	684	828	575	224	204
毕业生数		277	150	247	298	41	70

尽管如此,法政学校校方和教员仍然尽力提高学校的教学质量。

首先,重视入学考试的评估。法政学校虽仅需中学学历即可报考,但其所出入学试题,无不具有较高的水平。虽修习法律,但入学考题除外国语外,还涉及文理各科,且均为主观试题,给予学生充分的发挥空间,并为教员选拔学生提供参考。

---

[32] 竞明:《法政学校今昔观》,载《教育周报》1914年第51期。
[33] 王健:《中国近代的法律教育》,中国政法大学出版社2001年版,第222页。
[34] 根据以下档案制成:四川巡按使公署:《给公署派员黄尚毅提供学校概况表的文》,1915年2月;四川法政学校:《报送本校民国元年、二年概况的文》,1914年11月;四川法政学校:《详报本校民国三年度教育统计表》,1915年9月;四川法政学校:《报送本校民国四年度统计表》,1916年10月;四川法政学校:《呈报本校五年度教育统计表》,1917年12月;四川省长公署:《要求上报本校民国六年度报表的文(第10037号)》,1918年10月。以上档案均为四川法政学校档案,四川大学档案馆藏。

现将当时的一份试题展示如下。

  国文题:民主政治得失论

  英文题:(另附,略)

  中史题:王安石变法失败之原因安在

  外史题:十字军东征与欧亚文明沟通之关系若何

  中地题:黄河与杨子江之比较

  外地题:地中海对于欧洲文明之关系若何

  公民题:我国国会分为几院□□□□

  算数题:大小二数之和为六四,其差为十五,问大小二数各若干

  代数题:有两位数字,十位数为单位数之三分之一,两位数字之和为十二,问原数

  平面几何题:□□角形对底角之两中□相等,试证明之

  物理题:何谓粘着力,何谓凝聚力

  化学题:酸类、盐类与盐基类之区别若何

  动物题:试述蝶与蛾之区别

  植物题:显花植物与隐花植物之区别安在

  矿物题:试略述金属矿物之鉴别法

  其次,在教学管理方面,四川法政学校十分重视学风的养成和对教学的监管。学校每学期均有课程实施表和教员调查表,课程实施表上载有学科、选用教材、每周课时、已教到何处、担任教员项目,以检查各学科的授课情况;教员调查表上载教员姓名、籍贯、履历、担任学科、每周教授课时、兼任事务、月薪数目、到校年月项目,以检查教员情况。

  再次,重视学生实践能力的培养。清末民初法政学校校长杨伯谦给当时的四川高等审判厅发去公函,希望审判厅能够给法政学校的学生提供参观的机会,以增长其实践能力。

敝校法律本科三班现届四学期满,行将毕业,所有关于法律各科知识均已略有根底,惟研究学理之余非有实地经验,不足以资实用。贵厅为全省最高法院,易资启迪。因拟每星期两次全班学生来贵厅参观,俾咨考证藉便练习用。特函请贵厅,烦为酌定相当钟点,先时告知,以便饬令该班学生来厅参观,届时并请指导一切实用公理。[35]

四川高等审判厅对此给予了积极的回应,表示"贵校长造就学子期望甚深,无任钦佩","民刑两庭公开审判尚有旁听之规则。贵校各学生如果有志司法,可于本厅审判案件之日,随时自由来厅,遵守定章旁听,藉资学习"。[36]

最后,重视学生研究能力的培养。1922年,法政专门学校鉴于"诸生出校之后,即本其所专,尽力于社会上各种业务者固居多数,而志趣高远不满于所学,尚愿为极深之研究者亦颇不乏其人",加之"比年以来,国内不靖,生活费用复日益增加,诸生远出求学,既极艰难,而本省大学之成立又遥遥无期,向上之志,郁不可伸,可为悯叹",故而向四川省长公署提出"东西各国著名大学及专门学校大都设有毕业院为毕业学生研究之所,而本校章程第一章第四条亦有本校为本科毕业生之愿深造者设立各种研究科之规定","拟试办研究科",[37]招收本校毕业生深造研究。四川省长公署对开办研究科培养研究生十分支持,立即予以同意,[38]该年三月,学校就发布招生广告:"本校为提倡学术、培植通材起见,特于本校内添设研究科,凡本校本科毕业及与本校程度相当之公私立法政专门学校本科毕业学生,志愿深造者务即早日来校报名以便开班研究。"[39]根据当时拟定的研究科规程,可见该研究科已然具备了现代法学硕士研究生教育的基本形态。[40]

---

[35] 杨伯谦:《关于给高等审判厅请准予法三班学生参观的函件》,1920 四川法政学校档案,四川大学档案馆藏。
[36] 高等审判厅:《高等审判厅给四川公立法校关于三班学生来厅参观的复函(第87号)》,1920 四川法政学校档案,四川大学档案馆藏。
[37] 四川法政学校:《呈请备查本校拟设研究科规程的文及细则》,1922 四川法政学校档案,四川大学档案馆藏。
[38] 四川省长公署:《四川省长公署第5056号指令》,1922 四川法政学校档案,四川大学档案馆藏。
[39] 四川法政学校:《本校添设研究科登报广告》,1922 四川法政学校档案,四川大学档案馆藏。
[40] 四川法政学校:《呈请备查本校拟设研究科规程的文及细则》,1922 四川法政学校档案,四川大学档案馆藏。

公立法政专门学校拟设研究科详细规程(节录)

总纲

一、此科为本校本科毕业生之愿深造者而设,其年限在一年以上,三年以下。

二、此科分为四种:法律研究科、政治研究科、经济研究科、政治经济研究科。

学科及时间

三、研究科各科科目俱分为五类

法律研究科科目:民法、刑法、商法、民事诉讼法、刑事诉讼法

政治研究科科目:宪法、行政法、政治学、国家学、财政学

经济研究科科目:经济原理、货币学、银行学、财政学、簿记学

政治经济研究科科目:宪法、政治学、货币学、银行学、财政学

四、各研究科每学期研究门类至少以两门为限。

五、每科每周上课时间为六钟以上,十二钟以下。

入学与毕业

六、凡在本校本科毕业生志愿深造者得入此科。

七、凡与本校程度相当之公立或私立法政专门学校本科毕业生经校长核准亦得入此科。

八、凡在此研究科研究一年以上之学生得提出论文经评定合格者即为毕业。

一般认为,民国的研究生教育在《大学令》和《专门学校令》中虽有明文规定,但实际上并未做到,后来仅在北京大学设立的法科研究所中培养了一些研究生。[41] 由于后续资料缺乏,对于四川法政学校研究科的具体开办情况没有进一步的资料予以佐证,至于是否可以确定此时的四川法政学校已经进行了法学硕士研究生的培养也尚待进一步考证。

四

随着大学高等教育不断发展,法政专门学校教育的地位渐显尴尬。1927年开

---

[41] 汤能松等:《探索的轨迹——中国法学教育发展史略》,法律出版社1995年版,第231、232页。

始,四川法政专门学校的学生即开始进行专门学校改大学的讨论,四月,四川公立法政专门学校学生会召开会议,公开提出学校应当尽快从专门学校改办为法政大学,并以执行委员会的名义向校长提出正式函件。

> 本会开第二次大会,经本会会员多数人提议讨论,本校改办四川法政大学一案,当经全体会员赞成,通过决议执行,佥谓本校如不即行改大,以后高中学生毕业无相当学校升学,本校前途难期发展。决议办法应即组织本校改大筹备委员会,由各班同学推选委员四人,会同本校教职员暨学生会执行委员会各职员共同筹备。[42]

不到一月,校长刘昶育代表学校向学生会正式回函。

> 贵会咨呈称本校改办四川法政大学即经全体决议应即组织改大学筹备委员会各等由。查本校改大自系正当办法,惟事体重大,拟即于本月二十四日约齐教职员开会讨论,并推选筹备委员会。公同着手进行可也。[43]

学校和学生对四川法政专门学校改办大学一事达成共识后,成立了以陈希虞、熊晓岩、舒特生、邹明初、谢升庵、尹敬孚、孙卓章等为代表的"改大筹备委员会"。四川法政专门学校"改大筹备委员会"随即向四川省教育厅提出申请,希望延续法政专门教育,成立四川法政大学。然而,按照当时《国立大学校条例》规定,三科(院)以上始得称大学,四川法政专门学校的改大申请很快遭到否定,与之同时遭否的还有农科、中国文、外国文、工科四大专门学校。为实现筹办大学的目标,四川省长公署和教育厅召集多次会议,决议由五大专门学校合并改组成公立四川大学,并经省长公署及大学院立案。四川公立法政专门学校随即与其他四所专门学校合并

---

[42] 四川法政学校:《本校学生会要求将本校改办为四川法政大学的文》,1927 四川法政学校档案,四川大学档案馆藏。
[43] 四川法政学校:《复学生会执行委员会期开会讨论改组大学一案》,1927 四川法政学校档案,四川大学档案馆藏。

成为公立四川大学,在改大的强烈需求下,四川法政专门学校很快接受这一妥协安排,成为公立四川大学的法政学院。[44] 至此,自清末以来,以专门教育为特点的四川法政学校不复存在,四川地方性的法学教育从独立建制的专门教育转为了综合性大学的法学院教育。

---

[44] 里赞、刘昕杰:《百年浮沉:四川大学法科教育史略》,载徐卫东、里赞主编:《问题与进路:中国法学教育研究》,四川大学出版社2007年版。

梅因历史法学方法论简述
——以《古代法》为中心

陈 颐[*]

一、引言

1861年是历史法学发展史上值得纪念的年份。这一年,萨维尼"平静而满怀希望地"死去。[1] 在他去世之前,德国历史法学派就已经分裂为日耳曼学派与罗马学派,前者专注于对传统的日耳曼法的整理,后者则专注于从罗马法中建构一个抽象的法律体系。某种程度上,这一分裂其实也象征着德国历史法学理论的失败。19世纪德国历史法学的目标是通过对法律、法律体系以及特定的法律准则和法律制度的起源和沿革进行比较研究,力图从这种研究中推演出一种普遍的法律理论、普遍的法律观念和普遍的原则。[2] 而当这一目标在19世纪中叶逐渐成为可能的时候,历史法学随即摆脱了它的历史维度,几乎不可避免地以一种实证主义的方式又回到了它所力图拒斥、清算的自然法。[3] 在这一意义上,"后自然法"时代的德

---

[*] 陈颐,华东政法大学副教授,法学博士。原载《华东政法大学学报》2007年第5期(总第54期),第127—133页。

[1] 关于萨维尼晚年生活的描述,参见[英]W. 格恩里:《弗里德里希·卡尔·冯·萨维尼传略》,程卫东、张茂译,载许章润主编:《萨维尼与历史法学派》,广西师范大学出版社2004年版。

[2] [美]庞德:《法理学》(第1卷),邓正来译,华夏出版社2004年版,第81页。

[3] 林文雄先生写道:"历史法学虽排斥自然法论的方法,但其实并未排斥自然法论所企图达成的目的,即法的体系化。换言之,历史法学重视法规间的关连性,而谨止于排斥抽象的、演绎的自然法而已。德国历史法学之中含有'隐藏的自然法'似乎已成为学界的常识。"

国历史法学并未能为历史法学找到一条独立的生存道路。[4] 因此,历史法学至此必须重新确立自己的立足点和疆域。

也是在这一年,梅因出版了为他带来无数声誉的《古代法》。[5] 在为梅因《古代法》一书所作的导言中,英国学者亚伦写道:"就英国而论,如果说现代历史法律学是随着这本书的出现而出生的,也不能谓言之过甚。"[6] 美国著名史家汤普森也对此书给予了非常高的评价,他说:"梅因对世界的最大贡献依然是他的《古代法》,这本书读起来像文学作品,也像哲学。梅因主要关心的是文明的起源,他把立法史上丰富的材料当作工具,而不是当作目的来估价的。他的历史的和比较的方法结束了奥斯丁实证主义法律学派的统治。"[7] 对梅因本人的历史法学而言,《古代法》同样占有了异常重要的地位,按照英国法学家亚伦的说法,这本书"应该被认为好像是梅因毕生工作中的一个宣言书",在该书中,梅因就已经阐明了他的理论体系的一般原理(尽管是最粗糙的),而他所有的后期作品中,"除了二本比较不重要的之外,只是用了更详细的和更明确具体的例证,以深入阐明他在开始其专业时所提出的各项原理"。[8]

在某种意义上,《古代法》的适时出版也拯救了在德国已然衰亡的历史法学。因此,下文将围绕着梅因的《古代法》来讨论他的历史法学方法论。

二、梅因历史法学方法论的理论预设:进化论的历史法学

相比萨维尼的历史法学理论,梅因的历史法学则相对要单纯许多。在萨维尼

---

[4] 尽管就萨维尼个人的历史法学理论来说,也许他从未放弃历史的维度。见陈颐:《萨维尼历史法学方法论简释》,载《比较法研究》2005年第5期。
[5] 亨利·梅因爵士(Sir Henry Maine, 1822-1888):英国著名法学家,19世纪后期历史法学或者说英国历史法学最重要的代表人物。早年毕业于剑桥大学,后来作为法律史教授先后在牛津、剑桥大学讲授法理学和法律史学。1862年至1869他任英国驻印度总督的法律顾问,在此服务期间他协助编纂印度法典,并搜集了关于印度法律的大量资料,这对他后来的古代法研究颇多裨益。梅因将自己的一生贡献给了对古代法律的研究,而且取得了辉煌的成就,其主要著作有:《古代法》、《古代法制史》、《古代的法律与习惯》和《东西方的村社共同体》等。关于梅因的生平及其主要学说的介绍,参见何勤华:《西方法学史》,中国政法大学出版社1999年版,第310—312页。
[6] [英]亚伦:《〈古代法〉导言》,载[英]梅因:《古代法》,沈景一译,商务印书馆1959年版。
[7] [美]汤普森:《历史著作史》(下卷·第4册),孙秉莹、谢德风译,李活校,商务印书馆1992年版,第529页。
[8] [英]亚伦:《〈古代法〉导言》,载[英]梅因:《古代法》,沈景一译,商务印书馆1959年版。

那里,就萨维尼本人的思想的理解就有无穷的版本,任何人似乎都能从他的学说中找到支持自己的理由。[9]而对梅因的理论来说,问题通常不在于理解,而是是否接受。萨维尼的历史法学方法论是复杂的多重结构的组合,[10]而在梅因那里,进步时代的乐观精神主宰了一切。

依据这一进步时代的乐观精神,梅因建立了其历史法学方法论的基本理论前提:即世界的演化是一个单线的过程;就其起源而言,并不存在根本性的差异,有的只是各个社会的发展与静止的问题;而"稳定的社会是明显地向着一种稳健的坚实的方向前进的";[11]并且,梅因还认为,所有现代社会及其思想都可以从人类最早的社会及其观念中找到其起源。

在《古代法》一书中,我们几乎可以随处找到类似的表达。在序言中,梅因就明确指出,《古代法》一书的主要目的,"在扼要地说明反映于'古代法'中的人类最早的某些观念,并指出这些观念同现代思想的关系"。[12]如果把这句话倒过来,梅因所传达的方法论预设就非常明显了,即在梅因看来,现代思想都有着其远古时代的渊源,并且远古时代的这些观念是可以查明的,对于远古时代的知识有助于深刻地理解现代思想,甚至,现代思想也许不过是远古时代的某些观念的放大而已。

在正文的论述中,梅因的表述更为直白和露骨。他写道:

> 似乎在先就可以看到,我们应该从最简单的社会形式开始,并且越接近其原始条件的一个状态越好。换言之,如果我们要采用这类研究中所通常遵循

---

[9] 萨维尼的《论立法与法学的当代使命》在德国著名法学家康特罗维茨看来,满足了一切人的需要。对王室言,他们高兴,因为小册子赋予他们抵制激进立法改革的护身符;民主派欣然,至少肝火停匀,因为萨维尼明示法律来自民众生活而非"法自君出";法学家们备受鼓舞,因为萨氏强调他们乃是法律知识的合法垄断者,在发现和表述法律的技术过程中,其思其虑,得为法官亦步亦趋的司法主臬;最后,民族主义者也分享到自己的一份,因为小册子通篇的主题就是申说德国民族与德国法的特性。而林端先生也认为某种程度上,对萨维尼思想学说的不同理解形成了19世纪德国各个相互对立的主要法学流派。参见[德]康特罗维茨:《萨维尼与历史法学派》;许章润:《民族的自然言说——萨维尼与蒂博的论战、法典化及其他》;林端:《德国历史法学派——简论其与法律解释学、法律史和法律社会学的关系》,以上均载许章润主编:《萨维尼与历史法学派》,广西师范大学出版社2004年版。
[10] 陈颐:《萨维尼历史法学方法论简释》,载《比较法研究》2005年第5期。
[11] [英]亚伦:《〈古代法〉导言》,载[英]梅因:《古代法》,沈景一译,商务印书馆1959年版。
[12] [英]梅因:《古代法》,沈景一译,商务印书馆1959年版,第4页。下文对梅因《古代法》一书的引文中的着重号均系笔者所加。

的道路，我们就应该尽可能地深入到原始社会的历史中。……因为现在控制着我们行动以及塑造着我们行为的道德规范的每一种形式，必然可以从这些胚种当中展示出来。[13]

几乎完全类似的表述也出现在梅因的另一段谈论衡平法的文字。在这段文字中，梅因写道：

> 英国法学家很容易看出，"英国衡平法"是建筑在道德规则上的一种制度；但是却忘记了这些规则是过去几世纪的——而不是现在的——道德，忘记了这些规则已经几乎尽它们所能受到了多方面的应用，并且忘记了它们虽然同我们今天的伦理信条当然并没有很大的区别，但它们并不一定同我们今天的伦理信条处在同一个水平上。[14]

这样的方法论预设同样也出现在人们熟知的梅因"从身份到契约"公式的论述中。对于这一公式，梅因用了一个限定词组："所有进步社会的运动在有一点上是一致的。"尽管这一限定在梅因的支持者看来，可以证明梅因并不构成卡尔·波普尔意义上的"历史主义者"；但在我们看来，这一限定并不具有实质的证明力。因为在梅因那里所谓的"进步的社会"与"静止的社会"之间的区别并不是质上的，而是量上的，它们之间的区别仅仅在于从同一个起点走向同一个终点的过程有别。这一说法也同样适用于亚伦为梅因所作的辩护。亚伦说："在《古代法律与习惯》中，梅因不但不主张人类种族的各个支系应该有一个单一的、一成不变的发展图式，他并且毫无隐瞒地对这种想法表示着怀疑。"[15]在此，梅因所怀疑的并非人类种族的各个支系的历史起点与终点的不同，甚至也不是从起点到终点所经过的阶段的不同，而是怀疑在行进的过程中，人类种族的各个支系的发展速度有所不同而已。当然，如果这样，那么这一怀疑所表达的不过是一个常识的推论而已。

---

[13] [英]梅因：《古代法》，沈景一译，商务印书馆1959年版，第68、69页。
[14] [英]梅因：《古代法》，沈景一译，商务印书馆1959年版，第40页。
[15] [英]亚伦：《〈古代法〉导言》，载[英]梅因：《古代法》，沈景一译，商务印书馆1959年版。

在《古代法》一书中,我们经常可以发现诸如"社会进步的某一阶段"、"根据公认的社会规律"之类的表达。在《古代法》中,梅因写下了许多类似的规律总结,如:"在一个英雄国王历史时代的后面跟着来了一个贵族政治的历史时代,这样一个命题是可以被认为正确的,纵使并不对于全人类都是如此,但无论如何,对于印度——欧罗巴系各国是一概可以适用的";[16]"因为大多数古代社会似乎迟早都会有法典的,并且如果不是由于封建制度造成了法律学史上重要的中断,则所有的现代法律很可能都将明显地追溯到这些渊源中的一个或一个以上上去";"这(法典的出现)所谓同一个时期,我的意思当然并不是指在时间上的同一个时期,而是说在每一个社会相对地进步到类似的情况下出现的";[17]"大体而论,所有已知的古代法的搜集都有一个共同的特点使它们和成熟的法律学制度显然不同。最显著的差别在于刑法和民法所占的比重。……我以为可以这样说,法典愈古老,它的刑事立法就愈详细、愈完备";[18]等等。

尽管梅因在总结历史规律时的态度不乏审慎,但就梅因对"历史规律始终是存在的并且可以通过对历史的研究获得对历史规律的认知"这一预设的认可,应当是没有疑问的。对此,梅因还是表现出了充分的客观与信心。他说:"以我们今日有限知识所可能达到的,也许只是比较接近的真理,但我们没有理由以为这是非常遥远的,或以为(实在是同样的东西)它须要在将来作很大的修正,因此是完全无用的和不足为训的。"[19]由此,梅因认为,所有对于现时代的正确的知识只能从对历史的研究中获得。他为此曾经写道:"研究一切制度的法律家都不辞劳苦,力求以某种易解的原则来说明这些分类;但在法律哲学中去寻求划分的理由,结果必然是徒劳无功;它们不属于法律哲学而属法律历史。"[20]梅因对自然法理论的批判更是从反面证明了这一点。[21]

---

[16] [英]梅因:《古代法》,沈景一译,商务印书馆1959年版,第7页。
[17] [英]梅因:《古代法》,沈景一译,商务印书馆1959年版,第9页。
[18] [英]梅因:《古代法》,沈景一译,商务印书馆1959年版,第207页。
[19] [英]梅因:《古代法》,沈景一译,商务印书馆1959年版,第66、67页。
[20] [英]梅因:《古代法》,沈景一译,商务印书馆1959年版,第115页。
[21] [英]梅因:《古代法》,沈景一译,商务印书馆1959年版,第42页以下。

三、梅因历史法学的基本立场与研究方法

在梅因看来,自然法学"仍旧是'历史方法'的劲敌;并且(除了宗教上的反对以外)凡是拒绝或责难这种研究方式的人,一般都是由于有意或无意地受到了信赖社会或个人的非历史的即自然的状态的一种偏见或武断的影响的结果"。[22] 因此,梅因对自然法学的批判不遗余力。梅因写道:现代的"自然法"假说不复是罗马法中指导实际的一种理论,而是"纯理论信仰的一种信条"。[23] 这种信条"产生了或强烈地刺激了当时几乎普遍存在的智力上的恶习,如对现实法的蔑视,对经验的不耐烦,以及先天的优先于一切其他理性等。这种哲学紧紧地掌握住了那些比较思想得少,同时又不善于观察的人,它的发展趋势也就比例地成为明显的无政府状态"。[24] 在谈论英国两位最具代表性的自然法学家洛克与霍布斯时,梅因直接指出了自然法学的基本特征就是"以人类的、非历史的、无法证实的状态作为他们的基本假设",都"认为在原始状态中的人和在社会产生后的人两者之间,存在着一个巨大的鸿沟把他们分离开来",并对之大加嘲讽,他说:"如果法律现象的确像这些理论家所认为的那样——即认为是一个庞大、复杂的整体,那么,也就难怪人心往往要规避它所担任的工作,否则它有时候就会失望地放弃系统化的工作;而人心所采取的规避的办法,是退而求助于某种似乎可以调和一切事物的智巧的推测。"[25] 梅因批判自然法学的几乎所有火力都集中在自然法学的非历史性——或者亚伦所说的"先天主义"上。他对以边沁和奥斯丁为代表的英国分析法学的批判同样也是集中在分析法学的"非历史性"上。在梅因看来,分析法学"既然从法律学的领域中排斥了历史的考虑,就使它陷入了一种根本的谬误,即把一切法律制度都认为是以西欧的君主国家作为典型的"。[26] 上述梅因对自然法学与分析法学的批判,从反面表达了梅因历史法学的基本立场。就这一基本立场,英国著名法律史学家波洛

---

[22] 亚伦也在导言中提到,梅因"对那些不科学的缺乏批判的,被野蛮地但简略地称为'先天主义'的那种很盛行的思想习惯,从不放松加以反对"。参见[英]亚伦:《〈古代法〉导言》,载[英]梅因:《古代法》,沈景一译,商务印书馆1959年版。
[23] [英]梅因:《古代法》,沈景一译,商务印书馆1959年版,第49页。
[24] [英]梅因:《古代法》,沈景一译,商务印书馆1959年版,第52页。
[25] [英]梅因:《古代法》,沈景一译,商务印书馆1959年版,第66页。
[26] [英]亚伦:《〈古代法〉导言》,载[英]梅因:《古代法》,沈景一译,商务印书馆1959年版。

克非常清晰的说明:

> 梅因之所为,盖不下于创造法律之自然史(He did nothing less than create the natural history of law)。梅因一面示明法律观念及制度,有实在之演进途辙,有同生物之属与类(Species);且在每期之演进中,有其循常之性质;一面又示明此种历程,应有真切之研究,不能视此为其所在之社会普通史内偶然之事云。[27]

即,在其进化论的理论预设下,梅因主张,法律之研究必须以历史的研究为前提,而这一历史的研究必须以真切的材料作为基础,并且,这一历史的研究应当阐明法律制度的来源及其发展,揭示法律发展的规律,进而发现"可以促使法律改进的有力因素"。[28]

因此,在具体的研究方式上,梅因首先强调了历史材料对于这一研究方式的特殊重要性。在其《古代法制史》中,梅因强调:"为英国法学家一般接受的各种历史理论,不但对于法律的研究有很大的损害,即使对历史的研究也是如此,因此,当前英国学术上最迫切需要增益的,也许是新材料的审查,旧材料的再度审查,并在这基础上把我们法律制度的来源及其发展,加以阐明。"[29] 在《古代法》中,梅因也由此创造性的将荷马文学纳入了基本史料的范畴,为古史的研究提供了新的材料。就此,梅因指出:

> 我们没有理由相信,他(荷马)的想象力曾受到道德或形而上学的概念的

---

[27] [英]波洛克:《导言》,载[英]梅因:《古代法》(第1册),方孝岳、钟建闳译,商务印书馆1930年版。
[28] 参见[英]亚伦:《〈古代法〉导言》,载[英]梅因:《古代法》,沈景一译,商务印书馆1959年版。这里亚伦并没有明言梅因所主张的"促使法律改进的有力因素"(除了宽泛的"道德的进步")究竟是什么。但从亚伦所引用的梅因在《古代法制史》中提出的区分"进步的社会"与"不进步的社会"的标准("一种是有意识地采用对最大多数人给以最大幸福的原则作为立法政策,另一种是对待妇女地位的流行态度")中,我们至少可以判断梅因在立法问题上的立场要远比萨维尼积极,也可以约略想见梅因所可能设想的"促使法律改进的有力因素"。参见[英]梅因:《古代法》,沈景一译,商务印书馆1959年版,第10、11页。
[29] 转引自[英]亚伦:《〈古代法〉导言》,载[英]梅因:《古代法》,沈景一译,商务印书馆1959年版。

影响,因为,这些概念当时还没有作为有意识观察的对象。就这一点而论,荷马文学实远比后期的文件更为真实可靠……在采用观察的方法以代替假设法之前,法学家进行调查研究的方法真和物理学与生物学中所用的调查方法十分近似。[30]

这些表述无疑对此后法律史研究、法律人类学研究中的材料的收集与利用提供了无数的启发。梅因同时也提供了处理这些早期材料的方式。他写道:

> 如果我们能集中注意力于那些古代制度的断片,这些断片还不能合理地被假定为曾经受到过改动,我们就有可能对于原来所属社会的某种主要特征获得一个明确的概念。在这个基础上再向前跨进一步,我们可以把我们已有的知识适用于像《摩奴法典》那种大体上其真实性还可疑的一些法律制度;凭了这个已经获得的关键,我们就可以把那些真正是古代传下来的部分从那些曾经受到过编纂者的偏见、兴趣或无知的影响的部分,区分开来。至少应该承认,如果有足够的材料来从事于这样的研究过程,如果反复的比较是被正确地执行着,则我们所遵循的方法,必将像在比较语言学中使能达到惊人结果的那些方法一样很少有可以反对的余地。[31]

其次,由于起源问题在梅因历史法学研究中的特殊重要性,为澄清早期法律史的基本问题,梅因在其单线的进化论的理论预设下,发展出了比较法律史的研究方法。在梅因看来,尽管早期社会所提供给我们的各种现象并不是一看就容易理解的,但"这种困难的产生;是由于它们的奇怪和异样,而不是由于它们的数量和复杂性",在这一点上,早期法律是无法与现代社会组织错综复杂情况相提并论的。他

---

[30] 梅因还借此攻击了自然法学派的伪历史的不良后果。"凡是似乎可信的和内容丰富的、但却绝对未经证实的各种理论,像'自然法'或'社会契约'之类,往往为一般人所爱好,很少有踏实地探究社会和法律的原始历史的;这些理论不但使注意力离开了可以发现真理的唯一出处,并且当它们一度被接受和相信了以后,就有可能使法律学以后各个阶段都受到其最真实和最大的影响,因而也就模糊了真理。"参见[英]梅因:《古代法》,沈景一译,商务印书馆1959年版,第1、2页。
[31] [英]梅因:《古代法》,沈景一译,商务印书馆1959年版,第70页。

认为,"当人们用一种现代的观点来观察这些现象时必然会引起不易很快克服的惊奇;但当惊奇被克服时,它们就将很少也很简单的了"。[32] 但由于材料的限制,对于早期社会与法律的研究必须要借助于比较法律史的方法才有可能。在1871年的《东西方的村社共同体》中,梅因写道,要想在英国使历史的和哲学的法学昌盛,有两种知识是不可或缺的:关于印度的知识和关于罗马法的知识。前者之所以需要是因为"它是古代习惯和法律思想那些可以证明的种种现象的巨大博物馆;罗马法之所以需要是因为……它把这些古代习惯和古代法律思想和我们今天的法律思想联系起来"。[33] 而《古代法》本身,就是一份雅利安民族各个不同支系,尤其是罗马人、英国人、爱尔兰人、斯拉夫人以及印度人的古代法律制度的一个杰出的比较研究。[34] 也正是在这一意义上,波洛克认为,梅因的工作"无异于创造了法律博物学"。[35]

再次,为了解决单线的进化论的理论预设与现实世界中东西方明显的差异,梅因推出了他关于"进步的社会"与"静止的社会"的区分。在《古代法》中,梅因写道,"除了世界上极小部分外,从没有发生过一个法律制度的逐渐改良。世界有物质文明,但不是文明发展法律,而是法律限制着文明"。[36] 文明发展法律的即为进步社会,而当法律限制着文明时,则是静止社会。在梅因看来,这一进步的社会从罗马人那里才得以从静止社会中区分开来。梅因认为,从罗马法律学的开始到它的结束,罗马法是逐步地改变得更好,或向着修改者所认为更好的方向发展,而且改进是在各个时期中不断地进行着的,而在这些时期中,所有其余的人类的思想和行动,在实质上都已经放慢了脚步,并且不止一次地陷于完全停滞不前的状态。[37] 因此,梅因进一步申明:

---

[32] [英]梅因:《古代法》,沈景一译,商务印书馆1959年版,第68、69页。
[33] [美]汤普森:《历史著作史》(下卷·第4册),孙秉莹、谢德风译,李活校,商务印书馆1992年版,第528页。
[34] [英]亚伦:《〈古代法〉导言》,载[英]梅因:《古代法》,沈景一译,商务印书馆1959年版。
[35] [美]汤普森:《历史著作史》(下卷·第4册),孙秉莹、谢德风译,李活校,商务印书馆1992年版,第527页。
[36] [英]梅因:《古代法》,沈景一译,商务印书馆1959年版,第14页。
[37] [英]梅因:《古代法》,沈景一译,商务印书馆1959年版,第14、15页。

> 我也许必须进一步说明,如果不明白地理解到,在人类民族中,静止状态是常规,而进步恰恰是例外,这样研究就很少可能有结果。[38]

他由此明确地把他的研究"局限于进步社会中所发生的情况"。[39] 在梅因看来,静止社会的研究的意义有二:其一是发现法律的原初状态,因为在静止的社会中,有望获得更多的有关法律的原初状态的材料,从而可以重构法律与社会的起源;其二,将静止社会作为进步社会的参照物加以研究,有望更有效的发现、总结进步社会的发展规律。但是,无论如何,只有通过对进步社会的研究才有可能得到贯穿人类始终有关法律的起源与发展的完整的规律,才有可能对研究者改进其当下的法律制度提供指导和帮助。

最后,法律的发展与社会的发展密不可分,历史法学的研究必定是"外在的"法律史研究。[40] 在《古代法》一书中,梅因对法律史的梳理绝大部分是通过对社会文明、社会观念等等外在于法律的素材的研究实现的,他也试图通过这种研究发现法律与社会之间的关联。梅因写道:

> 关于这些[进步]社会,可以这样说,<u>社会的需要和社会的意见</u>常常是或多或少走在"法律"的前面的。我们可能非常接近地达到它们之间缺口的接合处,但永远存在的趋向是要把这缺口重新打开来。因为法律是稳定的;而我们所谈到的社会是进步的,人民幸福的或大或小,完全决定于缺口缩小的快慢程度。[41]

---

[38] [英]梅因:《古代法》,沈景一译,商务印书馆1959年版,第14页。
[39] [英]梅因:《古代法》,沈景一译,商务印书馆1959年版,第15页。
[40] 这里所谓的"外在的"法律史研究的提法借用自林端先生对萨维尼历史法学的分析。在萨维尼那里,法律史的研究对象限定在"内在的"法律史。在林端先生那里,"外在的"法律史指的是被德国历史法学所批判的过去时代的法学家们对法源、法院及法学文献的研究。但在此处强调的是梅因的历史法学中对法律发展与社会变迁(包括物质生活层面的,也包括精神观念层面的)之间的关系的重视。参见林端:《德国历史法学派——简论其与法律解释学、法律史和法律社会学的关系》,载许章润主编:《萨维尼与历史法学派》,广西师范大学出版社2004年版,第104页。
[41] [英]梅因:《古代法》,沈景一译,商务印书馆1959年版,第15页。

这一"外在"法律史的研究开启了后世法律社会学、法律人类学、制度史学的基本研究方式。在《古代法》一书中,从第六章开始直到结束部分对具体的法律制度,如遗嘱、继承、财产、契约、侵权和犯罪的早期史的研究,非常充分地体现了梅因的这一研究方式。此处不再赘述。

如果一定要将萨维尼和梅因作一比较的话,那么,我们也许可以说,萨维尼多重结构的精致的历史法学思想及其方法论的命运是分裂的命运,因为它承载了太多的内容,它可以训练出最为通达且不失品性的法学家,但却不足以形成一个简捷明了的图式化的法律史,拒绝化约也就拒绝了民众的普遍接受;[42]而在梅因那里,萨维尼的复调消失了,一切变得那么单纯,那么容易理解,而历史法学却也由此变得单薄,变得缺乏解释的纵深了。无论如何,在19世纪的下半叶,正是经由梅因,历史法学在英美获得了新的生命力。

---

[42] 陈颐:《萨维尼历史法学方法论简释》,载《比较法研究》2005年第5期。

再审视作为法学家的边沁

徐爱国 *

一、法律的功利主义原则

在边沁之前,法律的原则和标准以正义、自由和理性为主导,这种传统从柏拉图到黑格尔都没有实质性的变化,这个传统我们有时称之为自然法的理论。边沁功利主义的提出,并将这个原则溶入法律科学之中,应该说在法律的思想中有着革命性的意义,意味着法律指导思想从追求价值和理想,转移到产业革命后追求实际的效果,也意味着法律思想从传统的正义观走到现代实证观。就边沁自己而言,他反对自然法学的空洞和说教,认为自然法和自然权利的概念只是一种修辞学的胡闹。自然法是抽象的不可捉摸的,而功利的数学计算在理论上是可以运算的。从此以后,法学作为一门严格的科学开始产生,边沁及其他的功利主义就是这个开端的起点。

功利主义是与19世纪边沁的名字联系在一起的。功利的思想源远流长,德谟克里特宣扬过快乐主义,伊壁鸠鲁学派认定快乐是最高的善;而培根开辟了近代快乐主义的时代,[1]斯宾诺莎说,人性的一条普遍的规律是"人人是会两利相权取其

---

* 徐爱国,北京大学法学院教授、博士生导师,法学博士。本文原载《华东政法大学学报》2003 年第 3 期(总第 28 期),第 83—87 页。

[1] 杜兰特:《探索的思想》(上),朱安等译,文化艺术出版社 1996 年版,第 108 页、第 120 页。

大,两害相权取其轻",[2]休谟则把功利视为人类的社会本能,[3]而贝卡利亚的《论犯罪和惩罚》则对边沁的功利主义有着直接的影响,他认为制定法律的人"只考虑一个目的,即最大多数人的最大幸福","如果人生的善与恶可以用一种数学方式来表达的话,那么良好的立法就是引导人们获得最大幸福和最小痛苦的艺术"。他说快乐和痛苦是有知觉动物行为的唯一源泉。惩罚只是预防性的,而且只有当它引起的害处大于犯罪所得到的好处的时候,才能够生效。惩罚制度的设立要使得罪犯所感悟的痛苦最小,而使其他人受到的影响最大。为了达到这个目的,就要求处理好"罪"与"罚"的关系。[4]贝卡利亚的思想直接影响了边沁的功利主义思想,边沁说,"我记得非常清楚,最初我是从贝卡利亚论犯罪与惩罚那篇小论文中得到这一原理(计算快乐与幸福的原理)的第一个提示的。由于这个原理,数学计算的精确性、清晰性和肯定性才第一次引入道德领域。这一领域,就其自身性质来说,一旦弄清之后它和物理学同样无可争辩地可以具有这些性质"。[5]他加以改造和发挥,创立了完整的功利主义学说,并将这一学说运用于法学之中。

边沁认为,正如自然界有其规律一样,人类也有自己的规律。他断定,人类受制于"苦"与"乐"的统治,[6]只有这两个主宰才能给我们指出应当做什么和不应当做什么。这两个主宰是人的本性,因而人类的基本规律是"避苦求乐",也就是功利主义原则。正是"避苦求乐"的本能支配着人类的一切行为,成为人生的目的。他认为,应当根据行为本身所引起的苦与乐的大小程度来衡量该行为的善与恶。从人性出发,凡是能够减轻痛苦增加快乐的,在道德上就是善良,在政治上就是优越,在法律上就是权利。功利就是一种外物给当事者求福避祸的那种特性。[7]由于这种特性,该外物趋于产生福泽、利益、快乐、善或幸福,或者防止福患、痛苦、恶或不幸。如果该当事人是一个特定的人,那么功利原理就是用来增进他的幸福的;如果该当事人是一个社会,那么功利原理就关注社会的幸福。边沁认为,政府的职责

---

[2] 斯宾诺莎:《神学政治论》,商务印书馆1982年版,第215页。
[3] 蒙塔古"编者导言",见边沁:《政治片论》,商务印书馆1995年版,第35页。
[4] 边沁:《政府片论》,商务印书馆1995年版,第29页。
[5] 边沁:《政府片论》,商务印书馆1995年版,第38页。
[6] 边沁:《道德与立法原理导论》英文版,伦敦1982年版,第11页。
[7] 边沁:《道德与立法原理导论》英文版,伦敦1982年版,第12页。

是通过避苦求乐来增进社会的幸福,大多数人的最大幸福就是判断是非的标准。如果组成社会的个人是幸福和美满的,那么整个国家就是幸福和昌盛的。对于苦乐的判断,必须根据功利的逻辑来决断,也就是要根据痛苦和快乐的数学计算原理来判断,以增加最大多数人的最大幸福,把苦减少到最小限度。他说,"一切行动的共同目标……就是幸福。任何行动中导向幸福的趋向性我们称之为它的功利;而其中的背离的倾向则称之为祸害。……因此,我们便把功利视为一种原则"。[8]

在他之后,这种功利主义直接地影响到了奥斯丁的分析法学,间接地影响到了耶林的利益法学,也在庞德"最大多数人最大利益"社会法学原则中表现出来,直至在经济分析法学"成本—效益"的代数公式中,我们同样可以看到边沁的影子。法律中的功利主义原则实际上成为法律的主导原则之一,其在法律思想史中的地位不亚于公平正义对西方法律的影响。

二、功利主义的立法学原理

边沁把功利原则应用立法,提出了他著名的功利主义立法理论。他认为,法律的制定和形成都是人们有意识活动的结果,法学家应为社会大多数人的最大幸福着想,分析法律的内容,使法律不断改进,不断进步,以求得人类的福利。"法律的理由,简单地说,就是它所规定的行为方式的好处,或者是它所禁止的行为方式的祸害。这种祸害或好处如果是真的,就必然会以痛苦和快乐的某种形式表现出来。"[9]边沁一生用了大部分的精力和时间从事立法理论的研究和法律改革的工作。

立法的根本目的在于"增进最大多数人的最大幸福",边沁指出,立法时必须以国民全体的快乐为基准。为此,他将快乐分为四项目标:生存、平等、富裕和安全。这四项既是贤明政府的目标,也是立法的出发点和目标。法律的任务在于促使这四项目标的实现。也就是法律要"保存生命,达到富裕,促进平等,维护安全"。[10]当然,这四项目标的实现需要法律的程度是不同的,"安全"和"平等"是四项目标中

---

[8] 边沁:《政府片论》,商务印书馆1995年版,第115、116页。
[9] 边沁:《政府片论》,商务印书馆1995年版,第118页。
[10] 边沁:《立法理论》英文版,伦敦1931年版,第96页。

最重要的,它特别需要法律的保障。"虽然没有直接关于安全的法律。但是可以想象的是没有人会忽视它。不过,没有安全的法律,有关生存的法律是无用的。"[11] 在个人的安全范围内,个人财产的安全是最基本的,没有财产安全,人们的积极性就会受到挫折,就会妨碍社会的进步。安全乃生命的基础,是人类幸福的首要条件,而人的自然感情对此无能为力,只有由法律保护才能达到。在不违反安全的原则下,立法者应尽量提倡平等,即法律面前人人平等,没有贵贱和轻重之分。第一种平等是伦理和法律下的平等,因为人们感受苦与乐的感觉是平等的,苦与乐没有高下之分。这种平等在法律上就表现为公正不偏和同罪同罚;第二种平等是经济和财产上的平等,边沁认为这种平等是不存在的,因为财产上的不平等乃是社会发展的前提,平均财产只会侵犯安全,结果是破坏财产。安全同平等相比,安全是第一位的,平等是第二位的。如果两者发生矛盾时,平等要服从安全。法律不关心生存的问题,法律所做的是通过奖赏和惩罚来启动动机,是人们寻求生存的机会。法律也不直接促进富裕,同样也是通过苦与乐的机制使人们追求财富。[12]

在边沁之前,有两个人专门研究过立法的理论,一个是孟德斯鸠,一个是贝卡利亚。孟德斯鸠在其《论法的精神》中,揭示出法律与地理环境之间的关系,得出了法律应该与一个国家的政体、自然条件和风俗习惯相适应,而贝卡利亚在其《论犯罪与惩罚》中,提出了良好的立法应该促进最大多数人的最大幸福。应该说,边沁正是在孟德斯鸠和贝卡利亚的基础上提出了更为系统完整的立法理论,并在法律史上留下了功利主义立法论的宝贵遗产。

边沁反对孟德斯鸠立法理论的历史主义倾向,他相信逻辑的力量。他说,在孟德斯鸠之前,为一个遥远国家立法并不是一个复杂的事情,但是在孟德斯鸠之后,所要求阅读的文献大量增加了,我们不能够指望可以弄清一个国家所有法律、风俗和习惯。他评论道,"立法这门科学虽然进步很少,但是却比读孟德斯鸠的著作时所得到的印象要简单得多,功利原则使所有的推理归宗于一,关于具体安排的推理,都不外是功利观点的推演而已"。[13] 他批评孟德斯鸠,说他开始的时候像一个

---

[11] 边沁:《立法理论》英文版,伦敦1931年版,第98页。
[12] 边沁:《立法理论》英文版,伦敦1931年版,第100、101页。
[13] 蒙塔古"编者导言",见边沁:《政府片论》,商务印书馆1995年版,第33页。

检察官,但是在他得出结论之前,他却忘了他的职责,放下检察官当起了考古学家。他说孟德斯鸠对许多他不熟悉的制度表现得过于武断和凭空想象。对贝卡利亚,一方面他继承了他功利的立法原则,而对他未能详细论证的原理予以推演,而且贝卡利亚主要局限在刑法,而边沁则把他的视野扩展到所有的法律。

在具体贯彻功利主义立法原则上,边沁对苦与乐的计算煞费苦心。他认定,人类行动的动机是功利,功利的本质在于苦与乐的比例,因此一个成功的立法者就要从苦与乐的比例出发,探求启动人们行为的激励机制,最大程度地追求多数人的幸福。为此,他细分了十四种快乐和十二种痛苦,分析了影响人们苦乐感觉的三十二种因素,以及计算人们苦与乐数值的步骤和方法。[14] 这种立法者对人们苦与乐的计算方法,被后人称之为苦乐的微积分,成为边沁功利主义立法学原则的代名词。

三、法律改革与法典编纂

英国是一个判例制的国家,它缺少明确性和完整性,而这对欣赏逻辑和明确性的边沁而言,这就是个缺点,就有改革的必要。再者,边沁之前的英国法理学,还是以自然法和理性的法学为主导,而边沁的功利主义天生就是这种理论的对立面,因此他要改革法律,这种改革不仅是立法原则的改革,而且也是法律形式的改革。他呼吁要改变那种不成文法、习惯法和判例法的形式,就要制定成文法和编纂法典。

早在牛津大学读书期间,边沁就得出了英国大学教育的必然结果只是虚伪和谎言的结论;他在大学里不愉快的经历,使他对现有制度充满了漠视和鄙视,对可能的改革充满了信心。他13岁在牛津大学听布莱克斯通的英国法律课,他自己说就发现了这位权威的荒谬之处。28岁发表的第一部著作《政府片论》,就是攻击布莱克斯通的《英国法律诠释》。1789年,边沁发表了《道德与立法原理导论》,这是他的成名作。那个时候,法国正在革命,许多制度有待建立,这也为边沁实现其改革方案燃起了希望。他通过朋友向法国的同行抄送了自己的几部著作,而且还向国民议会提出建立模范监狱和济贫院的计划,并表示愿意亲自帮助创办和管理而不收取报酬。法国方面授予他荣誉公民的资格,但是没有任何实质的结果。在英

---

[14] 边沁:《道德与立法原理导论》英文版,伦敦1982年版,第39—68页。

国,他设计了模范监狱的"环视房",最大的特点是坐在中央的人可以看到房间的每一个人和每一个犯人。开始的时候,这一计划很受欢迎。1792 年议会曾经讨论过,1794 年议会批准了一项法律,要按照边沁的设计建立一所监狱。后来也被中断,边沁得到了经济的补偿,但却备感失望。那时,边沁已经在欧美具有了极大的名声,俄国的官方人物,法国、西班牙和葡萄牙的自由主义者,以及南北美洲的人士,都对他表示仰慕。沙皇曾邀请他为俄罗斯修改法典,他也向希腊起义者写信攻击君主制度。到晚年,他合伙帮助欧文创立空想社会主义新村,也接受一位勋爵的邀请答应起草一份刑法草案。他支持激进派反对辉格党的议会改革方案,他成为激进派的先知。他对英国诉讼程序和判例法不分皂白地攻击,称英国宪法不过是块遮羞布,称 1688 年英国革命只是暴力之上的腐化。他认为法官造法是故意剥夺立法权,篡夺的目的是满足律师的贪婪与野心。他发明了一套新的法律词汇,比如"减少到最低限度"、"法典编纂"和"国际"。[15] 1811 年,他给美国总统写信,表示愿意为美国编纂法典;1815 年,他给俄国沙皇写信,表示愿意为俄国编制法典;1815 年,他向世界一切崇尚自由的国家呼吁编纂法典。一般而言,英国法律改革在边沁活着的时候,并没有取得什么成效,但是在他死后,英国一系列的改革都受到了边沁的影响,其中,比较大的改革有 1832 年英国法律改革草案的实施,刑法和监狱的改良,济贫法的变更和卫生法的订立。[16]

边沁以为,法律未能够以法典的形式表达出来,就不是完整的。因此,他鼓吹要编纂法典。他认为,一部法典必须满足以下四个条件。第一,它必须是完整的。即:必须以充分的方式提出整个的法律,以致无须用注释与判例的形式加以补充。第二,它必须是普遍的。在叙述其中所包含的法规时,在每一点上都必须是有可能做到的最大普遍性。第三,这些法则必须用严格的逻辑顺序叙述出来。第四,在叙述这些法则的时候,必须使用严格一致的术语。它要求简洁准确,也就是要以简短的条义表述全部法律的内容,法律术语,内涵要统一,要准确,不能相互矛盾和模棱两可。如此完美的法典,具有双重的意义。首先,在法律研究方面,一旦这样的法

---

[15] 这一部分参见蒙塔古"编者导言",见边沁:《政府片论》英文版,商务印书馆 1995 年版,第 6—23 页。
[16] 吕世伦、谷春德:《西方政治法律思想史(增订本)》(下),辽宁人民出版社 1987 年版,第 100 页。

典确立下来,那么一个普通的人都可以像律师一样来理解法律。其次,在法律执行方面,如此完美的法律可以使法律执行确定、迅速和简单化,根据法典,我们可以得到法律的全部知识。[17]

边沁法典编纂的理论可以说是当时历史条件下的产物。在他那个时代,颁布一部法典是国王具有哲学思想的一个标志。普鲁士腓特列二世、奥地利的特雷西亚、俄罗斯的叶卡捷琳娜,乃至于法国的拿破仑,都将他们所编纂的法典作为自己王朝的荣耀。边沁提倡法典编纂使他成为法典派的理论代表,也使他成为英国法律改革的倡导人。同时,我们也应该看到,他的呼吁也没有使英国成为一个以法典见长的国家,而且,从理论上讲,他所想象的完美法典也只是空想,因为正像现代法律和学说所解释的那样,一个法官和一个律师并不能够希望从一个完备的法典中推演出法律的结论。

从这个意义上讲,边沁是一个激进的法律改革家,对于英国判例法的现状进行改造,这一点直接影响了奥斯丁,后者试图用罗马法的体例来设计出英国系统的法律制度。也可以说,英国的分析法学者在开始的时候,就是激进的改革者,积极倡导法典编纂。在实践上,这是对英国法传统的一种反叛,在理论上,分析法学作为一种法学流派开始形成,它既不同于早年的自然法学,也不同稍后保守的德国历史法学。

四、功利主义与分析法学

历史地讲,奥斯丁因其《法理学讲义》成为分析法学之父,但是,当哈特于1970年整理和出版边沁的《法律概要》之后,人们发现奥斯丁分析法学的基本命题和研究方法都能够在边沁的著作中找到。至此,分析法学开创者的名号不再为奥斯丁一人所拥有,至少,边沁和奥斯丁共同成为分析法学的奠基人。

哈特在分析奥斯丁分析法学的时候,把这种理论总结为"法律命令说"、"应然法律和实然法律的区分"以及"法律和道德的区分"三条。如果重新阅读边沁的著作,我们会发现前两条边沁已经有了明确的描述,而后一条则是隐含在他功利主义

---

[17] 蒙塔古"编者导言",见边沁:《政府片论》英文版,商务印书馆1995年版,第52—53页。

的理论之中。早在《政府片论》里,边沁就涉及了法理学的一些基本问题。他把对法律问题发表意见的人分为两种,一是解释者,二是评论者。解释者的任务是揭示法律"是"什么,评论者的任务是揭示法律"应当"是什么;前者的任务是叙述或者探讨"事实",而后者的任务是探讨"理由"。解释者的思维活动是"了解、记忆和判断",而评论者则要和"感情"打交道。法律"是"什么各国不同,但法律"应该"是什么则各国相同。法律解释者永远是那个国家的公民,而法律评论者应该是一个世界的公民。解释者要说明的是立法者和法官"已经做了什么",而评论者则建议立法者"将来应当做什么"。总之,评论者的任务是"通过立法者的实践把这门科学变出一门艺术"。[18] 他还进一步说明,解释者的作用分为两类,第一部分是历史,第二部分是论证。历史的任务是说明某一个国家以往存在过的法律情况,而论证的任务是讲述现在的法律情况。论证的方法有分类、叙述和推断。法律明确、清晰和肯定的地方,需要的是叙述;在含糊、隐晦和不肯定的地方,需要的是推断或者解释;制度有几个部分、其出现的次序及每个部分的名字,则是分类的任务。在这三个部分中,"论证者最艰巨而又最重要的工作就是分类",[19]"这种分类的概述,就成为对法理学应有状况的概述"。[20] 在《道德和立法原理》中,边沁明确区分"立法学"和"法理学",即批评性的法学和阐释性的法学。[21] 这也就是后来分析法学的一个重要标志,即区分"法律应该是什么"和"法律实际上是什么"。

应该说,边沁对解释者和评论者的区分,已经有了法理学和立法学分野的印记,前者是法律科学,后者是伦理学。这被后来的奥斯丁予以继承,法理学是分析和解释实在法,功利主义是评论法律的一种伦理学,法理学的任务只是用来分析一个国家的实在法,而不管其法律之上的价值,这成为分析法学不同于其他法学流派的显著特点之一。

至于法律的含义,边沁说,法律是主权者自己的命令或者被主权者采纳的命令的总和。它是强加于公民身上的义务。如果公民反抗这一命令就要受到制裁。这

---

[18] 边沁:《政府片论》,商务印书馆1995年版,第97页。
[19] 边沁:《政府片论》,第114页。
[20] 边沁:《政府片论》,第117页。
[21] 参见边沁:《道德和立法原理》最后一章。

一命令不是针对单一性行为,而是对着一系列同属性质的行为。在《道德和立法原理》中,边沁认为,立法者意志的表达是一个命令。一个明确或实质的命令,加上相联的惩罚,就构成一个法律的义务。他说,强制性的法律是一个命令,一个非强制或一个没有强制的法律,会全部或部分地使法律无效。命令的形式是多样的,以"盗窃"为例,法律可以有这些表达形式:"你不应该盗窃","盗窃者应该受到如此如此的惩罚","如果发生盗窃,盗窃者将受到如此如此的惩罚","如果发生盗窃,对此盗窃的惩罚是如此如此的"。[22] 在《法律概要》中,边沁明确提出了"法律是主权者的一种命令"的命题。边沁说:"法律可以定义为由一个国家或主权认可或采用的意志宣告符号的集合","每一个法律命令都设定一个义务","命令性或禁止性的法律产生一个义务或责任","在所有提及的词语中,最适合表达'法律'一词必要条件的、符合其所有广度和所有变化形式的、广泛和可令人理解的概念,是'命令'一词","法律的性质和真正的本质可以说是命令;从而法律的语言应该是命令的语言","所有的法律必须以强制或痛苦或愉悦的形式加诸当事人","法律以刑罚或其他惩罚作后盾"。[23]

这就是分析法学"法律命令说"的雏形,这种理论我们在奥斯丁《确立法理学的范围》中看到了完整和逻辑的表达,这通常被称为"主权者、命令和制裁"的三要素说,但是,从边沁的著作中,我们可以找到所有这些要素。如果说两位大师之间存在着不同,那只是奥斯丁是以通俗的、逻辑严密的论证方式表达了出来,边沁则是以思辨的、晦涩的语言显现出来。两者之间并没有实质性的差别,应该说,边沁是这种理论的始作俑者,而奥斯丁则是这种理论的论证者,奥斯丁以其严密和通俗的论述戴上了"分析法学之父"的桂冠,而因其学术上的离群索居和理论上的过于苛刻,边沁的真知灼见被后人漠视或者忽视掉了。

对分析法学来说,1832 年是特殊的一年。在这一年,伟大的边沁去世了,也是在这一年,奥斯丁发表了《确立法理学的范围》并在伦敦大学开设了历史上的第一门"法理学"课程。170 年过去了,奥斯丁止步于 19 世纪的分析法学,而边沁的名

---

[22] 边沁:《道德和立法原理》,第 205—207 页、第 302—305 页。
[23] 边沁:《法律概要》英文版,伦敦大学出版社 1970 年版,第 1 页、第 13—15 页、第 53—56 页、第 58 页、105 页、第 136—137 页、第 294 页。

字连同他的功利主义和法理学或明或暗地一直延续下来。德沃金把西方历史上最流行的法律观念总结为功利主义和法律实证主义,[24]或者因袭主义和法律实用主义,[25]从他的字里行间,我们都能够读出边沁的名字。

---

[24] 德沃金:《认真对待权利》,中国大百科全书出版社1998年版,导论,第1—3页。
[25] 德沃金:《法律帝国》,中国大百科全书出版社1996年版,第87页。

庞德论中国法律：社会学法理学思想的一次应用

王 婧[*]

1946年7月至1948年11月，罗斯科·庞德（Roscoe Pound）担任南京国民政府司法行政部和教育部顾问，帮助中国进行法制重建和司法改革。其间庞德通过考察中国法律的规范条文和实际运作，对当时中国法制的现实状况和未来发展进行了全面而深入的思考，对于法律继受、司法改革、统一法律解释和著述、法律教育等问题则有专论留世。近年来随着庞德来华演讲和报告的整理出版，[1] 庞德与中国的这段历史也逐渐为学者关注。现有的研究多侧重于制度史的梳理，将庞德来华作为观察中国近代法律变迁历史的一个切入点，主要分析国民政府邀请庞德的原因、庞德在中国的作为以及他所提出的建议对于中国法制转型的影响。[2] 笔者将出发点从中国转向庞德，主要从思想史的角度分析庞德选择中国的原因，探讨其对中国建言的背后所蕴含的社会学法理学理念，分析其为《中华民国宪法》草案辩

---

[*] 王婧，华东政法大学助理研究员，法学博士。本文原载《华东政法大学学报》2010年第4期（总第71期），第67—74页。

[1] 参见张文伯：《庞德学述》，中华大典编印会、国风社1967年版；王健编：《西法东渐——外国人与中国法的近代变革》，中国政法大学出版社2001年版；艾永明、陆锦碧编：《杨兆龙法学文集》，法律出版社2005年版。

[2] 参见刘正中：《庞德与中国之法制——1943年至1948年之中国法制历史》，载《法学》2000年第12期；王健：《庞德与中国近代的法律改革》，载《现代法学》2001年第5期；张文艳、廖文秋：《庞德与中国近代法律教育》，载《黄山学院学报》2002年第4期；谢冠生：《关于庞德访华的日记》，王健整理，载翟志勇主编：《罗斯科·庞德：法律与社会——生平、著述及思想》，广西师范大学出版社2004年版；周雅菲：《西法何以未能东渐——庞德与中国近代的法律改革浅析》，载《湖南科技大学学报（社会科学版）》2005年第2期；陶昆：《罗斯科·庞德与南京国民政府的司法改革》，安徽大学硕士学位论文，2007年提交；陆燕：《庞德的法学思想在近代中国》，重庆大学硕士学位论文，2007年提交。

护的理论必然性,并以此去反思庞德的社会学法理学本身及其建言的当代价值。

一、庞德何以选择中国?

1945年,庞德即将从哈佛大学退休,作为名满世界的法学家,庞德收到了来自世界各地的讲学或者任职邀请,他最终能选择中国,机缘巧合中也有某种必然。

1935年和1937年,庞德曾经以私人身份两次造访中国,对中国印象深刻。尤其是1937年的访问,庞德考察了河北的法庭和狱所,并且由时任司法行政部部长的王用宾陪同在南京发表演讲。此时二战虽然尚未爆发,但是中国已经卷入了对日本的战争中,这促使刚刚卸任哈佛法学院院长的庞德认识到,法理学并不能阻止即将到来的战争,它的力量和自己的权力一样,都是有限的。[3] 此后庞德对于远东的局势有着持续的关注。

杨兆龙的推动和国民政府的礼遇则是重要的因素。杨兆龙1935年毕业于哈佛法学院,获得S.J.D博士学位,他的博士论文就是庞德主持答辩的,庞德曾言"杨兆龙是接受我考试的第一个中国人。东方人的思维方式引起了我很大的兴趣"。[4] 1945年,时任国民政府司法行政部刑事司司长的杨兆龙提议邀请庞德作为战后法制重建的顾问,获得当局批准。是年10月28日,杨兆龙向庞德发出了邀请函。1946年1月,时任司法行政部参事的倪征亲赴哈佛大学法学院邀请庞德出任顾问。而对于聘任庞德一事,蒋介石曾经专门批示,要求第二年必须续约,待遇必须优厚,以显示尊礼贤者。资料显示,庞德就任顾问的总薪金达37500美元。[5] 另外,得益于家族高寿的遗传,1945年已经年届75岁的庞德自诩精神依然健硕,可以胜任愉快。[6]

---

[3] See N. E. H. Hull, Roscoe Pound and Karl Llewellyn-Searching for an American Jurisprudence, The University of Chicago Press, 1997, pp. 281,282.
[4] 艾永明、陆锦碧编:《杨兆龙法学文集》,法律出版社2005年版,第3页。
[5] Kwan-Sheng Hsieh to Pound, Oct. 28,1945, RPP, 58-10; Pound to Chao Lung Yang, Dec. 1, 1945, RPP, 58-12; Receipts on Bank of China, n. d., RPP, 58-13. cited from N. E. H. Hull, Roscoe Pound and Karl Llewellyn-Searching for an American Jurisprudence, The University of Chicago Press, 1997, p.311.
[6] 1945年12月1日,庞德在答复时任南京国民政府司法行政部部长谢冠生的信中表示,"承聘为顾问,引为欣幸。年已75岁,自信精力健旺,可为相当贡献。6月中可能前来,9月下旬回国,期望于哈佛再教一年,亦即于1947年6月再来中国,久住无妨。过去两度访华,深感愉快"。

无可否认,上述所列是庞德允诺的重要原因,但是如果分析 20 世纪 30 年代之后庞德思想受到的挑战和质疑,就可以发现其接受聘任的某种必然性。在此之前,1916 年起就担任哈佛法学院院长的庞德一直被认为是法学界的权威,其倡导的社会学法理学也一度成为美国法理学界的主流学说。

20 世纪 30 年代,大萧条和新政给美国社会带来了巨大的变化,行政机构及其权力的不断扩张让庞德惊呼美国正在走向行政绝对主义(administrative absolutism),他质疑新政政策的合理性,呼吁行政权力应该受到司法的制约。受其父亲的影响,庞德毕生都坚守共和党的立场,他对于富兰克林·罗斯福这位民主党总统的新政始终心存质疑:他认为以国家的力量干预和刺激经济是对个人财产权的威胁,新政干扰了正常的历史进程和社会的有机发展,甚至阻碍了司法的复兴。[7] 而新政所带来的行政权力的急剧扩张和行政法的迅速发展更是引起了崇尚普通法司法传统的庞德的忧虑。19 世纪,美国的行政机构和重要的行政措施还受制于严格的司法审查,庞德甚至一度鼓励行政机关要发挥更大的作用,认为"在一些民族走向一个极端并且受到科层制支配的时候,我们则走向了另一个极端并且受法律支配"。[8] 但是到了 1933 年,随着一系列社会立法的推行,行政机构迅速膨胀,其权限也不断扩展,对于行政机构的司法审查和法律制约被降到了最低限度,很多在庞德看来应该由司法裁决的事项也转归行政裁决。庞德受柯克影响很大,主张行政裁决应该受到司法的制约,他甚至认为行政法不能被称之为法律,因为它是去除法律的一种方式。当 1940 年罗斯福总统否决了《沃尔特—洛根法案》(Walter-Logan Bill)时,[9] 失望之极的庞德称这一次否决是"彻底地与马克思主义的法律消亡论保持了一致"。[10]

此外,在学术思想方面,从 20 世纪 30 年代开始,庞德的社会学法理学思想越来越受到以卡尔·卢埃林(Karl N. Llewellyn)、杰罗姆·弗兰克(Jerome Frank)为

---

[7] See David Wigdor, Roscoe Pound: Philosophy of Law, Greenwood Press, 1974, pp. 272 - 274.
[8] [美]罗斯科·庞德:《法理学(第二卷)》,邓正来译,中国政法大学出版社 2007 年版,第 403 页。
[9] 1939 年由两位民主党成员 Francis E. Walter 和肯塔基州参议员 William Logan 提出的法案,主要内容是通过司法审查和赋予个人更为广泛的正当程序权利,以规范行政程序,限制联邦行政机构自由裁量权的滥用。
[10] 转引自 David Wigdor, Roscoe Pound: Philosophy of Law, Greenwood Press, 1974, p. 275。

代表的法律现实主义(legal realism)的挑战,虽然庞德认为法律现实主义的很多观点无法容忍,甚至是让人愤怒,但是社会学法理学日益失去了往昔的影响力却是不争的事实。法律现实主义并没有统一的纲领,被贴上这一标签的学者之间的观点也有差异。事实上,法律现实主义与庞德的社会学法理学有共同之处:都可以追溯到霍姆斯(Oliver Wendell Holmes)大法官;都反对机械适用法律不顾社会现实的法律形式主义;都主张将社会学的方法引入法律研究;都将法律视为达致某种社会目的的手段等。但是,两者的差异却是针锋相对。庞德推崇法律确定性、注重普通法传统,将法律视为一个由技术、律令和理想组成的有机整体。卢埃林和弗兰克等法律现实主义者否认对于首要或根本性原则的诉求,否认法律的确定性,弗兰克直接将这种对于法律确定性的追求归结为是一种儿童的恋父情结,认为所谓的法律事实仅仅是法官认定的主观事实;法律现实主义怀疑传统的法律原则和规则是否描述了法庭或者人们实际的行为,怀疑传统的规则能否表达决定法庭判决的要素,认为法律就是官员的行为。卢埃林更是在30年代初与庞德展开了正面的论战,[11]公开挑战庞德的权威。新政时期,极具改革和批判精神的法律现实主义的影响大增,大批法律现实主义者都取得了重要的官方职位,促进了新政法令的制定,推动了美国经济与社会的复兴。相形之下,庞德的社会学法理学则渐渐退出了美国法理学的主流。

面对这些挑战,庞德不断地著书立说并积极地参与社会活动,希望推动美国社会向着他所理想的方向发展,但是现实却不断地给他打击。此时,国民政府盛情邀请他参与战后的法制重建——一项包括修订完善相关立法,重建法院、监所,培训和储备司法人员等的浩大工程,无疑是给了庞德全面实施其理念的机遇,庞德的欣然受邀也就在情理之中了。同时,这也部分说明了庞德为什么能够对任职中国倾注那么多心血和热情:他曾言这是他所做的最大的一份工作;从1946年6月28日

---

[11] 1930年4月,卢埃林在《哥伦比亚法律评论》上发表论文"A Realistic Jurisprudence: The Next Step",提出了现实主义法理学的概念,主张法律规则并没有学者们所宣称的那种确定性,应该以法官的行为作为法学研究的重点,成为与庞德正面论战的开始。1931年5月,庞德在《哈佛法律评论》上发表了回应文章"The Call for a Realist Jurisprudence",认为忠实地描述和分析法官的行为并不是法理学的唯一任务,法律还应该包括技术和理想要素,强调了规则的确定性。同年6月,同样在《哈佛法律评论》上,卢埃林发表了回应论文"Some Realism about Realism",通过实证研究认为庞德对法律现实主义的概括并不确切,提出了自己认为的现实主义的基本观点。

抵华到1948年11月21日正式离开中国,其间庞德除了短暂的返美之外,共在中国停留了17个月,这么长的时间在庞德毕生的驻外任职经历中是绝无仅有的;来华仅半个月的时间,庞德就提交给司法行政部一份详尽的工作报告,指陈中国法制重建中存在的问题;庞德还自荐为中国主持编纂统一的法律典籍,制定了详细的司法调研计划并亲自进行实地考察。对此,庞德的传记作家大卫·卫格多(David Wigdor)有言,在1945年之后,庞德理论的巨大影响是表现在他对中国法而不是美国法的研究中。[12]

二、社会学法理学视角下的中国法制

庞德对于中国的建言是其社会学法理学应用于中国现实的结果。综观庞德对于中国法的论述,可以归纳出如下三个观点。其一,中国应该坚持其继承已久的现代罗马法体系而不应该改采英美法系的模式。其二,中国的法典制定得很好,现在的任务是使得法典适应于中国的现实生活。其三,当前中国的法制重建迫切需要的是统一法律解释,这在很大程度上仰赖于统一法律教育和著述来实现。其中法律教育几乎贯穿了庞德关于中国法制改革的所有报告、建议或演讲。庞德不单从宏观上阐明统一法律教育的重要意义,而且针对教育的范围和目标、课程设置、学习年限、教学方法等具体问题都提出了详细的改革方案。此外,庞德对于司法改革和中国宪法草案也有专门的论述。[13]下文笔者将从社会学法理学的视角逐一分析上述观点。

庞德认为,法律的变革包括法律模式的转换不仅仅是通过立法更改法律规则就能完成的,因此,庞德坚决反对中国放弃罗马法改采英美法系的模式。庞德认为,从逻辑(而非时间)的角度而言,法律包括三种含义。其一,法律指一种法律秩序,即通过系统而有序地运用政治组织社会的强力来调整关系和规制行为的政制状况。其二,法律指一个政治组织社会中所认可和业已确立的、作为司法和行政行

---

[12] See David Wigdor, Roscoe Pound: Philosophy of Law, Greenwood Press, 1974, p. 278.
[13] 庞德的相关论述可以参阅张文伯:《庞德述》,中华大典编印会、国风社1967年版,第141—192页;王健编:《西法东渐——外国人与中国法的近代变革》,中国政法大学出版社2001年版,第61—89页、第123—137页、第268页、第269页、第419—483页、第499—539页;艾永明、陆锦碧编:《杨兆龙法学文集》,法律出版社2005年版,第479—493页、第510—555页、第569页。

为之基础或指导的权威性材料体系。这个意义上的法律由律令、技术和理想构成。所谓技术,是运用和型构法律律令的各种模式,是支配司法技艺和法学技艺的各种心智习惯。所谓理想,是指一幅有关特定时空社会秩序之理想图景,亦即一种关于那种社会秩序是什么以及关于社会控制的目的或者目标的法律传统,也是解释和适用法律律令的背景。律令本身由规则(rules)、原则(principles)、界定概念的律令和确立标准的律令所构成。其三,法律指司法和行政过程,即为维护法律秩序而根据权威性的指示以解决各种争端的过程。[14] 三种意义上的法律,可以由社会控制的理念统合起来:法律是发达政治社会中的一种高度专门化的社会控制形式,这种控制形式根据以业已接受的理想为支撑的、运用权威性的技术在司法和行政过程中得以适用的权威性律令体而实施。庞德坦言,现代罗马法体制已经达到高度系统完备的程度,如果某地需要迅速采行成熟的法律制度,以代替习惯的古老制度或旧文化下所制定而不适于今日社会的法律,那么采用罗马法体系是比较容易的。[15] 他承认,如果可行的话,渐进的转型不失为一种更好的选择,但是革命之后中国出现了建设现代法制的需求,中国已经没有时间在过去的法学、政治和伦理制度基础上来发展自己的法律。[16] 所以,庞德认为,中国效仿以罗马法为基础的大陆法系是很明智的。如果在这样法制重建的时期转而诉诸英美法系,既没有合用的法律书籍,英美法本身也不便于法典化,短时间内也无法培养出深刻理解英美法传统的司法人员,那么不单是对中国继承大陆法系既有成果的浪费,甚至法制建设的前景也不容乐观。

庞德还主张要重视法律的适用,因为相比法典条文的完善,庞德更关注法律制度、律令的社会效果以及促使法律具有实效的手段。任何法典都不能不经解释而应用于现实之中。所以就当时的中国而言,庞德认为迫切需要的是统一法律解释,统一法律教育和著述。

在庞德看来,要解释法律,首先要明确理想要素,即社会控制的目标。受德国

---

[14] [美]庞德:《法理学(第二卷)》,邓正来译,中国政法大学出版社2007年版,第102—131页。
[15] [美]庞德:《法律与法学家——法律与法学家在现代宪政政府中的地位》,载王健编:《西法东渐——外国人与中国法的近代变革》,中国政法大学出版社2001年版。
[16] Roscoe Pound, Comparative Law and History as Bases for Chinese Law, Harvard Law Review, Vol. 61, 1948, p. 750.

新黑格尔主义代表人物柯勒"特定时空文明的法律先决条件"理论的影响,庞德将理想要素限定在特定的时空条件下,因而庞德强调,中国的法典是要适用于中国人民,规范中国人民生活的。庞德认为,中国拥有关于民族习惯的传统道德哲学体系,或许可以成为调整关系和规制行为所赖以为凭的普遍接受的理想图景。依凭理想要素,中国法典的解释和适用或许可以赋予中国法典真正的中国特征。

当时的中国在法律适用方面的一个重要的问题就是,如何对待比较法上的经验和历史传统,对此庞德主张:比较法在制定法典的时候能帮助中国在西方世界的两大法系中做出明智的选择。当法典制定出来之后,比较法就不需要在两大法系中找寻中国需要的法律制度,而应该确定法典条款在过去和现在是怎样被解释和适用的。而"传统的道德习惯和法律制度不能因为它们是传统的,或仅仅因为在西方世界的比较法中找不到对应就为法院或者法学家所忽略或者否弃。但同样,传统的道德习惯和制度不应仅仅因为它们是在对中国历史的研究中发现的,就得以保留或者促进,并且作为法典解释和适用的基础。它们不应作为法典的不协调因素引入,从而导致不一致和异常。传统习惯和制度的正当用途在于使法典贴近中国人民的生活"。[17]

适当的法律解释,除了要有确定的理想要素,还需要有技术,庞德因此特别强调统一和加强中国的法律教育。庞德认为,技术和律令本身一样权威,作为一种知识和教育传统的技术是区分大陆法系和普通法系重要因素。"在任何发达的法律体系中,都存在着发展和适用法律律令的传统技术,经由这种传统的技术,那些律令被维续、被扩展、被限制,并被用来适应司法的各种需求。"[18]这种技术是由包括律师、法官和法学家在内的法律人所掌握的,它需要长期的教授和训练才能习得。庞德给予法律教育以很高的期许,认为法律教育不仅要培养法律人具备专业技术,而且要培养法律人成为具有公共服务精神的通才。庞德认为,法律之所以能够自我维系,并且在16世纪之后超越宗教和道德成为首要的社会控制力量,就是因为法律人能够根据社会普遍接受的理想图景,运用专业知识去满足日益变化的社会

---

[17] Roscoe Pound, Comparative Law and History as Bases for Chinese Law, Harvard Law Review, Vol. 61, 1948, p. 757.
[18] [美]庞德:《法理学(第二卷)》,邓正来译,中国政法大学出版社2007年版,第104页。

需要。但是当时中国法律教育的状况显然还不能令庞德满意：近代法律教育刚刚起步，大陆法系和英美法系的教育模式并存，法律人缺乏统一的专业训练，也缺乏对于法律职业伦理的认知。因此，庞德才会不遗余力地鼓吹法律教育改革，制定详细的改革计划。所谓统一法律著述，某种程度上也是加强法律教育的一种方式：通过汇编一部系统的法律原理著作——《中国法通典》(The Institutes of Chinese Law)，帮助法官、律师及法学教师们共享一种一致的方法和观点，避免法律适用的机械或不统一。

从社会学法理学的基本理念出发，庞德给中国提出了一系列的建议，但却并没有解决当时中国法制最为迫切的问题——制宪。1945年二战结束后的中国又一次面临着历史的选择：是继续坚持国民党的一党专政，还是走共产党的新民主主义道路，抑或是某种中间道路？选择的法律体现就是宪法，而恰恰在这一点上，庞德的表现彰显了他理论体系的弱点。

三、处理中国宪法问题的实用主义考量

1946年12月13日，庞德公开发表《论中国宪法》一文，[19]以符合中国国情为理由通盘维护即将付诸表决的《中华民国宪法》草案。[20] 庞德处理中国宪法问题时的实用主义考量造就了这篇他就任顾问期间最为人诟病的文章。[21]

庞德关于中国宪法草案的主要观点包括七个方面。其一，中国宪法需要合乎中国的历史、文化和社会环境，而非短期内专凭理想创造或者专门抄袭他国而能成。其二，三权分立并非是民主或者立宪政治之必要条件。今日中国行政迫切需要的是统一性、继续性、稳定性和效能之提高，三权分立不适合目下中国政治上的迫切需要。其三，民主国家并非必须在总统制和内阁制之内择一，目前中国宪法的

---

[19] 这篇文章是庞德在美国所写，完稿后于1946年11月自美国波士顿寄到中国，由杨兆龙译出，以"论中国宪法"为题在1946年12月13日的南京《中央日报》第3版和上海《申报》第2、3版发表。报纸所刊为节译的版本，资料所限，笔者尚未见到这篇文章的全文。

[20] 1946年12月25日由国民大会通过，1947年1月1日公布为《中华民国宪法》。这部宪法确立了"主权在民"、"五权分立"、国会制和内阁制的原则，但却赋予了总统凌驾于国民大会和五院之上的权力。

[21] 1946年12月23日，上海《大公报》发表社评《辟"不合国情"说》，并且在第3版刊发了戴文葆的《异哉，所为内阁制不合国情！》，反驳庞德的观点。

规定是酌采各国制度中适合中国国情的部分,值得肯定。其四,中国今日需要有强大的国防和强大的中央政权。因此宪法关于中央和地方实行均权制是适宜的,同时对均权制度仅规定一般原则而不规定细节以应对未来的变化,可谓善取他人长处。其五,个人权利的划分,应因时因地制宜。中国宪法关于个人权利之规定,大体妥当,只是对个人是否有权就违宪的法律向法院申请救济没有明确规定。只有在具备了健全的法院以及了解社会情势和法律知识的法官的条件下,才能允许个人拥有违宪救济的请求权。所以中国是否采取这样的制度还需要考虑。其六,政府职权之五分是中国宪法最为显著的特点,五权未必不适宜立法或民主国家。其七,国民大会2000人左右的规模不能说是过于庞大。只要能选择适当的人才作为代表,同时明确合理地规定开会程序,国民大会可以成为负责任的民众机构;毋需实行国民大会的召集制度;为了免于少数人成为独裁者,不应该在国民大会内部设立常设机构。

庞德对于中国宪法的上述论断与其社会学法理学的实用主义基础不无关联——受实用主义的影响,社会学法理学提供的是一个中性的理论框架,对法律实体价值的善恶无法给予考量或者批判。庞德受美国实用主义代表人物之一的威廉·詹姆斯(旧译威廉·詹姆士)的影响很大。詹姆斯主张,"实用主义的方法,不是什么特别的结果,只不过是一种确定方向的态度。这个态度不是去看最先的事物、原则、'范畴'和假定是必需的东西,而是去看最后的事物、收获、效果和事实"。[22] 在实用主义的哲学基础上,庞德关注的是法律的实际效果和作用而不是抽象的理论原则,法律被视为社会控制的一种工具,其目的和任务在于确认、界定和保障利益,如果法律对于利益的确认、界定和保障符合特定时空条件下的理想图景,那么法律就是有效的,也就符合了真理而达致实用主义意义上的善。为法律所确认、界定和保障的利益并不是固定不变的,需要法律人根据特定的理想图景进行确定,至于哪些实体价值将被选入这幅理想图景之中,庞德的社会学法理学并不关心。但不关心并不等于问题不存在,更不等于问题得到了解决。法律在实体价值方面的善与恶,抑或是法律的性质问题,是人类法律思想史上永恒的问题之一。

---

[22] [美]威廉·詹姆士:《实用主义》,陈羽伦、孙瑞禾译,商务印书馆1997年版,第29页。

所以,用"有效—真理"的论辩取代法律性质的问题,使得社会学法理学从根本上丧失了一种从法律性质的角度出发对法律功效和法律发展进程进行批评的维度,尤其是对法律人根据其对社会生活的认知而构建起来的特定时空之文明的法律先决条件、有关法律目的的理想图景以及他们据以建构这些东西的意识形态进行批评的维度。[23] 当庞德向中性的理论框架注入自己的价值判断和意识形态倾向时,庞德对于中国宪法的上述判断就成为必然了。

就价值判断而言,相比较个人利益,庞德更强调社会利益。他认为在任何类型的社会中,社会团体的需要——保护社会团体不受威胁它存在的那些行为方式和过程的侵害——都是最高的社会利益,也是被法律所认可的首要利益。19世纪末期之前的法律只是维护了社会利益中的和平与秩序从个人主义的角度出发。19世纪末期开始,法律的重心逐渐从个人利益转到社会利益,法律进入了所谓的社会化阶段:法律权利被视为是政治社会在某些确定的限度内实施自然权利的手段,个人利益至多只能与社会利益处在同一层次上,而且个人利益是从实施它们的社会利益中获得了它们对于法理学的重要意义。[24] 在这样的前提下,能够使得整体利益损害最小的制度安排将得到采纳。因此,在价值判断上,虽然庞德没有将社会利益绝对地置于个人利益之上,但是社会利益概念的引入以及整体利益损害最小的判准却为某些个人或者利益团体以"社会利益"之名侵害个人自由留下了余地。

就意识形态而言,庞德反对共产主义,支持蒋介石领导的国民政府。"1947年的中国之旅之后,他否认内战的威胁,而且直到1948年,他都拒绝承认一个重要的共产主义因素的存在。"[25] 1948年回到美国后,庞德"深刻地批评了美国政府的对华政策。他指责美国帮助了共产党,并对国民政府加以无理的压力。他称颂蒋主席的伟大成就,纵然由于侵略与战争而遭遇巨大的困难"。在1950年6月写给谢冠生的信中,庞德表示"回国后随时抓住机会为中国政府辩护,今后亦当如此,较为友善的态度已渐见展开。深愿贵国政府能于台湾坚强起来"。[26] 庞德在美国积极

---

[23] 邓正来:《社会学法理学中的"社会"神——庞德法律理论的研究和批判》,载《中外法学》2003年第3期。
[24] [美]庞德:《法理学(第一卷)》,邓正来译,中国政法大学出版社2004年版,第441页。
[25] David Wigdor, Roscoe Pound: Philosophy of Law, Greenwood Press, 1974, p.277.
[26] 张文伯:《庞德学述》,中华大典编印会、国风社1967年版,第8、9页。

地为国民政府游说宣传,并且支持当时在美国盛行的红色恐怖(Red Scare)和麦卡锡主义(McCarthyism)。[27]

对于社会利益的强调、对于共产主义的敌视,加之其本身理论框架对于注入其中的实体价值缺乏批判性,庞德为《中华民国宪法》草案辩护也就不足为奇了,《论中国宪法》如果完整地体现了庞德的本意,也就在某种程度上成为了庞德社会学法理学理论盲点的一个注脚。

四、结语:庞德建言的当代反思

由于国内局势的紧张,庞德关于中国法制的改革计划和建议没有得到充分的实施,我们因此难以去评判这些计划与建议的效果,但作为庞德社会学法理学应用于中国实践的结果,这些建言在今天依然值得我们反思。

之所以要反思,是因为当下中国面临着和庞德来华时类似的问题:如何对待外来经验与本国传统?如何在法律体系逐渐完备的条件之下保证法律的有效实施?事实上,这两个问题有着某种关联。改革开放 30 年,我们迅速制定了数以万计的法律、法规、政府规章乃至地方性法规,但是当这些法律实施于社会之时,我们却发现国家法律与社会生活存在隔膜,国家法与民间法出现了某种对立。国家法很大程度上是舶来经验的体现,民间法与本国传统有着密切的关联,是否只要国家法保持着足够的威慑力就能逐渐同化民间法,法律就能有效实施?法律移植就能实现?对此,庞德的建议是通过法律教育使得在司法裁判中法律方法能够统一,培养法律人在本地情况和主流文化价值中适用相异制度和规则的能力,让引自异域或传统的法律真正成为适应中国当下社会需要的法律。换言之,庞德不反对法律移植,也不反对继承传统,问题关键是在于法律人,专业技能和职业伦理兼具的法律人的适用使得纸面上的法律条文变为适应当下情况的活的法律。

由此可见,在庞德的理论体系中,法律人处于核心的地位,理想要素的确定和

---

[27] 在美国历史上,"Red Scare"指称两段明显而强烈地反对共产主义的时期,第一段是从 1917 年到 1920 年,第二段是从 1947 年到 1957 年。其中第二段主要是围绕清除渗透进联邦政府的共产主义分子而展开的。麦卡锡主义则是 1950 年代初期,美国参议院约瑟·麦卡锡(Joseph Raymond McCarthy)大肆渲染共产党渗入政府和新闻媒体,从而在美国煽动起的全国性的反共运动。

技术要素的掌握与运用都要依靠法律人。然而,当法律人的价值判断出现了偏差,那么理想图景的确定以及随后的利益的确认和保障等都会出现问题,庞德以自己对于中国宪法的判断佐证了这一观点。从这个意义上讲,庞德理论体系的弱点归结于人。在庞德于其中建构理论的普通法体系,法官的选任机制、先例的拘束力原则等都能对法律人有某种约束。在主要继承了大陆法系模式的当代中国,法官创造性地适用法律以消弭国家法与民间法的隔阂,与约束法官不出现价值判断的偏差是否能够兼得? 如果不能兼得,国家法律实施的问题又如何解决? 这是我们对于一种外来理论的反思,也是法治转型时期的中国必须要面对和解决的问题。

论社科法学与教义法学之争

熊秉元[*]

一、缘起

2014年5月31日和6月1日,在武汉有一场研讨会,由中南财经政法大学、《法学研究》和《法律与社会科学》合办。在法学的发展史上,这两天的会议说不定将会留下鸿爪!由主办单位,就可以略知一二:中南政法,是传统政法的"五岳"之一;《法学研究》,是法学期刊的第一品牌;《法律与社会科学》,由社会科学探讨法学,刚被收入 CSSCI 数据库不久。两天会议,群贤毕至;论文集厚达四百多页,我有幸先睹为快。其中,朱苏力的《回望与前瞻》一文,可以说是点睛之作。十余年前,他发表一篇文章,指明传统法学的缺失,认为必须向社会科学汲取养分。文章甫一发表,立刻引发持续讨论。十余年后,"教义法学"和"社科法学"已经是专业用语。朱苏力回顾过去,检视当下,瞻望未来。行家出手,论述有据,观察入微,令人击节![1] 然而,朱苏力的美文也引发一些问题,值得进一步斟酌:虽然教义法学有诸多缺失,可是无论中外,都还是法学界的主流。为什么?[2] 相对于教义法学,社

---

[*] 熊秉元,浙江大学经济学院"千人计划"特聘教授、法律与经济研究中心主任。本文原载《华东政法大学学报》2014年第6期(总第97期),第141—145页。

[1] 法教义学,是由各种教义(legal doctrines)探讨法律问题。用"教义法学"(doctrinal analysis of law),可能比"法教义学"更适合;而且,刚好可以和"社科法学"对称及呼应。

[2] 1960年法经济学出现以前,教义法学已经存在数百年;之后,即使经济学者进驻法学院,依然有相当比例的法学院,几乎完全不受影响;半个世纪过后,主流还是教义法学,为什么?

会科学法学(law and social sciences)似乎是替代方案。然而,社科法学的身影却模糊不明;如果高举社科法学大纛的掌门人,都不能界定清楚,其他的人又该如何是好?还有,大陆法学界,目前似乎是群雄并起;一旦尘埃落地,又将会是何种局面?对这三个问题,本文将一一叙明。

二、就远取譬

对一般读者而言,可能无从领略教义/社科法学的分别。因此,由一个广为人知的参考坐标开始,可能较好。哈佛大学桑德尔(Sandel)的开放课程和畅销书——正义——几乎家喻户晓。他提到两个情境,问大家如何取舍:首先,一列火车疾驶向前,不远处有一分叉口,往右有五个人在铁轨上工作,浑然不觉;往左,铁轨上有一个人。那么,如果自己是火车驾驶,会往左或往右?第二个情境,自己站在桥上,铁轨就在桥下;自己身旁有个胖子,把胖子推下,可以挡住疾驶而至的火车,救铁轨上的五个人。那么,自己将如何抉择,是不是牺牲一个人救五个人?桑氏接着介绍在抉择时的两种判断方式:规范式思维(categorical reasoning)和后果式思维(consequentialist reasoning)。哲学上看,对就是对,错就是错,这是规范式思维。根据结果是好或是坏取舍,是后果式思维。桑氏指出,社会上的多数人,是根据规范式思维自处。为了达到目的(结果),不择手段,这是结果式思维。只考虑对错,不计后果,是规范式思维。因此,由道德哲学的角度,显然规范式思维要高于结果式思维。

然而,桑氏没有进一步追问,这两种思维方式到底由何而来;彼此之间的关系,又是如何?其实道理很简单,一点就明。在人类长期的演化过程中,面对大自然的考验,要趋福避祸,设法生存和繁衍。经过长时间的经验累积,知道有些行为会导致不好的"结果"——譬如,雷电交加,在旷野里行走——会逐渐被归类为"不好的"行为。因此,结果式思维,其实是规范式思维的基础;规范式思维,等于是结果式思维的简写或速记(short-hand)。

也就是说,在一般的情境下,不需要再思索行为的结果如何,只要根据情境的类别——各种规范——就可以应付裕如。规范式思维,降低了思维和行动的成本,有助于人类的存活和繁衍。好坏是非善恶对错的规范(价值判断),不是凭空而来,而是演化过程所归纳提炼出的结晶。偷东西是"不好的",因为长此以往会导致不好的"结果";(行有余力)帮助人是"好的",是因为在大部分情况下,会带来好的"结果"!

教义法学和社科法学的相对关系,非常类似。传统法学里所依恃的各种教义(民法的诚实信用原则、契约自由原则;刑法的正当防卫原则等),不是凭空出现,而是经过长时间的摸索归纳而出,因为会带来较好的"结果"。因此,社科法学,可以说是教义法学的基础;而教义法学,可以说是社科法学的简写或速记。在教学和实际运用时,不必每次都追根究底,由社科法学中找理论基础;由各种教义出发,可以大幅降低思考和操作的成本。一般人生活,不会每次都追根究底,以结果式思维来因应;同样的,均衡状态的法学,也不会完全是社科法学。

教义(doctrines),是思维已经简化的速记,除非碰到特殊情境,无须每次检验这些教义。社科是教义的基础,教义是社科的速记。两者相辅相成,但有先后本末之分。社科法学,是在了解社会的基础上,设计(方法)及操作法律(解释);教义法学,是在诉诸权威的基础上,设计和操作法律。即使不了解社会,有参考坐标(历来权威、个人经验),一样可以运作。社科法学的好处,是为法学提供更扎实的基础(知其所以然),更容易因应社会变化及新生事物。教义法学的知识与技术性,是社科法学不具备但操作法律所必需的。较好的组合是先修社会科学,特别是经济学,再修部门法。以社会科学的知识为基础,学习成本大幅降低;而后,作为背景知识,逐渐改变教义法学的内涵,取代一部分论述,调整论述。

当然,有两点涵义值得注意。其一,由教义出发,成本较低,久而久之,自然是教义法学当道。无论中外,几个世纪以来教义法学大行其道、历久而弥新,是最好的证据。其二,就像规范式思维(以好坏是非等价值判断为出发点)一样,时间一久,变成知其然而不知其所以然。在传统农业社会里,春夏秋冬年复一年,只要依循旧习就可以安然度日。在21世纪新生事物不断涌现(网络、生化、金融等),教义法学便捉襟见肘、左支右绌。当规范式思维不足恃时,要回到结果式思维上斟酌——面对新生事物,如何取舍才(可能)带来好的结果。同样的道理,当教义法学面对考验时,最好究其精微,在社科法学中琢磨究竟。事实上,社科法学念兹在兹的方法论,不需要外而求之;而且,众里寻它千百度,蓦然回首,其实就在朱苏力多年来翻译引介的经典里!

三、就在眼前

波斯纳(Richard Posner)大学时主修英文,而后就读于哈佛法学院,表现优异,是《哈佛法律评论》的主编。法学院第一名毕业后,先到斯坦福大学任教,因缘际会接触经济学,惊艳于经济分析,因此,转往芝加哥大学这个经济学重镇,担任法学院讲座教授,边教边学经济分析,也认识了贝克(G. Becker)和史蒂格勒(G. Stigler)等诺贝尔奖级经济学家。天资聪慧加上努力过人,他很快就掌握经济分析的精髓,而后回过头来,重新检验他所熟悉、有高贵悠久传统的法学。后出任联邦第七区域法院法官,著作等身,是公认的法学界权威。

他在1981年把多篇论文集结成一书,名为《正义的经济分析》(The Economics of Justice)。第六、七这两章的章名,提纲挈领地揭示了他的方法论:第六章是"论初民社会"(A Theory of Primitive Society),第七章是"初民社会法律的经济学理论"(The Economic Theory of Primitive Law)。对于原始初民社会,他先提出一个整体性的架构;而后,再根据这种体会(理论),进一步探讨当时的法律。也就是,先有理论,再分析法律。[3]

抽象来看,对于原始社会的各种人类学材料,波氏能提出理论架构,正表示他依恃了另一个层次更高的理论。也就是,对于人类行为,他的理论能一以贯之:既可以分析当代社会的现象/法律,也可以分析初民社会的现象/法律。随着时空条件的变化,社会现象的样貌容或不同,本质上都是人类行为的结果;掌握了人类行为的特质,等于是掌握了解读法律的一把万能钥匙。

以图形表示,波氏的方法论可以利用图1来呈现。第一步,先对社会这个大的环境,能有理论架构来解释。第二步,基于这个解释大环境的一般性理论,再进一步分析社会的局部,也就是法律。法律经济学的思维方式,也是如此:基于经济分析,对人类行为有一般性的解读;然后,再根据这种分析架构,探讨人类行为的局部——法律现象。

---

[3] Richard A. Posner, The Economics of Justice, Cambridge, MA: Harvard University Press, 1981.

波氏理论的脉络一清二楚;而且,根据这种结构,可以探究其他的问题。由此也可见,好的理论至少有两点特色:(1)观念上简单明确,对现实社会有解释力,甚至可以跨越时空;(2)以简驭繁,应用范围广。而且,对于法学而言,波斯纳的理论有很重要的启示:一方面,有了理论,可以帮助回答"为什么";学子除了知其然(法律条文)之外,还可以知其所以然。而且,毋庸外而求之于专家学者,自己就可以提出有说服力的解释。另一方面,理论的作用,是对于社会现象,能提出合于因果关系的解释。波氏的理论,能解释原始部落的律法,显然,他的理论不会受限于部门之别。原始社会有律法,而没有部门法;这也正意味着,部门法的分门别类,是一种人为的框架。好的理论能透视各个领域,捕捉彼此的共同性。

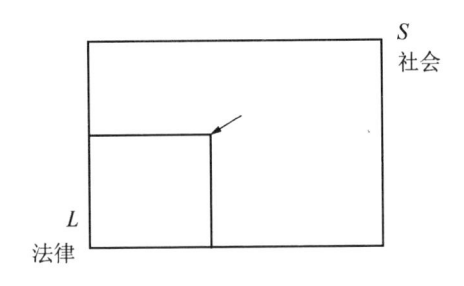

图1 社会和法律

四、让证据说话

社科法学的学习成本较低,付出起始成本之后,能一以贯之;教义法学知其然而不知其所以然,所以容易捉襟见肘,词穷无语。两者之间,类似"原理"(principles)和"操作手册"(manual)之分。

借着一个极其简单的例子,可以反映教义法学和社科法学的差别。在多所高校演讲时,我会请问在座的听众:"果子落入邻人土地,属于果树主人所有,还是属于邻人所有?"屡试不爽,几乎绝大多数的人都(透过举手)表示:应该属于主人所有。在西安一所著名高校里,在场约有三百位听众,包括多位法学院教授。结果,"全部"举手支持主人所有,除了一位坐在第一排、读本科一年级的小女生!教义法学的逻辑直截了当:果子是果树的自然孳息,虽然落入邻地,还是应该属于果树主人所有。然而,让证据来说话,这种情形虽然很少见,但是在罗马法和德国民法里明确规定:果子落入邻地,属于邻人所有!

由社科法学的角度着眼,理由其实很简单:如果属于主人所有,主人要进入邻人土地,侵犯隐私;如果迟迟不拣,造成邻人困扰;如果彼此都种同样果树,(司法体系)辨认困难;当果树延伸接近邻地时,主人没有意愿修剪枝桠。相反的,如果属于邻人所有,没有侵犯隐私的问题,不会有应用管理的问题,不会把司法体系卷入;果树主人会主动修剪枝桠,防患于未然!因此,对于这个简单的问题,教义法学会直接诉诸"自然孳息"这个原则。相形之下,社科法学清楚地意识到:果子是果树的自然孳息,这是一种价值;但是,"落入邻地"带进了新的因素。在天平的两边,"自然孳息"要和其他的价值权衡比较;如何取舍,自然是着眼于长远——当时间拉长,哪一种做法(法律规定),可以带来较好的"结果"?规范式思维和结果式思维的对照,一目了然。

五、今日之约

社科法学和教义法学的前景,将会是何种情况呢?前者会不会逐渐取代后者,就像奥运跳高一样,剪刀式被腹滚式取代,再被背仰式取代,从此背仰式一统江湖,定跳高于一尊?

由规范式思维和结果式思维的相对关系,或许有更为平实的拿捏。规范式思维是由结果式思维衍生而出,因为可以降低思考和操作的成本,所以成为一般人行为中的重要依恃。但是,由社会科学了解两者之间的相对关系之后,知其然而且知其所以然,可以更有效地运用两者;长期来看,有助于提升决策的质量。

教义法学和社科法学的相对关系,约略也将是如此。后者不会完全取代前者,因为前者日常操作的成本较低。但是,了解两者的关系,对法学有更完整而深入的掌握;在面对变动不居、日新月异的环境,可以从容因应、论述有据。

这种观察,对于朱苏力和他的社科法学同侪们,也许有几点启示。首先,朱苏力指明教义法学的缺失,并且提出社科法学的方向,对于法学界大有贡献。然而,持平而论,他的振聋发聩只做了一半。他和同侪们,一直没有找到社科法学的方法论,以有效帮助教义法学。如果以波斯纳为例(为师),哈佛法学院第一名毕业的正黄旗,潜心经济分析几年,从此一以贯之。以经济分析为主轴,斟酌损益,再回头处理法学问题,结果大放异彩,无入而不自得。"十年一觉扬州梦",难道十年过后,朱苏力和他的同侪还是停留在批判教义法学的层次上吗?其次,朱苏力和"社科法学连线"的伙伴们,几乎全都是在法学院里任职。也就是,几乎都是受教义法学训练的科班出身。他们意识到教义法学的问题,想为法寻找出路;然而,却只是在法学院的九仞高墙里踯躅徘徊。为什么不打开大门,和社会科学正面接触、汲取养分?特别是,由浙江大学史晋川教授和山东大学黄少安教授推动,《中国法经济论坛》已经连续举办十余年;在2014年投稿近百篇的论文里,有近三分之一是来自法学院/法律学者。因此,与其在法学院里论对社会科学,为什么不到法学院外,和社会科学(特别是经济学)研究者,论对社会科学?[4]

一言以蔽之,朱苏力可以说只踏出了第一步,指出了传统教义法学的缺失;第二步,是要找到替代方案,而不是满足于一个笼统的"社科法学"而已!找到更好、更有说服力的方法论之后,才能为法学界的工具箱更新武器配备;第三步,终极的挑战,是能以华人社会的法学问题为题材,对"大陆法系法学"乃至于包含英美法系法学的"法律帝国",增添智慧,作出根本的贡献!

---

[4] 在法学院外,对法学有新的探讨,有好的分析工具,即法经济学。可惜,在法学院外彼此呼应,却不能真正走进法学院的敦仞官墙,发挥釜底抽薪、从根救起的功能。两边都走了一大半,但却没有跨出另一大步,接触真正的目标群体。结果,只能在极其有限的范围里,偶尔发出微弱的声响。起伏过后,如空谷足音,回响稍纵即逝。由可喜可贺,到可叹可泣!

附录:《华东政法大学学报》百期全目

1998年创刊号

·特稿·

大力培育学术的氛围(代发刊词) 曹建明(3)

·法学论坛·

中国传统律学述要 怀效锋(4-7)

认真对待人治 苏力(8-13)

中国百年宪政梦的追寻 徐永康(14-19)

论死刑缓期执行制度的司法适用——兼及相关立法之评析 赵秉志 肖中华(20-26)

罪刑法定的司法适用 陈兴良(27-33)

论知识经济时代的高智能犯罪 陈浩然(34-39)

经济全球化与法律监管 曹建明 贺小勇(40-48)

公司法定代表人的比较研究 顾敏康(49-53)

·学术争鸣·

法家法治思想的再评判——兼与杨师群同志商榷 武树臣(54-63)

·书评·

饶有特色的一本国际法新著——略评《国际公法学》 高文彬(64-65)

·学生论坛·

无讼思想略论 邵爱红(66-69)

·硕士论文菁华·

论关联交易与我国公司法的完善 李高中(70-80)

1999年第1期(总第2期)

·法学论坛·

单位犯罪若干问题研究 周振想(3-9)

论我国传统犯罪客体理论的缺陷 杨兴培(10-16)

法家法治理论评析 何勤华(17-23)

发展、公平、安全三位一体——经济法学的基本范畴问题探析 程信和(24-29)

社会法——对第三法域的探索 董保华 郑少华(30-37)

对我国物权理论中几个问题的辨析-兼评物权"从所有到利用的理论" 刘泽军(38-41)

论立法的效率和公正的价值取向 徐向华(42-47)

论法治下的恶法 杨磊(48-52)

行政法学中"行政诉讼"与"司法审查"的关系 杨寅(53-56)

试析世界知识产权组织的争端解决机制

左　冰　刘家瑞（57－62）
·学术争鸣·
论《大元通制》"断例"的性质及其影响——兼与黄时鉴先生商榷　殷啸虎（63－69）
·理论研究·
试论邓小平应对国际风云变幻的战略和策略方针　沈济时（70－74）
·硕士论文菁华·
非法证据的证据能力研究　章礼明（75－81）

1999年第2期（总第3期）

·法学论坛·
国家机构改革研究　谭世贵（3－8）
从我国法治现状看法律文化的变革　张宇润（9－12）
中国民事传统观念略论　郭建　邱立波　赵斌（13－18）
民法法典化的历史回顾　高富平（19－25）
论保护死者人身遗存的法理根据　李锡鹤（26－29）
《与贸易有关的投资措施协议》评介　丁伟（30－34）
评美国航运法的受控制承运人规则及其修改　程宝库（35－39）
关于疑罪案件不应起诉的法理分析　叶青　张少林（40－43）
论法律推理的含义与特征　缪四平（44－49）
·学术争鸣·
法家"法治"思想再探讨——答武树臣先生　杨师群（50－54）
·理论研究·
改革和完善党的全国代表大会制度　胡土贵（55－58）
·笔　谈·
政治体制改革问题研究
政治体制改革"三先"的思考　强远淦（59－60）
依法行政是我国政治体制改革的基本内容　岳川夫（60－61）
既要积极又要稳妥　沈济时（61－63）
走出政治体制改革认识上的误区　顾伟民（63）
·基础学科·
法学学报篇目英译之通病及其防治　陈中绳（64－66）
·学生论坛·
"从附属到帝王"——论美国总统权力的消长　张奕（67－69）
略论市场经济体制下的权力分化　李金刚　吴秋发（70－72）
·硕士论文菁华·
侵犯知识产权犯罪刑事责任基础构造比较　孙万怀（73－80）

1999年第3期（总第4期）

·法学论坛·
论权力监督和权利监督　莫负春（3－8）
规范性文件在行政管理与执法中的地位分析——以上海市卫生行政规范为例　周艳琴　殷啸虎（9－13）
论公民立法参与制度的原则与地位　朱久伟（14－18）
论中国内地与澳门特别行政区开展区际司法协助的模式　赵国强（19－24）
新世纪中国犯罪学研究的发展思考　肖建国（25－28）
论证券欺诈民事责任的完善　吴弘　王菲萍（29－35）

论民事诉讼时效所定 20 年期间的性质　张　驰（36－40）
过错责任原则之定位　汤　唯　高　卉（41－44）
论企业法人的财产责任　叶　晖（45－50）
有关中国古代刑讯制度的几点思考　王立民（51－55）
《秦简·法律答问》与秦代法律解释　张伯元（56－59）
·基础理论·
信息技术与教育变革　周艳萍（60－63）
·会议综述·
"云都案"与民事诉讼中的证据运用　夏元林　刘涛（64－68）
·学生论坛·
论股东权力之分配与制衡　罗培新　贾希凌（69－72）
典权、典当及相关法律问题　陈灵海（73－75）
·硕士论文菁华·
公房售后产权性质研究　梁　旻（76－80）

1999年第4期(总第5期)

·法学论坛·
我国法治之路的精神分析　张雪筠（3－9）
完善对行政立法之外的其他抽象行政行为监督的思考　沈福俊（10－14）
单位犯罪主体论　孙光焰（15－21）
单位成员行为的双重性与单位犯罪　卢勇（22－25）
澳门基本法与澳门的法律语言问题　潘庆云（26－30）
供精人工授精生育的若干法律问题　许莉（31－36）
情势变迁与不可抗力——兼与众名家商榷　喻志耀（37－40）

论商业秘密及其法律保护　程宗璋（41－45）
·《合同法》问题专论·
试论确立代位权的法律意义及其他　朱国华（46－50）
试论定作物的所有权、留置权和风险责任　黄武双（51－55）
简论《合同法》促进我国仲裁制度的发展　胡锡庆　余宇（56－57）
论《合同法》中商业秘密保护制度的新发展　房保国（58－62）
·会议综述·
"家具销售中不正当竞争行为认定"理论研讨会综述　史敏（63－65）
·学生论坛·
试论自由裁量权的司法控制　张海斌（66－68）
关于我国《政府采购法》的立法探讨　李剑（69－71）
无限防卫权刑事立法化质疑　阮传胜（72－74）
·硕士论文菁华·
我国行政立法听证程序完善研究　阮露鲁（75－80）

1999年第5期(总第6期)

·法学论坛·
现代化与有组织犯罪的新变化　徐永康（3－7）
关于走私罪若干疑难问题的探讨　罗欣　刘镇强（8－12）
法治、吏治：历史与现实　陈汉生（13－18）
法学中的文化人格　杨寅（19－22）
道家的"法自然"观及其影响——兼与西方自然法思想比较　丁以升（23－26）

论契约正义及其理论基础 刘志云（27-30）

婚姻家庭与人口生育立法分离之探讨 周安平（31-34）

试论著作权法中作品独创性的界定 冯晓青 冯晔（35-39）

论完善我国的破产和解制度 严斌彬 陈月秀（40-44）

日本社会保险立法的演变及最新动向 方乐华（45-50）

论当代国际商事合同违约救济之最新发展 陈岱松（51-55）

对国际法院诉讼程序的某些思考——对南联盟诉北约10国等案件的评析 符望（56-60）

·学生论坛·

缔约过失责任制度研究——兼评我国《合同法》中相关制度之完善 李霖（61-65）

论违约责任与侵权责任竞合之法律适用 郑彧（66-70）

债之相对性的突破——以第三人侵害债权为中心 朱晓喆（71-74）

·硕士论文菁华·

论司法解释的对象 苏晓宏（75-81）

1999年第6期（总第7期）

·法学论坛·

信息网络空间——当代法学的新视野 汤啸天（3-8）

法律援助制度的比较与思考 杨诚（9-16）

婚姻法修改中若干问题的探讨 张贤钰（17-21）

附随义务论 张驰 鲍治（22-27）

慰抚金的几个问题研究 王英兰（28-30）

关于我国律师制度改革若干问题的思考 杨可中（31-37）

论推定在证据学中的运用 陈朝阳（38-44）

论我国判例法的创制 张建（43-46）

包拯的吏治思想及其现代启示 萧伯符 汪庆红（47-52）

·基础学科·

文化取向：跨世纪高校思想政治工作的新视角 曹都国（53-55）

从计算机等级考试看法律人才的培养 胡继光（56-58）

·学生论坛·

"任择条款"保留问题探析 鲁立权（59-63）

股权与公司法人财产权性质研究 刘哲昕（64-69）

略论新时期文学的法律表达 黄智虎（70-73）

·硕士论文菁华·

论我国商业贷款风险的法律防范 俞秋玮（74-78）

总目录（79-80）

2000年第1期（总第8期）

·特稿·

刊首语 本刊编辑部（3）

·法学论坛·

私人财产权宪法保障的法文化思考 殷啸虎（4-11）

对"规定"审查制度试析——《行政复议法》第7条和第26条的性质、意义及课题 朱芒（12-16）

计算机信息网络立法若干问题研究 吴弘 陈芳（17-26）

略论澳门特别行政区基本法 周洪

钧（27－32）

破坏市场经济秩序犯罪中的法条竞合问题研究　杨兴培　陆敏（33－39）

论定罪情节与情节犯　金泽刚（40－43）

21世纪上海的发展定位与社会治安前瞻　肖建国（44－49）

宋代的判例法研究及其法学价值　何勤华（50－56）

皇权与清代司法运作的个案研究——孔飞力《叫魂》读后　徐忠明（57－63）

·学生论坛·

巨额财产来源不明犯罪与"阳光法"　刘娟娟（64－67）

法官引导权略论　祁建建　王戬（68－70）

中美民事诉讼的审前准备程序比较　张笃为（71－72）

·硕士论文菁华·

论《1806年法国民事诉讼法典》　郭光东（73－81）

2000年第2期(总第9期)

·法学论坛·

制度建设：反腐倡廉的关键环节　周叶中　匡茂华（3－8）

论主客体统一——法律实践的一个中心问题　文正邦（9－14）

法律传统的理论解析　严存生　宋海彬（15－22）

论行政许可的监督功能——上海市卫生行政许可现状分析与思考　周艳琴（23－27）

中国经济特区立法的理论分析　张心泉（28－33）

知识经济时代的信息法制建设　杨鸿台（34－39）

论民法本位　李锡鹤（40－44）

司法现代化的实证标准　夏锦文　黄建兵（45－50）

司法改革与司法独立　徐国忠（51－53）

明清"永佃"：一种习惯法视野下的土地秩序　音正权（54－59）

·笔　谈·

中国加入世贸组织(WTO)问题纵横谈

抓住机遇　迎接挑战——谈加入世贸组织的利与弊　郑学新（60－61）

中国外资政策的战略探索　王秀芳（61－62）

交叉报复机制和我国的利用　高汉（62－63）

WTO：中国保险业面临的问题　洪冬英（63－64）

"入世"：是冲击、机遇还是挑战？——我看中国电信业　易欣（64－65）

加入WTO与中国农业问题　朱志忠（75－81）

加入WTO对我国房地产业的机遇和挑战　许峰（66－67）

入世后国企可能面临的问题及对策　张浩然（67－68）

MKS是迎接WTO挑战的最根本对策　杨正江（68）

·调查报告·

对上海市现行法律援助制度的思考　王昀　许刚　刘唯翔　陈斐轶（69－73）

·基础学科·

用邓小平理论构筑当代大学生的科学精神支柱　欧阳栋梁（74－75）

·学生论坛·

浅析涉外侵权行为法律适用的发展与完善　陈丽丽（76－80）

2000年第3期(总第10期)

·法学论坛·

英国侵权冲突法规则的变革　覃有土　刘乃忠　张云鹏（3－7）

普通法传统中的自然正义原则　杨寅（8－14）

宪政中的程序论纲　谢维雁（15－19）

法治的人文关怀　姚建宗（20－24）

论公司并购的法定形式　顾功耘（25－30）

中国的经济垄断问题研究　刘宁元（31－35）

论保证的担保效力　沈天水（36－38）

再论《日本国宪法》的危机　杨联华（39－42）

新上海第一年刑案述评　王立民（43－49）

·理论研究·

关于法科大学生素质教育与法学教育观念转变的思考　莫负春（50－53）

·基础学科·

论法律文献检索方法的教学与运用　林燕平（54－57）

建设高校网络图书馆策略探讨　胡继红（58－60）

·学术争鸣·

论宪法的司法解释　苏晓宏（61－64）

也谈本土资源与法律多元——对本土资源论的一些思考　劳东燕（65－71）

·学生论坛·

论法院与仲裁庭的关系　赵运刚（72－76）

证券市场信息披露法律制度研究　胡茂刚（77－80）

2000年第4期(总第11期)

·法学论坛·

中国军事法学的过去、现在与未来　张少瑜（3－18）

政治协商制度与中国民主宪政建设的思考　殷啸虎（19－26）

论国家与法的关系　李正东（27－30）

关于内地与香港相互移交犯罪嫌疑人的几点思考　赵国强（31－37）

两大法系对当代中国民商立法的影响及展望　李秀清（38－42）

法国预审制度的评析和启示——兼论强化我国逮捕程序的公开、公正性　叶青　张少林（43－48）

关于不起诉案件转诉问题的研究　王艳（49－52）

试述人身保险合同立法中几个问题　冯嘉亮　宋素霞（53－55）

关于配偶权问题之探讨　高洪宾（56－60）

·基础学科·

法制新闻的崛起与人才培养的滞后　朱淳良（61－64）

·学术争鸣·

建立公正、公平的刑事法律关系新概念　杨兴培（65－68）

论罗马法"人格"与秦汉律"名籍"问题　杨师群（69－75）

·学生论坛·

关于单色商标保护的法律问题探讨——兼论中国不宜保护单色商标　范雯霞（76－80）

2000年第5期(总第12期)

·特稿·

纪念《行政诉讼法》实施10周年

论对我国行政诉讼原告资格制度的认识及其发展　沈福俊（3－7）

合法性审查原则解析　肖龙海（8－11）

《最高人民法院关于执行〈行政诉讼法〉若干问题的解释》之探析　张海斌（12－

我国行政诉讼面临的困境与解析　房保国（16-20）

·法学论坛·

关于法学方法论的几个基本问题　胡玉鸿（21-27）

关于法律社会化的思考　王敏慧（28-30）

建立国有资产分类规范的法律体系　高富平（31-36）

论"社会养老保障金"的保障　祁群（37-39）

试论个人数据与相关的法律关系　汤擎（40-44）

实现惩治犯罪与保障人权的统一　胡锡庆（45-50）

从微软案看美国反垄断的法律依据　王恒（51-54）

论香港三合会现状及其对广东地区的渗透　周心捷（55-59）

汉字规范与字形立法　徐在斌（60-62）

·理论研究·

大学生社会化与素质教育　刘正浩（63-69）

·学生论坛·

关于我国违宪审查制度总体框架的几点设想　袁骁乐（70-74）

所有权保留之相关问题的比较研究　谢守分（75-80）

2000年第6期(总第13期)

·法学论坛·

现代法治的形式理性品格　吴增基（3-6）

市场、道德与法治　聂原（7-12）

操纵证券、期货交易价格犯罪行为的刑法分析　刘宪权（13-18）

论我国对商业秘密的法律保护　李旦伟（19-21）

社会变迁中的中国民法　郑少华（22-26）

行政程序的价值理念及其实现　杨勇萍（27-32）

古代法中的象征观念及仪式——俄罗斯法与日耳曼法之比较　滕毅（33-35）

《大明律集解附例》"集解"考　张伯元（36-40）

·专稿·

司法改革问题研究

司法行政化与上下级法院关系重塑——兼论中国司法改革的"第三条道路"　廖奕（41-44）

试论当前影响法官审判中立的三个基础性障碍　傅蔚蔚　张旭良（45-50）

论我国司法独立的制度性保障　唐杰英（51-54）

·域外法苑·

自由的法：美国宪法的道德解读（导言）　［美］罗纳德·德沃金　刘丽君译　林燕平校（55-64）

·基础学科·

试论高校非计算机专业的计算机教学改革　杨展伦（65-69）

·学生论坛·

村民自治法治化中的若干问题　刘云栋（70-73）

略论环境法立法思想的源变——兼及我国环境法制的具体走向　陈颐（74-78）

2001年第1期(总第14期)

·专题研讨·

"人民陪审制度研究"笔谈

陪审制度的价值基础　胡春明（3-4）

关于人民陪审员制度价值的思考 叶青（4-6）

完善我国陪审制度立法的若干建议 胡锡庆 房保国（6-7）

转变观念,完善制度 王俊民（7-8）

人民陪审员制度若干问题的思考 杨可中（8-9）

人民陪审员制度的若干对策思考 孙剑明（9-10）

我国的陪审制立法应当缓行 邵军（10-11）

关于废除人民陪审制度 姚远（12）

· 法学论坛 ·

加入世贸组织后我国宪政发展展望 王月明（13-17）

论行政诉讼受案范围的界定 徐永珍 孙丽娟（18-23）

论民事（法律）关系的概念和本质 李锡鹤（24-31）

检察机关刑事赔偿程序探讨 柯葛壮 苏仁兴（32-38）

保安处分在防治未成年人犯罪中的运用 赖修桂 黄晓明（39-44）

反思千叶正士的"天道式法律多元主义" 朱晓飞（45-50）

· 博士论坛 ·

从金融危机及 IMF 的救助探析韩国商法制度之修改 ［韩］李揆哲（51-55）

· 域外法苑 ·

自由的法:美国宪法的道德解读（导言·续） ［美］罗纳德·德沃金 林燕平校 刘丽君译（56-66）

· 基础学科 ·

加入 WTO 对当代大学生法纪观的冲击 金荣贵 曹名国（67-69）

· 会议综述 ·

行政诉讼法新司法解释研讨综述 杨寅 张海斌 于晗（70-73）

· 学生论坛 ·

"公民"抑或"自然人"？——对民事主体的价值观念研究 朱晓喆（74-80）

2001 年第 2 期(总第 15 期)

· 法学论坛 ·

刑法的意义与国家刑权力的调整——对人权两《公约》的刑法评释 苏惠渔 孙万怀（3-8）

论国际刑法中的追诉时效制度 赵秉志 于志刚（9-16）

构建有中国特色的权力制约机制——邓小平权力监督与制约思想研究 殷啸虎 王志林 成兆奎（17-23）

论国际私法中对涉外合同责任与侵权责任竞合之处理 刘晓红（24-28）

国有资产授权经营公司与政府部门关系初探 徐士英 刘学庆 阎士强（29-36）

我国公司解散与清算法律制度的不足及完善 张瓔（37-40）

关于法律逻辑对象和性质的思考 缪四平（41-45）

当代生命法学的特点 谈大正（46-48）

一个旧中国"自由主义者"的法治心路——试论储安平的法治观 张仁善（49-54）

· 专题研讨 ·

《婚姻法》修改问题笔谈

对《婚姻法（修正草案）》的若干思考与建议 张贤钰（55-58）

我国建立别居制度的必要性 孟德花（58-60）

· 博士论坛 ·

论刑事诉讼法的可诉性 陈永生（61-66）

论村民自治的发展动因 何泽中（67-69）

·域外法苑·
卢曼《法社会学》述评　曲　阳（70 - 73）
·学生论坛·
合同解除与保证人责任　黄海英（74 - 79）
·来稿摘登·
健全和完善残疾人权益保障法律制度的思考　宋兴岐（80）

2001年第3期(总第16期)
·法学论坛·
刑罚目的新论　陈兴良（3 - 9）
金融骗局的被害现象和要因分析　白建军（10 - 18）
（法人）单位犯罪立法理论与实践运作的逆向评价　杨兴培（19 - 23）
金融诈骗罪中的主观内容分析　卢勤忠（24 - 29）
行政程序法治化的意义　杨　寅（30 - 35）
论输血感染疾病的法律属性及其民事损害赔偿问题　冯开红　陶建华（36 - 39）
社会保障法与劳动法的界定　董保华（40 - 46）
中国内地与澳门之间区际法律冲突解决途径之思考　丁　伟　马远超（47 - 51）
论诉讼的程序偏差——基于诉讼程序运行的初步考察　杨开湘（52 - 56）
"坑"考　郭建　姚少杰（57 - 60）
清末法学教育的多样性特点　周少元（61 - 64）
涉法文学：文学和法学共同视域中的文学族类　范玉吉（65 - 69）
·法苑漫谈·
"严打"随感　商寅（69）
·学术争鸣·
满意是衡量司法的至上标准吗　朱应平（70 - 74）
·学生论坛·
试论电子邮件能否作为诉讼证据——从全国首例电子邮件为定案证据案谈起　张梅（75 - 78）
·来稿摘登·
控制民间资本非法外流的几个法律问题　詹宏海（79 - 81）

2001年第4期(总第17期)
·法学论坛·
论决策的法制化　周叶中　陈志英（3 - 9）
我国黑社会性质组织犯罪成因初探　游伟　肖晚祥（10 - 14）
对我国首张"基因身份证"诞生的法律思考　邱格屏（15 - 19）
性骚扰的法律探析　赵小平　朱莉欣（20 - 22）
独立董事制度研究　闫　海　陈亮（23 - 28）
论台湾法律地位及其对中美关系的影响　周洪钧（29 - 36）
对中国法学教育与法律职业的思考　欧亚（37 - 41）
中世纪中西方社会法制状况要点比较　杨师群（42 - 47）
·学术争鸣·
没收财产刑的困境与出路　杨彩霞（48 - 53）
·检察官论坛·
试论正确执法思想的形成　李培龙（54 - 56）
对未成年人犯罪适用无期徒刑问题的探讨　郑鲁宁（57 - 59）
抢劫罪的情节加重犯若干问题探讨　项

谷　曹　坚（60－63）

·域外法苑·

人权法教学在英国　王云霞（64－66）

·学生论坛·

行政不作为及其救济　张　洁（67－71）

论刑法的民法化　姚建龙（72－75）

关于刑法司法解释成因的分析　朱薛峰
　　（76－79）

·书评·

可持续发展法律理念和法律体系的构
　　建——评陈泉生的《可持续发展与法律
　　变革》　李挚萍（80－81）

2001 年第 5 期(总第 18 期)

·学术争鸣·

也论中华法系　王立民（3－11）

·法学论坛·

中国古代人性论及其对传统法律文化刑事
　　性的影响　杨成炬（12－19）

对行政裁判文书中引用其他规范性文件问
　　题的思考　周卫昕（20－22）

物权公示与公信力原则新论　高富
　　平（23－33）

商标法对平行进口的限制　王　佳（34－
　　37）

论侵占罪中的几个问题　傅雪峰　徐培龙
　　（38－42＋81）

量刑公正的诉讼保障机制　叶　青（43－
　　45）

论刑事申诉制度之改造　王志宏　许建兵
　　（46－50）

·博士论坛·

民间法：法律的一种民间记忆　谭岳奇
　　（51－56）

·检察官论坛·

民事检察证据运用的法理与实践　江宪法
　　（57－60）

有组织犯罪、带黑社会性质的团伙犯罪和
　　流氓恶势力犯罪的特征及其认定　胡敏
　　万富海（61－65）

·学生论坛·

论取消民事审判中法院调查取证权的必要
　　性　郑若山（66－69）

《国际融资租赁公约》与我国融资租赁法律
　　的比较　吴君年　李兰秋（70－76）

论强行法对国际商事仲裁实体法律适用的
　　影响　薛　非（77－81）

2001 年第 6 期(总第 19 期)

·热点问题探讨·

宪法司法化的是与非

在知与无知之间的宪法司法化　朱晓喆
　　（3－6）

宪法司法化的是与非　张海斌（6－8）

宪法司法化问题的几点质疑和思考　殷啸
　　虎（8－10）

权利如何救济　林　彦（11－12）

适用宪法处理齐玉苓案并无不当　朱应平
　　（12－15）

·法学论坛·

香港司法文化的过去、现在与未来——兼
　　与内地司法文化比较　顾敏康　徐永康
　　林来梵（16－29）

"以法律制约权力"辨　胡玉鸿（30－35）

"亿安黑庄"诉讼适用法律之我见　刘谊军
　　（36－40）

"法律上利害关系"新表述——利害关系人
　　原告资格生成模式探析　张旭勇（41－
　　48）

过错责任：民法的基本归责原则　喻志耀
　　（49－58）

明清时期中西法律文化交流初探　王　健
　　（59－65）

·司法改革问题研究·

关于刑事二审简易审的思考　上海市人民检察院第一分院课题组（66－76）

·检察官论坛·

构筑检察机关办案质量保障体系的设想　储国梁　苏晓宏（77－80）

2002年第1期(总第20期)

·专访·

民法的名称问题与民法的观念史——厦门大学罗马法研究所所长徐国栋教授访谈　马　贺（1－11）

·热点问题探讨·

"银广夏事件"的刑法思考　刘宪权　阮传胜（12－18）

操纵证券交易价格行为的认定及其法律责任　金泽刚（19－26）

·法学论坛·

法的生成的几个问题　严存生（27－32）

论职务过失犯罪　马长生　蒋兰香（33－40）

投资自由化规则在晚近投资条约中的反映及其地位评析　刘笋（41－46）

台湾《环境影响评估法》及其借鉴　宋锡祥（47－52）

·博士论坛·

帮助行为可以在共同犯罪中起主要作用　谢彤（53－55）

·检察官论坛·

论主诉检察官的权力配置　葛志伟（56－59）

试论撤回起诉后再行起诉的条件　谢闻波（60－63）

·学生论坛·

论证据公开的司法标准　王超（64－68）

·笔　谈·

公开·沟通·尊重——起诉书诉前向被害人公开问题探讨　杨重辉等（69－73）

·综述·

正本清源，预防职务犯罪——"领导干部职务犯罪预防对策研讨会"综述　傅建平（74－77）

2002年第2期(总第21期)

·法学论坛·

法律秩序的概念分析　肖北庚（2－7）

论中国公用企业垄断行为的法律调控机制　郑少华（8－13）

论不可罚的前后行为　游　伟　谢锡美（14－21）

论犯罪构成的结构要件及其基本要素　杨兴培　董翠　王强之（22－29）

论《拍卖法》特别免责条款的适用及其法理解释　张永彬　赵祖武（30－34）

侵权行为两论　李锡鹤（35－41）

民法基本原则序论　李小华　王曙光（42－47）

·热点问题探讨·

大学生婚姻权辩　张　驰　任文霞（48－51）

·检察官论坛·

想象竞合犯在司法实践中的适用　邵志才　顾亚春（52－55）

实行民事行政申诉案件公开听证的几点思考　潘漪（56－59）

自侦办案中如何规范执行律师介入侦查活动的规定　杨玉俊（60－63）

·学生论坛·

WTO规则在中国法院适用的法律分析　林　旋（64－70）

我国信托业立法的历程回顾　程胜（71－75）

·理论研究·

为官"十不"与干部道德建设　王志

林（76-80）

2002年第3期(总第22期)

·法学论坛·

论我国法院适用宪法的"体制空间" 朱福惠（3-7）
依宪立法的思考 馨元（8-13）
行政诉讼证据规则梳探 杨寅（14-21）
DSB非违法之诉对我国行政合理性原则的启示——小议美国与日本胶卷进口案 张华 朱淑娣（22-25）
法律援助分担费用制度若干问题研究 牟逍媛（26-30）
论刑事再审程序的启动 梁静（31-35）
多元化利益主体参与公司治理的路径选择 汤春来（36-42）
多边投资担保机构的比较优势及新世纪的发展战略 徐崇利（43-51）
西方宪政发展的自由主义背景 殷啸虎 刘守刚（52-59）

·中外学术交流·

环境问题的思想背景 伊藤平八郎 芦益平（60-63）

·检察官论坛·

加入WTO对民事行政检察工作的影响及对策 卢承德 潘怡（64-66）
渎职犯罪主体之我见 沈宇峻（67-68）
明确取保候审保证人责任的几点思考 赵骏（69-71）

·学生论坛·

五十五年来中国对国际法院诉讼管辖权的态度之述评 王勇 管征峰（72-76）
法律经济分析：可能性及其限度 徐品飞

魏佳（77-80）

2002年第4期(总第23期)

·热点问题探讨·

关于物权法几个问题的探讨 傅鼎生 李锡鹤 张驰（3-5）

·法学论坛·

试论多媒体示证的运用 张少林（6-9）
预期违约比较研究 王燕华（10-16）
显失公平立法探讨 颜炜（17-22）
中国古代有无行政法之我见 艾永明（23-28）

·博士生论坛·

差异与反思——从国际标准角度看我国律师辩护制度现状及其改进 王戬（29-36）

·笔谈·

循环型社会视野下的法律发展 郑少华 曲阳 佐藤孝弘 宋健敏 唐荣智 李伟芳（37-54）

·检察官论坛·

完善巨额财产来源不明罪名的几点思考 赵翀（55-57）
共同经济犯罪中从犯数额的认定 沈惠娣（58-61）
完善民事检察立法的若干建议 李有彪（62-65）
立法听证制度的功能分析 李淑英（66-72）

·学生论坛·

试论我国设立有限合伙的可能性 李丹（73-77）

·书评·

构建中西行政程序法研究的桥梁——《中国行政程序法治化》述评 章志远（78-79）

2002年第5期(总第24期)

·专　稿·

中国反倾销立法新近修改之评析　丁　伟　石俭平（3－8）

·法学论坛·

种系基因治疗的立法原则分析　邱格屏（9－15）

论国家主权与国际人权的辩证关系　王虎华（16－25）

政府采购救济机制比较研究　张传（26－32）

论律师的执业困惑　杨可中　杨晖（33－39）

春秋时期法制进程考论　杨师群（40－46）

·法学教育专论·

诊所法律教育与相关法律教育关系论纲　王立民（47－53）

法学教育质量定位及相关问题的思考　刘正浩（54－60）

·检察官论坛·

民事行政检察引入合议办案制度的思考　张志平　欧亚（61－64）

单位犯罪趋增原因及其抗制对策　郑鲁宁　朱云斌　曹坚（65－72）

加快检察机关信息化建设的几点思考　史金红（73－75）

·学生论坛·

行政行为撤销上的信赖连带保护问题　姚岳绒（76－80）

2002年第6期(总第25期)

·笔　谈·

罪刑法定与我国刑事司法

罪刑法定原则立法化的价值　赵秉志（3－5）

罪刑法定原则的价值与犯罪构成的运用　杨兴培（5－9）

罪刑法定原则下扩张司法解释的适用　张兆松（9－12）

罪刑法定原则适用的基本问题　金泽刚（12－16）

罪刑法定原则司法化的障碍及其克服　阮方民（16－20）

罪刑法定的代价及其司法控制　陈坦松（20－22）

·法学论坛·

法律与人格——法律伦理学的视角　许斌龙（23－26）

行政诉讼维持判决适用中的若干问题　吴晓庄（27－31）

走出民事诉讼模式的误区——民事诉讼模式划分问题研究　华小鹏（32－35）

论世界银行环境保护法律与政策　陈宪民　顾婷（36－42）

加入WTO与国有商业银行资产负债比例管理　熊玉莲（43－46）

从传统的家园意识看近代中国的宪政建设　苗连营　王钰（47－55）

南京国民政府时期县级司法体制改革及其流弊　张仁善（56－60）

·热点问题探讨·

聚焦"辩诉交易"　叶青（61－63）

也谈辩诉交易　沈新康（64－66）

·时事评论·

自助寄存的法律性质　傅鼎生（67－71）

·检察官论坛·

房地产纠纷案件的成因与对策　顾彬　陈佳琦（72－76）

试论我国建立民事行政公益诉讼制度的必要性和可行性　何乃刚（77－80）

2003年第1期(总第26期)

· 专　稿 ·

统一司法考试后的法学教育　何勤华　陈灵海（3 - 12）

· 法学论坛 ·

法学的品格　李　龙　刘连泰（13 - 22）

法制转型与司法主导——中国社会主义法治的路径选择　苏晓宏（23 - 26）

论公民权利保障与限制的对立统一　周叶中　李德龙（27 - 37）

试论法律位阶制度的适用对象　胡玉鸿　吴萍（38 - 45）

论预约的效力与形态　韩强（46 - 51）

论抵押物保险的法律特性　汪公文　陶丽琴（52 - 58）

论共有人优先购买权与承租人优先购买权之竞合　周缘求（59 - 63）

恐怖活动组织与黑社会性质组织之比较——刑法视角下的界定与辨析　沈莺（64 - 70）

自认若干问题初探　陈祥龙　杨永华（71 - 76）

跨国并购的反垄断规制——兼评《反垄断法》（征求意见稿）　林晓静（77 - 83）

· 热点问题探讨 ·

证券民事诉讼机制的完善——兼评最高人民法院《关于受理证券市场因虚假陈述引发的民事侵权纠纷案件有关问题的通知》　陈朝阳（84 - 92）

· 检察官论坛 ·

WTO协议司法审查原则与行政诉讼检察监督之回应　段厚省（93 - 98）

走私犯罪的实证考察与防控机制研究　龚言（99 - 103）

虚开增值税专用发票犯罪的特点及预防对策　唐开明（104 - 106）

· 法苑新视野 ·

法律失灵：一个客观的法律现象　芮卫东（107 - 108）

· 学术综述 ·

经济法学的发展依赖理论创新——"经济法理论创新与学科发展高级专家研讨会"纪要　铮言（109 - 112）

2003年第2期(总第27期)

· 专　稿 ·

上海教育法规体系及其执法监督机制研究　王立民　刘丹华　王戎（3 - 11）

· 法学论坛 ·

宪法诉讼：一个批判分析　秦前红　叶海波（12 - 17）

论纳税人宪法权利之享有　馨　元（18 - 21）

论抢劫罪客体要件之意义　冯亚东　刘凤科（22 - 28）

论不动产登记制度和不动产物权变动模式的关联与协调　陈历幸（29 - 35）

对禁止传销的法律分析　吴洪林（36 - 41）

论经济法的理念　史际春　李青山（42 - 51）

版权平行进口问题及其经济学角度的思考　严　捷（52 - 57）

论公司法人人格减等　金震华（58 - 62）

论《产品质量法》若干条款对公平竞争的维护　孙鹏程（63 - 68）

网络虚假广告与消费者权益保护问题探析　蒋　虹（69 - 73）

论污点证人之豁免　张春霞（74 - 78）

从国际法角度看美国测量船闯入中国专属经济区事件　丁成耀（79 - 82）

近代中国启蒙思潮对立宪运动之影响　吴天昊（83 - 88）

论法学院系资料室在大学法学教育中的地位和作用　陈丹频（89-93）

·热点问题探讨·

重刑化的弊端与我国刑罚模式的选择　游伟（94-98）

·域外法苑·

可疑交易汇报制度——一个重要的反洗钱措施　何萍（99-104）

·检察官论坛·

我国民事行政抗诉机制的分析与思考　格非（105-107）

关于加强举报人保护的思考　苏仁兴（108-110）

·论点摘要·

外国（地区）公司代表受贿能否构成公司、企业人员受贿罪　张惠明　史洁璐（111-112）

2003年第3期（总第28期）

·热点问题探讨·

"高校处分权"及其法律监督——对大学生怀孕被退学案的个案研究　殷啸虎　吴亮　段于民（3-10）

·法学论坛·

法律定义研究　缪四平（11-18）

企业作为被授权组织的有关问题探讨　沈福俊　周春莉（19-24）

对债权不可侵性和债权物权化的思考——兼论物权与债权之区别　李锡鹤（25-29）

试析证券民事赔偿司法解释的局限性　土祖志（30-32）

从公司法规则的分类界定公司章程的边界　普丽芬（33-39）

我国金融资产管理公司发展之法律探析　代明明（40-43）

新《水法》的进步与不足　姚慧娥　徐科雷（44-48）

论WTO框架下贸易与竞争之互动关系　林燕平（49-56）

论国际债券交易中的强制规则　萧凯（57-64）

从"土耳其纺织品及服装进口限制案"看区域经济整合文件多边层面的法律完善　刘俊（65-69）

关于"廉政账户"制度的刑法分析　刘宪权（70-77）

证人保护制度探析　吴丹红（78-82）

再审视作为法学家的边沁　徐爱国（83-87）

清末商会探微　林雅（88-91）

·立法建议·

现行进出口商品检验法的不足与完善　周辉（92-95）

·域外法苑·

国外监听措施的分析与启示　叶新火（96-101）

·检察官论坛·

试论检察工作中的人权保障和人文关怀　胡敏　鲁汉（102-108）

·学术综述·

中国国际私法学会2002年年会综述　刘晓红　李晓玲（109-112）

2003年第4期（总第29期）

·专　稿·

公立学校产权制度改革的法律论证　张驰　韩强（3-17）

·法学论坛·

网络时代著作权合理使用制度之思考　徐冬根　陶立峰（18-23）

驰名商标与域名冲突探析　张新娟（24-

27)
未来版权转让合同之民法基础 穆英慧 苏玉环（28-32）
论责任保险与侵权行为法的关系 肖 刚（33-36）
外资并购及其法律规制 黄紫红（37-42）
我国反垄断立法中有关外资并购的国民待遇问题 李凌云（43-46）
国家·社会双本位型刑事政策模式的探讨——刑事政策模式研究之一 严励（47-54）
刑事执行制度一体化的构想 杨兴培（55-62）
刑法的功能贫困——惩治腐败的阶段性思考 孙万怀（63-68）
略论证据不足的无罪判决 黄再再（69-72）
恢复执行期限计算方法的价值取向思考 孙剑明（73-75）
完善我国选举制度之对策构想 陈永文（76-77）

·笔 谈·

图书馆与法学教育

因特网搜索引擎与法学信息资源的获取 钱崇豪（78-80）
论网络环境下的法学情报检索 周莉（80-81）
知识管理视角下的高校法学情报工作：以案例为背景 王林文（81-82）
浅谈计算机网络在法学教育中的影响及作用 朱俊（83-84）
加强法律文献检索服务 提高法律教学科研水平 常永平（84-85）
图书馆法学期刊开发与利用 杨懿范（85-86）
法学古旧书籍的整理与作用 姜红莉（87）
法律信息素质教育 丁宁（88-89）
电子阅览室在法学图书馆的作用 蒋秋玲（89-90）
政法院校大学生信息素质的培养与图书馆作用 俞岚（90）
提供法律图书信息 服务法学教育研究 陈国雄 顾和钧（90-91）
图书馆在法学教育中的地位 梁荣菁（91-92）
图书馆在法学教学中的地位与作用 宋惠兰（92-93）
图书馆声像文献建设在法学教育中的作用 凌子楠（93-94）
图书馆馆员在现代法学教育中的作用 黄丹华 阎革（94-95）
开拓图书馆建设的创新运行机制 刘爱秀（95-96）

·热点问题探讨·

收容遣送的宪法性审查 王磊（97-100）

·检察官论坛·

从公司的内涵和治理结构看我国一人公司的立法取向 何乃刚（101-106）
放纵走私罪与走私罪共犯认定中的若干疑难问题 沈宇峻（107-108）

·学术综述·

"亚洲企业法制论坛"综述 胡叶（109-112）

2003年第5期（总第30期）

·专 稿·

从实物本位到价值本位——对物权客体的历史考察和法理分析 高富平（3-13）

· 法学论坛 ·

撤销权、抗辩权抑或解除权——探析《合同法》第195条所定权利的性质　易军（14-19）

略论建立我国个人破产制度的若干法律问题　洪玉（20-24）

也论经济法和行政法的关系　刘剑文　魏建国（25-29）

行政不作为及其诉讼中的几个问题研究　黄金富（30-38）

WTO《政府采购协议》与我国政府采购法　周洪钧　代中现（39-43）

国际恐怖主义与国际法上的使用武力　李薇薇（44-49）

我国财产刑与刑法基本原则的背离及其完善　王飞跃（50-59）

对《最高人民法院、最高人民检察院、司法部关于适用简易程序审理公诉案件的若干意见》的几点思考　蔡杰　汪容（60-64）

证明责任：一个"功能"的分析　霍海红（65-70）

论完善我国刑事质证制度的必由之路　王超　周菁（71-77）

出入经史之间　定鼎法学新风——沈家本先生法律思想的学术源流探微　赵元信（78-84）

· 域外法苑 ·

拉兹的法律权威论　李桂林（85-90）

欧陆普通法法律科学的历史化趋势　[奥]尤根·埃利希　马贺译（91-98）

· 热点问题探讨 ·

司法改革背景下的政法治理方式——基层政法委员会制度个案研究　侯猛（99-106）

· 检察官论坛 ·

论非法经营罪堵漏条款的合理认定　胡敏　曹坚（107-112）

2003年第6期（总第31期）

· 特稿 ·

法治（Rule of Law）：晚清法律改革者的理想——沈家本逝世90周年祭　李贵连（3-6）

中国民法典走向何方——梁慧星先生访谈实录　潘申明等（7-11）

· 法学论坛 ·

宪法的道德之维——兼论宪法的普遍低度道德法则　江国华（12-19）

论我国反行政垄断的法制建设　张心泉（20-25）

信息公开与公民知情权的实现　吕瞻　徐永康（26-31）

论我国民法时效利益之抛弃——兼评最高法院法复（1997）4号和法释（1999）7号两则司法解释　王秋良　段守亮　蔡东辉（32-36）

论构建适应信用商业化的法律体系　井涛（37-42）

社会法视角中的"工伤保险和民事赔偿"适用关系　周开畅（43-49）

论WTO下的农产品贸易国内支持措施　刘笋　湛英杰（50-55）

中国《法律援助条例》述评　叶青（56-59）

论刑法规范协调原则的两个派生原则　杨凯（60-65）

法院政治功能的实现机制　庞凌（66-72）

· 域外法苑 ·

中西方上古社会财产所有权法制建构的对立　杨师群（73-80）

西方宪政发展中的税收动因探究　刘守刚

（81-87）
美国民事诉讼中的反诉、交叉诉讼与引入诉讼介评　刘学在（88-93）
·书评·随笔·
那人·那些事·本书——胡雪梅的《"过错"的死亡——中英侵权法宏观比较研究及思考》序言　徐国栋（94-98）
"法治"中的专制——读柏拉图《法律篇》有感　王沛（99-103）
·检察官论坛·
试论检察机关加强法律监督的制度化建设　李培龙（104-110）

2004年第1期(总第32期)

·法学论坛·
法的概念：规则及其意义——梁漱溟法律思想研究之一　许章润（3-13）
全球化、主权国家与宪政秩序　潘伟杰（14-21）
专家意见书的法律性质　金震华（22-24）
民法学科学化的反思　于飞（25-32）
信用经济的法律维度　杨忠孝（33-41）
环境技术强制法律制度研究　方堃（42-47）
"严"打"政策的回顾与科学定位　游伟　谢锡美（48-54）
刑法中没收物之分类研究　袁益波（55-62）
污点证人豁免及其博弈分析　倪铁（63-70）
"爵成"考　张伯元（71-75）
·域外法苑·
信托法发展中的一个重要阶段——英国1536年《用益法》颁布之前用益制的发展　余辉（76-86）
瑞典议会监察专员对法院的监督　[瑞典]Claes Eklundh　刘小楠译　蔡定剑校（87-92）
·立法建议·
关于制定《国家廉政法》若干问题的理论思考　杨兴培（93-100）
·检察官论坛·
论工程重大安全事故罪的若干疑难问题　沈新康　曹坚（101-106）
·学术综述·
经济法责任的独立性问题探讨——第四届经济法前沿理论研讨会综述　井涛（107-112）

2004年第2期(总第33期)

·热点笔谈·
经济全球化条件下的国际调节——加入WTO对中国经济立法的影响
WTO与新的经济调节机制——国际调节　漆多俊（3-6）
市场调节、国家调节和国际调节的关系　陈云良　漆丹（6-7）
入世与竞争政策的国际协调　徐士英　张圣翠（8-11）
入世对外资外贸法的影响　陈丽华　沈吉利（11-12）
WTO对中国金融监管的影响及其法律应对　陈云（12-14）
税法经济调控功能的国际化　李刚　张冬云（14-15）
知识产权领域的国际调节　蒋言兵（15-16）
·法学论坛·
马克思恩格斯民主契约法律观的"理论替换"及其实践反差　马长山（17-22）
电子政务及其对行政法的影响　张凤杰　潘文娣（23-30）
荣誉权质疑　唐启光（31-35）

损害赔偿责任范围因果关系之分析　梅益峰（36－42）

抵押期限问题简论　管荣（43－46）

论姓名商标——评"杨利伟"之商标注册　崔衍超（47－50）

动态社会契约论：一种经济法的社会理论之解说　郑少华（51－62）

我国洗钱罪立法完善之思考　卢勤忠（63－69）

刑法生态化的立法原则　梅宏（70－78）

·域外法苑·

格老秀斯其人其书　[美]D. J. Hill著　何勤华译（79－88）

·立法建议·

完善投资者合法权益自我保护的法律机制——兼谈我国证券法相关条文的修改建议　唐波（89－95）

《妇女权益保护法》应注意吸收被害人学的研究成果　汤啸天（96－100）

·检察官论坛·

刑法中的公司性质　何乃刚（101－103）

伙同他人冒领盗窃存折行为的定性　彭志娟（104－107）

·书评·随笔·

我对亚洲的法律史的发现以及西洋人对亚洲的发现——《亚洲国家民法典编纂史》序言　徐国栋（108－109）

·学术综述·

中法"法律与经济"活动日暨诉讼制度研讨会综述　叶青　王刚（110－112）

2004年第3期（总第34期）

·法学论坛·

试论法学教材的编写目的　胡玉鸿（3－16）

大学的"法治"——兼论高等学校内部管理体制改革中的若干法律问题　陈年冰　葛洪义（17－25）

乡村基层民主选举的制度创新及其宪政维度　刘颖　付子堂（26－32）

论人大规模、结构及其重构　朱应平（33－39）

全国人大及其常委会立法权限关系检讨　章乘光（40－46）

中国社会的纠纷解决机制与法律相关职业的前景　王亚新（47－53）

对"人与自然关系"进行法律定位的若干思考　周训芳（54－60）

合法贷款后采用欺诈手段拒不还贷行为之定性研究——从吴晓丽案切入　陈兴良（61－70）

侵占罪行为构成要件研究　郑丽萍（71－75）

凶杀犯罪被害状况区域（深圳－内蒙古）比较研究　赵国玲　王佳明（76－86）

·域外法苑·

中外视角：社会契约与宪政精神——再读卢梭的《社会契约论》　汤唯（87－93）

封建财产权的衰亡——英法两国的比较研究　[英]henry Maine著　冷霞译（94－101）

·检察官论坛·

检察机关提起和参与民事行政公益诉讼资格探讨　"公益诉讼"课题组（102－106）

刑事司法实践中罪数理论之思考与应用　吴峻（107－110）

·学术综述·

知识产权保护的法律途径——知识产权争议处理法律问题研讨会综述　杨忠孝　朱歆冰（111－112）

2004年第4期(总第35期)

· 热点笔谈 ·

新经济发展观与市场经济的制度基础的完善　李晓安　钱　星（3-6）

· 法学论坛 ·

国际贸易法的宪法化与我国经济法的重新定位　李春林（6-10）

试论土地资源配置中的自由与管制　张忠野（10-13）

财产征收的法治约束　孙翠雯（13-18）

略论社会法生态化　郑少华（18-19）

行政许可法：中国当代行政法治理念的总结与深化　沈福俊（20-28）

"不动产善意取得理论"质疑　潘申明（29-33）

共同证券、期货犯罪疑难问题探析　刘宪权（34-41）

多方当事人仲裁程序问题探讨　李晓玲（42-47）

司法权威探论　严　励（48-57）

简论国际司法的运行原则　苏晓宏（58-64）

伍廷芳的国际和平法思想　方卫军（65-70）

中国近代户籍变革探析　姚秀兰（71-75）

· 域外法苑 ·

法治的刚性、柔性与东西方法治模式的比较　侯　健（76-81）

俄罗斯联邦检察权的改革及借鉴　刘根菊　官　欣（82-87）

美国法律史文献述评　[美]Lawrence M. Friedman　苏彦新译（88-92）

· 社科探索 ·

我国文化产业的发展与专业管理人才的培养　刘招成（93-97）

· 检察官论坛 ·

论检察机关案件质量保障制度的发展与完善　"案件质量保障制度研究"课题组（98-103）

· 书评·随笔 ·

走出革命的法制与实践——《历史与变革》解读　张海斌（104-109）

· 学术综述 ·

全球化背景下的法文化——中国儒学与法律文化研究会2004年学术研讨会综述　高　珣（110-112）

2004年第5期(总第36期)

· 法学论坛 ·

法律方法之基础：司法能动性　陈朝阳（3-11）

行政公益诉讼制度之建构——行政公益诉讼的原告问题　李坤英（12-20）

地方政府领导人选举方式改革与政治文明　方立新　张卓明（21-27）

浅论环境基本法的立法目的　王　曦　陈维春（28-34）

澳门特别刑法之评析与完善　赵国强（35-47）

论我国犯罪被害人国家补偿制度的构建　周建华（48-54）

反倾销法与竞争法的冲突辨析　杨军（55-62）

国际航空法中的旅客精神损害赔偿问题探讨　何祥菊（63-71）

· 域外法苑 ·

普通法的治理　周　威（72-77）

英国的行政裁判所制度　宋华琳（78-85）

两大法系代理之法理根据比较　李锡鹤（86-90）

欧盟转基因食品法律管制制度研究　王迁（91-97）

·社科探索·
论涉法文学的普法宣传功能　范玉吉（98-101）
·检察官论坛·
贯彻上诉不加刑原则的实践反思与立法完善　项谷（102-109）
对查处渎职犯罪司法实践中若干问题的认识及思考　魏而慷（110-112）

2004年第6期(总第37期)
·法学论坛·
接近程序正义　张其山（3-12）
政府采购行政诉讼受案范围之缺失　肖北庚（13-17）
什么是民法哲学　徐国栋（18-21）
私法自治的变迁与民法中"人"的深化　徐涤宇　潘泊（22-30）
一起夫妻争吵引起自杀案的刑法思考和伦理思考　杨兴培（31-38）
论"恢复性司法"应该缓行　邹积超（39-44）
论民事诉讼自认规则的完善　陈锦红（45-50）
"与投资有关的贸易措施"探析　张国元（51-58）
从WTO有关强制许可的规定看我国专利强制许可制度　王丽华（59-64）
论科举制对西方文官制度的影响　张佳杰　丁凌华（65-71）
·域外法苑·
美国反收购法律规制探析　朱圆（72-77）
论荷兰的董事及经理人责任险　李佳松（78-82）
欧洲合同法原则第三部分　Reinhard Zimmermann著　朱岩译（83-86）
·社科探索·
我国党政关系体制的回顾与反思　何益忠（87-91）
·检察官论坛·
关于海峡两岸民事司法协助若干问题的思考　许佩琴　段厚省（92-94）
挪用公款犯罪的数额认定　翁云卫（95-97）
·书评·随笔·
法治社会中的"法律上的人"的哲理思考——读拉德布鲁赫《法律上的人》有感　严存生（98-105）
·学术综述·
考述无倦,桃李满天——"苏惠渔先生从教45周年暨刑法学术思想研讨会"综述　萧安（106-107）
借鉴与互动:公司法现代化的探讨综述　宋锡祥（108-110）

2005年第1期(总第38期)
·热点笔谈·
产品质量立法探讨
安全视角下的产品质量监督　韩长印（3-5）
产品质量"法定标准"之比较　邢造宇（5-7）
质量监督检验检疫法学理新诠　王艳林（7-8）
·法学论坛·
国有制革新的理论与实践　史际春　姚海放（9-15）
行政之债理论及其现实探讨　孟红　崔小峰（16-22）
现行公司资本制度检讨　彭冰（23-32）
两性平等的新里程碑——我国台湾地区新修正夫妻财产制度述评　许莉（33-40）
卡拉OK带侵权纠纷之我见　黄武双

(41-46)
基层法院的司法管理体制改革 李富金(47-57)
抢劫杀人犯罪的事实分析 赵国玲(58-66)
竹简秦汉律与唐律 闫晓君(67-75)
·域外法苑·
大欧洲时代的来临——评欧盟宪法条约 胡建淼(76-81)
欧洲法院 Biret 公司案述评 管荣(82-86)
鲁道夫·索姆论债权与物权的区分 金可可(87-92)
·社科探索·
新加坡的金融监管体制 汪康懋(93-96)
·检察官论坛·
试论我国现行检察权职能的完善 李培龙(97-101)
·学术综述·
缅先贤博才 扬东吴法学——"杨兆龙先生百年诞辰纪念暨学术思想研讨会"综述 庞凌(102-106)
公法前沿问题研讨会综述 陈越峰 陈振宇(107-109)
金融创新与金融监管学术研讨会综述 刘伟(110-112)

2005年第2期(总第39期)
·热点笔谈·
公务员立法与实践
我国公务员制度的建立与发展 阿喜(3-6)
重视制度设计 保障《公务员法》立法目的的实现 姜明安(7-10)
关于增强《公务员法》的科学性之管见 莫于川(10-12)

·法学论坛·
盛世的法制条件 陈灵海(13-21)
法律理性与法律教育 王茂庆(22-30)
信息公开的制度供给与需求分析 燕明安(31-37)
区域特许经营结构和责任探析 张驰 黄鑫(38-44)
建立我国个人破产制度的若干思考 沙洄(45-49)
当代环境法律基础价值的内涵 刘波(50-54)
我国民事与刑事交叉案件的协调处理 廖永安 王春(55-59)
非政府组织对 WTO 争端解决机制的介入 芦艳(60-64)
中国古代著作权法律文化之源 王兰萍(65-71)
公司法在中国的百年历程 魏淑君(72-78)
·域外法苑·
战后日本新生活保护法的特征 韩君玲(79-87)
新加坡罪犯改造制度的新发展 叶青(88-92)
·社科探索·
新帝国思维的批判性反思 赵庆寺(93-97)
·检察官论坛·
非法经营罪与销售侵权复制品罪之界定 曹坚(98-101)
行贿罪中"谋取不正当利益"之要件 赵翀(102-105)
·学术综述·
中国国际经济法学会2004年年会综述 蔡庆辉 苏秋斌(106-109)
上海市法学会商法研究会2004年年会综述 丁绍宽 罗培新(110-112)

2005年第3期(总第40期)

· 热点笔谈 ·

法律硕士教育十周年

法律硕士教育定位的背景和基础　霍宪丹（3-11）

法律硕士教育的性质　王　健（11-20）

法学硕士和法律硕士培养方式之比较　戴　莹（20-24）

· 法学论坛 ·

宪法不应该规定什么　张千帆（25-33）

网状控权模式：宪政的基础和生命形式　钱福臣（34-42）

行政许可撤销行为的法律属性　李孝猛（43-47）

法律是有性别的吗　吕芳（48-54）

我国民法制度现代化之标准　伍治良（55-60）

抵押权的物上代位性　陈明添　谢黎伟（61-68）

民事执行权的性质　牟逍媛（69-75）

从 ADR 反思我国的民事调解现状　邵军（76-80）

国际产品责任侵权的法律适用　刘晓红　许旭（81-88）

教育法制化刍议　王立民　刘丹华　王戎（89-95）

· 域外法苑 ·

日本的公害刑法与环境刑法　曲阳（96-101）

· 社科探索 ·

晚清自治中的城市民众——以上海城市卫生为中心的考察　何益忠（102-107）

· 检察官论坛 ·

家属参与受贿共同犯罪的认定与处理　谢闻波（108-112）

2005年第4期(总第41期)

· 热点笔谈 ·

"环保风暴"与中国环境法治

环保缘何为风暴　周　珂　谭柏平（3-9）

通过程序实现环评审批决策的正当化　汪劲（9-13）

从"环保风暴"看环境法治存在的问题　曹明德（13-17）

"环保风暴"的影响及其显现的环境执法问题　王灿发（18-19）

· 法学论坛 ·

论市民社会的权利——对个人、社会、国家权利关系的一种解析　李拥军（20-27）

宪法学与行政法学博士生培养途径初探　杨海坤（28-33）

论法律行为的动机　金锦萍（34-42）

论过错是民事责任之唯一根据　李锡鹤（43-49）

我国分管契约效力的立法选择　宁红丽（50-57）

作为"治道"的刑事政策　卢建平（58-66）

证券市场刑事责任的法律经济分析　毛玲玲（67-72）

论一国两制下区际私法中的公共秩序保留　孙南申（73-83）

法院如何实现公共政策——围绕法［2002］21号之检讨　蒋大兴（84-90）

· 域外法苑 ·

美国对董事会经营决策行为的法律规制　刘新辉（91-96）

联合国《竞争法示范法》　李墨丝译　林燕平校（97-101）

· 社科探索 ·

新世纪法学文章篇目英译之顽症　陈忠诚（102-104）

·检察官论坛·

法律监督的人权保障功能　上海市人民检察院第一分院课题组（105-109）

·学术综述·

"民法法典化与反法典化国际研讨会"会议综述　叶微娜　胡小倩（110-112）

2005年第5期(总第42期)

·法学论坛·

迈向反思的法理学——一种全球化背景下法律移植的视角　王勇（3-9）

论宪法责任　郭殊（10-16）

试论受托人违反信托的赔偿责任——来自信托法适用角度的审视　张淳（17-24）

从市场竞争到法制基础：证券交易所自律监管研究　徐明　卢文道（25-31）

再论身份犯与非身份犯的共同受贿问题　杨兴培（32-39）

论反垄断法实施体制的政策目标和运作原则　刘宁元（40-46）

中国股东代位诉讼制度设计：法理探讨与经济分析　张建伟　何苗（47-52）

司法场域的鉴定管理权争夺与厮杀——以人大常委会《关于司法鉴定管理问题的决定》为中心　郭华（53-57）

反垄断国际合作中的积极礼让原则　漆彤（58-64）

从多元立法权和司法权到一元立法权和司法权的转折——春秋时期"铸刑书"、"铸刑鼎"辨析　郝铁川（65-76）

中国传统社会轻视程序法原因再探　侯欣一（77-81）

近代中国民法法源及其适用原则简论　韩冰（82-87）

·域外法苑·

探索法的人性基础——西方自然法学的真谛　严存生（88-93）

法律全球化背景下非洲法的发展趋向　夏新华　甘正气（94-98）

·社科探索·

信息技术发展与现代执政党建设　袁峰（99-104）

·检察官论坛·

刑事审判监督制度之完善　杨玉俊　胡春健（105-109）

·会议综述·

全国劳动法与社会保障法学年会综述　汪敏　黄昆（110-112）

2005年第6期(总第43期)

·法学论坛·

中国传统法律的公法文化属性　张中秋（3-15）

商谈民主、现代性与法律全球化　张海斌（16-23）

析论高校惩戒学生行为的司法审查　沈岿（24-34）

高科技环境下民法基本原则功能的发挥　杨明（35-41）

环境保护：当代国家的宪法任务　吴卫星（42-47）

预防原则在国际法中的演进和地位　金慧华（48-53）

有关卖淫犯罪的疑难问题新探　金泽刚　肖中华（54-62）

非犯罪化的途径及我国的选择　衣家奇（63-68）

犯罪嫌疑人的获助权辨义　尹华蓉（69-73）

中国司法能动性逻辑假设的破解：法官之诚信诉讼　陈朝阳（74-82）

《鹖冠子》与战国时期的"法"观念　王沛

(83-89)

·域外法苑·

联合国的进程及其新视角　周洪钧（90-93）

·社科探索·

《鹏赋》与《世兵》篇之异文考　张伯元（94-100）

·检察官论坛·

民事行政检察案件审查机制的改革与完善　张志平（101-106）

·学术综述·

罗马法的精神与中国民商法的发展——第三届"罗马法·中国法与民法法典化国际研讨会"综述　戴孟勇（107-110）

2006年第1期（总第44期）

·法学论坛·

民间社会组织能力建设与法治秩序　马长山（3-15）

公民财产权与国家行政权之法治关系——以房屋拆迁为分析背景　周安平（16-24）

清末奉天各级审判厅考论　俞江（25-39）

论法律史研究中的法理意义　王申（40-44）

法学教育的一个基本前提——试析法律职业的特殊性　霍宪丹（45-50）

私法上错误制度的重新构造　孙良国（51-58）

假冒专利罪客观行为的界定与刑法完善　刘宪权　吴允锋（59-66）

论国际私法的形式正义与实质正义　徐冬根（67-72）

·域外法苑·

日本《行政程序法》中的裁量基准制度——作为程序正当性保障装置的内在构成　朱芒（73-79）

涉外犯罪与跨国犯罪、国际犯罪的比较研究　张筱薇（80-87）

·司法时评·

民事行政检察监督改革涉及的三个基本理论问题　段厚省　陈佳琦（88-92）

试论民事行政检察制度的改革完善　欧阳治（93-97）

·热点笔谈·

公司变法路径

未完成的改革——以股东分期缴付出资制度为例　彭冰（98-105）

新《公司法》框架下的司法裁判困境　罗培新（105-110）

特定对象发行：制度构建与疑义相析　郭雳（110-118）

论我国新《公司法》对股东建议权的保护与限制　伏军（118-123）

一个自组织法律系统的自我修正——《公司法》修订与控制论　刘哲昕（123-126）

·学思论说·

经典：文本及其解读——关于阅读法学经典的五重进境　许章润（127-143）

·社科探索·

浅析涉法文学对当代司法实践的思考　范玉吉（144-148）

·学术综述·

"法律与人文"研讨会综述　侯猛　杜宜磊（149-155）

环境纠纷处理问题的法律探索——"第三届环境纠纷处理中日韩国际学术研讨会"综述　于剑华　杨华（156-160）

2006年第2期(总第45期)

·法学论坛·

宪法文本中的公民"政治权利"——兼论刑法中的"剥夺政治权利" 刘松山（3-14）

论立法的正当程序 汪全胜（15-24）

传统中国"法律人"的角色定位及功能分析 张仁善（25-33）

民事客体再认识 李锡鹤（34-43）

间接占有制度的功能 张双根（44-50）

有限公司股权继承法律问题研究 赵万一 王兰（51-58）

共同加害行为与共同危险行为之区分 方益权（59-63）

可再生能源开发利用的税法促进 肖江平（64-69）

死刑复核程序：理论思考与立法构想 谢佑平 杨富云（70-78）

经济全球化与跨国经济立法模式 徐崇利（79-88）

·域外法苑·

近代欧洲的法典编纂运动 王云霞（89-95）

早期英国法中的领主附庸关系 吴旭阳（96-101）

·司法时评·

司法工作人员渎职犯罪的主体认定问题 曹坚（102-106）

对徇私枉法罪法律适用中几个问题的理解 朱利军（107-111）

·热点笔谈·

教育平等权的宪法学思考

教育平等权问题及解决之道 周永坤（112-117）

歧视还是纠偏？——高考录取分数线差别的合宪性检验 张千帆（118-123）

公民受教育义务之宪法属性 郑贤君（123-127）

公民受教育权实现中的国家责任 苗连营（128-132）

农民工子女平等受教育权从行政保护开始 朱应平（132-137）

·学思论说·

法家法治思想的再评说 刘广安（138-140）

一位中国学者对德国民法典的译注 ［英］欧内斯特·J·舒斯特 陈颐译 戴永盛校（141-143）

《克力同》篇的法律意蕴 高尚（144-149）

·社科探索·

临界：中国青年学者的使命与担当——《中国法律哲学临界丛书》总序 邓正来（150-152）

·学术综述·

中国法学会国际经济法研究会首届年会综述 宋锡祥 吴芳（153-158）

外汇与利率风险防范与管理理论研讨会综述 罗良忠（159-160）

在2005届华政硕士、博士研究生毕业典礼上的祝词 杨兴培（161）

2006年第3期(总第46期)

·法学论坛·

转型与变革：刑法学的一种知识论考察 陈兴良（3-19）

法律中逻辑推理的作用 张芝梅（20-26）

网络社会中的法律文化及网络亚文化问题探析 芦琦（27-33）

行政法基本原则的司法适用问题探究——以行政判例制度的建立为视角 沈福俊 林茗（34-44）

人身侵权损害赔偿中的第三人损害及其赔偿请求权　韩　松（45-56）

论著作权法中"发行"行为的界定——兼评"全球首宗BT刑事犯罪案"　王　迁（57-64）

人力资本出资的法律地位及相关问题探讨　陈雪萍（65-72）

建立我国存款保险制度与道德风险的防治　张圣翠（73-79）

和谐社会语境下的诉讼合意——以民事诉讼为视角的分析　王杏飞（80-85）

· 域外法苑 ·

西方宪政思想史研究框架与宪政思想要素　刘守刚（86-93）

纽伦堡审判面临的困境及其解决　朱淑丽（94-101）

论明清律对日本法的影响　赵立新（102-107）

· 司法时评 ·

刑事第二审程序审理方式之完善——兼谈检察机关在刑事第二审中的职能作用　项　谷（108-114）

刑事二审程序中履行检察职能的若干问题研究　周永年（115-121）

· 热点笔谈 ·

出土文献与法律史研究

务必重视法律史文献的整理和研究　张伯元（122-123）

秦汉简牍中的不孝罪诉讼　徐世虹（124-129）

论张家山汉简《收律》　闫晓君（129-132）

新出土文献与先秦法律思想　王　沛（132-138）

· 学思论说 ·

拯救过去，让先辈的苦难获得意义　苏亦工（139-141）

信任谁，信任什么？　易　北（142-143）

· 社科探索 ·

清末民初法政学堂之研究：教育史的视角　陈建华（144-149）

刑讯逼供行为的经济学分析　张　敏（150-156）

· 学术综述 ·

近代上海：西法东渐、法制转型与社会变迁——"西法东渐与上海近代法文化"学术研讨会综述　张明新（157-160）

2006年第4期（总第47期）

· 法学论坛 ·

中国社会转型时期的宪政发展　蔡定剑（3-18）

提高法律人职业素质的制度保障　李　政（19-24）

什么是宪法哲学　邓　毅（25-33）

论行政处罚中当事人之协助　章剑生（34-39）

当代中国内地死缓的适用　杨　凯（40-48）

金融衍生品交易的监管理念　唐　波（49-59）

民事诉讼起诉要件与诉讼系属之间关系的定位　毕玉谦（60-69）

死刑复核程序中检察权的配置　张春莉（70-79）

· 域外法苑 ·

美国无效辩护制度及其借鉴意义　林劲松（80-87）

· 司法时评 ·

试论社会主义法治理念与新时期检察工作　李培龙（88-96）

关于余振东案审理的理性思考　胡陆生（97-101）

· 热点笔谈 ·
物权法基本概念和原则新论
物的概念若干问题　张双根（102 - 110）
分割所有权论　王洪亮（110 - 120）
从抽象的所有权变动到处分行为　朱岩（120 - 128）
物权公示效力的再解读　常鹏翱（128 - 134）
· 学思论说 ·
书斋里的法学家　周少华（135 - 141）
· 社科探索 ·
新文化运动时期的新闻报业　杨师群（142 - 147）
上海道契与近代土地契证的实践　夏扬（148 - 155）
· 学术综述 ·
亚洲的法律发展：趋同抑或歧异？——"第三届亚洲法律学会年会"综述　张雪忠（156 - 160）

2006 年第 5 期(总第 48 期)

· 法学论坛 ·
契约伦理与权利的正当性　强昌文（3 - 12）
论法律变迁的周期性　潘小军（13 - 20）
意思自治与法律行为制度　柳经纬（21 - 27）
未成年犯社区矫正中的法律主体研究　孟红（28 - 35）
我国刑事诉讼程序性违法裁判机制的完善　孙厚祥（36 - 46）
拟制自认非默示自认　张友好（47 - 53）
量刑正义的程序之维　万毅（54 - 62）
SCM 协定下的环境标准与环境成本优势　李本（63 - 68）
清代司法官员知识结构的考察　徐忠明　杜金（69 - 90）
· 域外法苑 ·
日本"旧民法"和明治民法　孟祥沛（91 - 98）
· 司法时评 ·
刑事申诉制度的完善　苏仁兴（99 - 102）
· 热点笔谈 ·
商业贿赂犯罪问题研究
惩治商业贿赂犯罪的基本思路　曲新久（103 - 108）
商业贿赂犯罪的概念与立法　刘远（108 - 114）
商业贿赂犯罪客体解读　柳忠卫（114 - 118）
临床医生收取红包行为的性质　陈京春　王婧华（119 - 123）
《刑法修正案（六）》视野下我国商业贿赂罪的立法完善　卢勤忠（123 - 128）
商业贿赂犯罪的侦查管辖与证据效力　游伟（129 - 131）
· 学思论说 ·
国际人权公约视角下的中国刑法改革建议　卢建平（132 - 137）
论刑事和解制度的价值　周光权（138 - 142）
· 社科探索 ·
汉语"公务员"概念的流变　杨成炬（143 - 148）
· 学术综述 ·
全国外国法制史研究会第十九届年会综述　于明　程延军（149 - 152）
第三届中国青年经济法博士论坛综述　张苏　朱静秋（153 - 160）

2006 年第 6 期(总第 49 期)
· 法学论坛 ·
医师违反产前诊断义务的赔偿责任　房绍

坤　王洪平（3-15）

一人公司法人格否认之法律适用　蒋大兴（16-20）

刑事政策与和谐社会　严励（21-26）

单位与自然人共同犯罪定性研究——以贿赂犯罪为视角　袁金彪　李成（27-33）

公民隐私权在侦查行为中的界限　杨开湘（34-43）

地理标志保护模式之争与我国的立法选择　王莲峰　黄泽雁（44-53）

网络背景下的商业秘密保护　罗立（54-63）

清代地主阶层的法律特权　沈大明（64-72）

家族本位还是个人本位——民国亲属法立法本位之争　许莉（73-81）

·域外法苑·

民用航空侵权的法律适用及《蒙特利尔公约》对中国的影响　林燕平（82-90）

从欧洲一体化评述国家主权让渡理论　高凛（91-98）

·司法时评·

追诉累犯、再犯情节中的程序适用　应芳（99-102）

检察机关委员列席同级审委会制度探讨　俞振德　潘申明（103-109）

·热点笔谈·

新企业破产法聚焦

新企业破产法的意义、突破与影响　李曙光（110-113）

破产界限之于破产程序的法律意义　韩长印（113-117）

解读新企业破产法撤销权制度与无效行为制度　蔡人俊（118-121）

新企业破产法与管理人中心主义　邹海林（121-125）

破产立法二十年：回顾与展望　胡健（125-128）

·学思论说·

通过法学发展思想——对《书斋里的法学家》的反思　陈金钊（129-135）

我国著作权刑事保护之立法完善　徐雨衡（136-137）

·社科探索·

科学发展观与刑事诉讼规律及其发展趋势的认同　谢佑平（138-141）

检察权配置的博弈分析　宣章良　胡薇薇（142-147）

·学术综述·

和谐社会与诉讼法典再修改——中国诉讼法学研究会2006年年会综述　叶青　王晓华　刘江（148-153）

社会治理的法律技艺　柯岩（154-158）

2007年第1期（总第50期）

·法学论坛·

"宪法人类学"的创意与构想　陈云生（3-20）

国际社会惩治商业贿赂犯罪的立法经验及借鉴　赵秉志（21-29）

刑法立法解释若干问题新析　刘艳红（30-41）

对邱兴华案的刑法观察：知识体系与学者诉求的错位　高艳东（42-56）

股权分置改革对价的改革观　孙光焰（57-69）

民事诉讼程序选择权原则之理性思考　张峰（70-74）

民事诉讼契约的意义追问　霍海红（75-83）

刑事诉讼法修改之基本理念及基本原则

柯葛壮　魏韧思（84－90）
扩大适用取保候审的潜在困难分析——以观念性障碍为视角　邵尔希（91－99）
礼的合法性价值初探　徐燕斌（100－106）

· 域外法苑 ·

罗马的公犯诉讼及其惩罚　任强（107－112）
从澳大利亚土地环境法院制度看我国环境司法机制的创新　董燕（113－118）

· 司法时评 ·

构建和谐社会视野中刑事政策的执行　胡敏　张震（119－125）

· 热点笔谈 ·

国际反恐的法律对策

反恐战争与国际人道法　朱文奇（126－130）
反恐与全球治理的框架、法治　朱景文（131－133）
打击恐怖犯罪的中国刑法应对　徐岱（134－137）
反恐与海上能源通道安全的维护　杨泽伟（137－142）

· 学思论说 ·

国际法大师级的经典之作——重读李浩培《条约法概论》述感　周洪钧　士男（143－146）

· 社科探索 ·

巴比伦商事行为规范论考　魏琼（147）

· 学术综述 ·

中国法律史学会2006年学术年会综述　王捷　李冬冬（154）
国际法坛双杰耀寰宇　一代大师风范垂千秋——倪征、李浩培先生诞辰一百周年纪念大会暨国际法学术研讨会综述　易波（158－160）

2007年第2期(总第51期)

· 法学论坛 ·

法院在行政诉讼个案中对法律的解释——以行政诉讼的受案范围为视角　叶必丰（3－9）
从公权与私权关系的角度解读国家征收征用制度　赵万一　叶艳（10－23）
民法学应有野准人身治概念　李锡鹤（24－27）
我国民法基本原则现代化之标准及趋势　伍治良（28－36）
股东代表诉讼中公司的诉讼参加问题研究　蔡元庆（37－43）
以叶仲裁法曳完善为视角院论司法与仲裁的关系　叶永禄（44－51）
羁押表现量刑化的理论与实践　俞振德　余光升（52－57）
中国反补贴规则与SCM规则的差异分析与冲突解决　孙南　申彭岳（58）
清末民初的县衙审判——以江苏省句容县为例　李贵连　俞江（70）

· 域外法苑 ·

中美所得税偷税犯罪立法的比较及我国偷税罪的立法完善　王胤颖（82－89）

· 司法时评 ·

宽严相济的刑事司法政策及其在检察工作中的实现　本课题研究组（90－98）
宽严相济刑事司法政策视野下相对不起诉制度的完善　黄曙　梁洪行（99－107）
补强效力与补充规则：中国案例制度的目标定位　汪世荣（108－112）

· 热点笔谈 ·

新外资银行法探讨

新外资银行法：完善中的不足　周仲飞（113－116）

市场准入：承诺的兑现　宋晓燕（116－119）

外资银行的审慎监管　郑晖（120－123）

外资银行的强制终止与清算　陈芳（123－125）

· 学思论说 ·

中华法系思想内涵与基本特点再探　韩秀桃　徐伟勇（126－134）

构建"和谐"的刑事诉讼法——评《刑事诉讼法再修改专家建议稿》　龙宗智　张友好（135－139）

· 社科探索 ·

试论黄遵宪的《日本国志》对中国清末宪政改革的影响　张锐智（140－147）

现代性与20世纪中国文学：一个神话的建构　高燕（148－153）

· 学术综述 ·

房地产宏观调控制的法学思考——新一轮房地产宏观调控政策法律研讨会综述　张忠野（154－160）

2007年第3期(总第52期)

成效比、激励和法官专业化　陈灵海（3－12）

论个人社会资本对行政裁量正义的影响　周佑勇　尹建国（13－25）

对行政互动关系的法律回应　程关松　王国良（26－35）

完善我国海外投资保障机制的法律研究　李嘉（36－41）

论法典化与环境法的发展　张梓太（42－49）

环境法法典化的基本问题研究　李传轩（50－56）

我国环境保护法律制度中的公众参与　张晓文（57－63）

共同金融犯罪若干理论问题研究　刘宪权（64－71）

论商业贿赂的范围及其数额认定　薛进展（72－79）

信用证诈骗罪兜底条款的司法认定与完善　安文录　程兰兰（80－86）

国际贸易应收款转让公约中的优先权冲突规范　陈立虎　刘春宝（87－97）

《二年律令》所反映的汉代告诉制度　程政举（98－105）

法国法中犯罪行为引起侵权损害赔偿之司法救济　孙平（106－113）

中外退赃模式比较：兼论我国应建立大规模退赃制度　王永杰（114－120）

中国特色社会主义检察制度的根基及其实践　李培龙（121－127）

· 热点笔谈 ·

社会公众股股东权益的法律保护新思考

适时解决历史遗留问题是股市健康发展的基础　顾功耘（128－131）

社会公众股股东权益保护的历史答卷　全萍（132－135）

社会公众股股东权益受损诸原因探析　黄蓓（136－138）

国有资本有序退出与保护社会公众股股东权益　张毅（139－141）

证券纠纷解决机制多元化的构建　胡改蓉（142－148）

社会公众股股东权益保护的边界　雷晓冰　伍坚（148－150）

· 学思论说 ·

寻求刑事法理念与司法实践的融合——评《理念与实践：面向我国刑事司法》　姜津津（151－152）

· 社科探索 ·

舆论监督与司法独立的平衡　范玉吉

（153-158）

· 学术综述 ·

中国法律制度面临的全球化挑战与回应会议综述　钟　华　张越华（159-160）

2007年第4期（总第53期）

· 法学论坛 ·

论国家统一与地方自治——从港澳基本法看两岸和平统一的宪法机制　张千帆（3-12）

我国立法听证制度的瑕疵及其缘由　汤琳俊（13-19）

中国法律职业资格同质化质疑　李　翔（20-28）

我国税收追征期制度辨析　熊　伟（29-35）

关于连带责任基本问题的探讨　俞　巍（36-43）

同时履行抗辩之适用限制　施建辉（44-50）

知识产权侵权纠纷行政裁决若干问题研究　魏　玮（51-60）

保险诈骗犯罪"虚构保险标的"的行为方式　张利兆（61-65）

类型思维下的目的犯——真正非法定目的犯概念之提倡　欧阳本祺（66-73）

民国时期国际法研究考　王贵勤（74-83）

· 域外法苑 ·

美国《第一次冲突法重述》败因的法社会学分析　王承志（84-89）

"从平等到自由"的关联与阻断——卢梭平等思想的理路及其评价　刘瑛瑛（90-96）

· 司法时评 ·

论证明责任与证明评价的相互制约　段厚省　侯百丰（97-105）

· 热点笔谈 ·

数字技术的知识产权保护

数字时代的软件版权保护技术：技术双刃剑与另类创新　曹　伟（106-114）

网络上第三人版权责任的构成要件　张　今（115-121）

网络环境下著作权许可模式的变革　张　平（121-127）

· 学思论说 ·

中国法学教育的历史及其反思　丁凌华　赖锦盛（128-131）

十年一剑欲何求——读《兵家法思想通论》有感　马小红（132-135）

· 社科探索 ·

服务契约理念下政府管理行为的问责进路　刘漪（136-143）

试论墨子"兼爱"思想在构建和谐社会中的现实意义　俞德明（144-150）

· 学术综述 ·

和谐主义诉讼模式与民事程序法和实体法的关系——中国民事诉讼法学研究会2007年年会综述　牟逍媛　刘江（151-155）

"恢复性司法理论国际研讨会"综述　于改之　崔龙虓（156-160）

2007年第5期（总第54期）

· 法学论坛 ·

我国行政计划立法中的若干问题研究　黄学贤（3-10）

国家统一司法考试与法学教育改革　王立民　高珣　姜茂坤（11-19）

从形式主义到实质主义——现代合同法方法论的演进　孙良国（20-27）

我国民事法律救济制度中的补偿性救济比较——兼论人身伤亡案件中精神损害赔

偿的标准与量化 高凌云（28-40）
小企业有限责任制度的局限性 刘庆飞（41-46）
刑法的道德性与政治性 刘 远（47-55）
城市犯罪中特殊空间盲区的综合治理 王发曾（56-62）
刑事和解的困境与出路 王学成 张和林（63-67）
检察权的内部监督制约机制反思及其重构 廖荣辉 杜国强（68-74）
检察机关提起附带民事诉讼的制度性缺陷及完善 孙厚祥（75-81）
确定仲裁员责任制度的法理思考——兼评述中国仲裁员责任制度 刘晓红（82-90）

·域外法苑·
荷兰的监狱制度 Peter J. P. Tak 著 何萍译（91-100）

·司法时评·
法律监督与民事行政检察改革 潘漪（101-104）
审查批捕听取律师意见制度探析 李钟 李佩霖（105-111）

·热点笔谈·
"两高"《意见》的法律适用及问题思考
实施"两高"《意见》与落实宽严相济的刑事政策 孙国祥（112-116）
"两高"《意见》适用中的两个疑难问题 游伟（117-119）
以交易形式受贿中"度"的把握 薛进展 谢杰（120-122）
第三人收受财物型受贿罪的认定 卢勤忠（123-126）

·学思论说·
梅因历史法学方法论简述——以《古代法》为中心 陈颐（127-133）

礼、政、刑之鼎分：中国古代法体系结构新论 宋大琦（134-140）

·社科探索·
"十五"以来中国经济增长方式基本特征及转型的思考 金乐琴（141-145）
证券账户名义持有人制度的缺陷及其完善 刘正峰（146-153）

·学术综述·
股东派生诉讼的理论与实践——"第四届亚洲企业法制论坛"综述 李诗鸿（154-157）
"全球化背景下的法治与人权"研讨会综述 李文军（158-160）

2007年第6期(总第55期)

·法学论坛·
独立而中立：刑事法治视野中的审判权 陈兴良（3-17）
和谐统一的行政诉讼协调和解机制 沈福俊（18-29）
主观过错与行政处罚归责原则：学说与实践 李孝猛（30-36）
民事共同行为和多数人责任刍议 李锡鹤（37-50）
夫妻财产争议与离婚案件拆分审判探析 蒋月（51-58）
论披露未成年犯罪人身份信息之法律禁止 姚建龙（59-64）
检视我国单位犯罪刑事责任的立法模式 杜文俊（65-70）
论调解的功能 洪冬英（71-76）

·域外法苑·
美国商业秘密法的最新发展评析 黄武双（77-82）
对价原则在英美合同法中的未来 陈融（83-89）

· 司法时评 ·

检察机关案例指导制度的可行性及其途径 案例指导课题组 案例指导课题组（90-94）

检察机关参与民事公诉立法问题研究 民事公诉课题组（95-101）

· 热点笔谈 ·

《物权法》疑难问题探讨

物权行为：传说中的不死鸟——《物权法》上的物权变动模式研究 葛云松（102-118）

《物权法》关于共同共有的规定在适用中的若干问题 薛 军（119-126）

《物权法》第31条释义 张双根（127-140）

· 学思论说 ·

司法指示：不具备法律形式的"特别法" 李红海（141-149）

· 社科探索 ·

我国加入《政府采购协定》的若干法律问题及其对策 张 传 金震华（150-154）

· 学术综述 ·

构建和谐社会与刑事诉讼法再修改——2007年中国刑事诉讼法学研究会年会综述 叶 青 王晓华（155-158）

2008年第1期(总第56期)

· 法学论坛 ·

法哲学视野中的疑难案件 徐继强（3-11）

从宪法"不抵触"原则透视宪法与其他法的关系 蒋德海（12-21）

行政协议：行政程序法的新疆域 何 渊（22-29）

民法性质论 张 驰（30-38）

经济的财产说之主张 陈洪兵（39-50）

公司支付不能或资不抵债时申请破产的义务和责任 白 江（51-60）

刑法价值判断的实体性论证规则 苏彩霞（61-70）

拉格朗案的国际法解读 顾 婷（71-81）

宋明清"告不干己事法"及其对生员助讼的影响 霍存福（82-94）

· 域外法苑 ·

苏联法影响中国法的几点思考 王志华（95-100）

· 司法时评 ·

证明层次理论下的公诉证明标准 疑罪不诉证据问题课题组（101-105）

· 热点笔谈 ·

法律实施的问题与对策

法治建设中领导者的示范效应 张春生（106-109）

配套法规建设与法律的有效实施 许安标（109-113）

论立法引导司法 李忠诚（114-120）

保障法律实施的若干条件 刘松山（121-125）

· 学思论说 ·

法律、法学与法学家的中国语境 许章润（126-140）

和谐社会语境中的刑罚观念之反思 何 利（141-144）

· 社科探索 ·

吴经熊与东吴大学 孙 伟（145-152）

· 学术综述 ·

比较法在中国：现状与前景 王 沛（153-156）

法律治理与社会政策的博弈——法律治理与社会政策学术研讨会综述 李清伟 卢 露（157-160）

2008年第2期(总第57期)

·法学论坛·

法律实证主义的基本命题　周　力（3-12）

营业自由及其限制——以药店距离限制事件为楔子　宋华琳（13-19）

工会的法律责任初探　李凌云（20-26）

意思表示错误的理论与制度渊源　唐晓晴（27-40）

刑事初审程序对刑事第二审构造的影响　王　超（41-46）

刑事法视角下的法治与伦理关系的思考　孙晋琪（47-51）

刑法的目的及其观念分析　周少华（52-58）

中国内地与香港区际民商事司法协助若干问题探讨　宋锡祥（59-66）

民国初年法律冲突中的定婚问题　汪雄涛（67-74）

·域外法苑·

比较法学者对"共同欧洲私法"的推动　朱淑丽（75-84）

·司法时评·

死刑案件宽严相济刑事司法政策的机制保障　死刑政策研究课题组（85-91）

外来犯罪嫌疑人逮捕适用的问题和对策　潘　浩（92-97）

·热点笔谈·

《反垄断法》聚焦

我国反垄断立法的宗旨　王晓晔（98-101）

从发展中国家的视角看中国《反垄断法》出台后的三大难题　林燕萍（102-105）

中国《反垄断法》中的豁免与适用除外　黄　勇（106-109）

政府干预与市场运行之间的防火墙　徐士英（110-116）

《反垄断法》的出台与我国竞争法体系的协调完善　王先林（117-121）

反垄断立法的回顾与展望　毛晓飞　胡健（121-124）

国家统一司法考试制度的完善与发展　王健（125-134）

规范的正当性：孔子的追求　许小亮（135-138）

·社科探索·

吴经熊在密歇根大学法学院　李秀清（139-148）

《1901年枢密院威海卫法令》与英国在威海卫的殖民统治　王　娆（149-157）

·学术综述·

亚洲私法变革的比较法探讨——"私法的变革：亚洲的经验"学术研讨会综述　韩强（158-160）

2008年第3期(总第58期)

·法学论坛·

法律经济学对当代中国法学研究的影响——一种个案的分析与评价　郭义贵（3-9）

性权利存在的人性基础——中国当代性行为立法不能省略的维度　李拥军（10-17）

拆迁安置补偿制度的生存保障功能　董礼洁（18-23）

物业小区内共用部分的界定　金锦萍（24-33）

经济法与社会政策论纲　郑少华（34-38）

高利转贷罪疑难问题的司法认定　刘宪权（39-45）

中国内地与澳门刑法中缓刑制度的比较研究　杨兴培　陈柱钊（46-56）

秘密窃回被国家机关扣押的本人财物的性质认定　王玉珏（57－63）

·域外法苑·

反思比较法的现状：英雄暮年　马克西尼斯著　苏彦新译（64－73）

中世纪教会法对英国衡平法的影响　冷霞（74－83）

·司法时评·

妨害信用卡管理罪的司法认定　沈新康　胡春健（84－88）

论不起诉决定书的说理改革　涂学华　周静（89－93）

·热点笔谈·

当前体育法研究中的若干热点问题

奥运会裁判执法争议解决机制的完善与展望　肖永平　孙玉超（94－101）

奥运会体育仲裁中的临时措施探讨　郭树理　王蓉（102－109）

奥运会转播权的法律问题　黄世席（110－115）

奥林匹克标志的法律保护　裴洋（116－120）

·学思论说·

中西"小传统"法文化之"暗合"——以民间法谚为视角的考察　程汉大　刘吉涛（121－128）

《宪法》第10条之谜　［德］闵策尔（129－136）

·社科探索·

从美国的次级贷款危机中引起的警示与思考　宣文俊（137－140）

政府在企业自主创新中的作用探讨　顾晓敏（141－149）

·学术综述·

2007年法律史学科新进展　张中秋　陈煜（150－160）

2008年第4期（总第59期）

·法学论坛·

融贯论在法律论证中的作用　侯学勇（3－12）

城镇就业中的身长歧视研究　周伟（13－22）

物的概念和占有的概念　李锡鹤（23－29）

嬗变中的家庭权力及其当代价值——家庭法基础的历史考察　王占明（30－37）

"经营者集中"的后续思考　史建三（38－42）

行刑社会化的内涵构成及实施载体　武玉红（43－48）

"保护伞条款"的适用范围之争与我国的对策　徐崇利（49－59）

·域外法苑·

拜占庭帝国法学教育探析　王小波（60－65）

《全面禁止核试验条约》述论　王勇（66－71）

论人的尊严与死刑废止——以拉德布鲁赫的刑法草案与行刑论为中心　铃木敬夫著　宋海彬译（72－79）

·司法时评·

双层次规范视角中的单位犯罪的共犯问题　曹坚　罗欣（80－85）

中国两审终审制的理论反思　朱立恒　李辉（86－94）

·热点笔谈·

《律师法》施行的若干法律问题

新《律师法》实施与立法性冲突问题研究　王俊民（95－101）

直面新《律师法》的缺陷与不足　万毅（102－106）

《律师法》修改对审查批捕工作的影响及其应对　张利兆　童章遥（107－110）

·学思论说·

革命司法:徐谦法律思想初探　侯欣一（111-119）

合作社思想的源流与嬗变——基于合作社法思想基础的历史考察　陈婉玲（120-128）

·社科探索·

政党分类的一些思考　李路曲（129-138）

张家山336号汉墓《朝律》的几个问题　曹旅宁（139-144）

批判性思维与法律人才培养　缪四平（145-151）

·学术综述·

"经济犯罪司法适用疑难问题研讨会"综述　李翔　钟俭（152-156）

现代化过程中如何看待传统法文化——中国儒学与法律文化研究会2008年年会综述　倪铁（157-160）

2008年第5期(总第60期)

·法学论坛·

逻辑思维在法律中的作用及其限度　杨建军（3-11）

宪政文化与制度建构刍议　魏晓阳（12-21）

完善离婚损害赔偿制度的思考　张迎秀（22-28）

电子要约若干法律问题探析——以UECIC为基础　孙占利（29-35）

销售侵权复制品行为的犯罪性质研究——兼论法条竞合关系及其司法原则　游伟　谢锡美（36-43）

禁止拍卖人参与竞买规则及其实践评述　刘宁元（44-51）

清末民初商会裁判制度:法律形成与特点解析　常健（52-61）

·域外法苑·

古希腊民主城邦制与西方民主宪政思想的萌芽　胡骏（62-71）

拒绝接受货物制度的比较分析　夏海英　傅君（72-78）

·司法时评·

刑事诉讼法修改的一体化思路　郭云忠（79-87）

刑事立案制度的"是"与"非"　姚石京　于宝华（88-93）

规范民事行政检察部门介入刑事附带民事诉讼活动之设想　许可（94-98）

·热点笔谈·

改革开放三十年行政法治建设笔谈

在实现宪政目标的背景下建设法治政府——略论改革开放三十年来公法发展的基本经验　杨海坤（99-108）

司法主导下的中国行政诉讼法制发展:回顾与思考　王太高（109-116）

追求行政权能配置最优化的三十年　朱应平（117-125）

对合法预期保护原则之艰辛探索——以法律文本为对象的初步考察　陈海萍（126-133）

改革开放以来政府依法行政理念的转变　韩冰（134-139）

·学思论说·

经济法观念史解释——为什么是摩莱里　刘水林（140-145）

·社科探索·

"监督"考　曹呈宏（146-154）

·学术综述·

"国有资产立法研讨会"综述　单颖之　沈军芳（155-157）

三十年中国政治发展:模式、结构与价值——"改革开放以来中国的政治发展"会议综述　高奇琦（158-160）

2008年第6期(总第61期)

· 法学论坛 ·

技艺理性视角下的司法职业化 姚中秋（3-13）

法官的法律解释活动解析 魏胜强（14-23）

统一与自治——遏制"台独"的宪法机制 张千帆（24-32）

法律不是反垄断的根本手段 郝铁川（33-39）

企业破产中的"资不抵债"要件辨析 张晨颖（40-47）

制度、制度竞争与中国经济法的发展——纪念中国经济法三十年 冯辉（48-56）

我国惩治恐怖活动犯罪的刑法立法经验考察 赵秉志 杜邈（56-60）

· 域外法苑 ·

司法视野下国际强行法规则的新发展——基于不同机构司法实践的一个比较分析 廖诗评（61-70）

欧美日反托拉斯法与跨国公司垂直约束行为 孙斌艺（71-79）

· 司法时评 ·

我国检察权配置和管理体制的理性审视与完善构想

检察权配置管理研究课题组（80-84）

· 热点笔谈 ·

《劳动合同法》再思考

对我国事实劳动关系立法的反思 李凌云（85-92）

无固定期限劳动合同的规范功能分析 董文军（93-96）

论劳动合同的变更 吕琳（97-102）

我国企业重组中的劳动合同继承问题研究 侯玲玲（103-109）

《劳动合同法》：个人劳动关系规范的变革与不足 郑爱青（110-115）

· 学思论说 ·

法理人生的乡愿——梦想精神家园的呓语 陈金钊（116-129）

中国古代新闻传播体制的历史教训 杨师群（130-134）

· 社科探索 ·

价值认同与当代政治合法性的基础 袁峰（135-142）

构建我国社会保障立法的适度公平机制 周莹（143-148）

· 学术综述 ·

从判例、判例法到案例指导制度——"判例是如何形成的?"理论研讨会综述 梁兴国（149-153）

中国法学会刑事诉讼法学研究会2008年年会综述 叶青 徐美君（154-158）

2009年第1期(总第62期)

· 法学论坛 ·

论合宪性推定之政治逻辑 王书成（3-12）

担保物权的行使期间研究——以《物权法》第202条为分析对象 高圣平（13-22）

公共视频监控系统与隐私保护的法律规制——以上海世博会为视角 李晓明（23-30）

中国刑法学对域外犯罪构成的借鉴与发展选择 杨兴培（31-42）

陪审制度的缺陷及其完善——以《关于完善人民陪审员制度的决定》为考察对象 张泽涛（43-49）

调整适用传统司法管辖权途径的思考 时慧嫒（50-54）

·域外法苑·

美国对技术标准中专利信息不披露行为的反垄断措施 孙南申 徐曾沧（55-63）

韩国传贯权立法对中国民法典的启示——兼谈法律移植过程中如何对待本土资源 崔吉子（64-71）

·司法时评·

检察机关与行政执法机关关系的立法构想及制度设计 李文军 朱峰（72-76）

·热点笔谈·

大陆法系判例制度及其借鉴意义

德国"法官造法"的功能解构 刘飞（78-83）

意大利的判例制度 薛军（84-90）

日本的判例制度 解亘（91-97）

建立判例制度的两个基础性问题——以民事司法的技术为视角 傅郁林（98-105）

行政诉讼中判例的客观作用——以两个案件的判决为例的分析 朱芒（106-113）

关于判例形成的观察和法律分析——以我国失实新闻侵害公众人物名誉权案为切入点 黄卉（114-120）

·学思论说·

欧洲公共秩序的独立 ［德］于尔根·巴塞道著 付颖哲译（121-139）

·社科探索·

四川法政学校——中国近代法学专门教育的地方实践(1906-1926) 里赞 刘昕杰（140-152）

·学术综述·

公司纠纷的司法救济——公司纠纷与司法救济专题研讨会综述 钟晓（153-160）

2009年第2期(总第63期)

·法学论坛·

法治与和谐理念的文化渊源及其前景 苏亦工（3-17）

农民工子女受教育权的平等保护 张杰 汪进元（18-26）

论民法撤销权 李锡鹤（27-33）

笔迹鉴定证据的原理采撷与法律判读 杜志淳 宋远升（34-40）

非刑事法律规范中的刑事责任条款性质研究 吴允锋（41-48）

秦汉时期的捕律 闫晓君（49-58）

·域外法苑·

"公共利益"的作用与局限——对美国不动产征收判例法的观察和思考 冯桂（59-65）

德国人身关系的法律适用及对我国立法的启示 刘懿彤（66-73）

·司法时评·

论侦查阶段撤销案件的监督和制约机制 陈烜（74-80）

论起诉案件中部分不起诉决定监督机制之完善 杨宏亮 姜伟（81-85）

·热点笔谈·

死刑问题再思考

死刑司法适用标准研究 张绍谦（86-93）

死刑废除与民意关系之审视 孙国祥（94-99）

作为"中国问题"的死刑 周少华（100-105）

死刑存在的悖论与废止的根本动力 孙万怀（106-112）

·学思论说·

政治、法律与现实之逻辑断裂——美国金融风暴之反思 罗培新（113-121）

民初议会政治的困境——北京国民政府时

期的国会札记 聂 鑫（122 - 128）

· 社科探索 ·

《新译日本法规大全》与晚清新政 程 波（129 - 144）

近代上海公共租界的土地管理制度 练育强（145 - 151）

· 学术综述 ·

2008 年法律史学科新进展 中国政法大学法律史学研究院（152 - 160）

2009 年第 3 期(总第 64 期)

· 法学论坛 ·

党治下的司法——南京国民政府训政时期执政党与国家司法关系之构建 侯欣一（3 - 31）

不当具体行政行为的不当性分析 关保英（32 - 42）

法人能力论 张 驰（43 - 52）

论专利产品销售所附条件的法律效力 董美根（53 - 60）

改革开放三十年来的期货市场及其法制建设历程 唐 波（61 - 70）

· 域外法苑 ·

从《巴西民法汇编》到《新巴西民法典》 徐国栋（71 - 83）

· 司法时评 ·

法律监督还是诉讼监督 蒋德海（84 - 92）

信用卡犯罪的刑法规制和立法改进 李睿 顾琳娜（93 - 100）

· 热点笔谈 ·

《刑法修正案(七)》的法律适用问题研究

《刑法修正案(七)》的宏观问题研讨 赵秉志（101 - 109）

《刑法修正案(七)》的立法动向探析 周道鸾（110 - 111）

《刑法修正案(七)》第 13 条的理解与适用 舒洪水 贾 宇（112 - 119）

个人信息权刑法保护的立法及完善 刘宪权 方晋晔（120 - 129）

组织、领导传销活动罪刍议 张建（130 - 133）

· 学思论说 ·

幸能跻身法理学研究的前前后后 许章润（134 - 138）

寻访李宜琛 夏新华（139 - 144）

· 社科探索 ·

全球金融危机背景下中国经济发展方式的思考 李 波（145 - 154）

· 学术综述 ·

中国商标法律现代化的困境与出路——"知识产权战略实施与商标法修改"国际论坛综述 邓宏光（155 - 160）

2009 年第 4 期(总第 65 期)

· 法学论坛 ·

法治的恪守者——燕树棠先生的生平与思想 陈新宇（3 - 9）

传统智慧财产权利生成路径及其功能识别 刘云生（10 - 16）

论离婚时分家所得财产的分割 尹伟琴（17 - 22）

WTO"中美知识产权争端"：美国赢得了什么？——评专家组对我国《著作权法》第 4 条的裁决 王 迁（23 - 31）

信赖利益损害之机会损失分析 涂咏松（32 - 38）

论伪造、盗窃、买卖武装部队专用标志罪 彭新林（39 - 46）

我国转型期的宏观调控失范行为 张 辉（47 - 52）

中国涉外海事仲裁中法律适用状况评析

袁发强（53-61）

· 域外法苑 ·

拉德布鲁赫公式的意义及其在二战后德国司法中的运用　柯岚（62-72）

英美法系刑法中的合理性原则及其启示　彭文华（73-81）

· 司法时评 ·

刑事诉讼严格证明与自由证明规则的构建　竺常赟（82-89）

贯彻新民事诉讼法做好民事检察工作的若干思考——基于上海实践的视角　民事检察工作研究课题组（90-94）

· 热点笔谈 ·

环境权与环境法制再思考

环境刑法的伦理属性及其立法选择　游伟　肖晚祥（95-101）

论我国环境立法涉农观念的缺失　张璐（102-107）

如何依法救助即将流向餐桌的宠物猫、狗？——兼论欧美之立法经验对我国的启示　常纪文（108-115）

世界银行环境政策及其对中国环境法制的启示　金慧华（116-124）

环境权热的冷思考——对环境权重要性的疑问　巩固（125-132）

· 学思论说 ·

清末礼法之争中的劳乃宣　周旋（133-139）

· 社科探索 ·

民盟与旧中国的宪政运动及其反思　殷啸虎（140-150）

现代侦查制度在中国的早期实践　倪铁（151-156）

· 学术综述 ·

民法的方法与法律的成长——王泽鉴教授华东政法大学讲学综述　吴一鸣（157-160）

2009年第5期（总第66期）

· 法学论坛 ·

守护宪法：对法律进行宪法审查的解释方案——以宪法文本及其沿革为基础的考量　郑磊（3-10）

风险治理决策程序的应急模式——对防控甲型H1N1流感隔离决策的考察　沈岿（11-20）

论违背形式强制的法律后果　朱广新（21-28）

我国商业标识立法体系的模式选择——基于我国《商标法》第三次修改的思考　王莲峰（29-37）

风险社会中危险犯的停止形态研究　薛进展　王思维（38-47）

全球金融危机爆发的法律思考——以国际货币体系缺陷为视角　贺小勇（48-57）

· 域外法苑 ·

美国外资并购安全审查制度研究　孙效敏（58-68）

· 司法时评 ·

论量刑建议的运行机制　潘申明　周静（69-76）

检察长列席审委会会议制度的实践与思考　沈新康（77-83）

· 热点笔谈 ·

中国公法六十年

我国行政行为司法审查的演进与问题　胡锦光（84-93）

信访在实施宪法方面的成就与问题　朱应平（94-100）

预算监督与财政民主：人大预算监督权的成长　任喜荣（101-108）

宪法基本权利保障的发展　金玉（109-114）

检察监督权的变迁与重构 李 勇（115 - 120）

行政复议与宪法实施的状况与反思 温泽彬（121 - 125）

·学思论说·

唐律与中国传统法制论纲 王立民（126 - 132）

法律语言研究应当强化立法语言的审校服务 汤啸天（133 - 140）

·社科探索·

特别保护区：公海生物多样性保护的新视域 刘惠荣 韩洋（141 - 145）

论抵押债务债券对美国次贷危机的影响 张严方（146 - 152）

·学术综述·

衡平法在中国的研究：现状、问题及展望 胡桥（153 - 160）

2009 年第 6 期（总第 67 期）

·法学论坛·

宪法经济影响的实证维度研究——概念、数据及其方法 黄锫（3 - 10）

论不动产征收的司法权介入——兼谈司法权的本质 许中缘（11 - 17）

人格刑法学：以犯罪论体系为视角的分析 陈兴良（18 - 26）

违法性判断：立场、功能与方法 周长军 马勇（27 - 35）

刑事政策制定过程中的公民参与 汪明亮（36 - 49）

试论我国仲裁监督体制的完善 汪祖兴（50 - 59）

中国古代讼学摭议 龚汝富（60 - 67）

·域外法苑·

优士丁尼《法学阶梯》中的自由权优先原则 齐云（68 - 81）

·司法时评·

自侦案件审查逮捕权"上提一级"改革对策研究 叶青（82 - 86）

量刑庭审程序的制度建构 俞振德 张婷（87 - 92）

·热点笔谈·

古法新证：从新资料的角度

岳麓书院新藏秦简丛考 曹旅宁（93 - 102）

新资料和先秦及秦汉判例制度考论 程政举（103 - 106）

现存的《唐律疏议》为《永徽律疏》之新证——以敦煌吐鲁番出土的唐律、律疏残卷为中心 郑显文（107 - 123）

古文献与古代法律二题 王沛（124 - 128）

乾隆时期的苗疆土地问题治理：以奏折资料为主的研究 袁翔珠（129 - 135）

·学思论说·

法典概念在晚清论著中的运用 刘广安（136 - 138）

法律方法上的西方经验与本土资源——兼论中国现代法律方法体系的建构 陈锐（139 - 148）

·社科探索·

刑事证据开示制度的实践探索 黄曙（149 - 154）

·学术综述·

风险社会对法律的拷问——"风险社会的形成与法的确定性"研讨会综述 许旭荣（155 - 158）

2010 年第 1 期（总第 68 期）

·法学论坛·

检视罪刑法定原则在当前中国的命运境遇——兼论中国刑法理论的危机到来

杨兴培（3-14）
房、地分离抵押的法律效果——《物权法》第182条的法律教义学分析　朱晓喆（15-31）
对拾得物无因管理的占有是有权占有　隋彭生（32-39）
湿地保护的主流化与湿地法律制度的生态化　周训芳（40-47）
论国际私法的哲理性　徐冬根（48-52）
社会本位：理想还是现实？——对民国时期社会本位立法的再评价　李文军（53-63）

·域外法苑·
奥卡姆主义的自然法思想探析　李中原（64-74）

·司法时评·
论监督过失理论的刑法适用　易益典（75-81）
略论民事检察监督的职能配置与程序设计　徐　悦　王昭雯（82-85）

·热点笔谈·
法律方法与司法能动
司法能动主义及其实行条件——基于美国司法能动主义的考察　李桂林（86-97）
尊重法律：司法解释的首要原则　胡玉鸿（98-106）
法律方法论视角下的司法能动性及其界限　王夏昊（107-112）
法律解释方法的证立功能与司法能动主义　侯学勇（113-120）
司法能动与价值衡量　魏胜强（121-127）
基于司法克制主义立场的利益衡量操作规则　郑金虎（128-134）

·学思论说·
指称、事实、观念——看守所在押者身份称谓的社会认知语言学分析　陈佳璇　胡范铸（135-143）

·社科探索·
依法执政的法治基础与实现路径——以政党文化为视角　吴新叶（144-151）

·学术综述·
建国六十周年刑事诉讼法制的理论与实践——中国法学会刑事诉讼法学研究会2009年年会综述　叶　青　彭建波（152-156）
"亚洲竞争法论坛（2009）"学术研讨会综述　徐士英（157-160）

2010年第2期（总第69期）

·法学论坛·
司法积极主义论　杨　力（3-15）
论行政简易程序　张淑芳（16-25）
司法鉴定法律文本的变奏及结构重整　郭华（26-37）
类似案件的迥异判决——银广夏虚假陈述证券民事赔偿案评析　章武生（38-47）
海洋划界的趋势与相关情况规则——黑海划界案对我国海域划界的启示　张卫彬（48-56）
中国古代赎刑的制度与文化思考——兼与富谷至先生商榷　明　辉（57-68）

·域外法苑·
论英国警察负责制的新发展　夏　菲（69-76）
"劫富济贫"抑或"有缺陷的正义"——美国的联邦累进所得税之争考　刘连泰（77-84）

·司法时评·
组织未成年人进行违反治安管理活动罪探析　何　萍（85-90）

·热点笔谈·
刑事和解问题再探
刑事和解的潜在风险　何永军（91）

迷局与破解：对刑事和解认识误区的理性反思 姚石京 谢如程（100 - 106）
论刑事和解制度的适用空间拓展——以重罪案件适用中的价值冲突及裁判平衡为中心 李翔（107 - 113）
乡土社会中刑事和解的构建 毛玲玲（114 - 122）
论刑事和解与罪责刑相适应原则 屈耀伦（123 - 125）
刑事和解与罪刑法定的关系 李卫红（126 - 128）

·学思论说·

程序：正义还是不正义——司法改革中的文化传统影响 曾绍东 俞荣根（129 - 134）

·社科探索·

西方协商民主理论中政党因素的缺位及其修正 高奇琦（135 - 143）
我国劳务派遣法律结构分析 卢修敏（144 - 150）

·学术综述·

中日环境执法对策的研究与探讨 曲阳（151 - 155）
非洲法律文化的历史演进——首届"非洲法律与社会发展变迁"国际研讨会述评 夏新华 肖海英（156 - 160）

2010 年第 3 期（总第 70 期）

·法学论坛·

当代中国国际私法理论研究的倾向性问题 丁伟（3 - 11）
单独侵权视角下的共同侵权制度探析 孙维飞（12 - 27）
"20 年期间"定性之争鸣与选择——以《民法通则》第 137 条为中心 霍海红（28 - 37）

公民监督权体系及其价值实现 王月明（38 - 44）
原则抑或目的——刑事诉讼"双重目的论"之逻辑悖反及其伪成 王天林（45 - 51）
清代民事诉讼中的伪证及防治 蒋铁初（52 - 63）

·域外法苑·

自然法思想对美国《独立宣言》的影响 史彤彪（64 - 73）

·司法时评·

救济、分权与检察监督——构建我国民事执行权的三重制约机制 赵绘宇 黄卓昊（74 - 79）
当代中国检察权配置的理性反思及完善——以中国特色司法规律为视角的分析 石佩琴 汪培伟（80 - 86）

·热点笔谈·

《侵权责任法》的解释与适用

侵权法的法益保护 陈鑫（87 - 95）
一般侵权行为的无过错损失分担责任——对"无过错即无责任"的质疑及对"公平责任原则"的改造 杨代雄（96 - 106）
论产品责任损害赔偿范围——以《侵权责任法》、《产品质量法》相关规定为分析对象 高圣平（107 - 113）
走出监护人"补充责任"的误区——论《侵权责任法》第 32 条第 2 款的理解与适用 薛军（114 - 122）
《侵权责任法》第 36 条释义及其展开 杨明（123 - 132）

·学思论说·

法律父爱主义与侵权法之失 吴元元（133 - 147）

·社科探索·

法律政策对污染型环境犯罪因果关系证明的影响 蒋兰香（148 - 154）

·学术综述·

从注释规范看学术取向问题——结合《法学论文注释的多与少》及相关研究成果的综述 林 瓒（156-160）

2010年第4期(总第71期)

·法学论坛·

盛振为先生之办学理念——纪念先父诞辰一百一十周年 盛 芸（3-13）

士人精神与社会治理方式的演进 徐永康（14-21）

论刑法中类推解释与扩张解释的界限 利子平（22-28）

论建立我国电信法中的电信通路权制度 娄耀雄（29-35）

法律上因果关系的反思与重构 刘海安（36-46）

效果标准基础上之反垄断法域外管辖的正当性分析 刘宁元（47-53）

张家山汉简《二年律令》中的"诸侯"——历史笺释与法律考辨 支振锋（54-66）

·域外法苑·

庞德论中国法律:社会学法理学思想的一次应用 王 婧（67-74）

·司法时评·

未成年人刑罚体系轻缓化研究 安文录 曹 坚（75-81）

·热点笔谈·

中国刑法典百年回眸

传统与当代之间的伦常条款——以"杀尊亲属罪"为例 黄源盛（82-110）

光绪三十二年章董氏《刑律草案》（稿本）所附签注之研究 孙家红（111-122）

从谋逆到内乱——近代以来国事罪的艰难历程 孔庆平（123-131）

·学思论说·

法律只考虑正常人 何柏生（132-134）

横看成岭侧成峰——梁启超以来的中国传统法律样式研究 陈灵海（135-148）

·社科探索·

论我国临时仲裁制度的构建 张心泉 张圣翠（149-156）

·学术综述·

传统法文化的反思与传承——中国儒学与法律文化研究会2010年年会暨学术研讨会综述 李远明 刘承涛（157-160）

2010年第5期(总第72期)

·法学论坛·

"断狱平"或"持法平"：中国古代司法的价值标准——"听讼明"、"断狱平"系列研究之一 霍存福（3-12）

姓名、公序良俗与政府规制——兼论行政法案例分析方法 章志远（13-23）

刑罚体现社会伦理的基本途径 高铭暄 曾粤兴（24-32）

犯罪动机理论问题之再思考 陈和华（33-41）

不完全质押背书的法律效力反思——基于立法论与解释论的双重视角 曾大鹏（42-51）

·域外法苑·

契约自由与国家干预——普通法上违法合同处理规则之改革 黄 忠（52-65）

印度环境公益诉讼制度及其启示 吴卫星（66-74）

·司法时评·

公诉引导侦查的探索与完善 沈新康（75-79）

附条件不起诉制度的构建 刘 浪 景孝

杰（80-85）

· 热点笔谈 ·

社会管理创新与公法(学)发展

公共行政变迁之下的行政法　余凌云（86-94）

公平正义的实现与当代中国公法变迁的方向　潘伟杰（95-104）

非常规突发事件与我国行政应急管理体制之创新　戚建刚（105-109）

社会保障行政的法理与课题　高秦伟（110-118）

社会管理央地关系的创新及其宪法保障　上官丕亮（119-125）

社团管理体制创新与公法应对　朱世海（126-131）

业委会社区治理与公法完善　刁振娇（132-134）

· 学思论说 ·

何为中国传统法制中的"例"——评《历代例考》　段秋关（135-139）

· 社科探索 ·

党治下的新闻报业——国民党专制时期（1928-1937）新闻报业的考察　杨师群（140-149）

美国信用评级机构的责任演变与监管发展——从安然事件到次贷危机　高汉（150-157）

· 学术综述 ·

比较政治学的概念、方法与体系——"比较政治学与中国政治发展研究"学术会议综述　王金良（158-160）

2010年第6期(总第73期)

· 法学论坛 ·

宪法的核心权利及其经济支撑　郝铁川（3）

我国行政强制立法第三人条款之检讨——实体公平与程序便宜的视角　肖泽晟（11）

刑事政策功能的科学界定和运行　严励（19）

对我国犯罪本质理论的思考　陆诗忠（26）

"恶意透支型"信用卡诈骗罪的刑法分析　刘宪权　曹伊丽（36）

票据质押三问　杨忠孝（44）

国有公司董事会独立性之保障　胡改蓉（52）

明清商牙纠纷类型及所见国家商业社会控制　黄东海（61）

· 域外法苑 ·

美国民用航空器留置权问题研究　郭玉军　陆寰（71）

· 司法时评 ·

检察规律及其启示　向泽选　曹苏明（78）

侦查讯问全程同步录音录像的证据属性及其规范　潘申明　魏修臣（83）

· 热点笔谈 ·

《鹿特丹规则》与国际海上运输法律的统一化

《鹿特丹规则》：海商法发展史上的重要里程碑　蒋正雄（88）

《鹿特丹规则》下记名提单"物权凭证"功能考探　韩立新（99）

《鹿特丹规则》货物交付制度探析　张湘兰　向力（109）

海上货物运输实体法律统一化的冷静思考　袁发强（116）

论国际海运公约承运人责任制度变革——兼评我国《海商法》承运人责任制度　陈宪民（124）

· 学思论说 ·
给付障碍在韩国民法中的理论继受与发展——自历史与比较法的视野　[韩]成升铉著　金可可译（131）
· 社科探索 ·
行政审批收费改革的经验、境遇与发展方向——以上海市行政事业性收费清理为例　杨寅　刘建平（143）
· 学术综述 ·
城市与法律的生长——"法律中的城市与城市中的法律"学术研讨会综述　张孟霞（152）
全球化视野下的亚洲法的变革——"全球化视野下的亚洲法的变革"国际学术研讨会综述　金勋（155）

2011年第1期(总第74期)

· 法学论坛 ·
战争、革命与宪法　高全喜（3-26）
部门规章行政处罚设定权的合法性分析　沈福俊（27-34）
离婚协议效力探析　许莉（35-41）
论消费者撤回权的构成与行使要件　张学哲（42-51）
论我国物业税的立法目标　陈少英（52-58）
低碳经济下碳交易法律体系的构建　郑玲丽（59-64）
刑法明确性的判断标准　张建军（65-72）
显隐之间：百年中国的"新法家"思潮　喻中（73-82）
· 域外法苑 ·
阐释与理论：英美证据法研究传统的二元格局　吴洪淇（83-92）
英国法律教育改革管窥　聂鑫（93-98）
· 司法时评 ·

论技术侦查措施在我国职务犯罪侦查中的适用　孙启亮　金颖晔（99-102）
· 热点笔谈 ·
国际视野下人格权法的新发展
论人格权法与侵权责任法的关系　姚辉（103-114）
1918年以来一般人格权在德国的发展　[德]汉斯-彼特·哈佛坎普著　金可可译（115-118）
日本人格权论的展开与最近的立法提案　[日]加藤雅信著　杨东译（119-134）
· 学思论说 ·
立宪者毛泽东的人民民主专政理论　刘山鹰（135-145）
· 社科探索 ·
事实婚姻考察——兼论结婚仪式的现代法律价值　金眉（146-152）
· 学术综述 ·
中国法学会刑事诉讼法学研究会2010年年会综述　叶青　陈海锋（153-156）
"亚洲竞争法论坛（2010）"学术研讨会综述　应品广（157-160）

2011年第2期(总第75期)

· 法学论坛 ·
社会法学的司法观　严存生（3-10）
人身自由的构成与限制　汪进元（11-17）
履行给付行政任务的私人之法律地位——以养老保障行政为例　胡敏洁（18-27）
论共同危险行为　李锡鹤（28-39）
论征收扩张请求权　王洪平　房绍坤（40-45）
民法典编纂的技术问题　魏磊杰（46-58）
"风险社会"中社会风险的刑事政策应对　杨兴培（59-66）
电子督促程序：价值取向与制度设计　周

翠（67 - 82）

·域外法苑·

洛克思想中的"默示同意"概念　王　涛（83 - 90）

美国《2008年紧急经济稳定法》及其启示　邱润根（91 - 96）

·司法时评·

中国法治路径争议之辨析——由"重庆打黑"引发的思考　王俊民（97 - 104）

量刑建议工作的规范化改革　叶　青（105 - 109）

·热点笔谈·

我国《反垄断法》的实施及其完善

竞争政策与反垄断法实施　徐士英（110 - 116）

刑事责任、有效规制与反垄断法实施　冯　辉（117 - 121）

经营者相对优势地位的反垄断法规制　王亚南（122 - 127）

·学思论说·

珍视传统的革命家：从董老研究资料的搜集说起　苏亦工（128 - 131）

罗马法与比较法：欧洲视角　［德］莱因哈特·齐默曼著　苏彦新译（132 - 136）

·社科探索·

中西文化合流基础上的中国法制近代转型——《大清新法令·宣统新法令》第六卷述评　蒋传光（137 - 143）

美国场外金融衍生品规则演变及监管改革　熊玉莲（144 - 150）

·学术综述·

中世纪罗马法学家的"城市地位"理论小结　吴旭阳（151 - 160）

2011年第3期(总第76期)

·法学论坛·

论选举权的规范内涵　张卓明（3 - 15）

"模型作品"定义重构　王　迁（16 - 24）

法院发展知识产权法：判例、法律方法和正当性　梁志文（25 - 37）

强迫交易罪及其关联犯罪的体系解释——以酒托案为例　张　勇（38 - 44）

代表人诉讼制度的完善——以职权型示范诉讼为补充　洪冬英（45 - 56）

国际司法机构管辖权冲突的解决路径　吴卡　宋连斌（57 - 63）

宋代明法科登科人员综考　赵　晶（64 - 76）

·域外法苑·

澳大利亚指控协商制度透视　季美君（77 - 83）

·司法时评·

刑事简易程序扩大适用问题研究　刑事简易程序研究课题组（84 - 88）

·热点笔谈·

中国案例指导制度的具象化

判例研究及其方法——基于第七期"判例研读沙龙"的评论性综述　黄卉　章剑生（89 - 95）

什么是或者不是"社会稳定"——（2010）沪二中行终字第189号行政判决评析　朱　芒（96 - 101）

合同解除与违约金责任之辨——桂冠电力与冰臣房产房屋买卖合同纠纷案评析　周江洪（102 - 109）

高校学位授予要件设定的司法审查标准及其意义　陈越峰（110 - 120）

论广告管制规范在契约法上的效力——基于海峡两岸司法判决的整理与研究　宋亚辉（121 - 137）

·学思论说·

大法官弗朗西斯·培根与英国衡平法的发展　冷霞（138 - 145）

·社科探索·

论危害国际航空安全犯罪　付　强（146 -

论中国当代法官的职业品格　吕芳（151-156）

・学术综述・
国外法律人才培养模式述评　杜志淳　丁笑梅（157-160）

2011年第4期(总第77期)

・法学论坛・
论我国法律监督的政治和法治价值　蒋德海（3-10）
论需批准行政行为的主体认定　王青斌（11-18）
三次被害理论视野下我国被害人研究之反思　李川（19-24）
犯罪化与非犯罪化的价值与边界　毛玲玲（25-33）
气候变化相关技术要求的WTO合规性分析　张伟华（34-40）
死刑不引渡不应成为"倒逼"国内废除死刑的理由　王强军（41-45）
唐律"劫杀"考　刘晓林（46-59）

・域外法苑・
罗马法之不作为侵权责任及其启示　杨垠红（60-71）
美国《1964年民权法》与女性平等就业权　郭延军（72-80）

・司法时评・
强化检察委员会业务决策职能的实现路径　项谷　张菁（81-85）

・热点笔谈・
《物权法》实施中的热点、难点问题研究
《物权法》第六章"业主的建筑物区分所有权"中"业主"的界定　于飞（86-97）
论建设用地使用权的提前收回　朱广新（98-109）
原物返还请求权构成解释论　王洪亮（110-120）
再谈物权公示的法律效力　常鹏翱（121-130）
占有推定之运作机理　孙维飞（131-139）

・学思论说・
再寻李宜琛　夏新华　肖海英（140-145）

・社科探索・
跨市场冲击与扩散的应对与监管研究　刘凤元（146-151）

・学术综述・
与外国法制史学科同行——"新中国外国法制史学科发展60年研讨会暨林榕年教授从教60年庆典"综述　崔璨（152-155）
法律史的再认识——"出土文献与法律史研究"学术研讨会综述　王捷（156-160）

2011年第5期(总第78期)

・法学论坛・
当代中国法律中的"政治人"影像　李拥军（3-9）
宪法解释权归属的文本分析　姚岳绒（10-16）
论可复议的行政不作为　沈岿（17-27）
食品安全风险公告的界限与责任　王贵松（28-38）
民事权利本质论　张驰（39-46）
林改背景下林权流转的法律障碍及其拆除　巩固（47-58）
《最高人民检察院公报》的文本变迁　刘辉　郭云忠（59-69）
全球环境关系中国际法的有效性考辨——一种国际制度理论的视角　孙畅（70-77）
晚清最高司法审判权的形塑——以晚清大

理院审判权限的厘定为中心　韩　涛（78－89）

·域外法苑·

英国宪政革命中的辉格党律师　李　栋（90－101）

·司法时评·

未成年人社会调查报告的定位与审查　张　静　景孝杰（102－105）

·热点笔谈·

《刑法修正案（八）》适用中的疑难问题解析

集资诈骗罪的死刑适用　刘　远（106－112）

新型盗窃罪的司法适用路径　李　翔（113－120）

"醉驾型"危险驾驶罪的反拨与正源　张　建（121－129）

黑社会性质组织犯罪的司法认定　吴武忠　刘新锋（130－133）

简评《刑法修正案（八）》有关发票犯罪的规定　陈洪兵（134－136）

·学思论说·

彭真与宪法监督　刘松山（137－152）

·社科探索·

"商事案例实训教学法"之设计与实施　顾功耘　胡改蓉（153－157）

·学术综述·

比较政治学的范畴、方法与逻辑——第二届"比较政治学与中国政治发展"学术会议综述　阙天舒（160）

2011年第6期（总第79期）

·法学论坛·

社会系统论对法律论证的二阶观察　宾凯（3－12）

论行政调查中的不得自证己罪原则　吴亮（13－20）

商标的实际使用及其立法完善　王莲峰（21－27）

利益衡量抑或要件思考——名誉权与表达自由冲突的解决之道　熊静波（28－41）

资源型城市可持续发展立法之应然论证　陈婉玲（42－47）

中国合同能源管理的法律与政策分析　曹明德　马洪超（48－53）

特殊群体从宽处罚规定司法适用分析　刘宪权　周舟（54－61）

清代高层官员推动下的"官箴书"传播——以陈宏谋、丁日昌为例　杜金（62－69）

·域外法苑·

论萨维尼法人拟制说的政治旨趣　仲崇玉（70－84）

·司法时评·

量刑纳入庭审程序的立法完善　量刑程序问题研究课题组（85－88）

·热点笔谈·

民生建设与公法应对

地方自治的技艺：走向地方建制的理性化　张千帆（89－97）

风险社会的民生建设与能动性公法的应对　朱应平（98－107）

老龄化时代社会保险制度改革措施的宪法学分析　曾娜（108－116）

以公平为基点反思我国住房保障政策　王蕾（117－123）

公法对合理调整收入分配关系的保障　郭殊（124－133）

·学思论说·

美国冲突法革命的衰落与回归　[美]拉夫·迈克尔著　袁发强译（134－144）

·社科探索·

除夕：中国传统的讨债日　何柏生（145－152）

· 学术综述·

法律与现实之间——"法律的现实与现实的法律"学术研讨会综述 张孟霞（153 - 155）

第五届全国法律 文化博士论坛学术综述 翟旭丹 汪 强（156 - 158）

2011 年总目录（159 - 160）

2012 年第 1 期(总第 80 期)

· 法学论坛·

人性的两个层次与法 严存生（3 - 9）

生命权:藉论证而型塑 易 军（10 - 19）

驱逐搅乱著作权法的概念:"剽窃" 解 亘（20 - 28）

房屋租赁合同强制执行公证的困境与出路 马 勇（29 - 36）

大陆法系刑法理论中的不能犯学说——兼论《澳门刑法典》关于不能犯未遂的规定 赵国强（37 - 45）

中国的条约缔结程序与缔约权——以《缔结条约程序法》立法规范为中心的考察 谢新胜（46 - 54）

· 域外法苑·

萨维尼的遗产 史大晓（55 - 61）

论韩国信用卡业法律监管的特色——兼评《韩国信贷金融业法》的最新修正 崔金珍（62 - 67）

· 评案论法·

美国控制转售价格判例的演进及其启示 刘蔚文（68 - 76）

未约定经济补偿对离职竞业禁止协议效力的影响——基于离职竞业禁止案例的整理与研究 朱 军（77 - 83）

· 热点笔谈·

中国传统法律文明的现代观察

论中华法系的社会成因和发展轨迹 武树臣（84 - 90）

论中国法主导性理念之西方思想渊源 徐爱国（91 - 97）

《论语》法观念的再认识:结合出土文献的考察 王 沛（98 - 106）

唐代"漏泄禁中语"源流考 陈 玺（107 - 115）

从系统论的观点看《唐律疏议》 陈 锐（116 - 126）

防控与失控:清代重惩奸罪与"因奸杀夫" 钱泳宏（127 - 132）

· 学思论说·

1789 年人权宣言的理论困境与法律适用 [法]吕西安·若姆著 马 贺译（133 - 140）

为什么比较宪法 [美]马克·图什奈特著 王锴译（141 - 149）

全球化与地方自治 [日]斋藤诚著 石龙潭译（150 - 157）

· 社科探索·

罗马法传统与现代中国:回顾与前瞻 蒋海松 肖艳辉（158 - 160）

2012 年第 2 期(总第 81 期)

· 法学论坛·

"法理学"及相关用语辨析 焦宝乾（3 - 11）

论环境侵权中纯粹经济损失的赔偿与控制 陈红梅（12 - 19）

论中止犯减免处罚之根据——以比较刑法为视角 谢望原（20 - 27）

诽谤罪之省思 陈珊珊（28 - 34）

论股东国籍国对公司的外交保护资格 张 磊（35 - 41）

· 域外法苑·

罗马共和国早期土地立法研究——公元前

5世纪罗马公地的利用模式及分配机制 汪洋（42-55）
日本民生委员制度及其启示 韩君玲（56-62）
·评案论法·
美国联邦最高法院对外国法的态度 林彦 杨珍（63-76）
气候变化诉讼中的行政解释与司法审查——美国联邦最高法院气候变化诉讼第一案评析 王慧（77-85）
·热点笔谈·
《行政诉讼法》修改的热点和难点问题研究
困顿的行政诉讼 何海波（86-95）
发展导向的《行政诉讼法》修订问题 于安（96-101）
《行政诉讼法》修改八论 梁凤云（102-110）
行政诉讼架构分析——行政行为中心主义安排的反思 杨伟东（111-117）
行政规范司法审查的路径 邹荣（118-123）
依法审判中的"行政法规"——以《行政诉讼法》第52条第1句为分析对象 章剑生（124-132）
·学思论说·
心灵、宗教与宪法 高全喜（133-154）
·社科探索·
财政支持农村金融的制度改革 王旭坤（155-160）

2012年第3期（总第82期）

·法学论坛·
走向"社会司法化"——一个"自创生"系统论的视角 陆宇峰（3-13）
功能性理解司法伦理：实用司法伦理主义 宋远升（14-18）

行政程序改革的顶层机构研究——以美国行政会议为例 苏苗罕（19-33）
著作权合理使用的类型化 梁志文（34-45）
论禁毒法律体系的失范与冲突 郑伟（46-54）
·域外法苑·
澳大利亚危险性娱乐活动条款及其启示 肖永平 李倩（55-63）
·评案论法·
一对一证据的审查与认定——廖宗荣诉重庆市交警二支队行政处罚决定案评析 王贵松（64-74）
刑事审判监督述评 叶青（75-80）
·热点笔谈·
第三人惊吓损害侵权责任的比较研究
第三人惊吓损害的法教义学分析——基于德国民法理论与实务的比较法考察 朱晓喆（81-100）
惊吓损害、健康损害与精神损害——以奥地利和瑞士的司法实践为素材 谢鸿飞（101-114）
试论第三人间接损害赔偿问题——以日本的学说及实践为中心 周江洪（115-129）
英美法上第三人精神受刺激案型的处理及其借鉴意义——以第三人派生的请求权与独立的请求权及其关系为视角 孙维飞（130-149）
·学思论说·
官员问责：秦律的规范及其评析 艾永明（150-156）
·社科探索·
央企董事会建设述评 李建红（157-160）

2012年第4期（总第83期）

·法学论坛·
陪审的性质与功能新论 刘练军（3-17）

论合同解除与违约损害赔偿的关系　张金海（18－29）
过失犯论的法理展开　陈兴良（30－47）
"垃圾围城"求解：论产品导向型环境法律责任　胡苑（48－55）
论可仲裁性的司法审查标准——基于美国反垄断仲裁经验的考察　曹志勋（56－65）

·域外法苑·
明治宪法对近代日本法律意识的突破及其局限　魏晓阳（66－73）

·评案论法·
外籍犯罪嫌疑人刑事诉讼权利保障研究　外国人犯罪课题组（74－78）

·热点笔谈·
《民事诉讼法》修订重要问题研究
民事诉讼法修改的价值取向论评　傅郁林（79－93）
全球化背景中现代民事诉讼法改革的方向与路径　周翠（94－101）
大调解视野中的审判　王福华（102－111）
论我国撤诉规则的私人自治重构　霍海红（112－117）
比较法视野中的中国民事审级制度改革　陈杭平（118－127）
论我国非讼程序的完善——聚焦于民诉法特别程序的"一般规定"　郝振江（128－134）

·学思论说·
风险共同体之兴起及其对行政法的挑战　伊丽莎白·菲舍尔著　马原译（135－152）

·社科探索·
空想社会主义理想社会建构中的法律思想　张羽君（153－160）

2012年第5期（总第84期）

·法学论坛·
现代司法的审级构造和我国法院层级结构改革　杨知文（3－11）
当代中国法治进程中的公众参与　柳经纬（12－21）
类推与解释的缠绕：一个类推的刑法史考察　沈玮玮　赵晓耕（22－27）
论民事执行权配置与执行的优化　张峰（28－35）
论跨国环境侵权救济中的司法管辖权　向在胜（36－44）
体制内之殇——论近代地方自治对绅权的损害　荆月新（45－52）

·域外法苑·
英国土地登记改革与地产权结构转变　于霄（53）
自由与权力：近代英国刑事私诉与公诉之争　杨松涛（64）

·评案论法·
自白补强规则实证分析　刘浪（72）

·热点笔谈·
新《刑事诉讼法》：评论与适用
"敌人刑事诉讼法"？——《刑事诉讼法修正案》"一国两制"立法模式质评　万毅（78－85）
监视居住措施及其适用　李建明　汤茂定（86－93）
刑事附带民事诉讼制度的新发展　陈卫东　柴煜峰（94－102）
特殊侦查权力的授予与限制——新《刑事诉讼法》相关规定的得失分析　张建伟（103－112）
"专家"参与诉讼问题研究　王戬（113－117）
刑事强制医疗程序研究　秦宗文（118－

·学思论说·
恩斯特·弗罗因德与美国早期行政法学　宋华琳（130－144）
·社科探索·
质性方法论与比较政治　［美］詹姆斯·马洪尼著　高奇琦译（145－160）

2012年第6期(总第85期)

·法学论坛·
司法地方保护主义的防治机制　张千帆（3－10）
我国选举权平等的实现路径及其完善建议——以选举法和全国人大代表名额分配方案为主线　胡健（11－23）
论竞争法对买方势力滥用的法律规制　刘伟（24－30）
职务犯罪案件一审判决二级同步审查探析——以上海市为例　俞德明　樊华中（31－35）
·域外法苑·
法国行政司法赔偿的责任归属与归责原则　张莉（36－44）
·评案论法·
论行政法规范解释的司法审查——基于90个工商行政管理案例的分析　黄娟（45－58）
·热点笔谈·
走向宪政：八二宪法颁布三十周年纪念
走向宪政　周永坤（59－66）
八二宪法的精神、作用与局限　刘松山（67－75）
八二宪法的生成与结构　翟志勇（76－88）
八二宪法与新宪法观的生成　周林刚（89－95）
比较法视野中的八二宪法社会权条款　凌维慈（96－105）
八二宪法颁布以来宪法观念与理论基础的变迁　翟国强（106－113）
八二宪法颁布以来宪法解释理论研究的进展　杜强强（114－120）
宪法上人的形象变迁及其在部门法中的实现　谢立斌（121－126）
·学思论说·
行省制度的确立对罗马法的影响——以西西里行省的设立为中心　徐国栋（127－140）
·社科探索·
清末日本法政大学法政速成科研究　朱腾（141－158）

2013年第1期(总第86期)

·法学论坛·
行政诉讼调解的理论基础与制度建构　喻文光（3－16）
权利并存的类型化处理模式　张驰（17－24）
刑法社会化：转型社会中刑法发展的新命题　利子平（25－33）
保险合同法"最大诚信原则"古今考　韩永强（34－50）
技术性国际争端解决的"全球行政法"思路——基于WTO食品安全案例的分析　龚向前（51－58）
·域外法苑·
拿破仑"百日王朝"《帝国宪法补充条款》论析　韩伟华（59－72）
维柯论国家理性与万民法　许小亮（73－79）
·评案论法·
黄灯通行条款的规范内涵——法解释学视域下的"闯黄灯罚款案"　王诚（80－87）

· 热点笔谈 ·
中国国际法学研究的转型
中国特色国际法理论:问题与改进　何志鹏（88－93）
中国国际私法学术之转型:立场、方法与视野　杜焕芳（94－106）
中国国际私法的"怕"与"爱"　宋晓（107－117）
方法论上的中国国际经济法研究:问题与前景　刘志云（118－127）
中国国际经济法学研究的改进　袁发强（128－135）
· 学思论说 ·
国际商事仲裁协议中的印章、签章和签字　［德］韦德方　克里斯蒂娜·沙伊德勒著　朱彧译（136－145）
· 社科探索 ·
尸体危险的法外生成——以当代中国的藉尸抗争事例为中心的分析　尤陈俊（146－160）

2013年第2期(总第87期)

· 法学论坛 ·
作为当代中国正式法律渊源的习惯法　高其才（3－7）
中国地方债的宪政机理与法律控制　王世涛　汤喆峰（8－18）
再论要约何时生效　李锡鹤（19－24）
索取非法"债务"拘押他人的刑法定性　杨兴培（25－31）
银行暴利的法律控制:放松管制而非反垄断　焦海涛（32－42）
判定融资租赁法律性质的经济实质分析法　金海（43－49）
汉简扁书辑考——兼论汉代法律传播的路径　徐燕斌（50－62）

· 域外法苑 ·
德国民事诉讼中的诚实信用原则　赵秀举（63－72）
论欧盟行政法一体化进程——以意大利对"合法利益"的损害赔偿为例　罗智敏（73－78）
· 评案论法 ·
《刑法修正案（八）》坦白制度的理解与适用　董书关　刘操（79－84）
· 热点笔谈 ·
民事法律条款的适用、解释与建构
分期付款买卖中的消费者保护——兼论对《合同法》第167条的评价与完善　宁红丽（85－94）
消费者合同法的私法化趋势与我国的立法模式　崔吉子（95－101）
保险代位权的非定义解读:内涵、区分及构成——基于《保险法》第59、60、61条　武亦文　丁婷（102－111）
新民诉法第247条与面临十字路口的司法拍卖改革　百晓锋（112－125）
· 学思论说 ·
19世纪末中国民法学的"绝响"——马建忠《法律探原·户律》评述　俞江（126－139）
伯克论英国宪法　张伟（140－151）
· 社科探索 ·
论古罗马时期的"神誓"（votum）　黄美玲（152－160）

2013年第3期(总第88期)

· 法学论坛 ·
宪法生命权的界限　刘泽刚（3－10）
古文点校著作权问题研究——兼评"中华书局诉国学网案"等近期案例　王迁（11－19）

论侵权损害赔偿额的酌定——基于不正当竞争侵权案例的考察 张家勇 李 霞（20－31）

国际私法的政治哲学 杜 涛（32－40）

·域外法苑·

日本判例的先例约束力 于佳佳（41－53）

美国问责制的基本构成 曹 鎏（54－61）

·评案论法·

行政法规在刑事司法中的适用 陈超然 樊彦敏（62－68）

·热点笔谈·

第三人侵扰婚姻关系法律问题的比较研究

德国法上干扰婚姻关系与抚养费追偿 庄加园（69－80）

法国法上通奸第三者的侵权责任 叶名怡（81－92）

干扰婚姻关系的损害赔偿：意大利的法理与判例 薛 军（93－102）

通奸与干扰婚姻关系之损害赔偿——以英美法为视角 孙维飞（103－111）

第三人干扰婚姻关系的民事责任——以日本法为素材 解 亘（112－124）

第三人干扰婚姻关系之侵权责任——台湾法之经验及比较法之观察 詹森林（125－137）

·学思论说·

罗马法上的法律错误溯源 班天可（138－154）

·社科探索·

论检察机关案件管理价值及其实现——基于检察权的视角和 AHP 方法 秦 刚 吴 波（155－160）

2013 年第 4 期(总第 89 期)

·专题研讨·

刑事政策发展路径的再思考

刑法的刑事政策化及其限度 陈兴良（3－15）

当代刑事政策发展的实践路径——以刑法司法解释为视角 卫 磊（16－21）

我国职务犯罪刑事政策的新思考 张绍谦（22－30）

我国惩治有组织犯罪的实践困境与立法对策 蔡 军（31－39）

论欧洲刑事政策的一体化 王 娜（40－45）

·域外法苑·

从"飞机旅行案"看德国的民法方法论 傅广宇（46－56）

·评案论法·

平等权的司法保护——基于116件反歧视诉讼裁判文书的评析与总结 李 成（57－68）

·法学论坛·

裁判理性与司法权威 王国龙（69－78）

再论全国人大法律与全国人大常委会法律的位阶判断——从刘家海诉交警部门行政处罚案切入 马英娟（79－96）

被监护人受侵害时法律救济的理论与实证考察 李永军（97－111）

论组织卖淫罪中的组织行为——殷某组织卖淫案评析 何 萍（112－119）

唐代长流刑之演进与适用 陈 玺（120－148）

·学思论说·

数字时代的作品使用秩序——著作权法中"复制"的含义和作用 高富平（134－149）

·社科探索·

战国秦汉间"赍"的字义演变与其意义 石洋（150－160）

2013年第5期(总第90期)

·专题研讨·

民初宪政·百年回望

从"大妥协"到"大决裂":重访1913年 章永乐(4-19)

最坏的政体——古德诺的隐匿命题及其解读 田雷(20-32)

民初制宪权问题的再审视——比较宪法的视角 聂鑫(33-39)

从礼法论争到孔教入宪——法理健将汪荣宝的民初转折 陈新宇(40-48)

革命与制宪之间——吴景濂与1923年《中华民国宪法》 于明(49-63)

·域外法苑·

ICSID仲裁庭扩大管辖权的途径及其应对——从"谢业深案"切入 黄月明(64-75)

·评案论法·

公司越权对外担保的效力研究——基于法律解释方法之检讨 曾大鹏(76-89)

·法学论坛·

何为宪制问题?——西方历史与古代中国 苏力(90-111)

悖论与必然:法院调解的回归(2003-2012) 邵六益(112-124)

科学理性导向下的行政正当程序 成协中(125-136)

论社会力量参与预防青少年犯罪的长效机制 吴宗宪(137-142)

·学思论说·

协商与代表:政协的宪法角色及其变迁 高全喜 田飞龙(143-154)

·社科探索·

政府投资驱动模式的反思及其改革出路 李波 李晴(155-160)

2013年第6期(总第91期)

·专题研讨·

司法权威:理论与制度

司法权威及其实现条件 李桂林(4-14)

司法权威的中国语境与路径选择 李清伟(15-26)

试论司法权威的外在基础 胡玉鸿(27-35)

公正司法的公信基础 凌斌(36-46)

·域外法苑·

古罗马刑法的意外事故理论 陈帮锋(47-56)

·评案论法·

行政处罚听证程序适用范围的发展——以法规范与案例的互动为中心 石肖雪(57-70)

论量刑建议模式的选择 潘申明(71-76)

·法学论坛·

宪法中语言问题的规范内涵——兼论中国宪法第19条第5款的解释方案 张慰(77-89)

盗窃罪新司法解释若干疑难问题解析 刘宪权(90-101)

利益保护的解释论问题——《侵权责任法》第6条第1款的规范漏洞及其填补方法 方新军(102-119)

劳动争议仲裁时效与民事诉讼时效冲突探析 吴文芳(120-126)

·学思论说·

唐代《道僧格》再探——兼论《天圣令·狱官令》"僧道科法"条 赵晶(127-149)

·社科探索·

反腐败的中国社会语境探析——以我国市民社会阶层分化为视角 李翔(150-158)

2014年第1期(总第92期)

· 专题研讨·
面向具体领域的行政法
风险行政法的前提问题　金自宁（4-12）
论公用事业基本服务权　骆梅英（13-24）
国务院在行政规制中的作用——以药品安全领域为例　宋华琳（25-37）
论行政法上的第三方义务　高秦伟（38-56）

· 域外法苑·
日本预防接种事件中的因果关系——以判决为中心的考察　杜仪方（57-71）

· 评案论法·
"政府信息"的司法认定——基于86件判决的分析　王军（72-83）

· 法学论坛·
当代中国比较法的司法应用　李晓辉（84-99）
域名纠纷中的恶意认定研究——以不确定法律概念理论为分析工具　程子薇（100-116）
公民个人信息刑法保护问题研究　赵秉志（117-127）
刑事诉讼管辖协商机制研究　张曙（128-135）

· 学思论说·
台湾地区法律经济学研究现状及其成因——以法学知识生产为分析框架　黄韬（136-149）

· 社科探索·
破产和解之殇——兼论我国破产和解制度的完善　张钦昱（150-160）

2014年第2期(总第93期)

· 专题研讨·
《岳麓书院藏秦简(三)》与秦代法律
《岳麓简(三)》的内容及法律史价值　张伯元（4-11）
《岳麓简(三)》"癸、琐相移谋购案"相关问题琐议　陈松长（12-18）
《岳麓简(三)》"癸、琐相移谋购案"中的法律适用　邬勖（19-31）
《岳麓简(三)》所见的共犯处罚　[日]水间大辅（32-46）
中国传统法"共犯"概念的几则思考　[德]陶安（47-54）

· 域外法苑·
迈向合作规制：英国法律服务规制体制改革及其启示　李洪雷（55-66）

· 学思论说·
列宁的监督理论与中国反腐　周永坤（67-75）

· 法学论坛·
修辞视角中的"思想自由市场"及其影响　李晟（76-86）
何谓"每次事故"：保险事故数量的确定　马宁（87-98）
财产型犯罪轻刑化的理由认知：一个反思的视角　张建军（99-107）
可罚的违法性理论利弊之启示　孙建保（108-116）
职务犯罪案件一审判决同步审查研究　杜国伟　曹建伟（117-122）
论涉外惩罚性赔偿的法律选择模式　许凯（123-131）

· 评案论法·
美国判例体系的构建经验——以居间合同为例　邓矜婷（132-144）
合法形式掩盖下的非法合同问题研究——以企业间借贷的法律规避现象为例　董淳锷（145-160）

2014年第3期(总第94期)

·专题研讨·

《环境保护法》修订述评与适用展望

论中国环境法基本原则的立法发展与再发展　竺效（4-16）

我国《环境保护法》修订的法治时空观　柯坚（17-28）

守法激励视角中的《环境保护法》修订与适用　巩固（29-41）

湿地保护诉求中的《环境保护法》修订与适用　梅宏（42-50）

·域外法苑·

法律能规制紧急状态吗？——美国行政权扩张与自由主义法学的病理　丁晓东（51-62）

治愈行政僵化：美国规制性协商机制及其启示　蒋红珍（63-75）

·学思论说·

革命与承袭：中国传统历法的近代转型　方潇（76-87）

·法学论坛·

税收法定主义的宪法阐释　刘国（88-95）

政策形成过程中的公众参与：以中国医疗政策改革为例　李鸻（96-105）

表见代理中的本人可归责性问题研究　王浩（106-116）

论原因理论在给付关系中的功能——以德国民法学说为蓝本　冯洁语（117-133）

"双层社会"与"公共秩序严重混乱"的认定标准　于志刚　郭旨龙（134-144）

非法证据排除中侦查人员出庭作证制度研究　潘申明　刘浪（145-150）

·评案论法·

合同无效中的损害社会公共利益与违法之辩——从药品技术转让合同纠纷公报案例评析切入　高放（151-160）

2014年第4期(总第95期)

·专题研讨·

见义勇为民事责任的比较法研究

见义勇为与无因管理——从德国法及台湾地区法规定评河南法院判决　吴从周（5-20）

法国法上的见义勇为　叶名怡（21-36）

意大利法中的私人救助研究——兼论见义勇为的债法基础建构　肖俊（37-47）

见义勇为的民事责任——日本法的状况及其对我国法的启示　章程（48-57）

论英美法上的"好撒马利亚人"　李昊（58-81）

见义勇为行为中受益人补偿义务的体系效应　王雷（82-91）

·域外法苑·

欧洲法律史——全球化的视野　[德]托马斯·杜福著　李明倩译　于明校（92-109）

·法学论坛·

清帝国司法的时间、空间和参与者　邓建鹏（110-115）

反垄断法唯效率论质疑　兰磊（116-129）

医疗告知后同意法则的刑法适用性研究——基于被害人同意理论的分析　章瑛（130-136）

我国冲突法中的法律规避制度：流变、适用及趋向　许庆坤（137-144）

·学思论说·

中国法理学研究中的"身份"焦虑　陈金钊（145-153）

·评案论法·

"诽谤信息转发500次入刑"的合宪性评析　尹培培（154－160）

2014年第5期(总第96期)
·专题研讨·
互联网金融法律规制问题研究

发展中的互联网金融法律监管　毛玲玲（4－9）

互联网金融所涉犯罪的刑事政策分析　姜涛（10－19）

P2P网络集资行为刑法规制评析　刘宪权　金华捷（20－28）

论众筹融资的法律属性及其与非法集资的关系　肖凯（29－36）

对第三方支付平台的行政监管与刑法审视　万志尧（37－42）

·域外法苑·

何为意思表示？　[德]耶尔格·诺伊尔著　纪海龙译（43－57）

·学思论说·

人权入宪的背景、方案与文本解读　刘松山（58－64）

·法学论坛·

论有限责任公司股东资格的认定——以股东名册制度的建构为中心　张双根（65－82）

公司契约理论新发展及其缺陷的反思　李诗鸿（83－99）

行政判断余地的构造及其变革——基于核能规制司法审查的考察　伏创宇（100－111）

刑法中被误读之注意规定辨析　李振林（112－121）

民事诉讼禁反言原则的中国语境与困境　纪格非（122－134）

论外交保护中对用尽当地救济原则的限制——以联合国《外交保护条款草案》第15条为线索　张磊（135－144）

唐宋粉壁考　徐燕斌（145－153）

·评案论法·

光大证券异常交易事件的刑法评析　李睿（154－160）

2014年第6期(总第97期)
·专题研讨·
判例中的法学方法与法治体系建设

论依据一般法律原则的法律修正——以台湾地区"司法院大法官会议"释字362号为例　雷磊（4－17）

不确定法律概念的法律解释——基于"甘露案"的分析　蔡琳（18－29）

论民法任意性规范的合宪性解释——以余丽诉新浪网公司案为切入点　杜强强（30－41）

"目的性限缩"在行政审判中的适用规则——基于最高人民法院指导案例21号的分析　黄锴（42－52）

论"非法获取公民个人信息罪"的司法认定——基于190件案例样本的分析　张玉洁（53－66）

·域外法苑·

"规则怀疑论"究竟怀疑什么？——法律神话揭秘者的秘密　陆宇峰（67－77）

·法学论坛·

论民法中的国家政策——以《民法通则》第6条为中心　刘颖（78－92）

动物致害责任研究——以《侵权责任法》第78条的解释适用为中心　叶锋（93－108）

论恐怖活动犯罪的主观要件　皮勇　张启飞（109－117）

法院地法适用的正当性证成　袁发强（118－126）

法律原则、修辞论证与情理——对清代司法判决中"情理"的一种解释　杜军强（127－140）

·学思论说·

论社科法学与教义法学之争　熊秉元（141－145）

罗炳吉与东吴大学法学院　李洋（146－158）

2015年第1期(总第98期)

·专题研讨·

WTO争端裁决的法律适用

论WTO"疑难案件"的裁判进路：法律原则　彭德雷（6－15）

GATT一般例外条款适用的价值导向与司法逻辑　马乐（16－24）

论《中国入世议定书》与WTO多边贸易协定的关系——从"中国稀土案"上诉机构报告切入　刘瑛　杜蕾（25－34）

论GATT与GATS项下义务的累加性　刘子平（35－42）

·法学论坛·

人民如何司法：人民司法的政治哲学反思　陈洪杰（43－53）

法律询问答复制度的去留　林彦（54－63）

论法定解除事由的规范体系——以一般规范与特别规范的关系为中心　陆青（64－80）

"知假买假"的效果证成与文本分析　尚连杰（81－91）

法律如何影响金融：自法系渊源的视角　缪因知（92－102）

论程序性环境权　陈海嵩（103－112）

入户盗抢犯罪的刑法诸问题研究　杨兴培（113－118）

科学证据的风险及其规避　史长青（119－128）

·域外法苑·

当代英国宪政思潮中的普通法宪政主义　李红海（129－136）

·学思论说·

西方传统中法宗教学的兴起　[美]约翰·维特著　钟瑞华译（137－152）

·评案论法·

成本收益分析方法适用的司法审查——以美国法上"护河者案"为中心的考察　郑雅方（153－160）

2015年第2期(总第99期)

·专题研讨·

《著作权法》修改：问题与探索

论著作权延伸集体管理的适用范围　胡开忠（6－12）

论作品定义的立法表述　李琛（13－17）

我国著作权法定许可制度的反思与重构　管育鹰（18－29）

"技术措施"概念四辨　王迁（30－40）

论著作权法中的公开传播权　陈绍玲（41－47）

·法学论坛·

《宪法》第四十六条适用的教育阶段辨析　袁文峰（48－54）

论作为行政诉讼法基础概念的"行政行为"　闫尔宝（55－60）

法经济学中的"财产权"怎么了？——一个民法学人的困惑　冉昊（61－73）

论违约救济方式选择后的可变更性　殷安军（74－87）

预算法现代化的法治逻辑　杜　坤（88－96）
犯罪嫌疑人身份确认与撤销机制研究　林艺芳（97－104）
追索海外流失文物的国际私法问题　霍政欣（105－114）
论中国《法律适用法》中的"强制性规定"　肖永平　张　驰（115－125）
·域外法苑·
论积极违反契约　[德]赫尔曼·史韬伯著　金可可译（126－141）
·学思论说·
半总统制的初创：1925年民国宪法草案的政体设计　严　泉（142－148）
·评案论法·
比较民法与判例研究的立场与使命　朱晓喆（149－160）

2015年第3期（总第100期）

·专题研讨·

美国宪法史的新视界

导言　王　希（5－11）
从"臣民"到"公民"——北美独立战争期间殖民者在各州宪法中的身份转变　邵声（12－21）
美国财政宪法的诞生　郑　戈（22－38）
国家建构与美国行政法的史前史　宋华琳（39－51）
释宪者林肯——在美国早期宪法史的叙事中"找回林肯"　田　雷（52－71）
1853年美国太平洋铁路立法辩论及其意义　于留振（72－82）
社会运动与宪法变迁：以美国为样本的考察　阎　天（83－94）
清末民初美国宪法在中国的翻译与传播　胡晓进（95－103）
·法学论坛·
权利辩证法：霍布斯权利学说的论证逻辑　凌　斌（104－112）
"马伯里诉麦迪逊案"的多重叙事与逻辑——基于知识社会学的考察　徐　斌（113－125）
国家与宪法：民国法学译著片论　刘　毅（126－138）
公私合作合同：法律性质与权责配置——以基础设施与公用事业领域为中心　李霞（139－146）
土地使用的行政规制及其宪法解释——以德国建设许可制为例　李泠烨（147－159）

图书在版编目(CIP)数据

法思:《华东政法大学学报》百期纪念辑选/李秀清,卢勤忠主编. —上海:上海三联书店,2015.6
 ISBN 978-7-5426-5204-1

Ⅰ.①法… Ⅱ.①李…②卢… Ⅲ.①法学－文集
Ⅳ.①D90-53

中国版本图书馆 CIP 数据核字(2015)第 117873 号

法思:《华东政法大学学报》百期纪念辑选

主　　编／李秀清　卢勤忠
执行主编／陈越峰　肖崇俊
责任编辑／王笑红　　beautxiao@gmail.com
装帧设计／豫　苏
监　　制／李　敏
责任校对／张大伟

出版发行／上海三联书店
　　　　　(201199)中国上海市都市路 4855 号 2 座 10 楼
网　　址／www.sjpc1932.com
邮购电话／24175971
印　　刷／上海惠敦印务科技有限公司

版　　次／2015 年 6 月第 1 版
印　　次／2015 年 6 月第 1 次印刷
开　　本／710×1000　1/16
字　　数／360 千字
印　　张／23.75
书　　号／ISBN 978-7-5426-5204-1/D·286
定　　价／58.00 元

敬启读者,如发现本书有印装质量问题,请与印刷厂联系 021-56475597